WELT FUSSBALL REKORDE 2012

| Rekorde | Sensationen |

© 2011 by Carlton Books Limited
Die Originalausgabe ist bei Carlton Books Limited erschienen
Titel der Originalausgabe: World Football Records 2012
Lektorat: Martin Corteel
Design: Paul Chattaway
Bildrecherche: Paul Langan
Produktion: Rachel Burgess

© 2011 für die deutsche Ausgabe: arsEdition GmbH, München

Alle Rechte vorbehalten

Aus dem Englischen von Andreas Hoffmann, Punktum Verlags-Service
Redaktion: Kurt-J. Heering

Printed in Dubai

Lizensierte Ausgabe, hergestellt von Carlton Books Limited

ISBN 978-3-7607-8387-1

www.arsedition.de

WELT FUSSBALL REKORDE 2012

KEIR RADNEDGE

INHALTSVERZEICHNIS

EINLEITUNG

EINES DER DINGE, die den Verbandsfußball so reizvoll machen, ist die unbändige Schwungkraft, die dem Spiel innewohnt, und die vorliegende Ausgabe der »FIFA Welt-Fußball-Rekorde« versucht, diesem Umstand Rechnung zu tragen.

Noch schauen Fans auf der ganzen Welt mit Begeisterung auf die unvergesslichen Ereignisse der FIFA Fußball-Weltmeisterschaft Südafrika 2010™ zurück, doch gleichzeitig fiebern sie schon erwartungsfroh der nächsten Weltmeisterschaft entgegen, die 2014 in Brasilien stattfinden wird. Es war schon lange überfällig, dass Spanien einmal den Titel holt, und 2010 wurde der WM-Triumph für eines der Schwergewichte im Konzert der Fußballnationen endlich Realität. Der Rekordweltmeister Brasilien, der sich schon fünfmal die WM-Krone aufsetzen durfte, ist hingegen gerade dabei, sich neu zu formieren, und hofft darauf, beim nächsten WM-Turnier seit 1998 wieder das erste Land nach Frankreich zu sein, das den Titel als Gastgeber im eigenen Land erringen kann.

Die FIFA WM 2014 ist schon voll im Gang. Der Startschuss fand am 15. Juni 2011 im Ato Boldon Stadium in Couva im Inselstaat Trinidad und Tobago statt: Dort hat das kleine mittelamerikanische Land Belize im ersten von insgesamt 824 Spielen, die für die Qualifikation zur nächsten WM angesetzt worden sind, die Karibikinsel Montserrat mit 5:2 geschlagen. Deon McCauley aus Belize erzielte in der 24. Minute den allerersten Treffer des Turniers und sicherte sich damit seinen Eintrag in den Fußball-Geschichtsbüchern.

Die Begegnung legt beredt Zeugnis davon ab, dass die FIFA Weltmeisterschaft nicht nur eine Sache der Fußballgiganten ist. Dieses Buch möchte alle Dimensionen der »Fußballpyramide« bis in die entlegensten Bereiche ausloten, und dabei hat es sich stetig weiterentwickelt, um mit dem ständigen Auf und Ab der Mitglieder der großen FIFA-Familie Schritt halten zu können. Das bezieht sich nicht nur auf Nationalmannschaften, sondern auch auf die einzelnen Spieler und Trainer und die immer neuen Rekorde, die sie unablässig aufstellen.

Doch die FIFA Fußball-Weltmeisterschaft™ ist zwar die Krönung der Entwicklung des Fußballsports, aber daneben gibt es auch noch anderes, was zählt: Der Fußball übt weltweit auch mit weiteren Nationalmannschafts- und Vereinswettbewerben eine ungeheure Anziehungskraft aus, und auch nationale Meisterschaften und Pokalwettbewerbe stacheln den Hunger der Fans nach Informationen ständig von Neuem an.

Die folgenden Seiten möchten das ganze Spektrum des Fußballs abbilden: Das Buch widmet sich sowohl den Hauptacts als auch den Nebendarstellern, sowohl den Favoriten als auch den Favoritenkillern, sowohl den gestandenen Fußballveteranen als auch den erwartungsvollen Nachwuchstalenten – oder kurz gesagt: Es möchte die ganze Welt des Fußballs ausleuchten, von Brasilien bis Belize.

Der amtierende Welt- und Europameister Spanien befindet sich auf dem Weg zur Verteidigung seines EM-Titels: Xavi überwindet im Qualifikationsspiel zur UEFA EURO 2012 Tomáš Rosický, den Kapitän der tschechischen Nationalmannschaft. Die Partie fand am 25. März 2011 statt und endete mit einem 2:1 für Spanien.

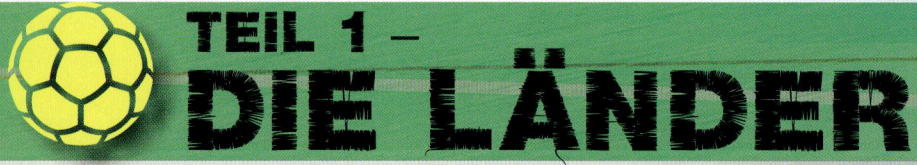

TEIL 1 – DIE LÄNDER

OB MAN DAS SPIEL nun »Fußball«, »football«, »futbol«, »calcio«, »futebol« oder »soccer« nennt – in praktisch allen Ländern der Welt ist der Sport ein Dauerbrenner, ganz gleich, unter welchem Namen er landesüblich bekannt ist. Der Verbandsfußball kennt weder ethnische noch politische oder religiöse Grenzen. Fußball hat eine sehr einfache Struktur, und das trägt mit dazu bei, den weltweiten Erfolg des Spiels sicherzustellen.

Die FIFA führt als Weltorganisation den Fußball an. Sie wird in der nächsttieferen Organisationsebene von den sechs Repräsentationen der Kontinente Afrika, Asien, Europa, Ozeanien, Südamerika und die Karibik, Zentral- und Nordamerika unterstützt. Die nationalen Fußballverbände der zusammengeschlossenen 208 Länder bilden die Mitglieder der FIFA – sie hat als weltweite Organisation damit mehr Mitgliedsstaaten als die Vereinten Nationen oder die Olympische Bewegung! Die Länder spielen eine zentrale Rolle für das Fußballleben. Sie pflegen die Nationalteams, die in den zentralen Wettkämpfen wie z. B. der FIFA Weltmeisterschaft unter den Augen der Welt Fußballgeschichte schreiben. Sie bemühen sich aber auch um den Nachwuchs und den Ausbau des Fußballs in ihren Ländern – von der professionellen Liga bis zur Hobbymannschaft.

Die ersten Teams, die sich im späten 19. Jahrhundert zu einem offiziellen Wettkampf trafen, stammten aus Schottland und England. Sie schafften die Grundlage für die vier britischen Mannschaften innerhalb einer Gemeinschaft von üblicherweise an ein einziges Land gebundenen Teams. Die damalige »British Home Championship«, eine Art Britische Meisterschaft, war der erste Wettbewerb für nationale Teams. Ein zu enges Timing der zahlreichen Veranstaltungen war ihr Untergang. So blieb als älteste Meisterschaft, neben dem Fußballturnier der Olympischen Spiele, nur die Copa América in Südamerika übrig.

Aus dem Interesse für eben jene Olympischen Spiele heraus reifte in den 1920er-Jahren unmittelbar die Idee für die FIFA Weltmeisterschaft heran, und 1930 wurde sie zum ersten Mal verwirklicht. Danach kamen die Meisterschaften der Kontinentalverbände hinzu, deren Gewinner sich alle vier Jahre im FIFA Konföderationen-Pokal treffen. Das nächste Turnier dieses Wettbewerbs findet 2013 in Brasilien statt, ein Jahr, bevor das südamerikanische Land die nächste FIFA Weltmeisterschaft ausrichten wird – ein Fest für den beliebtesten Sport der Welt!

Die FIFA, das Leitungsorgan des Weltfußballs, hat ihren Hauptsitz in Zürich. Am FIFA-Kongress, der außer in WM-Jahren jährlich stattfindet, nehmen Delegierte aller 208 Nationalverbände teil.

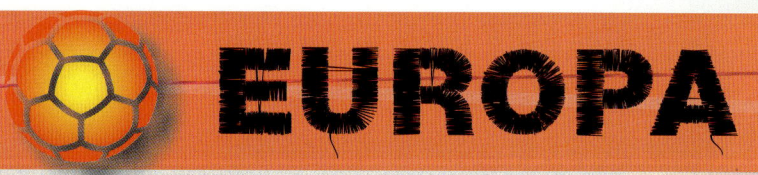

EUROPA

Schon bald, nachdem man in England die Regeln des modernen Verbandsfußballs abgefasst hatte, erfuhr das Spiel eine rasante Entwicklung – die Begeisterung für den Sport verbreitete sich rasch in ganz Europa. Binnen weniger Jahre sorgten Studenten, Ingenieure, Matrosen, Soldaten und Geschäftsleute dafür, dass sich die Spielregeln über den ganzen Erdball verbreiteten – und bei den Fans jene Leidenschaft auslösten, die heute weltweit zu beobachten ist.

Nachdem Thomas Müller im WM-Achtelfinale 2010 das 3:1 gegen England erzielt hat, stürmt er zum Torjubel los. Nur drei Minuten später sollte er schließlich zum 4:1-Endstand erhöhen – die höchste Niederlage, die England je bei einer WM-Endrunde hinnehmen musste.

ENGLAND

England ist die Wiege des Fußballs. Dort wurde das Spiel erfunden, dort entstanden der erste Fußballverband und die erste professionelle Fußball-Liga und dort ist heute die reichste Liga der Welt zu Hause. Doch auf internationalem Parkett geht nicht immer alles nach dem Willen Englands, ganz im Gegenteil: Nur einmal – als Gastgeber 1966 – gewannen die »Three Lions« die FIFA Weltmeisterschaft™. Sonst blieben sie bei größeren Turnieren meist hinter den Erwartungen zurück – und finden aus dieser Rolle auch nur schwer wieder heraus.

Gut »behütet«

Im historischen ersten Spiel gegen Schottland trugen die Engländer Mützen, wie sie sonst beim Cricket üblich sind, während die Schotten Hauben aufhatten. Diesem modischen Statement der Engländer ist es zu verdanken, dass in England heute der Einsatz in einem Länderspiel mit dem Wort »cap« (Mütze) bezeichnet wird. Nach alter Tradition erhalten britische Fußballer noch heute eine Mütze, wenn sie an einem Länderspiel teilnehmen.

Ashleys Minusrekord

Ashley Cole, linker Außenverteidiger bei Chelsea, überholte im Februar 2011 den ehemaligen Arsenal-Spieler Kenny Sansom: Mit seinem 87. Einsatz im Spiel seines Landes gegen Dänemark wurde er zum englischen Außenverteidiger mit den meisten Länderspielen. Cole, der 2010 von den englischen Fans zum besten Nationalspieler gewählt wurde, hält einen weiteren Rekord – den für die meisten Länderspieleinsätze ohne Torerfolg: In 89 Partien für sein Land traf er kein einziges Mal.

Am Anfang war der Ball

Der Tag, an dem alles seinen Anfang nahm, war der 30. November 1872. Damals trat England zu seinem ersten offiziellen Länderspiel an: gegen Schottland auf dem Hamilton Crescent Cricketplatz in Partick. Die Partie endete unentschieden vor einem für damalige Verhältnisse riesigen Publikum von 4000 Zuschauern, die dafür je einen Schilling (ca. 5 Cent) Eintritt bezahlt hatten. Englische und schottische Mannschaften waren allerdings auch vorher schon gegeneinander angetreten, doch spielten damals die meisten schottischen Spieler in England, und so wurden diese fünf Spiele offiziell nicht anerkannt. Die englische Mannschaft für das erste offizielle Spiel stellte Charles Alcock, der Sekretär des englischen Fußballverbandes, zusammen. Zu seinem großen Bedauern konnte er wegen einer Verletzung nicht selbst antreten. Das erste internationale Rugbyspiel zwischen England und Schottland wurde bereits 1871 ausgetragen, doch Englands erstes »Test-Cricket-Match« fand erst 1877 gegen Australien statt.

Gigantische Erfolge

Fünfmal konnte England zweistellige Torzahlen erreichen: 1882 und 1899 gegen Irland mit 13:0 und 13:2, 1908 gegen Österreich mit 11:1, 1947 in Lissabon gegen Portugal mit 10:0 und schließlich 1964 in New York gegen die USA mit 10:0. Hier waren Roger Hunt (vier), Fred Pickering (drei), Terry Paine (zwei) und Bobby Charlton die Torschützen.

Die erste Niederlage

Als Ungarn 1953 England in Wembley mit 6:3 schlug, war dies die erste Heimniederlage der Engländer gegen eine Mannschaft vom europäischen Festland. Ihre erste Niederlage gegen einen nicht-britischen Gegner fand bereits 1949 im Goodison Park, Liverpool, statt. Damals siegte Irland mit 2:0.

Böse Jungs

Alan Mullery war der erste von 12 englischen Akteuren, die in einem Spiel der Nationalmannschaft des Feldes verwiesen wurden. Er sah am 5. Juni 1968 im EM-Halbfinale gegen Jugoslawien in Florenz Rot. Von diesen 12 englischen Spielern ist David Beckham der einzige, der bereits zweimal vom Platz flog.

Spät, aber nicht zu spät

Der Torhüter David James war mit 39 Jahren und 321 Tagen der älteste Spieler, der je sein WM-Debüt gab, als er 2010 in Südafrika zum ersten Mal für England auflief. Im zweiten Spiel der Engländer in der Gruppe C gegen Algerien hielt er seinen Kasten sauber: Das Spiel endete 0:0. James spielte anstelle von Robert Green, der sich gegen die USA einen peinlichen Patzer geleistet hatte, der seiner Mannschaft den Sieg kostete; der Trainer verbannte ihn daher auf die Ersatzbank.

Englands höchste Siege

1882	Irland – England 0:13
1899	England – Irland 13:2
1908	Österreich – England 1:11
1964	USA – England 0:10
1947	Portugal – England 0:10
1982	England – Luxemburg 9:0
1960	Luxemburg – England 0:9
1895	England – Irland 9:0
1927	Belgien – England 1:9
1896	Wales – England 1:9
1890	Irland – England 1:9

Englands höchste Niederlagen

1954	Ungarn – England 7:1
1878	Schottland – England 7:2
1881	England – Schottland 1:6
1958	Jugoslawien – England 5:0
1964	Brasilien – England 5:1
1928	England – Schottland 1:5
1882	Schottland – England 5:1
1953	England – Ungarn 3:6
1963	Frankreich – England 5:2
1931	Frankreich – England 5:2

Vertrauen in die Erfahrung

Der englische WM-Kader von 2010 war der älteste, der je zu einer WM-Endrunde gefahren ist: Der Altersdurchschnitt lag bei 28,7 Jahren. Dieser Rekord wurde bis dahin vom 1954er-Kader gehalten, dessen Mitglieder im Durchschnitt 28,4 Jahre alt waren. In beiden Fällen spielte jeweils ein 39-Jähriger mit – 2010 der Torhüter David James, 1954 der Rechtsaußen Stanley Matthews. Die 23-köpfige Auswahl von 2010 brachte es außerdem auf zusammengerechnet 900 Länderspieleinsätze, also 39,1 Länderspiele pro Spieler. Damit brach sie den Rekord, den bis dahin mit 32,2 Länderspielen pro Kopf die Auswahl von 1990 hielt.

Kopfballtreffer zum Auftakt

Die robusten englischen Innenverteidiger erzielten sowohl das letzte Tor im alten Wembley-Stadion, das 2000 stillgelegt wurde, als auch den ersten Treffer im neuen Wembley-Stadion, das 2007 eröffnet wurde: Im Mai 2000 schoss Tony Adams das Tor zum 2:0 gegen die Ukraine; beim letzten Match der Three Lions im alten Wembley vier Monate später erzielte der Deutsche Dietmar »Didi« Hamann den einzigen Treffer der Partie. Im Juni 2007 wiederum köpfte der Kapitän John Terry seine Mannschaft beim Freundschaftsspiel gegen Brasilien, das zur Eröffnung des neuen Wembley-Stadions ausgetragen wurde, in Führung; die Partie endete schließlich 1:1.

Englische Nullnummern

Mit dem torlosen Unentschieden gegen Algerien am 18. Juni 2010 in Kapstadt wurde England zum ersten Land, das bereits zehn WM-Partien mit einem 0:0 beendete. Die erste WM-Nullnummer gab es 1958 in Schweden gegen Brasilien. Zu den zehn Unentschieden zählen u. a. auch die Spiele in der 2. Finalrunde der WM von 1982 gegen den späteren Vizeweltmeister Deutschland und den Gastgeber Spanien.

Deutschland demontiert England

Das 1:4, das England gegen Deutschland im Achtelfinale von 2010 im südafrikanischen Bloemfontein erlitt, war die bisher höchste englische WM-Niederlage und übertraf damit die 2:4-Pleite gegen Uruguay im Viertelfinale von 1954. Deutschland brachte es zudem in dem einen Spiel auf mehr Treffer als England während der ganzen Endrunde 2010 – der Verteidiger Matthew Upson erzielte in Bloemfontein noch einen Ehrentreffer, nachdem davor in zwei von den drei Gruppenspielen nur Steven Gerrard (rechts) und Jermain Defoe jeweils einmal als Torschützen erfolgreich gewesen waren. Im September 2001 hatte sich England über einen 5:1-Auswärtssieg über Deutschland freuen dürfen; bei diesem WM-Qualifikationsspiel hatte Michael Owen einen Hattrick erzielt, Steven Gerrard und Emile Heskey steuerten die beiden übrigen Treffer bei. Bei der WM in Südkorea und Japan im darauffolgenden Jahr kamen die Deutschen trotzdem weiter als England: Sie scheiterten erst im Endspiel an Brasilien, das die Three Lions bereits im Viertelfinale aus dem Turnier geworfen hatte.

Über kurz oder lang

Mit seinen 2,01 Metern ist Mittelstürmer Peter Crouch der bislang größte Natio-nalspieler, der jemals für England auflief. Außenstürmer Fanny Walden von den Tottenham Hotspurs, der 1914 und 1922 insgesamt zwei Länderspiele bestritt, war mit 1,58 Metern der kleinste Spieler.

Beckhams Rekorde

David Beckham spielte zum 109. Mal für England, als er bei einem 4:0-Sieg in einem Freundschaftsspiel über die Slo-wakei am 28. März 2009 eingewech-selt wurde. Damit stellte er den Rekord für den Feldspieler mit den meisten Einsätzen in der Nationalmannschaft ein, der zuvor von Bobby Moore, dem Kapitän der englischen Weltmeisterelf von 1966, gehalten wurde. Beckham, geboren am 2. Mai 1975 in Leytonstone, London, lief am 1. Sep-tember 1996 in einem WM-Qualifikationsspiel gegen Moldawien zum ersten Mal für sein Land auf. 2001 wurde er vom damals neuen Trainer Sven-Göran Eriksson zum Kapitän der Natio-nalelf ernannt. Nach der Viertelfinalnieder-lage gegen Portugal bei der FIFA WM 2006 trat er vom Kapitänsamt zurück.

Der jüngste Spieler

Theo Walcott wurde Englands jüngster Nationalspieler, als er am 30. Mai 2006 im Alter von 17 Jahren und 75 Tagen in Old Trafford/Manchester gegen Ungarn an-trat. Am 10. September 2008 erzielte er als jüngster Engländer bei einem Auswärtsspiel gegen Kroatien in Zagreb einen Hattrick. Sein Team gewann 4:1, Walcott war gerade 19 Jahre und 178 Tage alt. Zuvor war Wayne Rooney jüngster Nationalspieler gewesen. Beim Spiel gegen Australien 2003 war er 17 Jahre und 111 Tage alt.

Kommt Zeit, kommt Länderspiel

Vier englische Nationalspieler nahmen zwar an der FIFA WM 1966 teil, verpassten aber den Endspieltriumph über die Bundesrepublik Deutschland: Ian Callaghan, John Connelly, Jimmy Greaves und Terry Paine. Der Außenstür-mer Callaghan vom FC Liverpool musste danach die bisher längste Wartezeit zwischen zwei Einsätzen in der englischen Nationalmannschaft erdulden: Nach seinem Auftritt bei der WM 1966, einem 2:0 Englands gegen Frankreich, vergingen genau 11 Jahre und 49 Tage, bis er wieder die internationale Bühne betreten durfte – im September 1977 bei einem tor-losen Unentschieden gegen die Schweiz. Diese Partie war Callaghans dritter und vorletzter Einsatz für sein Land.

Neues Spiel, neuer Trainer

Der Stürmer Andy Cole lief bei jedem seiner ers-ten vier Länderspiele unter einem anderen Nati-onaltrainer auf: unter Terry Venables bei seinem Länderspieldebüt 1995 gegen Uruguay, unter Glen Hoddle 1997 gegen Italien, unter Interimstrainer Howard Wilkinson 1999 bei der Partie gegen Frank-reich und unter Dauerersatz Kevin Keegan eben-falls 1999 gegen Polen. Cole bestritt danach nur noch elf weitere Länderspiele – alle unter Keegan und Eriksson.

Alexander der Späte

Der älteste Spieler, der in der englischen National-mannschaft debütierte, ist immer noch Alexander Morton: Er war schon 41 Jahre und 114 Tage alt, als er am 8. März 1873 im »Oval« im Londoner Stadtteil Ken-nington gegen Schottland bei Englands erstem Heim-spiel für die Nationalmannschaft auflief. An dem Tag war er auch Spielführer und ist somit bis heute auch der älteste Mannschaftskapitän, den England je hatte.

Nationalspieler-Schmiede

Für die Spiele gegen Wales und Ghana im April 2011 berief der englische Nationaltrainer Fabio Capello vier aktuelle und vier ehemalige Aston-Villa-Spieler in seine Mannschaft. Der Klub hat bislang mehr National-spieler gestellt als jeder andere Verein. Gareth Southgate ist der »Villan« mit meisten Länderspieleinsät-zen – 42 von 57 Partien für die Three Lions absolvierte er, als er bei Aston Villa unter Vertrag stand. Darunter war auch das Halbfinale der UEFA EURO 1996 gegen Deutschland, wo Southgate im Elfmeterschießen seinen Versuch vergab und damit Englands Niederlage besiegelte. Spieler von Tottenham Hotspur wieder-um sind für mehr Nationalmannschaftstore verantwortlich als Kicker irgendeines anderen Klubs: Als Peter Crouch im November 2010 gegen Frankreich traf, war dies bereits das 190. Tor, das ein Spieler des Ver-eins aus dem Norden Londons für die Nationalelf erzielt hat.

Großer alter Mann

Als Stanley Matthews am 15. Mai 1957 bei einem Spiel gegen Dänemark im Alter von 42 Jahren und 104 Tagen als Rechtsaußen auflief, wurde er zum ältesten Nationalspieler Englands aller Zeiten. Das war 22 Jahre und 229 Tage nach seinem ersten Länderspiel. Gleichzeitig ist er auch Englands ältester Torschütze. Bei sei-nem Treffer gegen Nordirland am 10. Oktober 1956 war er 41 Jahre und acht Monate alt.

Top Ten Torschützen

1.	Bobby Charlton	49
2.	Gary Lineker	48
3.	Jimmy Greaves	44
4.	Michael Owen	40
5.	Tom Finney	30
=	Nat Lofthouse	30
=	Alan Shearer	30
8.	Viv Woodward	29
9.	Steve Bloomer	28
10.	David Platt	27

Kapitän für einen Tag

Mittelstürmer Claude Ashton vom FC Corinthian stellte einen Rekord auf, als er in seinem einzigen Länderspiel als Kapitän auflief. Das war am 24. Oktober 1925 in Belfast bei einem 0:0 gegen Nordirland.

Top Ten Länderspiele

1.	Peter Shilton	125
2.	David Beckham	115
3.	Bobby Moore	108
4.	Bobby Charlton	106
5.	Billy Wright	105
6.	Bryan Robson	90
7.	Steven Gerrard	89
=	Michael Owen	89
=	Ashley Cole	89
10.	Kenny Sansom	86

Großartige Kapitäne

Die Nationalmannschaftskarrieren von Billy Wright und Bobby Moore (rechts), die England jeweils 90-mal als Kapitän anführten, hätten sich fast überlappt. Wright von den Wolverhampton Wanderers spielte von 1946 bis 1959 für England, Moore von West Ham United von 1962 bis 1973, u. a. beim Gewinn der FIFA WM 1966.

Geteilte Verantwortung

Aufgrund von Ein- und Auswechslungen trugen bei einem Freundschaftsspiel gegen Serbien-Montenegro, das England am 3. Juni 2003 mit 2:1 gewann, vier Kicker von der Insel die Kapitänsbinde. David Beckham war nicht mit von der Partie, daher führte Michael Owen die Mannschaft an. Zur Halbzeit gab er die Binde an Emile Heskey weiter. Als der den Platz verließ, übernahm Jamie Carragher die Aufgabe des Spielführers und gab die Binde schließlich an Philip Neville weiter. Das erste WM-Spiel, bei dem die englische Mannschaft drei verschiedene Kapitäne hatte, war die Partie gegen Marokko 1986: Der eigentliche Spielführer Bryan Robson musste verletzt den Platz verlassen und gab die Armbinde an seinen Stellvertreter Ray Wilkins weiter. Als der die Rote Karte sah, übernahm Torhüter Peter Shilton den Job.

Meister der Kurzauftritte

Der Tottenham-Hotspur-Stürmer Jermain Defoe wurde öfter als jeder andere englische Nationalspieler eingewechselt – insgesamt 29-mal seit seinem Länderspieldebüt im März 2004. Und bei allen 17 Partien, bei denen er in der Startformation stand, wurde er vorzeitig ausgewechselt.

Die wahre Heimat des Fußballs

Entgegen der landläufigen Meinung und den Aussagen in vielen Fußballgeschichtsbüchern ist »The Oval« die wahre Heimat der englischen Fußballnationalmannschaft. Es war im »Oval« im Londoner Stadtteil Kennington – den meisten eher als Cricket-Stadion und als der Austragungsort des ersten Länderspiels in England (1880 gegen Australien, das sogenannte »Test match«) bekannt –, in dem zwischen 1870 und 1872 die ersten »inoffiziellen« Länderspiele (insgesamt fünf) zwischen englischen und schottischen Auswahlmannschaften ausgetragen wurden. Danach war »The Oval« Austragungsort von Englands erstem »offiziellem« Heimländerspiel und gleichzeitig erstem Sieg auf internationalem Parkett (4:2 über Schottland) sowie Erfolgen gegen Wales und Irland in der noch jungen British Home Championship.

Wer ist der Größte?

Statistisch gesehen ist Fabio Capello mit 68 % gewonnenen Spielen der erfolgreichste englische Nationaltrainer, gefolgt von Sir Alf Ramsey und Glenn Hoddle, die mit einer Quote von jeweils 61 % gleichauf den zweiten Platz belegen. Mit dem FIFA WM-Titel 1966 ist Sir Alf jedoch einsame Spitze. Rein statistisch schneidet Interimstrainer Peter Taylor mit einer Quote von 100 % Niederlagen am schlechtesten ab. Es gab aber auch nur ein Spiel unter seiner Verantwortung – ein 0:1 gegen Italien in Turin, bei dem David Beckham Kapitän war. Don Revie (1974–1977) und Steve McClaren (2006–2007) sind die einzigen Nationaltrainer, unter denen sich England nicht für ein großes Turnier qualifizieren konnte. Terry Venables musste sich für sein einziges Turnier, die EM 1996, nicht qualifizieren, da England Gastgeber war. McClarens 16-monatige Amtszeit ist gleichzeitig die kürzeste Amtszeit eines Nationaltrainers.

Gäste aus dem Ausland

Argentinien war das erste nicht-britische Team, das am 9. Mai 1951 in Wembley spielte (2:1 für England), während die »Goldene Elf« von Ungarn mit Ferenc Puskás 1953 bei ihrem legendären 6:3-Sieg in Wembley die erste Mannschaft vom Festland war, die den Three Lions eine Heimniederlage beibringen konnte. Diese Demütigung war Alf Ramseys letzter Auftritt als Nationalspieler. Seine erste Niederlage gegen ein Team vom europäischen Kontinent musste England am 15. Mai 1929 einstecken, als man in Madrid 3:4 gegen Spanien verlor. Zwei Jahre später nahm England mit einem 7:1 im heimischen Highbury-Stadion Revanche.

Falsche Richtung!

Obwohl das Tor manchmal dem schottischen Stürmer John Smith zugerechnet wird, gilt Edgar Field als der erste englische Spieler, der jemals ein Eigentor erzielte – bei einer 1:6-Niederlage gegen Schottland 1881. Als Field ins eigene Netz traf, lag England jedoch schon 1:4 zurück. Der Verteidiger, der mit Clapham Rovers den FA Cup sowohl gewann als auch verlor, befindet sich jedoch in guter Gesellschaft. Gary Neville von Manchester United hat sogar zweimal »gegen« England getroffen.

Treten Sie näher!

Mit 149 547 Zuschauern lockte die Begegnung gegen Schottland (das 3:1 gewann) bei der British Home Championship am 17. April 1937 die höchste Zuschauerzahl, die je für ein Spiel der englischen Nationalelf gemessen wurde, in den Glasgower Hampden Park. Dagegen sahen nur 2378 Fans, wie San Marino in Bologna England nach nur neun Sekunden mit einem Blitztor schockte und das Team von Graham Taylor trotz einem 7:1 die Teilnahme an der FIFA WM 1994 verpasste.

Immer die Ersten

Englands erstes offizielles Länderspiel war ein 0:0 gegen Schottland in Glasgow am 30. November 1872, obwohl die beiden Teams zuvor schon mehrmals in inoffiziellen Spielen gegeneinander angetreten waren. Angesichts der Tatsache, dass England über vier Jahrzehnte ausschließlich gegen britische Teams spielte – und in den ersten sieben Jahren sogar nur gegen Schottland –, ist es nicht verwunderlich, dass das erste Unentschieden, der erste Sieg und die erste Niederlage jeweils gegen den nördlichen Nachbarn verzeichnet wurden. Nach der torlosen ersten Partie gab es am 8. März 1873 im »Oval« ein weit packenderes Match: England gewann 4:2 in einem wahren Krimi. In ihrem dritten Aufeinandertreffen, fast auf den Tag genau ein Jahr später in Glasgow, glich Schottland mit einem 2:1-Sieg aus.

Der italienische Trainer

Der Italiener Fabio Capello ist der zweite ausländische Nationaltrainer der Engländer. Er übernahm das Amt im Januar 2008 von Steve Mc Claren und führte sein Team zur Weltmeisterschaft 2010 in Südafrika. Aus seiner Zeit als Spieler hatte Capello gute Erinnerungen an das Wembley-Nationalstadion – am 14. November 1973 hatte er dort das einzige Tor des Spiels geschossen, das den Italienern den ersten Auswärtssieg überhaupt gegen die Engländer einbrachte. Capello hat vor einiger Zeit geäußert, dass er nach der UEFA Fußball-Europameisterschaft 2012 von seinem Amt zurücktreten will.

Dein Land braucht dich

Die ersten Nationalspieler wurden in offenen Ausscheidungswettkämpfen aus Engländern ermittelt, die sich auf Anzeigen des englischen Fußballverbands gemeldet hatten. Als diese Prozedur aufgrund des immer größer werdenden Zuspruchs zu schwierig zu handhaben wurde, entschied man sich 1887, die Benennung des Kaders einem Länderspiel-Auswahlkomitee zu übertragen, das diese Funktion bis zur Ernennung Sir Alf Ramseys zum Nationaltrainer 1962 ausübte.

Nationaltrainer und Teamchefs

Name	AS	S	U	N	TG	GT
Walter Winterbottom (1946–62)	138	77	33	28	380	195
Sir Alf Ramsey (1962–74)	113	69	27	17	224	98
Joe Mercer (1974)	7	3	3	1	9	7
Don Revie (1974–77)	29	14	7	8	49	25
Ron Greenwood (1977–82)	55	33	12	10	93	40
Bobby Robson (1982–90)	95	47	30	18	154	60
Graham Taylor (1990–93)	38	18	13	7	62	32
Terry Venables (1994–96)	24	11	11	2	35	14
Glenn Hoddle (1996–98)	28	17	6	5	42	13
Howard Wilkinson (1999–2000)	2	0	1	1	0	2
Kevin Keegan (1999–2000)	18	7	7	4	26	15
Peter Taylor (Nov. 2000)	1	0	0	1	0	1
Sven-Göran Eriksson (2001–06)	67	40	17	10	127	60
Steve McClaren (2006–07)	18	9	4	5	32	12
Fabio Capello (2008–)	35	24	5	6	79	31

Legende: AS = Anzahl der Spiele, S = Siege, U = Unentschieden, N = Niederlagen, TG = Tore geschossen, GT = Gegentore

Roter Nebel

Paul Scholes von Manchester United ist nicht nur der einzige englische Spieler, der jemals im alten Wembley-Stadion vom Platz gestellt wurde – am 5. Juni 1999 sah er im EM-Qualifikationsspiel gegen Schweden nach einem ungeschickten Tackling die Gelb-Rote Karte –, er ist auch der erste Spieler, der sowohl im alten als auch im neuen Wembley-Stadion einen Platzverweis erhalten hat; am 16. April 2011 bekam er im ersten der beiden FA-Cup-Halbfinalspiele zwischen ManU und Manchester City die Rote Karte. Besser in Erinnerung behält Scholes ein anderes Ereignis in Wembley: Er war der letzte Spieler, dem auf dem Geläuf des alten Stadions ein Hattrick gelang, in einem EM-Qualifikationsspiel am 27. März 1999 beim 3:1 der Engländer gegen Polen. Der erste Hattrick im neuen Wembley-Stadion gelang dem italienischen U-21-Stürmer Giampaolo Pazzini am 24. März 2007 beim 3:3 gegen die englische U-21.

Wunderbarer Walter

Walter Winterbottom war der erste Vollzeit-Trainer der englischen Nationalmannschaft – und er ist (mit 138 Spielen unter seiner Leitung) sowohl der dienstälteste als auch der jüngste Trainer, den England je hatte. Bei seinem Amtsantritt 1946 (anfangs als Trainer, ab 1947 als Manager) war er lediglich 33 Jahre alt. Der ehemalige Lehrer und Spieler von Manchester United betreute England bei vier FIFA Weltmeisterschaften.

FRANKREICH

Frankreich ist eine der erfolgreichsten Mannschaften im Weltfußball und eines von nur drei Ländern, das gleichzeitig Welt- und Europameister war. Bei der WIFA WM im eigenen Land bezwang Frankreich 1998 Brasilien mit 3:0. Und bei der EM zwei Jahre später siegten die Franzosen gegen Italien im Endspiel. Erst in der Nachspielzeit glichen sie zum 1:1 aus und gewannen schließlich durch ein Golden Goal. Den EM-Titel hatten sie erstmals 1984 durch ein 2:0 gegen Spanien in Paris errungen. 2006 erreichten sie erneut das Finale der FIFA WM, scheiterten aber im Elfmeterschießen gegen Italien. In den Jahren 2001 und 2003 gewann Frankreich den FIFA Konföderationen-Pokal und 1984 das Olympische Fußballturnier in Los Angeles.

Kopa – Frankreichs erster Superstar

Raymond Kopa, geboren am 13. Oktober 1931, war Frankreichs erster internationaler Superstar. Als Sohn polnischer Einwanderer – der Familienname lautete Kopaszewski – war er maßgeblich an den ersten Meisterschaftserfolgen von Stade Reims in den 50er-Jahren beteiligt. Nach seinem Wechsel zu Real Madrid gewann er in den Jahren 1957 bis 1959 als erster französischer Spieler dreimal den Europacup der Landesmeister. Kopa war Spielmacher des französischen Teams, das bei der FIFA WM 1958 Dritter wurde. Im selben Jahr wurde er zu »Europas Fußballer des Jahres« gewählt.

Platinis schillernde Karriere

Michel Platini, geboren am 21. Juni 1955 in Joeuf, kann auf eine einmalige Karriere zurückblicken: Nach seinen Anfängen beim AS Nancy wurde er zu einem der größten Stars Frankreichs, feierte Erfolge in Italien und ist heute Präsident der UEFA. Gemeinsam mit Fernand Sastre war er 1998 einer der Organisationschefs der WM in Frankreich. Platini ist Enkel eines italienischen Einwanderers, der in Joeuf, Lorraine, ein Café besaß. Nach Erfolgen mit Nancy und dem AS St. Etienne wechselte er zu Juventus Turin und gewann zahlreiche internationale Trophäen. Als Nationalspieler war er 1982 maßgeblich an Frankreichs Eindringen ins WM-Halbfinale beteiligt. Zwei Jahre später führte er die Mannschaft auf heimischem Boden zum Turniergewinn und war der uneingeschränkte Star der EM.

Michel Platini
(Liga- und Länderspiele):

Zeitraum	Mannschaft	Spiele	Tore
1972–79	AS Nancy	181	98
1979–82	AS Saint-Étienne	104	58
1982–87	Juventus Turin	147	68
1976–87	Frankreich	72	41

Sitzstreik

Schon bevor Frankreichs WM-Mission von 2010 in Chaos und Streik endete, gab es zwischen verschiedenen Mitgliedern des Kaders heftige Rivalitäten. Die französischen Medien berichteten, dass der Spielmacher Yoann Gourcuff von anderen Teammitgliedern aus der Mannschaft geekelt worden wäre. Der altgediente Innenverteidiger William Gallas wiederum fand keinen gemeinsamen Nenner mit dem jungen Mittelfeldspieler Samir Nasri (rechts), der einige Zeit bei Arsenal sein Mannschaftskollege gewesen war. Nachdem Gallas von Arsenal zu Tottenham Hotspur gewechselt war, weigerte sich Nasri in der nachfolgenden Saison, Gallas vor den Spielen der beiden Vereine in der Premier League die Hand zu geben.

WM mal vier

Das Erreichen der FIFA WM-Endrunde von 2010 mag für Frankreich vielleicht eine anstrengende – und sicher auch von etlichen Streitigkeiten geprägte – Angelegenheit gewesen sein, doch damit hatte sich das Land zum ersten Mal überhaupt viermal hintereinander für die WM qualifiziert. Wenn man die EM 2008 noch mit dazunimmt, ist Raimond Domenech der erste Trainer Frankreichs, der sein Land zu drei wichtigen Fußballturnieren in Folge geführt hat.

Eingewanderte Stars

Frankreichs Mannschaften wurden schon früh durch Spieler aus Einwandererfamilien geprägt. Drei der größten französischen Stars – Raymond Kopa, Michel Platini und Zinédine Zidane – sind Söhne oder Enkel von Immigranten. 2006 hatten 17 von 23 Mitgliedern des WM-Kaders Wurzeln in den ehemaligen Kolonien des Landes.

Frankreich und die FIFA

Frankreich war 1904 eines der FIFA Gründungsmitglieder. Der Franzose Robert Guérin wurde erster Präsident des Weltfußballverbandes, einer seiner Nachfolger war sein Landsmann Jules Rimet, der von 1921 bis 1954 Präsident war. Rimet war auch die treibende Kraft, als die FIFA Weltmeisterschaft ins Leben gerufen wurde – die begehrteste Trophäe des Weltfußballs wurde nach ihm benannt.

Skandal-Raymond

Dass es Frankreich nicht schaffte, bei der FIFA WM 2010 ein einziges Spiel zu gewinnen, bedeutete für Raymond Domenech, dass er den Rekord von 41 Nationalmannschaftssiegen, den Michel Hidalgo hält, nicht brechen konnte. Immerhin hatte Domenech am Ende seiner sechsjährigen Amtszeit aber Hidalgo, der die EM 1984 als Trainer gewann, in Bezug auf die Anzahl der Länderspiele unter seiner Verantwortung überholt: Das letzte Gruppenspiel der Franzosen bei der WM 2010 gegen Südafrika war Domenechs 79. Spiel – das sind vier Spiele mehr, als Hidalgo schaffte. Domenech, der als Spieler von Hidalgo in die Nationalmannschaft geholt wurde, entpuppte sich während seiner Trainerkarriere als Exzentriker: So soll er z. B. seine Mannschaft nach den Sternzeichen seiner Spieler aufgestellt haben, und als Frankreich 2008 aus der Europameisterschaft flog, machte er seiner Freundin bei einem Interview vor laufender Kamera einen Heiratsantrag.

Rituelle Küsse

Mittelfeldspieler Laurent Blanc und Torwart Fabien Barthez, beide damals bei Olympique Marseille unter Vertrag, hatten bei Frankreichs Triumphzug zum Titel 1998 ein spezielles Ritual entwickelt: Vor jedem Spiel küsste Blanc die markante Glatze von Barthez – und dies wurde beim Endspiel beibehalten, obwohl der Abwehrspieler gesperrt war.

Die perfekte Blamage

Im Zuge ihrer insgesamt katastrophalen Vorstellung bei der FIFA WM 2010 traten die französischen Spieler sogar in den Streik: Sie verweigerten das Training – als Protest dagegen, dass Nicolas Anelka frühzeitig nach Hause geschickt worden war. Nach einem torlosen Unentschieden gegen Uruguay und Niederlagen gegen Mexiko und Südafrika landete Frankreich schließlich am Tabellenende seiner Gruppe. Der Staatspräsident Nicolas Sarkozy ordnete eine Untersuchung an, was da alles schiefgegangen war, und der frühere Nationalverteidiger Lilian Thuram forderte, dass der Kapitän Patrice Evra für immer aus der Nationalmannschaft ausgeschlossen werden solle. Der neue Trainer Laurent Blanc weigerte sich später, auch nur einen der 23 Spieler des WM-Kaders von 2010 beim ersten Auftritt der Franzosen nach der WM – ein Freundschaftsspiel gegen Norwegen am 11. August 2010 – zu berücksichtigen; die Franzosen verloren die Partie mit 1:2.

Top Ten Länderspiele

1.	Lilian Thuram	142
2.	Thierry Henry	123
3.	Marcel Desailly	116
4.	Zinédine Zidane	108
5.	Patrick Vieira	107
6.	Didier Deschamps	103
7.	Laurent Blanc	97
=	Bixente Lizarazu	97
9.	Sylvain Wiltord	92
10.	Fabien Barthez	87

Die zweite Hand Gottes

Frankreichs Qualifikation für die FIFA WM 2010 war sehr umstritten. Der Rekordtorschütze Thierry Henry machte sich zum »Bösewicht«, als er im November 2009 im Relegations-Rückspiel der Franzosen gegen Irland in der Verlängerung den Ball eindeutig unter Zuhilfenahme der Hand an William Gallas weiterspielte, der den Siegtreffer erzielte. Henry entschuldigte sich später für das, was bald mit Begriffen wie »Die zweite Hand Gottes« tituliert wurde. Die FIFA lehnte die Forderung der Iren ab, das Spiel zu wiederholen oder Irland im darauffolgenden Jahr – was es noch nie gegeben hatte – als 33. Teilnehmer zur Endrunde zuzulassen.

Top Ten Torschützen

1.	Thierry Henry	51
2.	Michel Platini	41
3.	David Trezeguet	34
4.	Zinédine Zidane	31
5.	Just Fontaine	30
=	Jean-Pierre Papin	30
7.	Youri Djorkaeff	28
8.	Sylvain Wiltord	26
9.	Jean Vincent	22
10.	Jean Nicolas	21

Henry drückt die Ersatzbank

Der französische Rekordtorschütze Thierry Henry kam wegen einer Roten Karte für Marcel Desailly im Endspiel der FIFA WM 1998 nicht zum Einsatz. Henry führte bei dem Turnier mit drei Treffern in den Gruppenspielen die französische Torschützenliste an. Trainer Aimé Jacquet hatte vor, ihn im Finale als Einwechselspieler zu bringen, doch der Platzverweis von Desailly zwang ihn zum Umdenken: Jacquet entschloss sich dazu, das Mittelfeld zu verstärken – statt Henry brachte er dessen Arsenal-Kollegen Patrick Vieira, und Henry saß die ganzen 90 Minuten des Endspiels auf der Bank. Dafür darf er sich rühmen, der einzige Franzose zu sein, der an vier verschiedenen Weltmeisterschaften teilgenommen hat – er war 1998, 2002, 2006 und 2010 dabei. Im Oktober 2007 verdrängte er mit einem späten Doppelpack gegen Litauen Michel Platini von der Spitze der französischen Rekordtorschützenliste.

Deschamps, der »Chef«

Didier Deschamps war der erfolgreichste Mannschaftskapitän Frankreichs und führte das Team bei der FIFA WM 1998 und der EM 2000 zum Titelgewinn. Er bestritt 103 Länderspiele und agierte von 1996 bis zu seinem Rücktritt im Juli 2000 55-mal als Kapitän der Mannschaft – ein einmaliger Rekord. Seinen Einstand als Kapitän gab er am 1. Juni 1996 beim 1:0 gegen Deutschland, und er führte auch das Team an, das 1996 im EM-Halbfinale beim Elfmeterschießen gegen Tschechien versagte.

Solidarität mit Abidal

Der Abwehrspieler Éric Abidal, WM-Teilnehmer 2006 und 2010, steht seit 2007 im Kader des FC Barcelona. Im März 2011 wurde bei ihm ein Lebertumor festgestellt – doch es gelang ihm unglaublich schnell ins Team der Katalanen zurückzukehren. Spieler von Real Madrid zogen sich einen Tag nach der Bekanntgabe der schlimmen Diagnose nach dem Champions-League-Spiel gegen Abidals früheren Verein Olympique Lyon T-Shirts mit dem Genesungswunsch »Animo Abidal« (dt. »Kopf hoch, Abidal«) über. In der spanischen Liga klatschten am Samstag darauf beim Spiel von Barcelona gegen Getafe die Barça-Fans ununterbrochen die ganze 22. Spielminute über – als Zeichen ihrer Solidarität mit Abidal, der die Trikotnummer 22 trug. Beim Champions-League-Halbfinal-Rückspiel zwischen Barcelona und Real Madrid am 3. Mai 2011 wurde Abidal in der 90. Minute eingewechselt – und im Finale gegen Manchester United am 28. Mai 2011 spielte der Franzose dann von Anfang an. Nach dem 3:1-Triumph der Katalanen gab man Abidal die Kapitänsbinde, damit er als Erster den Pokal entgegennehmen und in die Höhe stemmen konnte.

Bittersüß für Trezeguet

David Trezeguet hat bittersüße Erinnerungen an Frankreichs Spiele gegen Italien bei wichtigen Turnieren. Er schoss das »Golden Goal«, durch das die Italiener beim EM-Finale 2000 in der Verlängerung bezwungen wurden; sechs Jahre später jedoch verlor Frankreich im WM-Finale das Elfmeterschießen, weil Trezeguet nur den Pfosten traf.

Lilian, der Unermüdliche

Der Abwehrspieler Lilian Thuram absolvierte sein 142. und letztes Länderspiel für Frankreich 2008 bei der EM-Niederlage gegen Italien. Seine fast 14-jährige Karriere in der Nationalmannschaft begann am 17. August 1994 mit einem Spiel gegen Tschechien. Thuram, geboren am 1. Januar 1972 in Pointe-à-Pitre, Guadeloupe, spielte für AS Monaco, AC Parma, Juventus Turin und den FC Barcelona, ehe er im Sommer 2008 aufgrund eines Herzproblems seine Karriere beenden musste. 1998 gehörte er zu den Stars des französischen WM-Teams und schoss beide Tore beim Halbfinalsieg gegen Kroatien – es waren seine einzigen Länderspieltore überhaupt. Auch bei der EM 2000 gehörte er zu Frankreichs Siegerteam. Nachdem die Franzosen 2004 bei der EM ausgeschieden waren, trat er aus der Nationalmannschaft zurück, ließ sich jedoch von Raimond Domenech zu einem Comeback überreden. So stand er 2006 ein zweites Mal in einem WM-Finale. Im Gruppenspiel gegen Togo brach er Marcel Desaillys Rekord von 116 Länderspiel-Einsätzen.

Vom Präsidenten zum Nationaltrainer

Als Spieler trug Laurent Blanc den Spitznamen »Le Président« – nun ist er der Nachfolger von Nationaltrainer Raymond Domenech, der nach der FIFA WM 2010 aus dem Amt schied. Blanc verpasste sehr unglücklich das Endspiel der WM 1998: Im Halbfinale hatte er einen Platzverweis erhalten, weil er angeblich Slaven Bilić ins Gesicht geschlagen hatte – Videoaufzeichnungen zeigten allerdings, dass der Kroate stark übertrieben hatte. Blanc erfuhr zwei Jahre später Genugtuung, als er mit Frankreich die Europameisterschaft gewann. Das Amt des französischen Nationaltrainers nahm er 12 Monate nach dem Gewinn der französischen Meisterschaft 2008/2009 mit Girondins Bordeaux an; unter seiner Leitung beendeten die Gironds die Serie von Olympique Lyon, das die Meisterschaft siebenmal hintereinander gewonnen hatte.

Da waren's nur noch 21

Der 23-köpfige WM-Kader der Franzosen wurde nur drei Tage nach ihrem ersten Spiel 2010 auf 22 Mann reduziert, als sich der dritte Torhüter Cédric Carrasso eine Verletzung zuzog. Daraufhin beendete Stéphane Ruffier, Torhüter des AS Monaco, seinen Urlaub und flog nach Südafrika, doch er durfte Carrasso nicht ersetzen, weil das Turnier bereits begonnen hatte. Der französische Kader verkleinerte sich dann vor dem Spiel der Franzosen gegen Südafrika noch einmal: Der verärgerte Stürmer Nicolas Anelka hatte den Trainer beleidigt und wurde aus der Mannschaft ausgeschlossen.

Medaillen-Sammler

Vier französische Spieler besitzen die komplette Sammlung der wichtigsten Medaillen im internationalen Fußball – sie waren: Weltmeister, Europameister und Europapokal-Sieger. Marcel Desailly, Bixente Lizarazu, Didier Deschamps und Zinédine Zidane gehörten zu Frankreichs Siegerteams bei der FIFA WM 1998 und der EM 2000. Desailly gewann außerdem 1993 mit Marseille und im Folgejahr mit dem AC Mailand die Champions League. Deschamps errang diesen Titel 1993 ebenfalls mit Marseille sowie 1996 mit Juventus Turin. Lizarazu folgte 2001 mit Bayern München, Zidane 2002 mit Real Madrid.

Albert der Erste

Albert Batteux (1919–2003) war einer der erfolgreichsten Trainer in der Geschichte Frankreichs. In den 1950er-Jahren führte er Stade Reims zu großen Erfolgen und betreute von 1955 bis 1962 parallel auch die Équipe Tricolore. Sein größter Erfolg hier war der dritte Platz bei der FIFA WM 1958. Die beiden Stars der Mannschaft, Raymond Kopa und Just Fontaine, hatte er bereits in Reims trainiert. Im Jahr 2000 wurde er hinter Aimé Jacquet zum zweitbesten französischen Trainer des Jahrhunderts gewählt.

Hidalgo regiert am längsten

Frankreichs Trainer mit der längsten Amtszeit war Michel Hidalgo, der ebenfalls unter Batteux in Reims gespielt hatte. Er trat sein Amt am 27. März 1976 an und behielt den Posten über 8 Jahre lang. Hidalgo war zudem der erste Trainer, der mit Frankreich bei der Europameisterschaft 1984 einen wichtigen Titel gewann. Unmittelbar danach trat er zurück. Bereits 1982 hatte er die Mannschaft ins Halbfinale der FIFA WM in Spanien geführt, das sie allerdings unter sehr unglücklichen Umständen im Elfmeterschießen gegen die Bundesrepublik verlor.

Jacquets Triumph

Aimé Jacquet, der Frankreich zum FIFA WM-Sieg 1998 führte, war lange Zeit in der Öffentlichkeit heftig umstritten. Besonders stark kritisiert wurde seine Defensivtaktik, mit der er Frankreich immerhin ins Halbfinale der EM 1996 geführt hatte. Obwohl die Équipe Tricolore unter seiner Leitung in vier Jahren nur drei Spiele verloren hatte, behauptete die Sportzeitschrift »L'Équipe« noch einen Monat vor der WM-Endrunde, Jacquet sei nicht fähig, ein erfolgreiches Team aufzubauen.

Fontaines kurze Amtszeit

Der ehemalige Stürmer Just Fontaine hält den Rekord für die kürzeste Amtszeit eines französischen Nationaltrainers: Er kam am 22. März 1967 und gab den Posten schon am 3. Juni desselben Jahres nach zwei verlorenen Freundschaftsspielen wieder auf.

Der Ball ist oval

Der Vater des französischen Rekordnationaltorhüters Fabien Barthez war ebenfalls französischer Nationalspieler: Alain Barthez war ein ausgezeichneter Rugbyspieler und bestritt ein Länderspiel für Frankreich.

Französische Nationaltrainer

Albert Batteux	1955–62
Henri Guérin	1962–66
José Arribas/Jean Snella	1966
Just Fontaine	1967
Louis Dugauguez	1967–68
Georges Boulogne	1969–73
Ştefan Kovács	1973–75
Michel Hidalgo	1976–84
Henri Michel	1984–88
Michel Platini	1988–92
Gérard Houllier	1992–93
Aimé Jacquet	1993–98
Roger Lemerre	1998–2002
Jacques Santini	2002–04
Raymond Domenech	2004–10
Laurent Blanc	seit 2010

Wimpernschlag-Karriere

Der Verteidiger Franck Jurietti ist ein echter Unglücksrabe: Sein Nationalmannschaftsdebüt hatte kaum begonnen, da war es auch schon wieder zu Ende – ganze fünf Sekunden durfte der Außenverteidiger von Girondins Bordeaux im Oktober 2005 bei der Partie Frankreichs gegen Zypern mitwirken, als der Schlusspfiff ertönte. Juriettis Länderspielkarriere geriet so noch kürzer als die seines Kollegen Bernard Boissier, der es im April 1975 immerhin auf zwei Minuten gegen Portugal gebracht hatte.

Jugend gewinnt

In den frühen 1990er-Jahren war Frankreich das erste europäische Land, das ein nationales Jugendförderungsprogramm entwickelte. Die besten Nachwuchsspieler wurden an nationalen Jugendakademien ausgebildet, die über das ganze Land verteilt waren. Dieses Modell hat zahlreiche Stars hervorgebracht. Die Weltmeister Didier Deschamps, Marcel Desailly und Christian Karembeu fingen in Nantes an. Lilian Thuram, Thierry Henry, Manu Petit und David Trezeguet begannen in Monaco, und Zinédine Zidane und Patrick Vieira waren Absolventen von Cannes.

Proppenvoll

Als Frankreich im Juni 2007 im Stade de France im Pariser Vorort Saint-Denis die Ukraine mit 2:0 besiegte und damit eine wichtige Hürde auf dem Weg zur Qualifikation für die UEFA EURO 2008 nahm, wurde ein Besucherrekord für das Stadion aufgestellt: 80 051 Menschen sahen das Spiel und die Tore von Franck Ribéry und Nicolas Anelka.

Sieg im Fremdtrikot

Frankreich ist das bisher einzige Land, das bei einer Weltmeisterschaft ein Spiel im Trikot einer anderen Mannschaft bestritten hat. 1978 in Argentinien mussten »Les Bleus« ihr Spiel gegen Ungarn in Mar de la Plata in den grün-weiß gestreiften Trikots des heimischen Klubs Atlético Kimberley absolvieren. Sie hatten anstelle ihres regulären blauen Heimtrikots ihr weißes Auswärtstrikot zu dem Treffen mitgebracht, während die Ungarn gleichermaßen mit ihrem weißen Auswärtstrikot angereist waren. Der kurzfristig anberaumte Trikotwechsel beeindruckte die Franzosen nicht: Sie gewannen die Partie mit 3:1.

Roux bestimmt das Tempo

Der frühere Trainer von AJ Auxerre, Guy Roux, hält den Rekord, die meisten Liga-1-Spiele gecoacht zu haben. Roux, geboren am 18. Oktober 1938, betreute sein Team während einer 44-jährigen Amtsperiode in 890 Spielen. Er übernahm den Verein als Trainer 1961 und beendete seine Karriere erst 2005. Nachdem er den Klub aus der damaligen 3. Division in die Division 1 geführt hatte, errang Auxerre ab den 1990er-Jahren große Erfolge: 1996 die Meisterschaft sowie 1994, 1996, 2003 und 2005 viermal den französischen Pokal. Roux wusste, dass ein wenig attraktiver Provinzklub wie Auxerre finanziell nicht mit den großen Vereinen mithalten konnte, und entwickelte deshalb ein Programm der Nachwuchsförderung, das in der Folge Stars wie Eric Cantona und Basile Boli hervorbrachte. Roux' Erfolge waren auch einer der Gründe für das später sehr erfolgreiche nationale Jugendförderungsprogramm.

Jacques, der Quotenkönig

Statistisch gesehen ist Jacques Santini der erfolgreichste französische Nationaltrainer, obwohl er 2004 im Amt war, als Frankreich es nicht schaffte, die EM-Krone zu verteidigen. Von den 28 Spielen zwischen 2002 und 2004 unter seiner Verantwortung gewann er 22: Das ergibt eine Erfolgsquote von 79 % – damit liegt Santini vor seinen Konkurrenten Aimé Jacquet und Roger Lemerre, die beide auf 64 % kommen. Santini, der früher Lyon trainierte, hat mit Frankreich nur zwei Spiele verloren – das letzte von beiden war allerdings das EM-Viertelfinale gegen den späteren Europameister Griechenland.
Mit seiner Ankündigung, nach dem Turnier zum englischen Verein Tottenham Hotspur wechseln zu wollen, hatte er schon vorher in der Heimat für Unruhe bei den Fans gesorgt.

DEUTSCHLAND

Auch wenn das Land 40 Jahre lang in zwei Staaten getrennt war, können sich nur wenige Nationen mit Deutschlands Erfolgen im internationalen Fußball messen. Der dreimalige Weltmeister (1954, 1974, 1990) und dreimalige Europameister (1972, 1980, 1996) war 1974 das erste Land der Geschichte, das gleichzeitig Welt- und Europameister war und bei den großen Turnieren bis heute immer wieder über sich hinauswächst.

Elfmeterkönige

Deutsche Teams haben sich immer sehr gründlich auf ein mögliches Elfmeterschießen vorbereitet. Ihre letzten großen Erfolge bei der FIFA WM 1990 und der EM 1996 haben sie jeweils auch einem Elfmeterschießen im Halbfinale zu verdanken. Beide Male war England der leidtragende Gegner.

Italien hat das Nachsehen

Deutschland hat es noch nie geschafft, Italien in einem wichtigen Turnier zu besiegen; stattdessen endeten Spiele gegen die Squadra Azzurra bei Welt- und Europameisterschaften entweder unentschieden oder mit legendären Niederlagen wie dem 3:4 n. V. im WM-Halbfinale von 1970. Der letzte Sieg in einem Freundschaftsspiel gegen Italien konnte 1995 gefeiert werden. Obwohl Deutschland auch beim jüngsten Freundschaftsspiel im Februar 2011 nicht über ein 1:1-Unentschieden hinauskam, konnte es in letzter Zeit einen wichtigen Erfolg über seinen alten Rivalen verbuchen: Ab der Saison 2012/2013 haben die Bundesligavereine wieder Anspruch auf vier statt drei Startplätze in der UEFA Champions League (die ersten drei Vereine der Abschlusstabelle sind sicher dabei, der vierte darf in die Qualifikation). Dieser zusätzliche Startplatz geht zulasten der italienischen Serie A.

Für den Verein und die Nation

Das Ausscheiden der Italiener nach der Gruppenphase der WM 2010 kurz nach dem Champions-League-Sieg von Inter Mailand bedeutet, dass die Bundesrepublik Deutschland weiterhin das einzige Land ist, das im gleichen Jahr Weltmeister wurde, in dem auch einer seiner Vereine den Europapokal der Landesmeister (bzw. später die UEFA Champions League) gewonnen hat. Franz Beckenbauer konnte 1974 beide Trophäen in die Höhe recken: den WM-Pokal für Deutschland und den Europapokal für den FC Bayern München.

Doppelter Einsatz

Acht Spieler spielten sowohl für die ehemalige DDR als auch für Deutschland nach der Wiedervereinigung:

Spieler	DDR	BRD
Ulf Kirsten	49	51
Matthias Sammer	23	51
Andreas Thom	51	10
Thomas Doll	29	18
Dariusz Wosz	7	17
Olaf Marschall	4	13
Heiko Scholz	7	1
Dirk Schuster	4	3

2010 FIFA WORLD CUP
SOUTH AFRICA™

Top Five der DDR

Spiele

1.	Joachim Streich	102
2.	Hans-Jürgen Dörner	100
3.	Jürgen Croy	94
4.	Konrad Weise	86
5.	Eberhard Vogel	74

Tore

1.	Joachim Streich	55
2.	Eberhard Vogel	25
=	Hans-Jürgen Kreische	25
4.	Rainer Ernst	20
5.	Henning Frenzel	19

Aller guten Dinge sind 99

Die (alte und neue) Bundesrepublik Deutschland hat jetzt mehr WM-Spiele bestritten als jedes andere Land. Die Halbfinalniederlage von 2010 gegen Spanien war die 98. deutsche WM-Partie – eine mehr, als der Viertelfinalist Brasilien bis jetzt aufweisen kann. Mit dem Spiel um den dritten Platz, das Deutschland 3:2 gewann, hat sich die Gesamtzahl auf 99 erhöht. Diese 99 Begegnungen brachten 60 Siege, 19 Unentschieden und 20 Niederlagen; dabei schossen die Deutschen 206 Tore und kassierten 115 Gegentreffer.

Willkommen im 200er-Klub

Thomas Müllers Treffer gegen Argentinien in der 3. Minute der WM-Viertelfinalpartie von 2010 – das Spiel endete mit einem sensationellen 4:0 der Deutschen – bewirkte, dass Deutschland als zweites Land die Marke von 200 WM-Toren knacken konnte. Nachdem die Jungs von Jogi Löw die WM 2010 beendet hatten, standen für Deutschland insgesamt 206 WM-Treffer zu Buche, vier weniger als für Brasilien. Das überhaupt erste deutsche WM-Tor erzielte Stanislaus Kobierski 1934 beim 5:2 gegen Belgien. Das deutsche Team von 2010 war zudem seit 1970 die erste Mannschaft nach Brasilien, die drei Siege mit 4 geschossenen Toren einfahren konnte (4:0 gegen Australien, 4:1 gegen England und 4:0 gegen Argentinien).

Diamantene Stollen

Die Deutschen waren bei technischen Neuerungen immer ganz vorne mit dabei, wie sie 1954 beim WM-Finale unter Beweis stellten. Das Spielfeld in Bern war nass und es regnete nach dem Anpfiff weiter. Die Bundesrepublik gehörte zu den ersten Teams, die Schuhe mit auswechselbaren Schraubstollen trugen. Die ungarischen Gegner vertrauten hingegen auf das traditionelle Schuhwerk, womit Ungarns Torwart Gyula Grosics prompt auf dem nassen Rasen ausrutschte, als Helmut Rahn den Siegtreffer erzielte.

Geschichtsträchtig

Die Mannschaften der Bundesrepublik und der DDR spielten nur ein einziges Mal gegeneinander – am 22. Juni 1974 in einem Gruppenspiel der WM in Westdeutschland. Die DDR siegte in Hamburg sensationell mit 1:0. Beide Teams kamen eine Runde weiter.

Goldenes Wunder

Deutschland war das erste Team, das durch die inzwischen wieder abgeschaffte »Golden-Goal«-Regel einen wichtigen Titel errungen hat. Beim EM-Finalspiel gegen Tschechien 1996 im Londoner Wembley-Stadion brachte Oliver Bierhoffs Ausgleichstreffer die Deutschen überhaupt erst in die Verlängerung, nachdem Patrik Berger zuvor einen Elfmeter für Tschechien verwandeln konnte. Wenige Minuten später traf Bierhoff erneut, und Deutschland war Europameister.

Das Wunder von Bern

Der WM-Sieg 1954 wird von vielen als einschneidendes Ereignis für die Geschichte der Bundesrepublik Deutschland bewertet, vor allem für den folgenden wirtschaftlichen Erfolg des jungen Staates. Der Biograf des Erfolgstrainers Sepp Herberger schrieb: »Dies war der echte Gründungstag des westdeutschen Staates.« Der historische sportliche Triumph wurde über 50 Jahre später von Sönke Wortmann in dem Kinofilm »Das Wunder von Bern« erzählt.

Es müllert wieder

Der 20-jährige Thomas Müller war zweifellos einer der Stars der FIFA WM 2010, obwohl er erst im März dieses Jahres sein Nationalmannschaftsdebüt gegeben hatte – beim 0:1 der Deutschen gegen Argentinien. In einer Pressekonferenz wurde Müller vom argentinischen Trainer Diego Maradona versehentlich für einen Balljungen gehalten, doch der revanchierte sich in der Viertelfinalpartie der WM 2010 gegen denselben Gegner nachdrücklich: Müller erzielte das erste Tor beim überzeugenden deutschen 4:0. Dabei hatte der Nachwuchsspieler sein Debüt sowohl bei Bayern München als auch bei der deutschen U-21-Mannschaft erst zu Beginn der Saison 2009/2010 gegeben; seine eindrucksvollen Leistungen im Mittelfeld und im Sturm veranlassten Bundestrainer Joachim Löw, ihn im Eiltempo zum Nationalspieler zu befördern. Zu Beginn der WM-Endrunde hatte Müller gerade zwei Länderspiele absolviert, doch in Südafrika erzielte er fünf Tore in sechs WM-Partien. Die Halbfinalniederlage gegen Spanien verpasste er, weil er nach seiner zweiten Gelben Karte im Turnier, die er für ein Handspiel im Match gegen Argentinien gesehen hatte, gesperrt war. Wie schon sein (mit ihm nicht verwandter) Namensvetter Gerd Müller bei den Weltmeisterschaften 1970 und 1974, trug auch Thomas Müller bei seinen Heldentaten 2010 in Südafrika die Rückennummer 13 auf dem Trikot.

Bomber der Nation

Gerd Müller war der effektivste Torschütze der letzten Jahrzehnte: weder besonders groß noch ein außergewöhnlicher Techniker, aber ausgestattet mit dem Instinkt eines Torjägers, erzielte er regelmäßig die entscheidenden Tore in wichtigen Spielen, darunter den Siegtreffer beim FIFA WM-Finale 1974 für die Bundesrepublik, die er bereits mit seinem goldenen Tor im Zwischenrundenspiel gegen Polen zum Erfolg geführt hatte. Zwei Jahre zuvor hatte er sein Land mit zwei Treffern im Finale gegen die UdSSR zum EM-Sieg geschossen. In 62 Länderspielen netzte er 68-mal ein und ist bis heute unangefochtener Rekordtorschütze in der Geschichte der deutschen Fußballbundesliga.

Europäische Ehrungen

 Vier Spieler der Bundesrepublik wurden mit dem Titel »Europas Fußballer des Jahres« ausgezeichnet. Gerd Müller war 1970 der erste, gefolgt von Franz Beckenbauer 1972 und 1976, Karl-Heinz Rummenigge 1980 und 1981 sowie Lothar Matthäus 1990. Matthias Sammer, dessen Karriere in der DDR begann, war 1996 der erste Spieler, der die Auszeichnung für das wiedervereinigte Deutschland errang.

Von wegen »lahm«

 Der vielseitige Außenverteidiger Philipp Lahm, der sowohl links als auch rechts spielen kann, ist der jüngste Kapitän, der eine deutsche Mannschaft je bei einer WM-Endrunde aufs Feld geführt hat. Er war erst 26 Jahre alt, als er 2010 in Südafrika den verletzten Michael Ballack vertrat; dort gelang ihm allerdings kein ähnlich spektakulärer Auftritt wie 2006, als er mit einem sensationellen Fernschuss gegen Costa Rica das erste Tor des gesamten Turniers schoss. Lahm absolvierte bei allen Spielen der WM 2006, bei allen Qualifikationsspielen zur Endrunde 2010 in Südafrika und bei dem Turnier selbst bis einschließlich des Halbfinales jeweils die volle Spielzeit, erst im Spiel um Platz drei gegen Uruguay wurde ihm eine Pause gegönnt.

Der Kaiser

Franz Beckenbauer gilt weltweit als der größte Spieler der deutschen Fußballgeschichte. Als Teamchef führte er die Mannschaft der Bundesrepublik 1990 zum WM-Titel und setzte auch als Funktionär und Organisator Meilensteine. Geboren am 11. September 1945, stand Beckenbauer bereits mit 20 Jahren mit dem bundesdeutschen Team im verlorenen WM-Finale, damals noch als Mittelfeldspieler. Schon bei der WM 1970 agierte er als Libero und führte die Mannschaft als Kapitän zu ihren Erfolgen bei der EM 1972 sowie der WM 1974. Obwohl er bis dahin keine Erfahrungen als Trainer vorweisen konnte, wurde Beckenbauer 1984 zum Teamchef der Nationalmannschaft berufen. 1986 führte er die Bundesrepublik ins WM-Finale, erreichte zwei Jahre später mit ihr das EM-Halbfinale und wurde 1990 im letzten Spiel unter seiner Leitung auch als »Trainer« Weltmeister. 1994 wurde Beckenbauer Präsident seines ehemaligen Vereins Bayern München, dem er als Kapitän zwischen 1974 und 1976 zu drei Siegen im Europapokal der Landesmeister verholfen hatte. Schließlich war er als Vorsitzender des Bewerbungskomitees maßgeblich an Deutschlands erfolgreicher Bewerbung für die Ausrichtung der WM 2006 beteiligt und agierte danach als Präsident des Organisationskomitees. Den Spitznamen »Kaiser« erhielt Beckenbauer bereits während seiner Spielerkarriere.

Magischer Matthäus

Lothar Matthäus ist Deutschlands Rekordnationalspieler. Er trat bei fünf FIFA WM-Endrunden an – 1982, 1986, 1990, 1994 und 1998 –, was für einen (Mittel-)Feldspieler rekordverdächtig ist. Matthäus war vielseitig einsetzbar, konnte sowohl im defensiven als auch im offensiven Mittelfeld sowie als Libero spielen. Er war Weltmeister 1990, Vizeweltmeister 1982 und 1986 und gehörte zum Europameister-Kader des Teams von 1980. Während seiner 20-jährigen internationalen Laufbahn hat er insgesamt 150 Länderspiele bestritten. Er schoss 23 Tore und wurde nach der FIFA WM 1990 zu »Europas Fußballer des Jahres« gewählt. 1990 (inoffiziell) und 1991 (offiziell) war er zudem »Weltfußballer des Jahres«.

Top Ten Länderspiele (ohne DDR)

1.	Lothar Matthäus	150
2.	Miroslav Klose	109
3.	Jürgen Klinsmann	108
4.	Jürgen Kohler	105
5.	Franz Beckenbauer	103
6.	Thomas Häßler	101
7.	Michael Ballack	98
8.	Berti Vogts	96
9.	Sepp Maier	95
=	Karl-Heinz Rummenigge	95

Top Ten Torschützen (ohne DDR)

1.	Gerd Müller	68
2.	Miroslav Klose	61
3.	Jürgen Klinsmann	47
=	Rudi Völler	47
5.	Karl-Heinz Rummenigge	45
6.	Uwe Seeler	43
7.	Michael Ballack	42
=	Lukas Podolski	42
9.	Oliver Bierhoff	37
10.	Fritz Walter	33

Klose trifft wieder

Bei der WM 2010 in Südafrika konnte Miroslav Klose in der Statistik der erfolgreichsten Toschützen mit Gerd Müller gleichziehen: Er erhöhte die Anzahl seiner WM-Treffer auf 14 und ist zusammen mit dem »Bomber der Nation« jetzt der erfolgreichste deutsche WM-Torschütze. Den Grundstein dafür legte er 2002 mit einem Dreierpack gegen Saudi-Arabien; im weiteren Verlauf der WM in Südkorea und Japan netzte er noch zweimal ein. Bei der WM 2006 in Deutschland ließ er es abermals fünfmal im gegnerischen Kasten klingeln und bekam dafür den »Goldenen Schuh« verliehen. Zu seinen vier Treffern in Südafrika zählten das Führungstor im Achtelfinale gegen England und zwei Treffer im Viertelfinale gegen Argentinien. Bei der WM 2010 gelang dem gebürtigen Polen Klose ein Treffer mehr als in der gesamten für ihn enttäuschenden Bundesligasaison 2009/2010 für Bayern München. Klose hält außerdem einen weiteren Rekord, um den ihn allerdings kaum jemand beneiden dürfte: Er wurde bei seinen drei WM-Endrunden insgesamt 13-mal ausgewechselt – so oft wie kein anderer Spieler.

Super-Seeler

Uwe Seeler war der beste deutsche Stürmer der späten 1950er- und der 1960er-Jahre. Er erzielte 43 Treffer in 72 Länderspielen und traf bei vier WM-Endrunden (1958, 1962, 1966 und 1970). 1966 stand er als Spielführer mit der Bundesrepublik Deutschland im Finale der WM, das jedoch mit 2:4 n.V. gegen England verloren wurde; 1970 führte er die Nationalmannschaft als Kapitän ins 3:4 n.V. verlorene Halbfinale gegen Italien. In 476 Ligaspielen erzielte er 404 Tore für den Hamburger SV.

Handschuhe aus Gold

Sepp Maier war maßgeblich beteiligt am deutschen Triumphzug der frühen 1970er-Jahre, einschließlich der Titelgewinne bei der EM 1972 und der WM 1974. Er ist mit 95 Einsätzen zwischen 1965 und 1979 bis heute Deutschlands Torwart mit den meisten Länderspielen. Während seiner Ligakarriere spielte er ausschließlich für Bayern München, bis er wegen eines Autounfalls, bei dem er lebensbedrohliche Verletzungen davontrug, seine aktive Karriere beenden musste. Sepp Maier wurde Torwartcoach und betreute die Torhüter sowohl des deutschen Nationalteams als auch seines ehemaligen Vereins.

Durch Vielfalt stark

Deutschland wird immer weltoffener, nicht nur, was das Land selbst betrifft, sondern auch die Zusammensetzung seiner Nationalmannschaft. Das lässt sich gut daran ablesen, dass zehn der 23 Spieler des WM-Kaders von 2010 auch für mindestens ein anderes Land hätten auflaufen können. Dazu gehörten unter anderem die beiden in Polen geborenen Stürmer Lukas Podolski und Miroslav Klose, der türkischstämmige Spielmacher Mesut Özil (links), der Mittelfeldspieler Sami Khedira, dessen Vater Tunesier ist, der in Brasilien geborene Stürmer Cacau und der linke Außenverteidiger Dennis Aogo, dessen Vater aus Nigeria stammt.

Kein Weltmeister, aber trotzdem erfolgreich

Bevor Joachim Löw Bundestrainer wurde, war in Deutschland ein gewisser Trend zu erkennen: Die Nationalmannschaft wurde regelmäßig von Spielerlegenden zu Weltmeisterschaften geführt, die sich bei früheren Turnieren auf dem Rasen hervorgetan hatten: Franz Beckenbauer und Berti Vogts wurden 1974 Weltmeister und waren 1986 und 1990 bzw. 1994 und 1998 Bundestrainer; Rudi Völler und Jürgen Klinsmann wurden 1990 Weltmeister und waren 2002 bzw. 2006 für das deutsche WM-Team verantwortlich. Löw, 2006 Assistent von Klinsmann, war nach Jupp Derwall im Jahr 1982 der erste Bundestrainer, der Deutschland zu einer Weltmeisterschaft führte, ohne selbst als Spieler bei einer Endrunde mitgewirkt zu haben. Derwall hatte in seiner aktiven Zeit immerhin 1954 zwei Länderspiele bestritten – allerdings erst nach dem sensationellen Titelgewinn der Deutschen beim WM-Turnier in der Schweiz, bei dem er nicht zum Kader gehört hatte.

Otto Nerz

Der erste Trainer der deutschen Nationalmannschaft war Otto Nerz, der zuvor für den VfR Mannheim und Tennis Borussia Berlin gespielt hatte. Nerz, ein Bewunderer des englischen Fußballs, führte Deutschland als Reichstrainer bei der WM 1934 auf Rang 3. Die Mannschaft verlor das Halbfinale 1:3 gegen Tschechien, schlug aber Österreich im »kleinen Finale« mit 3:2. Die Nazi-Regierung entließ Nerz 1936, als Deutschland bei den Olympischen Spielen in Berlin im Viertelfinale an Norwegen scheiterte.

Trainer und Teamchefs der deutschen Nationalmannschaft

Otto Nerz	1926–36
Sepp Herberger	1936–64
Helmut Schön	1964–78
Jupp Derwall	1978–84
Franz Beckenbauer (TC)	1984–90
Berti Vogts	1990–98
Erich Ribbeck	1998–2000
Rudi Völler (TC)	2000–04
Jürgen Klinsmann	2004–06
Joachim Löw	seit 2006

Prämienstreit

Die Weltmeister von 1974 wären fast wieder abgereist, noch bevor die WM überhaupt begonnen hatte, denn Helmut Schön stand kurz davor, die Spieler wegen eines Streits um die WM-Prämien nach Hause zu schicken. In letzter Minute wurde zwischen Franz Beckenbauer und dem damaligen Vizepräsidenten der FIFA, Hermann Neuberger, ein Kompromiss ausgehandelt. Das Abstimmungsergebnis innerhalb des Kaders lautete 11:11, aber Beckenbauer überredete seine Mitspieler, das Angebot des DFB anzunehmen. Wenig später gewann das Team im WM-Endspiel mit 2:1 gegen die Niederlande.

Im Torrausch

Der bislang höchste Sieg einer deutschen Nationalmannschaft ist ein 16:0 gegen Russland bei den Olympischen Spielen 1912 in Stockholm. Gottfried Fuchs vom Karlsruher FV schoss in diesem Spiel 10 Tore und hält damit bis heute den Länderspiel-Torschützenrekord.

Schön im Saarland

Helmut Schön war einer der erfolgreichsten deutschen Bundestrainer. Seine internationale Trainerlaufbahn begann 1952 im damals noch autonomen Saarland, das erst 1957 der Bundesrepublik beitrat. Die Qualifikationsspiele zur WM 1954 bescherten dem Saarland ein Wechselbad der Gefühle: In Oslo besiegte es die norwegische Mannschaft mit 3:2 und nahm damit vorübergehend die Führungsposition in der Gruppe ein; letztlich scheiterte das Saarland jedoch an Sepp Herbergers deutscher Nationalmannschaft und schied aus.

Nach-Wiedervereinigungs-Doppelpack

 Mario Götze, Mittelfeldspieler von Borussia Dortmund, und der Mainzer Stürmer André Schürrle sind die beiden ersten Nationalspieler, die nach der deutschen Wiedervereinigung von 1990 auf die Welt kamen. Beide gaben ihr Nationalmannschaftdebüt am 17. November 2010 bei einem Freundschaftsspiel gegen Schweden, als sie in der 79. Minute gemeinsam eingewechselt wurden: Götze (geboren am 3. Juni 1992 in Memmingen) kam für Kevin Großkreutz und Schürrle (geboren am 6. November 1990 in Ludwigshafen) für Lewis Holtby auf den Platz.

Viermal drei

Das Spiel um den dritten Platz zwischen Deutschland und Uruguay war die Neuauflage eines Aufeinandertreffens beider Länder bei der WM 1970; damals hatte sich die Bundesrepublik mit einem 1:0 den dritten Platz gesichert. 40 Jahre später wurden die Deutschen erneut Dritter: In einer dramatischen Partie fuhren sie im Nelson-Mandela-Bay-Stadion in Port Elizabeth einen 3:2-Sieg ein. Mit dem Endergebnis, das Sami Khedira mit seinem späten Treffer herstellte, wurde Deutschland bereits zum vierten Mal Dritter – auch 1934 und 2006 hatte man diesen Rang belegt – und stellte damit einen neuen Rekord auf.

Blitzstart

Der Abwehrspieler Arne Friedrich hatte gerade zwei Bundesliga-Spiele absolviert, als er zu seinem ersten Länderspieleinsatz kam – bei einem 2:2 gegen Bulgarien im Jahr 2002. Nachdem er von der Außen- auf die Innenverteidigerposition gewechselt war, schoss er 2010 im Viertelfinale gegen Argentinien bei seinem 77. Länderspieleinsatz schließlich sein erstes Tor für die Nationalmannschaft. In seiner Freizeit kocht Friedrich sehr gerne und hat sogar ein Buch mit eigenen Rezepten veröffentlicht.

Sepps Überraschung

 Sepp Herberger (1897–1977) war eine der einflussreichsten Persönlichkeiten des deutschen Fußballs. Er war der dienstälteste Trainer und insgesamt 28 Jahre im Amt. Spätestens mit dem überraschenden Sieg gegen den klaren Favoriten Ungarn im WM-Endspiel 1954 wurde er zur Legende; dieses Ereignis trug maßgeblich dazu bei, dass die Westdeutschen ihre Nachkriegsdepression überwanden. Bereits 1936 hatte Herberger die Verantwortung für die Nationalmannschaft übernommen und sie zwei Jahre darauf ins Achtelfinale der Weltmeisterschaft geführt. Während des Krieges nutzte er seinen Einfluss, um seine besten Spieler aus den schlimmsten Kriegshandlungen herauszuhalten. Als der organisierte Fußball 1949 wiederaufgenommen wurde, beschloss der Verband, die Position des Bundestrainers auszuschreiben, aber Herberger überredete den DFB-Präsidenten Peco Bauwens, ihm seinen alten Job zurückzugeben. Er hatte eine Klausel in seinem Vertrag, der ihm bei der Spielerauswahl völlig freie Hand ließ. Sepp Herberger war auch bekannt für seine Sprüche, von denen etliche zu geflügelten Worten wurden; der bekannteste von ihnen lautete: »Der Ball ist rund.«

ITALIEN

Nur der fünffache Weltmeister Brasilien war bei FIFA Weltmeisterschaften noch erfolgreicher als Italien. Die Azzurri waren die Ersten, die die Trophäe mit zwei Siegen in den Jahren 1934 und 1938 verteidigten. 1982 verbuchten sie in Spanien einen Überraschungserfolg und errangen die begehrteste Trophäe des Weltfußballs 2006 nach einem dramatischen Finale gegen Frankreich zum vierten Mal. 1968 wurde das Land zudem Europameister. Aber das ist nicht alles: Italienische Vereine haben elfmal den Europacup der Landesmeister bzw. die Champions League gewonnen, und die Serie A zählt zu den stärksten des Fußballs. Italien ist im Fußball eine Macht.

Im zweiten Anlauf

Das einzige Mal, dass ein großes internationales Turnier erst im Wiederholungsspiel entschieden wurde, geschah bei Italiens EM-Sieg über Jugoslawien 1968. Zum Entzücken der Fans gewann Gastgeber Italien das zweite Spiel mit 2:0, zwei Tage nach einem 1:1-Unentschieden im Olympiastadion von Rom.

Fehlschüsse

Nur England hat bei FIFA Weltmeisterschaften genauso viele Elfmeterschießen verloren wie Italien – beide Länder scheiterten je dreimal. Roberto Baggio, einer der größten italienischen Stars der 1990er-Jahre, war jedesmal dabei – 1990, 1994 und 1998. Der linke Außenverteidiger Antonio Cabrini ist der einzige Spieler, der einen Strafstoß in der regulären Spielzeit eines WM-Finales verschoss – 1982 im Spiel gegen die Bundesrepublik Deutschland. Zu diesem Zeitpunkt stand das Spiel 0:0, und Cabrini hatte Glück, denn Italien gewann trotzdem mit 3:1.

Fauler Empfang

Italiens Spieler wurden von verärgerten Fans mit Tomaten beworfen, als sie nach der Bruchlandung bei der FIFA WM 1966 in der Gruppenphase vorzeitig zurückkehrten. Nach einem nicht überzeugenden 2:0 gegen Chile brachen die Italiener ein und unterlagen der Sowjetunion mit 0:1. Das Spiel gegen Nordkorea endete ebenfalls mit einem beschämenden 0:1 und bedeutete das Aus für Italien.

In Gewahrsam

Während des Zweiten Weltkriegs versteckte der Funktionär Ottorino Barassi Italiens FIFA WM-Trophäe von 1938 in einem Schuhkarton unter seinem Bett. Barassi zog es vor, den »Coupe Jules Rimet« in seiner Nähe zu haben, statt ihn wie üblich in einer Bank in Rom einzuschließen. Erst zur WM-Endrunde 1950 gab er die Trophäe unversehrt an die FIFA zurück.

Blutjung im blauen Trikot

Davide Santo, Außenverteidiger von Inter Mailand, ist der zweitjüngste italienische Nationalspieler der Nachkriegszeit: Im Juni 2009 gab er bei einem Freundschaftsspiel gegen Nordirland sein Nationalmannschaftsdebüt. Zu diesem Zeitpunkt war er gerade einmal 18 Jahre und 155 Tage alt und hatte erst 20 Pflichtspiele für seinen Verein absolviert. Ein weiterer Abwehrspieler von Inter Mailand, der schnurrbärtige Giuseppe Bergomi, war bei seinem Nationalmannschaftsdebüt 1982 gegen die DDR nur 42 Tage jünger; lediglich drei Monate später wurde er mit Italien Weltmeister. Vor dem Zweiten Weltkrieg gab es noch jüngere Länderspieldebütanten: Luigi Barbesino, Mittelfeldspieler von der AS Casale, war bei seinem ersten Einsatz im Juli 1912 gegen Schweden 18 Jahre und 61 Tage alt. Den Rekord hält jedoch Renzo De Vecchi, der damals beim AC Mailand als Verteidiger spielte und mit erst 16 Jahren und 112 Tagen im Mai 1910 gegen Ungarn das erste Mal für Italien auflief.

Rekordserie

In seinen zwei Amtszeiten als Nationaltrainer blieb Marcello Lippi mit der Squadra Azzurra 31-mal hintereinander ungeschlagen und stellte damit den Weltrekord ein, den bis dahin der Spanier Javier Clemente und der Argentinier Alfio Basile hielten.

⚽ Altbewährte Kämpen

Marcello Lippi baute bei seiner WM-Auswahl 2010 auf die Stars von 2006: Neun Spieler wirkten in beiden Auswahlen mit, darunter auch Fabio Cannavaro und der Außenverteidiger Gianluca Zambrotta: Die beiden kamen auf die meisten Spielminuten in der Qualifikation (je 810 Minuten), und beide bestritten auch jeweils alle 270 Minuten der Italiener in Südafrika.

⚽ Die Remis-Könige

Keine andere Mannschaft hat bei WM-Partien öfter unentschieden gespielt als die Italiener: Mit den beiden 1:1 gegen Paraguay und Neuseeland bei der Endrunde 2010 haben sie die Anzahl ihrer WM-Remis auf 21 erhöht. Das erste WM-Unentschieden war ebenfalls ein 1:1 – 1934 trennte man sich im Viertelfinale nach Verlängerung mit diesem Ergebnis von Spanien. Das machte ein Wiederholungsspiel erforderlich, das am darauffolgenden Tag ausgetragen wurde und mit einem 1:0 für Italien endete.

⚽ Turnierexperten

FIFA Weltmeisterschaft™: 17 Teilnahmen – Siege 1934, 1938, 1982, 2006
2006 Europameisterschaft: 7 Teilnahmen – Sieg 1968
Erstes Länderspiel: Italien – Frankreich 6:2 (Mailand, Mai 1910)
Höchster Sieg: Italien – USA 9:0 (Brentford, England, August 1948)
Höchste Niederlage: Ungarn – Italien 7:1 (Budapest, April 1924)

⚽ Höhenflüge

Vittorio Pozzo ist der einzige Trainer, der die FIFA WM zweimal gewonnen hat – beide Male mit Italien, 1934 und 1938. Dank Pozzo wurde das Land 1936 auch Olympiasieger. Geboren in Turin am 2. März 1886, studierte Pozzo in England, wo er sich als Zuschauer bei Spielen von Manchester United in den Fußballsport verliebte. Als seine Familie ihm zur Hochzeit seiner Schwester ein Ticket zur Heimreise schickte, kehrte er nur widerwillig nach Italien zurück. Vor dem Halbfinale 1938 gegen Brasilien motivierte Pozzo seine Spieler, indem er ihnen sagte, die Gegner hätten bereits einen Flug von Marseille zum Finale nach Paris gebucht. Italien gewann 2:1 und errang mit einem 4:2 gegen Ungarn auch den Titel.

⚽ Italiens Fiasko

Der trostlose Auftritt bei der FIFA WM 2010 war das schlechteste WM-Turnier, das die Italiener bisher abgeliefert haben – und das, obwohl sie als Titelverteidiger nach Südafrika gefahren waren. Die beiden Unentschieden gegen Paraguay und Neuseeland und die 2:3-Niederlage gegen die Slowakei führten dazu, dass sie zum ersten Mal überhaupt bei einer WM komplett ohne Sieg blieben. Und Gruppenletzter waren sie auch noch bei keinem Turnier zuvor. Nach dieser schwachen Vorstellung hat Marcello Lippi, der Italien 2006 zum Weltmeistertitel geführt hatte, es vermutlich bedauert, dass er 2008 das Amt des Nationaltrainers wieder aufnahm: Unmittelbar nach dem Slowakei-Spiel und dem WM-Aus erklärte Lippi, dass seinen Spielern keine Vorwürfe zu machen seien und er die ganze Verantwortung trage. Seinen Rücktritt nach der WM hatte er schon zuvor verkündet.

⚽ Italiens Nationaltrainer und Teamchefs

Vittorio Pozzo	1912, 1924
Augusto Rangone	1925–28
Carlo Carcano	1928–29
Vittorio Pozzo	1929–48
Ferruccio Novo	1949–50
Carlino Beretta	1952–53
Giuseppe Viani	1960
Giovanni Ferrari	1960–61
Giovanni Ferrari/ Paolo Mazza	1962
Edmondo Fabbri	1962–66
Helenio Herrera/ Ferruccio Valcareggi	1966–67
Ferruccio Valcareggi	1967–74
Fulvio Bernardini	1974–75
Enzo Bearzot	1975–86
Azeglio Vicini	1986–91
Arrigo Sacchi	1991–96
Cesare Maldini	1997–98
Dino Zoff	1998–2000
Giovanni Trapattoni	2000–04
Marcello Lippi	2004–06
Roberto Donadoni	2006–08
Marcello Lippi	2008–10
Cesare Prandelli	seit 2010

Rossi kommt zurück

Paolo Rossi war der Held bei Italiens FIFA WM-Triumph 1982 und wurde für sechs erzielte Tore mit dem »Goldenen Schuh« für den erfolgreichsten Torschützen des Turniers ausgezeichnet. Im Gruppenspiel der 2. Finalrunde erzielte er sämtliche Tore der Italiener beim 3:2 gegen Brasilien, und im Endspiel brachte er sein Team mit dem 1:0 gegen die Bundesrepublik Deutschland auf die Siegerstraße. Dabei war er sehr spät für Italiens Kader nominiert worden, weil er wegen seiner vermeintlichen Beteiligung an einem Bestechungsskandal bis kurz vor dem Turnierstart eine zweijährige Sperre abzusitzen hatte.

Helfende Hände

Der ehemalige italienische Nationaltorhüter Angelo Peruzzi war 1984 dabei als 14-Jähriger Balljunge beim Finale des Europacups der Landesmeister, das der FC Liverpool im Elfmeterschießen gegen den AS Rom gewann. Während seiner aktiven Karriere spielte er für AS Rom, Hellas Verona, Juventus Turin, Inter Mailand und Lazio Rom. Seine größten Erfolge feierte er mit Juventus.

Die Juve-Connection

Obwohl die Italiener bei der FIFA WM 2010 in Südafrika auf ganzer Linie enttäuschten, war der frühere italienische U-21-Kapitän Giorgio Chiellini sicher froh, dass er neben seinem Turiner Mannschaftskameraden, der Juve-Legende Fabio Cannavaro, in der Innenverteidigung auflaufen durfte. Obwohl er 2004 schon sein erstes Länderspiel bestritten hatte, wurde er nicht in den italienischen WM-Kader von 2006 berufen. Danach war Chiellini unabsichtlich dafür verantwortlich, dass Cannavaro nicht an der EM 2008 teilnehmen konnte: Beim Training erlitt dieser durch ein Tackling von ihm eine Knöchelverletzung.

Eingebürgert

Zwischen dem ersten und dem bisher jüngsten Debüt eines im Ausland geborenen Spielers in der italienischen Nationalmannschaft liegen über 80 Jahre: Der in Argentinien geborene Julio Libonatti absolvierte seinen ersten von 17 Einsätzen für Italien am 28. Oktober 1926 in Prag gegen die Tschechoslowakei, die das Spiel 3:1 gewann. Das bisher jüngste Debüt gab der in São Paulo geborene defensive Mittelfeldspieler Thiago Motta, der beim CONCACAF Gold Cup 2003 sogar zwei Spiele mit der brasilianischen U-23 absolviert hatte. Doch später durfte er wegen seiner italienischen Großeltern für die Squadra Azzurra auflaufen. Motta, derzeit bei Inter Mailand unter Vertrag, gab sein Debüt in der italienischen Nationalmannschaft am 9. Februar 2011 im Spiel gegen Deutschland. Bei seinem zweiten Einsatz für Italien erzielte er am 25. März 2011 im EM-Qualifikationsspiel gegen Slowenien sein erstes Länderspieltor.

Top Ten Länderspiele

1.	Fabio Cannavaro	136
2.	Paolo Maldini	126
3.	Dino Zoff	112
4.	Gianluigi Buffon	104
5.	Gianluca Zambrotta	98
6.	Giacinto Facchetti	94
7.	Alessandro Del Piero	91
8.	Franco Baresi	81
=	Giuseppe Bergomi	81
=	Marco Tardelli	81

Top Ten Torschützen

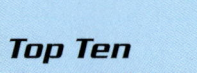

1.	Luigi Riva	35
2.	Giuseppe Meazza	33
3.	Silvio Piola	30
4.	Roberto Baggio	27
=	Alessandro Del Piero	27
6.	Alessandro Altobelli	25
=	Adolfo Baloncieri	25
=	Filippo Inzaghi	25
9.	Francesco Graziani	23
=	Christian Vieri	23

Die Zoff-Skala

Der Torwart Dino Zoff erzielte einen einmaligen Länderspielrekord, als er von September 1972 bis Juni 1974 über 1142 Minuten keinen einzigen Treffer gegen Italien zuließ. 1982 wurde Zoff als Mannschaftskapitän mit Italien Weltmeister und wiederholte damit den Triumph von Juventus-Torwart Gianpiero Combi, der beim ersten WM-Sieg der Squadra Azzurra 1934 ebenfalls Kapitän gewesen war. Als Trainer führte Zoff die Italiener später ins Finale der EM 2000, das sie gegen die Franzosen aufgrund eines Golden Goals in der Verlängerung mit 1:2 verloren. Wenige Tage darauf erklärte er seinen Rücktritt, auch aus Verärgerung über die Kritik von Italiens heutigem Ministerpräsidenten Silvio Berlusconi, der 2000 als Präsident des AC Mailand großen Einfluss ausübte.

Super Mario

Eines der momentan hoffnungsvollsten italienischen Talente ist der etwas hitzköpfige Mario Balotelli, der als Sohn ghanaischer Einwanderer 1990 in Palermo auf die Welt kam. Er wuchs zwar bei italienischen Pflegeeltern auf, musste jedoch bis zu seinem 18. Geburtstag warten, ehe er die italienische Staatsbürgerschaft bekam und sein erstes Länderspiel mit der U-21 bestreiten durfte. Balotelli ist nicht ganz pflegeleicht: Bei Inter Mailand brachte er durch seine Launenhaftigkeit die Inter-Fans und seinen Trainer José Mourinho gegen sich auf – bei einem Fernsehauftritt zeigte er sich z. B. einmal mit einem Trikot des Erzrivalen AC Mailand. 2010 wechselte er zu Manchester City; in England kassierte er gleich in der ersten Saison Strafzettel in Höhe von insgesamt 10 000 Pfund und sein Auto wurde sage und schreibe 27-mal abgeschleppt.

Der richtige Riecher

Als das EM-Halbfinale gegen Russland 1968 mit einem Unentschieden nach Verlängerung endete und durch Münzwurf entschieden werden musste (damals gab es noch kein Elfmeterschießen), hatte Italiens Kapitän Giacinto Facchetti den richtigen Riecher. Nach dem 2:0-Sieg im Wiederholungsspiel gegen Jugoslawien konnte die Squadra Azzurra schließlich die Trophäe in Empfang nehmen. Facchetti, der 1964 und 1965 mit Inter Mailand den Europapokal der Landesmeister gewann, hatte mit 59 Treffern in 475 Ligaspielen die für einen Abwehrspieler beeindruckende Zahl von 59 Treffern erzielt. Obwohl von Natur aus Rechtsfüßler, spielte er meist als linker Außenverteidiger.

Torjäger Riva

Der erfolgreichste Torjäger für die Squadra Azzurra war Luigi »Gigi« Riva, der in 42 Länderspielen 35 Tore erzielte. Einer seiner wichtigsten Treffer war das 1:0 beim Wiederholungsspiel des EM-Finales 1968 beim 2:0-Sieg gegen Jugoslawien. Trotz seines Talents spielte Riva nie für einen der großen italienischen Klubs. Stattdessen absolvierte Riva, geboren am 7. November 1944 in Leggiuno in der Lombardei, seine Spiele in der Serie A bei dem eher unbekannten Klub US Cagliari auf Sardinien. Mit 21 Toren verhalf Riva dem Verein 1970 zu seinem bislang einzigen Meistertitel. Zahlreiche schwere Verletzungen, darunter zwei Beinbrüche in Länderspielen, verhinderten, dass Riva mehr Länderspiele bestreiten und seinen Trefferrekord ausbauen konnte.

Alles Gute zum Jubiläum!

Nachdem Kapitän Fabio Cannavaro die Italiener zum FIFA WM-Titel 2006 geführt hatte, wurde er zum »FIFA Weltfußballer des Jahres« gewählt; mit 33 Jahren war er der bislang älteste und erste Abwehrspieler, der mit diesem Titel ausgezeichnet wurde. Cannavaro stand im Turnier in jedem Spiel Italiens von der ersten bis zur letzten Minute auf dem Platz, beim Endspiel-Triumph gegen Frankreich feierte er zugleich seinen 100. Einsatz für die Squadra Azzura.

Federico versagt

Gianluigi Buffon wegen einer Rückenverletzung nach ungefähr der Hälfte des Auftaktspiels zu verlieren, war das Letzte, was die Italiener 2010 in Südafrika wollten, nachdem der Juve-Torhüter vier Jahre zuvor, als Italien Weltmeister geworden war, während des gesamten Turniers nur zwei Gegentore zugelassen hatte. Ersatztorhüter Federico Marchetti hielt in der restlichen Spielzeit seinen Kasten sauber und die Italiener glichen gegen Paraguay noch zum 1:1-Endstand aus. Doch in den beiden nächsten Gruppenspielen griff der Torhüter von Cagliari Calcio bei vier von fünf Schüssen, die auf sein Tor kamen, daneben. Während andere italienische Veteranen wie Fabio Cannavaro und Gennaro Gattuso ihre Nationalmannschaftskarrieren nach dem Ausscheiden Italiens beendeten, wollte Buffon weitermachen – und wurde vom neuen italienischen Trainer Cesare Prandelli als Nachfolger von Cannavaro zum Mannschaftskapitän ernannt.

Fast unüberwindbar

Walter Zenga ließ bei der FIFA WM-Endrunde 1990 über 517 Minuten kein Tor zu und stellte damit einen bis heute nicht übertroffenen Rekord auf. Gianluigi Buffon musste bei der WM 2006 in Deutschland nur zweimal hinter sich greifen – er konnte nur durch ein Eigentor und einen Elfmeter überwunden werden.

Drei auf einen Streich

In der Saison 1989/90 gewannen italienische Klubs alle drei großen europäischen Wettbewerbe: Der AC Mailand holte den Europapokal der Landesmeister mit einem 1:0-Endspielsieg gegen Benfica Lissabon; Juventus Turin triumphierte im UEFA-Pokal mit 3:1 und 0:0 gegen den AC Florenz, und Sampdoria Genua gewann den Europapokal der Pokalsieger mit einem 2:0 im Finale gegen den RSC Anderlecht.

Italiens beste Spieler
(gewählt vom italienischen Fußballverband)

1. Giuseppe Meazza
2. Luigi Riva
3. Roberto Baggio
4. Paolo Maldini
5. Giacinto Facchetti
6. Sandro Mazzola
7. Giuseppe Bergomi
8. Valentino Mazzola

Wie der Vater, so der Sohn

Cesare und Paolo Maldini sind das erfolgreichste Vater-Sohn-Paar in der Geschichte des Fußballs: Beide hielten die wichtigste Trophäe des europäischen Vereinsfußballs in Händen – beide mit dem AC Mailand und beide in England. Cesare gewann 1963 mit einem Sieg gegen Benfica Lissabon im Londoner Wembley-Stadion den Europapokal der Landesmeister – es war der erste Triumph eines italienischen Vereins überhaupt. Paolo folgte ihm 40 Jahre später mit dem Erfolg von Milan gegen Juventus Turin im Champions-League-Finale im Old-Trafford-Stadion von Manchester. Für den Junior war dies allerdings schon der zweite von drei Erfolgen mit dem AC Mailand in der Champions League. Zweimal agierten Vater und Sohn auch gemeinsam bei Weltmeisterschaften: Bei der Endrunde 1998 war Cesare Trainer, Paolo Kapitän der Squadra Azzurra. Vier Jahre später trainierte Cesare das Team von Paraguay. Es scheint, als sei die Maldini-Dynastie noch nicht an ihrem Ende angelangt: Paolos Sohn Christian startet derzeit seine Karriere – natürlich beim AC Mailand. Sollte er es in die erste Mannschaft schaffen, wird er als Privileg Paolos legendäres Trikot mit der Nummer 3 tragen dürfen.

Weit herumgekommen

Der Italiener Giovanni Trapattoni gewann als Trainer Meisterschaften in mehreren Ländern – in Italien mit Juventus Turin und Inter Mailand, in Deutschland mit Bayern München, in Portugal mit Benfica Lissabon und in Österreich mit Red Bull Salzburg. Zudem ist Trapattoni – neben dem Deutschen Udo Lattek – der einzige Trainer, der sämtliche drei europäischen Pokale gewinnen konnte. Mit Juventus gewann er zudem 1985 den Weltpokal und trainierte von 2000 bis 2004 auch die Squadra Azzurra, hier jedoch mit mäßigem Erfolg.

Prandellis Versprechen

Nachdem er zugestimmt hatte, nach der WM 2010 das Amt des italienischen Nationaltrainers von Marcello Lippi zu übernehmen, reiste Cesare Prandelli, von 2005 bis 2010 Coach des AC Florenz, während des Turniers nach Afrika – doch nicht nur, um Fußball zu schauen: Das 1:1 zwischen Italien und Neuseeland verfolgte er an einem Fernsehgerät im tansanischen Sansibar – dort eröffnete Prandelli nämlich mit seiner Tochter eine Schule zum Andenken an seine Frau Manuela, die drei Jahre zuvor an Krebs gestorben war. Das erste Pflichtspiel der italienischen Nationalmannschaft fand im September 2010 in Florenz statt. Seine Mannschaft unter Prandellis Leitung besiegte die Färöer-Inseln mit 5:0. Parallel zu Prandellis Ernennung hatte der italienische Fußballverband andere ehemalige Fußballgrößen mit wichtigen Funktionen betraut: Roberto Baggio wurde Technischer Direktor, Gianni Rivera Direktor des Ausbildungsbereichs und der ehemalige National- und AC-Mailand-Trainer Arrigo Sacchi Koordinator der Jugendnationalmannschaften.

Trophäen-Sammler

Giovanni Ferrari gewann 1934 und 1938 die FIFA WM zweimal mit Italien und ist mit acht Titeln auch der erfolgreichste Spieler in der Geschichte der Serie A: Er wurde fünfmal Meister mit Juventus Turin, zweimal mit Inter Mailand und einmal mit dem FC Bologna. Den Meisterschaftsrekord teilt er sich jedoch mit Virginio Rosetta (zweimal italienischer Meister mit US Pro Vercelli und sechsmal mit Juventus Turin) und Guiseppe Furino, der sämtliche seiner acht nationalen Titel mit Juve gewann.

Aufgepäppelt

Das Stadion, das sich Inter und der AC Mailand teilen, wird allgemein »San Siro« genannt, nach dem Stadtteil, in dem es sich befindet. Offiziell heißt es Giuseppe-Meazza-Stadion, benannt nach jenem berühmten Stürmer, der für beide Klubs spielte und mit Italien 1934 und 1938 Weltmeister wurde. Ein Scout von Inter hatte den am 23. August 1910 in Mailand geborenen Meazza entdeckt, als dieser auf der Straße mit einem Fußball aus Lumpen jonglierte. Meazza war so dünn, dass er mit Steaks aufgepäppelt werden musste. Legendär ist sein letztes Tor für Italien: Bei der WM 1938 verwandelte er im Halbfinale gegen Brasilien einen Elfmeter, musste beim Schuss aber seine Hose festhalten, weil deren Gummiband gerissen war.

Italienische Meister

Juventus Turin	27	SSC Neapel	2
AC Mailand	18	Lazio Rom	2
Inter Mailand	18	Cagliari Calcio	1
CFC Genua	9	AS Casale	1
FC Bologna	7	Sampdoria Genua	1
FC Turin	7	US Novese	1
US Pro Vercelli	7	Spezia Calcio	1
AS Rom	3	Hellas Verona	1
AC Florenz	2		

Der erfolgreichste Verein Italiens

Juventus Turin, einer der traditions- und erfolgreichsten italienischen Vereine, war bislang bei jeder WM, an der die Italiener teilnahmen, mit mindestens einem Spieler im Kader vertreten. Juventus war in der Saison 2005/06 in einen Manipulationsskandal verwickelt und wurde in die Serie B strafversetzt; zum ersten Mal seit der Vereinsgründung im Jahr 1897 war Juventus damit vorübergehend zweitklassig. Mit insgesamt 51 Titeln, darunter 27 italienischen Meisterschaften, ist der Verein der erfolgreichste Italiens. Als Juventus 1985 auch im Europapokal der Landesmeister siegte, hatte der Verein als erster sämtliche drei großen europäischen Trophäen errungen.

Doppelagenten

Der ehemalige brasilianische Nationalspieler Leonardo wurde im Dezember 2010 Trainer von Inter Mailand und war damit der fünfte Fußballlehrer, der beide großen Mailänder Vereine gecoacht hat. Seine Vorgänger – die wie er zuerst beim AC Mailand das Ruder übernommen hatten – waren Giuseppe Bigogno (beim AC Mailand von 1946 bis 1949, dann von 1953 bis 1958 bei Inter), Ilario Castagner (AC 1982–1984, Inter 1984–1985), Giovanni Trapattoni (AC 1974–1976, Inter 1986–1991) und Alberto Zaccheroni (AC 1998–2001, Inter 2003–2004).

Die Turiner Tragödie

In den späten 1940er-Jahren war der AC Turin Italiens erfolgreichster Verein. Doch am 4. Mai 1949 kamen bei einem Flugzeugabsturz unterhalb der Superga-Basilika bei Turin fast sämtliche Spieler der Mannschaft und einige Begleiter ums Leben. Danach hat der Verein nur noch einmal den Titel in der Serie A errungen, in der Saison 1976/77. Unter den Opfern der Tragödie befand sich auch der Stürmerstar Valentino Mazzola, der die Reise trotz Krankheit angetreten hatte. Sandro Mazzola, sein Sohn, zum Zeitpunkt des Unglücks sechs Jahre alt, feierte später große Erfolge mit der italienischen Nationalmannschaft: 1968 wurde er mit Italien Europameister, zwei Jahre später Vizeweltmeister.

NIEDERLANDE

In den letzten Jahrzehnten gehört es zu den vertrauten Bildern, dass die Fans der Niederlande bei den großen Fußballturnieren die Tribünen in ein orangefarbenes Meer verwandeln. Doch das war nicht immer so. Erst seit den 1970er-Jahren, als die von Johan Cruyff angeführte Mannschaft mit ihrem spektakulären Konzept des »Totalen Fußballs« die Zuschauer begeisterte, zählen die Niederlande zu den großen Fußballnationen, die vor Welt- und Europameisterschaften regelmäßig als Topfavoriten gehandelt werden. Allerdings konnte das Land erst einmal ein großes Turnier gewinnen – die EM 1988 in der Bundesrepublik Deutschland.

Die Bondscoachs der Niederlande (seit 1978)

Jan Zwartkruis	1978–81
Rob Baan	1981
Kees Rijvers	1981–84
Rinus Michels	1984–85
Leo Beenhakker	1985–86
Rinus Michels	1986–88
Thijs Libregts	1988–90
Nol de Ruiter	1990
Leo Beenhakker	1990
Rinus Michels	1990–92
Dick Advocaat	1992–95
Guus Hiddink	1995–98
Frank Rijkaard	1998–2000
Louis van Gaal	2000–02
Dick Advocaat	2002–04
Marco van Basten	2004–08
Bert van Marwijk	seit 2008

Cruyff, der Magier

Johan Cruyff wurde durch den Sport zur lebenden Legende. Der am 25. April 1947 in Amsterdam geborene Spieler hatte eine zentrale Rolle bei den großen Erfolgen von Ajax Amsterdam und der niederländischen Nationalmannschaft in den frühen 1970er-Jahren. Vor dem WM-Finale 1974 schrieb eine Zeitung seines Heimatlandes: »Cruyff weckte Holland aus dem Tiefschlaf und brachte uns auf Weltklasseniveau.« Franz Beckenbauer sagte über ihn: »Er ist der beste Spieler, den Europa je hervorgebracht hat.« Bereits mit 10 Jahren wechselte Cruyff zu Ajax und gab mit 17 sein Liga-Debüt. Er führte den Verein zu acht Meisterschaften und gewann mit ihm von 1971–1973 dreimal in Folge den Europacup der Landesmeister. Gemeinsam mit dem Trainer Rinus Michels perfektionierte er das Konzept des »Totalen Fußballs«, das zum Markenzeichen des niederländischen Fußballs wurde. Sein internationales Debüt hatte Cruyff 1966 gegeben. In 48 Länderspielen schoss er 33 Tore und war 33-mal Mannschaftskapitän. Nach der WM 1974 wurde er zum »Spieler des Turniers« gekürt und nahm im selben Jahr bereits zum dritten Mal die Auszeichnung als »Europas Fußballer des Jahres« entgegen.

»Der General«

Rinus Michels (1928–2005) wurde 1999 aufgrund seiner Erfolge mit der niederländischen Mannschaft und Ajax Amsterdam von der FIFA zum »Trainer des Jahrhunderts« erklärt. Der ehemalige Ajax-Stürmer und Nationalspieler übernahm 1965 den Trainerposten seines alten Vereins und baute in den folgenden Jahren jene überragende Mannschaft auf, die in den frühen 1970ern den europäischen Fußball dominieren sollte. Die Teams um Johan Cruyff, im Verein wie in der Nationalmannschaft, setzten das von Michels weiterentwickelte Konzept des »Totalen Fußballs« perfekt um. Nach Ajax' erstem Sieg im Europacup der Landesmeister 1971 wechselte Michels zum FC Barcelona, kehrte jedoch 1974 in seine Heimat zurück, um die Niederlande bei der WM in der Bundesrepublik Deutschland zu betreuen. Michels, auch »Der General« genannt, war ein Disziplinfanatiker, dem es auch gelang, die häufig untereinander zerstrittenen Grüppchen im Nationalteam zu einer Einheit zusammenzuschweißen. Nicht zuletzt half ihm diese Fähigkeit, mit den Niederlanden am Ende einer weiteren Amtszeit 1988 den bislang einzigen großen Titel zu erringen: In der EM-Endrunde besiegte seine Mannschaft u. a. England und Irland, warf im Halbfinale den Gastgeber Deutschland aus dem Rennen und schlug schließlich im Finale die Sowjetunion mit 2:0. 1990 wurde Michels ein letztes Mal Bondscoach und führte die Niederlande bis ins Halbfinale der EM 1992. Direkt im Anschluss an das Turnier verkündete er seinen Rücktritt.

Orange Siegessträhne

Als die Niederlande 2010 in das WM-Endspiel einzogen, hatten sie alle 14 Partien auf ihrem Weg dorthin gewonnen (acht Qualifikations- und sechs WM-Endrundenspiele). Mit dieser Serie von 14 aufeinanderfolgenden Siegen in einem Wettbewerb, die im September 2008 begonnen hatte, stellten sie einen Rekord auf und waren zudem die neunte Mannschaft, die entweder alle Spiele bis zum Halbfinale oder Finale eines Turniers gewinnen konnte. Unter der Führung von Kapitän Giovanni van Bronckhorst (links) und mit einem Wesley Snijder (rechts) in Topform zogen die Niederlande mit sechs Siegen in Folge ins Finale ein, was zuvor nur Brasilien im Jahr 2002 geschafft hatte. Mit diesem Durchmarsch ins WM-Finale verbesserte das Team auch den niederländischen Rekord auf 25 Spiele in Serie ohne Niederlage. Zuletzt hatten die Oranjes im September 2008 in einem Freundschaftsspiel gegen Australien mit 1:2 den Kürzeren gezogen.

Die Amsterdam ArenA

Die Bauarbeiten an Hollands größtem Stadion, der Amsterdam ArenA, begannen 1993. Weit über 100 Millionen Euro wurden in das Projekt investiert, bis das Stadion am 14. August 1996 eröffnet werden konnte. Seither fungiert es als Heimstadion von Ajax Amsterdam und war einer der wichtigsten Austragungsorte bei der EM 2000, die von den Niederlanden und Belgien ausgerichtet wurden. Die ungewöhnliche Schreibweise entstand, als ein Nachtklub gleichen Namens klagte.

Tore zuhauf

Nur vier Spieler haben es bisher geschafft, in einem Spiel fünf Treffer für die Niederlande zu erzielen: Jan Vos bei der 9:0-Demontage von Finnland im Juli 1912, Leen Vente beim 9:3-Sieg gegen Belgien im März 1934, John Bosmans beim 8:0 gegen Zypern im Oktober 1987 und Marco van Basten beim 8:0-Auswärtssieg auf Malta im Dezember 1990. Bosmans gelangen drei Hattricks für die Niederländer, was vor ihm auch schon Mannes Francken, Beb Bakhuys und Faas Wilkes geschafft hatten. Wilkes schoss zwei seiner Dreierpacks im Jahr 1946 – der dritte gelang ihm dann erst ganze 13 Jahre später.

Cruyffs Absage

Johan Cruyff ist bis heute eine der einflussreichsten Persönlichkeiten im niederländischen Fußball, war aber nie Bondscoach. Vor der WM 1994 wurden Verhandlungen mit dem Verband abgebrochen. Über 10 Jahre später lehnte er zweimal Angebote von Marco van Basten ab, der zurücktreten und als Cruyffs Assistent arbeiten wollte.

Rinus im Glück

1974 wurde Rinus Michels Nachfolger des tschechischen Bondscoachs František Fadrhonc, mit dem die Niederlande sich für die WM-Endrunde in der Bundesrepublik Deutschland qualifiziert hatten; Fadrhonc gehörte bis zum Ende der WM als zweiter Mann hinter Michels zum Trainerstab. Die Qualifikation war gut verlaufen: Im letzten Spiel in Amsterdam erzielte der Belgier Jan Verheyen einen Treffer, der wegen Abseits nicht anerkannt wurde. TV-Aufzeichnungen zeigten später, dass sich der russische Schiedsrichter geirrt hatte. Hätte das Tor gezählt, wäre Belgien als Sieger weitergekommen.

Van Bastens »Rekord«

Der Job des Bondscoachs ist einer der unsichersten im Weltfußball. Dienstältester Nationaltrainer der letzten Jahre war Marco van Basten, der das Amt am 29. Juli 2004 antrat und im Juni 2008 wieder aufgab, nachdem die Niederlande im Viertelfinale der EM gegen Russland ausgeschieden waren.

Van Bastens Turniere

Marco van Basten war 1988 einer der großen Stars der EM-Endrunde in der Bundesrepublik Deutschland. In den Gruppenspielen landete der Torjäger gegen England einen Hattrick, erzielte den Siegtreffer beim Halbfinale gegen die Gastgeber und besiegelte im Endspiel mit einem Treffer den 2:0-Sieg über die Sowjetunion. Während seiner aktiven Zeit spielte van Basten u. a. beim AC Mailand und war zweimaliger Torschützenkönig der Serie A. Wegen einer chronischen Knöchelverletzung beendete er 1995 seine Karriere.

Happel, der Held

Ernst Happel ist nach Rinus Michels der erfolgreichste Trainer der Niederlande. Der ehemalige österreichische Verteidiger schrieb Geschichte, als Feyenoord Rotterdam als erste Mannschaft des Landes den Europapokal der Landesmeister gewann. 1978 wurde Happel engagiert, um das Team während der WM-Endrunde in Argentinien zu betreuen. Obwohl der Versuch, den ein Jahr zuvor aus der Nationalmannschaft zurückgetretenen Johan Cruyff zu einem Comeback zu überreden, scheiterte, stieß Happels Team bis ins Finale vor und unterlag erst in der Verlängerung mit 1:3 gegen Argentinien.

Besser spät als nie

Der Torhüter Sander Boschker musste sehr lange warten, bis er sein erstes Länderspiel machen durfte; als es dann am 1. Juni 2010 endlich so weit war – da wurde er in einem Freundschaftsspiel gegen Ghana in der Halbzeitpause eingewechselt –, stellte er gleich zwei Rekorde auf: Mit 39 Jahren und 224 Tagen war er nicht nur der älteste niederländische Länderspiel-Debütant, sondern gleichzeitig auch der älteste Niederländer überhaupt, der je ein Länderspiel bestritt. Bis jetzt ist es für Boschker bei diesem einen Einsatz geblieben, aber wer weiß …

Flugangst verhindert Rekorde

Ohne seine Flugangst hätte Dennis Bergkamp weitaus mehr als 79 Länderspiele bestritten. Nachdem die Mannschaft der Niederlande während der FIFA WM 1994 in den USA bei einem Flug in heftige Turbulenzen geriet, nahm Bergkamp fortan nur noch an Spielen seiner Vereine und der Elftal teil, wenn er sie zu Land, Wasser oder Schiene erreichen konnte.

Pech im Spiel, Glück in der Liebe

Wesley Sneijder hoffte 2010 bis zum Endspiel seiner Mannschaft gegen Spanien, dass er ein bisher noch nie dagewesenes Quintupel fabrizieren würde: Noch nie hat es ein Fußballer geschafft, im gleichen Jahr Weltmeister zu werden, in dem er mit seiner Mannschaft das Triple erreicht hat (Gewinn der nationalen Meisterschaft, des nationalen Pokals und der Champions League bzw. des Europapokals), und dazu noch bei der WM den »Goldenen Schuh« einzusacken. Sneijder holte mit Inter Mailand in der Saison 2009/2010 zwar die drei Titel, schrammte aber knapp am WM-Sieg und am »Goldenen Schuh« vorbei. Trost für die schmerzliche Finalniederlage gegen Spanien dürfte Sneijder sechs Tage nach dem Ereignis erfahren haben: Bei einer romantischen Hochzeit gab er der niederländischen Schauspielerin und Fernsehmoderatorin Yolanthe Cabau van Kasbergen, die auch als Fotomodell arbeitet, das Jawort.

»Holland on tour«

Die großartige Mannschaft des AC Mailand der späten 1980er-Jahre wurde aufgrund ihrer niederländischen Stars Ruud Gullit, Marco van Basten und Frank Rijkaard häufig als »Holland on tour« bezeichnet. Die drei waren Schlüsselfiguren beim EM-Sieg der Niederlande 1988 und den Triumphen des AC Mailand im Europapokal der Landesmeister 1989/90. Beim Sieg über Steaua Bukarest 1989 erzielten van Basten und Gullit je zwei Tore, im Jahr darauf markierte Rijkaard den einzigen Treffer im Endspiel gegen Benfica Lissabon.

Frühstart

Im Finale der WM 1974 gingen die Niederlande in der ersten Minute in Führung, bevor ein deutscher Spieler überhaupt den Ball berührte. Nach dem Anstoß passten die Oranjes den Ball über 14 Stationen bis in den Strafraum, wo Johan Cruyff von Uli Hoeneß gefoult wurde. Johan Neeskens verwandelte den allerersten Elfmeter in einem FIFA WM-Finale überhaupt – doch am Ende hatten die Niederlande das Spiel trotzdem mit 1:2 verloren.

Doppelte Verlierer

Neun Spieler der Niederlande scheiterten sowohl 1974 (1:2 gegen die BRD) als auch 1978 (1:3 gegen Argentinien) erst in den Endspielen gegen die Gastgebermannschaften. Jan Jongbloed, Ruud Krol, Wim Jansen, Arie Haan, Johan Neeskens, Johnny Rep und Rob Rensenbrink standen beide Male auf dem Platz, Wim Suurbier spielte 1974 und war 1978 im Kader. René van de Kerkhof saß 1974 auf der Ersatzbank und kam im Endspiel 1978 zum Einsatz.

Verwandtschaftliche Bande

Der defensive Mittelfeldspieler Mark van Bommel wurde 2008 von Bondscoach Marco van Basten nicht in die EM-Auswahl berufen, doch bei der FIFA WM 2010 war er allgegenwärtig. Van Bastens Nachfolger Bert van Marwijk ist van Bommels Schwiegervater: Mark ist mit dessen Tochter Andra verheiratet.

Kapitän auf Siegeskurs

Ruud Gullit war eine der schillerndsten Figuren des Weltfußballs der 1980er- und frühen 1990er-Jahre. Er gewann während seiner Karriere viele Titel, u. a. mit dem AC Mailand 1989 und 1990 zweimal den Europapokal der Landesmeister. Bereits 1987 war er zu »Europas Fußballer des Jahres« gewählt worden. Den niederländischen Fans wird er immer in Erinnerung bleiben als der erste Mann in Oranje, der eine wichtige Trophäe für sein Land hochhalten konnte – den Pokal für den Gewinn der EM 1988.

Rekordzwillinge

Die Zwillinge Frank und Ronald de Boer halten den Rekord für die meisten Spiele, bei denen Brüder gemeinsam im Team der Niederlande spielten. Frank bestritt insgesamt 112 Länderspiele, Ronald 67.

Top Ten Torschützen

1.	Patrick Kluivert	40
2.	Dennis Bergkamp	37
3.	Ruud van Nistelrooy	35
=	Faas Wilkes	35
5.	Johan Cruyff	33
=	Abe Lenstra	33
7.	Bep Bakhuys	28
8.	Klaas-Jan Huntelaar	26
=	Kick Smit	26
10.	Marco van Basten	24

Top Ten Länderspiele

1.	Edwin van der Sar	130
2.	Frank de Boer	112
3.	Giovanni van Bronckhorst	106
4.	Philip Cocu	101
5.	Rafael van der Vaart	90
6.	Clarence Seedorf	87
7.	Marc Overmars	86
8.	Aaron Winter	84
9.	Ruud Krol	83
10.	Dennis Bergkamp	79
=	Patrick Kluivert	79

Dem Schmerz zum Trotz

Der niederländische Verteidiger Khalid Boulahrouz (Nr. 21) bestand bei der UEFA EURO 2008 darauf, an der Viertelfinalbegegnung seines Landes mit Russland teilzunehmen, obwohl seine 3 Monate zu früh geborene Tochter Anissa nur wenige Tage zuvor gestorben war. Ihr zu Ehren trugen er und seine Mannschaftskameraden bei dem Spiel schwarze Armbinden.

Eurostars der Niederlande

Drei niederländische Spieler wurden zu »Europas Fußballer des Jahres« gewählt: Johan Cruyff, Ruud Gullit und Marco van Basten. Cruyff nahm die Auszeichnung in den Jahren 1971, 1973 und 1974 entgegen, Gullit wurde 1987 geehrt und van Basten in den Jahren 1988, 1989 und 1992.

Sechster Sinn

Maarten Stekelenburg, Nachfolger von Edwin van der Sar als Stammtorhüter der niederländischen Nationalelf, überraschte bei der FIFA WM 2010 viele mit seiner Leistung: In sieben Spielen ließ er nur sechs Gegentreffer zu, zwei davon resultierten zudem noch aus Strafstößen. Sein rasanter Aufstieg ist umso überraschender, als er auf einem Ohr taub ist. Er darf sich jedoch auch eines wenig beneidenswerten Rekords rühmen – er ist der erste niederländische Nationaltorhüter, der eine Rote Karte bekommen hat: Am 6. September 2008 musste er in einem Freundschaftsspiel gegen Australien, das die Niederlande mit 1:2 verloren, vorzeitig zum Duschen, nachdem er die Notbremse gegen Joshua Kennedy gezogen hatte.

Der Rekordtorjäger

Der Innenstürmer Patrick Kluivert, am 1. Juli 1976 in Amsterdam geboren, trat 1994 zum ersten Mal für die Niederlande an. In den folgenden 10 Jahren absolvierte er weitere 78 Länderspiele und ist mit 40 Treffern der erfolgreichste Torschütze des Landes.

Vor langer Zeit

Am 30. April 1905 trafen die Niederlande und Belgien zum ersten Mal in einem Länderspiel aufeinander. Eddy de Neve schoss alle Tore beim 4:1 der Elftal. Im Fußball sind die beiden Länder seitdem Erzrivalen.

Moderne Helden

Die Niederlande zählen seit 1974 zu den stärksten Nationen im Weltfußball. Die von Johan Cruyff angeführte Mannschaft stand 1974 im FIFA WM-Finale und unterlag der Bundesrepublik Deutschland mit 1:2. Vier Jahre später verloren die Oranjes in Buenos Aires gegen Argentinien mit 1:3 nach Verlängerung. 1976 wurde die Mannschaft Dritter bei der Europameisterschaft, und 12 Jahre danach sicherte sie sich mit einem 2:0 im EM-Endspiel gegen die Sowjetunion ihren bislang einzigen großen Titel. Fast noch wichtiger für das von Rinus Michels betreute Team war der 2:1-Erfolg im Halbfinale gegen den Gastgeber Bundesrepublik Deutschland, der auch eine Revanche für das verlorene WM-Endspiel 1974 darstellte. Obwohl die Niederlande vor großen Turnieren regelmäßig als Favoriten gehandelt wurden, erreichten sie bis 2010 kein weiteres Endspiel mehr. Bei der FIFA WM 1998 scheiterte die Mannschaft im Halbfinale mit einem 2:4 im Elfmeterschießen gegen Brasilien – und bei den Euro-Endrunden 1992 und 2000 gingen ebenfalls die Halbfinalspiele verloren.

Totaalvoetbal

Die niederländische WM-Mannschaft von 1974 verdankte ihren Erfolg dem Konzept des »Totalen Fußballs« (Totaalvoetbal), mit dem Trainer Rinus Michels und sein Star Johan Cruyff bereits Ajax Amsterdam zu drei Siegen im Europapokal der Landesmeister verholfen hatten. Das Spiel der Mannschaft war geprägt durch schnelle Pässe und ständige Positionswechsel. Im gesamten Turnier drängten die Außenverteidiger Wim Suurbier und Ruud Krol häufig in die Spitze, während Stürmer und Mittelfeldspieler wie Johan Cruyff und Johan Neeskens umgekehrt auch Abwehraufgaben übernahmen.

Hart an der Grenze zur Körperverletzung

Die Niederlande sind die erste Mannschaft, die bei einem WM-Endspiel acht Karten bekommen hat: 2010 sahen die Oranjes gegen Spanien siebenmal Gelb – darunter eine schmeichelhafte Gelbe für Nigel de Jongs höchst rotverdächtige Kung-Fu-Attacke gegen Xabi Alonso – und einmal Gelb-Rot. Die Niederlande wirkten auch bei der WM-Partie mit den bisher meisten Karten mit: Bei ihrer Achtelfinalniederlage gegen Portugal vier Jahre davor hatte es insgesamt 16 Karten gehagelt – 12 Gelbe und vier Gelb-Rote.

Um Haaresbreite

1978 verfehlten die Niederlande den Sieg im FIFA WM-Finale nur um Haaresbreite: In der letzten Minute der regulären Spielzeit prallte ein Schuss des Stürmers Rob Rensenbrink am Torpfosten ab, sodass das Spiel beim Stand von 1:1 in die Verlängerung ging. Schließlich setzte sich Argentinien mit 3:1 durch.

Albtraum Elfmeter

Verschossene Elfmeter sind ein Albtraum der Niederlande, da sie die Elftal in mehreren Turnieren zu Fall brachten. Der Fluch begann im Elfmeterschießen des EM-Halbfinales 1992 gegen Dänemark, als Peter Schmeichel einen Schuss Marco van Bastens hielt und so den Sieg des Außenseiters sicherte. 1996 schieden die Oranjes im EM-Viertelfinale gegen Frankreich ebenso durch Elfmeterschießen aus wie zwei Jahre später im WM-Halbfinale gegen Brasilien. Aber es kam noch schlimmer – bei der EM 2000 konnten sie im Halbfinale gegen Italien während der regulären Spielzeit gleich zwei Elfmeter nicht verwandeln – und im Elfmeterschießen wurde Italiens Torwart Francesco Toldo mit zwei gehaltenen Bällen zum Triumphator. Italien siegte mit 3:1.

Der Ton macht die Musik

Für niederländische Trainer war es oft eine schwierige Aufgabe, bei großen internationalen Turnieren den Zusammenhalt innerhalb der Mannschaft aufrechtzuerhalten. Bert van Marwijk gelang dies bei der WM 2010 recht gut, obwohl es Gerüchte über Spannungen zwischen einigen seiner Schützlinge gab. Abseits der Trainerbank war van Marwijk gelegentlich am Piano aufzufinden, das in der Lobby des Mannschaftshotels in Johannesburg stand.

Van der Sar schlägt sie alle

Der Torhüter Edwin van der Sar ist mit 130 Länderspielen Rekordnationalspieler der Niederlande. Er kam 1990 zu Ajax Amsterdam und gewann 1995 mit dem Verein die Champions League. Am 7. Juni 1995 gab er gegen Weißrussland sein Länderspieldebüt und war 13 Jahre lang die unangefochtene Nummer eins der Elftal. Nach der Niederlage gegen Russland im Viertelfinale der EM 2008 trat er aus der Nationalmannschaft zurück, ließ sich aber vom neuen Bondscoach Bert van Marwijk zu einem Comeback überreden. Von 2005 bis zu seinem Karriereende – direkt nach dem verlorenen Champions-League-Finale gegen den FC Barcelona im Mai 2011 – spielte van der Sar für Manchester United und gewann mit diesem Verein drei Meistertitel und 2008 zum zweiten Mal in seiner Karriere die UEFA Champions League.

Vollzeitprofis

Der niederländische Fußball wurde erst 1954 professionalisiert. Zu einer Macht im Weltfußball wurden die Vereine und die Nationalmannschaft des Landes erst, als Ajax Amsterdam und Feyenoord Rotterdam in den 1960er-Jahren mit Vollzeitprofis spielten. Bis dahin hatten sogar Stars wie Ajax' Linksaußen Piet Keizer, der in einer Schneiderei arbeitete, noch Teilzeitjobs neben dem Fußball.

Höhen und Tiefen

Zwischen den beiden höchsten Länderspielerfolgen der Niederländer liegen 60 Jahre: Bei den Olympischen Spielen in Stockholm schlugen sie am 4. Juli 1912 Finnland mit 9:0. Mit dem selben Ergebnis fegten sie bei einem WM-Qualifikationsspiel am 1. November 1972 in Rotterdam Norwegen vom Platz. Die größte Schmach erlitt das Land am 21. Dezember 1907 mit einem 2:12 gegen die englische Amateurmannschaft in Darlington.

Van der Vaart, der Feuerwehrmann

Der offensive Mittelfeldspieler Rafael van der Vaart übernahm nach seiner Einwechslung in der 99. Minute die Kapitänsbinde von Giovanni van Bronckhorst, als dieser ausgewechselt wurde, und gab auch noch den Ersatz-Innenverteidiger, nachdem Johnny Heitinga die Gelb-Rote Karte gesehen hatte. Der ehemalige HSV-Star hatte nach eigenem Bekunden seine Kindheit und Jugend »wie ein Zigeuner« in einem Wohnwagen verbracht und war 2010 einer der schillerndsten Spieler der Niederländer – in puncto Glamour vielleicht nur noch von seiner Frau Sylvie übertroffen.

SPANIEN

Aus Spanien stammen einige der besten Klubs Europas (die insgesamt 13-mal den Europapokal der Landesmeister bzw. die UEFA Champions League gewonnen haben) und das Land hat zahlreiche Superstars hervorgebracht. Abgesehen von einem EM-Titel 1964 scheiterte das Land jedoch bei großen Turnieren vorzeitig – bis zum Finale der EM 2008: Spanien gewann mit 1:0 gegen Deutschland. Dieser Sieg beförderte die Iberer zum ersten Mal an die Spitze der FIFA Weltrangliste. Der 1:0-Triumph über die Niederländer im Endspiel der FIFA WM 2010 zementierte den Rang Spaniens als die aktuelle Fußballnation Nummer eins.

Drei mal drei

Nur drei Spanier haben in drei verschiedenen WM-Endrunden getroffen – Raúl (1998, 2002 und 2006), Julio Salinas (1986, 1990 und 1994) und Fernando Hierro (1994, 1998 und 2002). Letzterer ist der drittbeste spanische Schütze, obwohl er während seiner Karriere zumeist als Verteidiger spielte.

Pokalverdoppelung

Mit dem Gewinn der FIFA WM 2010 ist Spanien nach Deutschland das erste Land seit 1974, das den Pokal als amtierender Europameister entgegennehmen konnte. Als Frankreich beide Titel einfuhr, war die Reihenfolge umgekehrt: Das Land wurde 1998 Weltmeister und zwei Jahre später Europameister.

Die Null steht

Der spanische Torhüter Iker Casillas hielt bei allen sieben K.-o.-Spielen, die sein Team bei der EM 2008 und bei der WM 2010 absolvierte, seinen Kasten sauber. Die Mannschaft schoss in den drei EM-K.-o.-Spielen und in den vier WM-K.-o.-Spielen jeweils vier Tore.

Wettkampfstätten

Kein Land stellte bei einer FIFA Weltmeisterschaft mehr Wettkampfstätten zur Verfügung als Spanien 1982: 17 Stadien in 14 Städten. Das Turnier 2002 wurde zwar an 20 verschiedenen Orten ausgetragen, aber zehn davon lagen in Japan und zehn in Südkorea. Die Weltmeisterschaft 1982 war die erste, an der 24 Mannschaften teilnahmen. Das Finale wurde im Santiago-Bernabéu-Stadion von Madrid ausgetragen.

Gastarbeiter

Spanien gewann im Mai 1929 in Madrid nach einem Zwischenstand von 0:2 und 2:3 – als erstes nicht-britisches Team schließlich mit 4:3 gegen England. Den Sieg im Estadio Metropolitano verdankten die Iberer auch ihrem englischen Trainer Fred Pentland, der 1920 nach Spanien gezogen war. Seine größten Erfolge feierte er mit Athletic Bilbao: 1930 und 1931 gewann er mit Bilbao sowohl die Meisterschaft als auch den Pokal und fügte 1931 dem FC Barcelona die höchste Niederlage der Vereinsgeschichte zu, ein 12:1.

Historisches Datum?

Der 22. Juni galt lange als Pechtag der spanischen Nationalmannschaft, vor allem beim Elfmeterschießen: Die Spanier verloren an diesem Tag im Elfmeterschießen bei der FIFA WM 1986 gegen Belgien, der EM 1996 gegen England und der FIFA WM 2002 gegen Südkorea. Aber am 22. Juni 2008 schlug Spanien Italien im Viertelfinale der EM im Elfmeterschießen, nachdem es nach Verlängerung 0:0 stand. Das war zugleich Spaniens erster Sieg über Italien in Pflichtspielen seit 1920.

Die Party ist vorbei

Der frisch gekürte Weltmeister Spanien unterlag im November 2010 in einem Freundschaftsspiel gegen Portugal in Lissabon überraschend mit 0:4 – obwohl das Team mit zehn der elf Spieler begann, die beim WM-Endspiel gegen die Niederlande in der Startformation gestanden hatten (lediglich Pedro war durch David Silva (oben) ersetzt worden). Dies war die höchste Niederlage für die Spanier seit 1963, als sie zu Hause mit 2:6 gegen Schottland untergegangen waren. Die von Vicente del Bosque trainierte Mannschaft hatte schon im September 2010 mit 1:4 gegen Argentinien verloren. Zum ersten Mal seit Brasiliens 1:5-Niederlage gegen Belgien im Jahr 1963 kassierte damit ein amtierender Weltmeister kurz nach seinem Triumph vier Gegentore in einem Spiel.

Bedeutende Turniere

FIFA WM™:
13 Teilnahmen, Titelgewinn 2010

EM:
Acht Teilnahmen, Titelgewinn 1964, 2008

Erstes Länderspiel:
Spanien – Dänemark 1:0
(Brüssel, Belgien, 28. August 1920)

Höchster Sieg:
Spanien – Bulgarien 13:0
(Madrid, Spanien, 21. Mai 1933)

Höchste Niederlagen:
Italien – Spanien 7:1
(Amsterdam, Niederlande, 4. Juni 1928);
England – Spanien 7:1 (London, England, 9. Dezember 1931)

Alarmstufe Rot

Weil die erste Europameisterschaft 1960 in der kommunistischen Sowjetunion ausgetragen wurde, verweigerten die Spanier aus Protest die Teilnahme. Vier Jahre später änderten sie ihre Haltung: Spanien war nicht nur Gastgeber der Meisterschaft, sondern gewann sie auch – durch ein 2:1 gegen die Sowjets im Finale. Kapitän der spanischen Mannschaft war Fernando Olivella, Trainer José Villalonga, der als Trainer mit Real Madrid 1956 den erstmals ausgespielten Europapokal der Landesmeister gewonnen hatte.

Altersweisheit

Als Spanien 2008 Europameister wurde, war Luis Aragonés der älteste Trainer eines Europameisters – einen Monat vor seinem siebzigsten Geburtstag. Der frühere Mittelstürmer wurde während seiner Spielerlaufbahn nur »Luis« genannt. Er war 1964, als Spanien Europameister wurde, im Finale nicht für die Mannschaft aufgestellt worden. In seiner Zeit als Nationaltrainer (2004 bis 2008) nannte man ihn den »Weisen von Hortaleza«, und er gewann mehr Spiele als jeder andere spanische Nationaltrainer, nämlich 38. Der am 28. Juli 1938 im Madrider Stadtteil Hortaleza geborene Aragonés spielte den größten Teil seiner Zeit als Aktiver bei Atlético Madrid, wo er auch unmittelbar nach seinem Karriereende 1974 überraschend zum Trainer berufen wurde – mit nur 36 Jahren.

⚽ Torres' Tore

Als Kind wollte Stürmerstar Fernando Torres Torwart werden. Der am 20. März 1984 in Madrid geborene Spieler war nur 19 Jahre alt, als er zum Kapitän der Helden seiner Kindheit wurde – der Mannschaft von Atlético Madrid. Torres hat die einzigartige Fähigkeit, das einzige Tor in Finalbegegnungen zu schießen, wie das Siegtor gegen Deutschland bei der EM 2008. Dasselbe war ihm mit der U-16-Nationalmannschaft bei der EM 2001 und mit der U-19 bei der EM im darauffolgenden Jahr gelungen. Torres wurde im Januar 2011 zum teuersten spanischen Spieler aller Zeiten: Chelsea London machte 58,5 Millionen Euro locker, um den Torjäger vom Ligakonkurrenten Liverpool zu holen; acht Monate zuvor hatte Barcelona David Villa, seinen Sturmpartner in der Nationalmannschaft, vom FC Valencia geholt und dafür eine Ablöse von 40 Millionen Euro bezahlt.

Top Ten Länderspiele

1.	Andoni Zubizarreta	126
2.	Iker Casillas	121
3.	Raúl	102
4.	Xavi	101
5.	Carles Puyol	94
6.	Fernando Hierro	89
7.	Xabi Alonso	86
8.	Fernando Torres	84
9.	José Antonio Camacho	81
10.	Rafael Gordillo	75

Top Ten Torschützen

1.	David Villa	46
2.	Raúl	44
3.	Fernando Hierro	29
4.	Fernando Morientes	27
5.	Emilio Butragueño	26
=	Fernando Torres	26
7.	Alfredo di Stéfano	23
=	Julio Salinas	23
9.	Míchel	21
10.	Telmo Zarra	20

⚽ Xavi im Glück

Der für seine unglaublich präzisen Pässe bekannte Xavi (eigentlich Xavi Hernández i Creus) hat sich im zentralen Mittelfeld des FC Barcelona und der spanischen Nationalmannschaft als würdiger Nachfolger seines Vereinstrainers Pep Guardiola erwiesen, den er sogar noch übertrifft. Neben den Champions-League-Siegen 2006, 2009 und 2011 mit seinem Verein wurde er 2008, als Spanien die Europameisterschaft gewann, zum Spieler des Turniers gewählt; zwei Jahre später war er einer der Leistungsträger des WM-Siegers. Bei der Wahl zur Auszeichnung »FIFA Ballon d'Or 2010« (Weltfußballer des Jahres) wurde er hinter seinen Vereinskameraden Lionel Messi und Andrés Iniesta Dritter. Xavi spielt seit 1991 für Barcelona, stand jedoch einmal kurz davor, den Verein zu verlassen: Als er 17 Jahre alt war, wollte der AC Milan ihn unbedingt haben – doch Xavi hatte keine Lust auf einen Wechsel und äußerte sich später erleichtert darüber, dass er in Spanien geblieben war.

⚽ Durchmarsch

Mit seinem Einsatz beim 3:2 der Spanier gegen Saudi-Arabien am 29. Mai 2010 hat es der Innenverteidiger Carlos Marchena als erster Spieler geschafft, 50 Länderspiele in Serie ungeschlagen zu bleiben – eines mehr als der Flügelflitzer Garrincha, der in den 1950er- und 1960er-Jahren für Brasilien spielte. Marchena gehörte dann auch zum erfolgreichen spanischen WM-Kader von 2010, und nach dem Turnier war die Anzahl seiner Länderspiele ohne Niederlage in Folge schon auf 54 hochgeklettert. Seine Serie endete nach seinem 56. Spiel ohne Niederlage (4:0 gegen Liechtenstein am 3. September 2010): Im darauffolgenden Match verlor Spanien am 7. September 2010 mit 1:4 gegen Argentinien.

⚽ Rekord-Bindenträger

Kein Spieler hat die Spanier bisher öfter als Mannschaftskapitän angeführt als Iker Casillas: Sein Einsatz im WM-Endspiel von 2010 gegen die Niederlande war bereits sein 54. Länderspiel als Spielführer. Bei seinem 50. Länderspiel als Kapitän musste er sich den Rekord noch mit Andoni Zubizarreta teilen, der bei den Weltmeisterschaften von 1986, 1990, 1994 und 1998 für Spanien aufgelaufen war. Casillas übertraf seinen Torwartkollegen dann im Achtelfinale gegen Portugal, das Spanien am 29. Juni 2010 in Kapstadt mit 1:0 gewann.

Villa füllt sein WM-Torkonto

Mit seinem Tor im Gruppenspiel gegen Chile am 25. Juni 2010 wurde David Villa zum neuen spanischen WM-Rekordtorschützen: In seinen Einsätzen bei den Turnieren von 2006 und 2010 hatte er nun schon insgesamt sechs Treffer für Spanien erzielt – und mit seinen beiden Toren in den K.-o.-Partien gegen Portugal und Paraguay erhöhte er sein Konto schließlich auf acht. Emilio Butragueño, Fernando Hierro, Fernando Morientes und Raúl hatten mit je fünf WM-Toren bis dahin diesen Rekord gemeinsam gehalten. Villa war aber auch der erste Spanier, der bei einer WM einen Strafstoß verschoss: Beim Gruppenspiel gegen Honduras versiebte er am 21. Juni 2010 einen Elfer und schrammte damit knapp an einem Hattrick vorbei. Bis dahin hatte Spanien alle seine 14 WM-Elfmeter verwandelt (Elfmeterschießen ausgenommen). Mit einem Doppelpack im Spiel gegen die Tschechische Republik zog Villa im März 2011 in der spanischen Rekordtorschützenliste an Raúl vorbei und setzte sich mit 46 Treffern an die Spitze.

Nicht faul, Raúl

Der frühere Torjäger von Real Madrid, Raúl González Blanco, genannt Raúl, ist Spaniens zweiterfolgreichster Stürmer mit 44 Toren in 102 Spielen. Außerdem führt er die Torschützenliste der Champions League mit 71 Toren und die von Real Madrid an, nachdem er Alfredo di Stefanos Rekord von 309 Treffern in der Spielzeit 2008/2009 übertraf. Raúl erzielte sieben Tore für sein Land in nur vier Tagen, als Spanien im März 1999 zunächst Österreich mit 9:0 deklassierte (Raúl traf viermal) und danach San Marino mit 6:0 überrollte (drei Tore gingen auf Raúls Konto). Allerdings wurde er für die EM 2008 nicht ins Nationalteam berufen – Trainer Luis Aragonés hielt dem Star dessen mangelnde Erfolge bei internationalen Turnieren vor. Raúl verpasste auch den spanischen WM-Triumph von 2010. Nach der WM heuerte er ablösefrei beim FC Schalke 04 an. Der am 27. Juni 1977 in Madrid geborene Spieler küsst seiner Frau Mamen Sanz zuliebe nach jedem erzielten Treffer seinen Ehering.

Nachwuchsarbeit

Cesc Fàbregas von Arsenal London war der jüngste spanische Nationalspieler seit 70 Jahren und der jüngste spanische Teilnehmer an einer FIFA WM überhaupt, als er im Alter von 19 Jahren und 41 Tagen bei der WM 2006 gegen die Ukraine eingewechselt wurde. In Spanien ist er fast nur als »Cesc« bekannt, obwohl auf seinem Trikot der Name »Fàbregas« steht.

Multinational

Ladislav Kubala hat als einziger Spieler für die Nationalmannschaften dreier verschiedener Länder gespielt, allerdings kein einziges Mal das Finale eines wichtigen Turniers erreicht: Er wurde am 10. Juni 1927 in Budapest geboren, bestritt aber sein erstes Länderspiel 1946 für die Tschechoslowakei. Nach fünf weiteren Einsätzen für die Heimat seiner Eltern spielte er dreimal für Ungarn, nachdem er 1948 dorthin umgezogen war. Als er 1951 aus Ungarn floh und bei Barcelona anheuerte, trat er danach noch 19-mal für Spanien an.

Topfit

Luis Suárez spielte trotz einer Verletzung im Finale der EM 1964 für Spanien – und bereitete beide Tore beim 2:1-Sieg der Spanier vor. Er wurde »Europas Fußballer des Jahres 1960« – der einzige in Spanien geborene Spieler, der bislang diese Auszeichnung bekam.

Schatztruhe

Der spanische Erstliga-Torwart, der in einer Saison die wenigsten Treffer pro Spiel zulässt, bekommt den Zamora-Pokal, benannt nach dem legendären Torhüter Ricardo Zamora, der zwischen 1920 und 1936 46-mal für Spanien spielte, unter anderem auch beim legendären 4:3-Sieg über England 1929 in Madrid. Zamora war der erste spanische Fußballstar, der sowohl für den FC Barcelona als auch für Real Madrid spielte. Später gewann er als Trainer zwei Meistertitel – mit Atlético Madrid.

Das ging fast ins Auge, Juan!

Bisher hat nur einziger Spieler bei einem WM-Elfmeterschie-ßen einen Versuch verschossen, der spielentscheidende Wirkung gehabt hätte: Beim Stand vom 2:1 für Spanien gegen Irland knallte 2002 der Spanier Juan Carlos Valerón den Ball an den Pfosten – das 3:1 wäre der Sieg für die Spanier gewesen; sie gewannen dann aber trotzdem noch mit 3:2.

Wer 1:0 führt, der nie verliert

Die Spanier haben Spiele, bei denen sie mit 1:0 in Führung gegangen sind, fast immer gewonnen: Mittlerweile hat das Team 43 solcher Siege in Serie eingefahren. Zuletzt konnte Nordirland ein Spiel gegen die Iberer drehen – im September 2006 bei einem 3:2 im Rahmen der EM-Qualifikation.

Spanische Meister

Real Madrid	31
FC Barcelona	21
Atlético Madrid	9
Athletic Bilbao	8
FC Valencia	6
Real Sociedad San Sebastián	2
Deportivo La Coruña	1
FC Sevilla	1
Betis Sevilla	1

Weltspitze

Im Juli 2008, nach dem Gewinn der Europameisterschaft, stand Spanien zum ersten Mal an der Spitze der FIFA Weltrangliste. Bisher führten nur sechs Teams, diese Rangliste an und die Spanier waren der einzige Weltranglistenerste, der noch nie Weltmeister war.

Pedro ballert aus allen Rohren

Der spanische Außenstürmer Pedro ist der einzige Spieler, der es bisher ge-schafft hat, innerhalb eines Kalenderjahres in sechs verschiedenen Pflichtwett-bewerben als Torschütze erfolgreich zu sein: Für Barcelona traf er 2009 in der Primera División (spanische Liga), in der Copa del Rey (spanischer Pokal) und im Spanischen Supercup sowie in der UEFA Champions League, im UEFA Super Cup und bei der FIFA Klub-Weltmeisterschaft. Außerdem stand er beim WM-Endspiel von 2010 für Fernando Torres in der Anfangsformation; knapp zwei Jahre davor hatte er noch in der Reservemannschaft von Barcelona in der drit-ten spanischen Liga gespielt, und wenn der neue Trainer Pep Guardiola nicht eingeschritten wäre, hätte man ihn heim nach Teneriffa geschickt.

Wertvolles Halbfinale

Das wuchtige Kopfballtor von Innenverteidiger Carles Puyol bescherte den Spaniern nicht nur den Sieg über Deutschland im Halbfinale der WM 2010 – es sorgte auch für den ersten spanischen Sieg über die Bundesrepublik Deutschland in den letzten vier Weltmeisterschaftsbegegnungen. Die Bundesrepublik Deutschland besiegte Spanien 1966 und 1982 jeweils mit 2:1, 1994 trennten sich Spanien und das mittlerweile wiedervereinigte Deutschland mit einem 1:1-Unentschieden. Der spanische 1:0-Halbfinalsieg von 2010 war gleichzeitig eine Neuauflage EM-Finales von 2008, das die Spanier ebenfalls mit 1:0 für sich entschieden hatten. 19 Mitglieder der WM-Kader beider Länder für 2010 (elf spanische und acht deutsche) hatten bereits im EM-Finale 2008 mitgewirkt.

Nicht bloß ein Verein

Der 1899 vom Schweizer Geschäftsmann Hans Gamper gegründete FC Barcelona rühmt sich, »mehr als nur ein Verein« zu sein. Das berühmte blauviolette Trikot blieb über ein Jahrhundert für Werbung gesperrt, bis der Verein 2006 einen Benefizvertrag mit UNICEF, dem Kinderhilfswerk der Vereinten Nationen, abschloss, dessen Logo seitdem auf dem Trikot von Barcelona prangt.

Pichichis Perfektion

Die jährliche Auszeichnung für den Torschützenkönig der spanischen Liga heißt »Pichichi« – so lautete der Spitzname von Rafael Moreno Avanzadi, der zwischen 1911 und 1921 als Stürmer für Athletic Bilbao in 170 Spielen 200 Tore für seinen Verein und eines in fünf Spielen für die Nationalmannschaft schoss. Pichichi lief oft mit einer großen weißen Mütze aufs Feld. Er starb 1922 völlig überraschend im Alter von nur 29 Jahren.

Die wichtigsten Stadien

Name	Stadt	Zuschauer
Camp Nou	Barcelona	98 772
Estadio Santiago Bernabéu	Madrid	80 354
Estadio de La Cartuja	Sevilla	72 000
Estadio Vicente Calderon	Madrid	57 200
Estadio Olímpic Lluís Companys	Barcelona	56 000
Estadio Mestalla	Valencia	55 000
Estadio Manuel Ruiz de Lopera	Sevilla	52 500
Estadio Ramón Sánchez Pizjuán	Sevilla	45 500
Estadio San Mamés	Bilbao	40 000
Estadio Manuel Martínez Valero	Elche	38 750

Der Geier

Der in Madrid geborene Emilio Butragueño war ein Jahrzehnt lang ein Superstar bei Real: Aufgrund seines zielsicheren Gespürs für Schwächen des Gegners im Strafraum nannte man ihn »Geier«. Er spielte 69-mal für die Nationalmannschaft und erzielte 26 Treffer.

Im Zeichen des Zarra

Telmo Zarraonaindía, genannt Zarra, erzielte in der Priméra División 251 Tore in 277 Spielen zwischen 1940 und 1955 – ein spanischer Rekord. Außerdem traf er für Spaniens Nationalmannschaft zwischen 1945 und 1951 20-mal. Man nannte ihn »Europas besten Kopf – nach Churchill«.

Gründungsmitglied

Real Madrid war der einzige Verein, der beim ersten Treffen des Weltfußballverbandes FIFA 1904 vertreten war, allerdings hieß der Klub damals schlicht Madrid FC. Spanische Vereine wie Real Madrid und Real Betis Sevilla verzichteten während der zweiten Spanischen Republik, von 1931 bis 1939, auf den Namensbestandteil »Real« (königlich).

BELGIEN

Acht Jahrzehnte brachte Belgien keine Mannschaft hervor, die auch nur in die Nähe eines wichtigen Turniersiegs kam. Die größten Erfolge kamen in den 1980er-Jahren: 1980 war Belgien Vize-Europameister, 1986 erreichte das Team das Halbfinale der FIFA WM™, dazu kamen regelmäßige Teilnahmen an weiteren großen Turnieren. Derzeit hoffen die Belgier, dass die verpassten Qualifikationen für die EM-Turniere 2004 und 2008 sowie die Weltmeisterschaftsendrunden 2006 und 2010 keine längere Schwächeperiode einleiteten.

Top Ten Länderspiele

1.	Jan Ceulemans	96
2.	Eric Gerets	86
=	Franky Van der Elst	86
4.	Enzo Scifo	84
5.	Timmy Simons	82
6.	Paul van Himst	81
7.	Bart Goor	78
8.	Georges Grün	77
9.	Lorenzo Staelens	70
=	Marc Wilmots	70

Top Ten Torschützen

1.	Paul Van Himst	30
=	Bernard Voorhoof	30
3.	Marc Wilmots	28
4.	Joseph Mermans	27
5.	Raymond Braine	26
=	Robert De Veen	26
7.	Wesley Sonck	24
8.	Jan Ceulemans	23
=	Marc Degryse	23
10.	Henri Coppens	21

Aller guten Dinge sind sechs

Mit der Qualifikation zur FIFA WM 2002 konnte Belgien zum ersten Mal, das sechsmal hintereinander in eine Endrunde einziehen. Beim Turnier 1982 in Spanien schlugen die Belgier den Titelverteidiger Argentinien und trafen vier Jahre später in Mexiko im Halbfinale auf denselben Gegner, unterlagen dem späteren Weltmeister diesmal jedoch mit 0:2.

Trost für Preud'homme

Die Lew-Jaschin-Trophäe für den besten Torhüter bei einer WM gibt es seit 1994. Der erste Preisträger war der belgische Keeper Michel Preud'homme – obwohl Belgien bereits im Achtelfinale ausgeschieden war.

Muttersöhnchen

Jan Ceulemans gehört zu den wenigen Fußballspielern, die ein Angebot des AC Mailand abgelehnt haben – nach Rücksprache mit seiner Mutter. Der mit 96 Einsätzen am häufigsten in die Fußball-nationalmannschaft berufene Belgier spielte überwiegend für den FC Brügge, die Fans lieben ihn für seine Leistungen bei drei aufeinanderfolgenden Weltmeisterschaften: Belgiens beste Platzierung war der vierte Platz 1986 in Mexiko, als Kapitän Ceulemans drei Tore erzielte. Der am 28. Februar 1957 in Lier geborene Spieler beendete nach der FIFA WM 1990 seine Karriere. 2005 und 2006 kehrte er als Trainer zum FC Brügge zurück.

Das Kampfschwein

Nur Paul van Himst und Bernard Voorhoof haben mehr Tore für Belgien geschossen als Marc Wilmots, den man während seiner Zeit als Spieler auch als »Stier von Dongelberg« oder »Willi, das Kampfschwein« kannte. Zu Wilmots Erfolgen auf dem Rasen zählen u. a. der verwandelte Strafstoß, der Schalke 1997 im UEFA-Pokal-Endspiel im Elfmeterschießen den Sieg über Inter Mailand bescherte. Nachdem er seine Fußballschuhe an den Nagel gehängt hatte, agierte Wilmots für jeweils kurze Zeit als Trainer von Schalke 04 und VV St. Truiden, ging dann in die Politik (er war eine Zeit lang Mitglied im belgischen Senat) und ist seit 2009 Co-Trainer der belgischen Nationalmannschaft.

Brillenschlange

Viele Fußballspieler tragen Kontaktlinsen. Der belgische Mannschaftskapitän Jef Jurion trug in den späten 50er- und frühen 60er-Jahren in sämtlichen Spielen eine Spezialbrille mit besonderen Gläsern.

Frühes Debüt

Fernand Nisot hielt 60 Jahre lang den Rekord als jüngster Fußballer in einem Länderspiel: Er gab sein Debüt für Belgien 1911 im Alter von 16 Jahren und 19 Tagen.

Mannschafts-kameraden

Am Ende eines Länderspiels gegen die Niederlande 1964 standen für Belgien nur Spieler vom RSC Anderlecht auf dem Platz, nachdem Torhüter Guy Delhasse von Standard Lüttich gegen Jean Trappeniers ausgewechselt worden war.

Kompanys Abreise

Belgien gewann 1900 die olympische Bronze- und 20 Jahre später die Goldmedaille. 2008 in Peking verfehlte das Team durch eine Niederlage gegen Brasilien im entscheidenden Match die Bronzemedaille nur knapp: Der Abwehrspieler Vincent Kompany war nach der Vorrunde von seinem Verein Hamburger SV zurückbeordert worden.

Der Veteran

Der belgische Nationaltrainer mit der längsten Amtszeit und den größten Erfolgen war Guy Thys. Thys führte Belgien 1980 ins Finale der EM und sechs Jahre später ins Halbfinale der FIFA WM. Er war seit 1976 Nationaltrainer, trat 1989 zurück, kehrte jedoch acht Monate später zurück, um Belgien zur Qualifikation für die Weltmeisterschaft 1990 zu verhelfen.

Reger Wechsel an der Spitze

In den 13 Monaten zwischen April 2009 und Mai 2010 wurde die belgische Nationalmannschaft von vier verschiedenen Trainern betreut. Die dreijährige Amtszeit von René Vandereycken endete am 7. April 2009, nachdem Belgien in der WM-Qualifikation enttäuscht hatte, doch dessen Nachfolger Franky Vercauteren blieb nur vier Monate. Der Niederländer Dick Advocaat übernahm das Amt im Oktober 2009, aber auch er gab bereits im April darauf nach fünf Spielen wieder auf. Für ihn kam Georges Leekens, der schon von 1997 bis 1999 belgischer Nationaltrainer gewesen war. Während seiner Zeit als Spieler war Leekens ein beinharter Verteidiger; seine rustikalen Grätschen trugen ihm den Spitznamen »Mackie Messer« ein.

BULGARIEN

Lässt man die glorreichen Zeiten der »goldenen Generation«, als Bulgarien bei der FIFA WM 1994 in den USA den Titelverteidiger Deutschland mit 2:1 schlug und schließlich den vierten Platz erreichte, einmal beiseite, so kristallisierte sich im bulgarischen Fußball ein beständiges Muster heraus: Das Land qualifizierte sich zwar regelmäßig für wichtige Turniere und brachte auch einige internationale Stars (darunter Christo Stoitschkow und Dimitar Berbatow) hervor, doch wenn es darauf ankam, versagte Bulgarien oft und konnte auf der Bühne des Weltfußballs keinen bleibenden Eindruck hinterlassen.

Ein Volk trauert

Im Juni 1971 verlor Bulgarien zwei seiner beliebtesten Fußballspieler durch einen Autounfall: die Stürmer Georgi Asparuchow (28) und Nikola Kotkow (32). Asparuchow schoss 19 Tore in 50 Länderspielen, darunter auch Bulgariens allererstes Tor bei einer FIFA WM. Das Spiel verloren sie 1962 dann allerdings mit 1:6 gegen Ungarn.

Top Ten Länderspiele

1.	Borislaw Michailow	102
=	Stilian Petrow	102
3.	Christo Bonew	96
4.	Krassimir Balakow	92
5.	Dimitar Penew	90
6.	Martin Petrow	89
7.	Radostin Kischischew	88
8.	Christo Stoitschkow	83
9.	Nasko Sirakow	82
10.	Zlatko Jankow	80

Der Sprachpate

Dimitar Berbatow, Stürmer von Manchester United, behauptet, er habe seine Englischkenntnisse mithilfe der Filme um den »Paten« erworben. Berbatow wechselte 2008 von Tottenham Hotspur zu United – die Summe, die für ihn bezahlt wurde, war sowohl für den Verein als auch für einen bulgarischen Spieler ein Rekord: 30,75 Millionen Pfund (über 35 Mio. Euro). Vor seiner Zeit bei Tottenham hatte er für Bayer Leverkusen gespielt und war mit dem Team in der Champions League, in der Bundesliga und im DFB-Pokal Zweiter geworden. Berbatow überraschte und enttäuschte die Fans in seiner bulgarischen Heimat, als er am 13. Mai 2010 im Alter von nur 29 Jahren seinen Rücktritt aus der Nationalmannschaft bekannt gab. Seine Bilanz: 48 Tore (damit führt er aktuell die bulgarische Rekordtorschützenliste an) in 78 Einsätzen.

Bürgermeister ohne Haare

Der glatzköpfige Jordan Letschkow schoss sein Team im Viertelfinale der FIFA WM 1994 in den USA zum Sieg gegen den Titelverteidiger Deutschland. Damals spielte er für den Hamburger SV. Später wurde Letschkow Bürgermeister von Sliwen, der Stadt in Bulgarien, in der er im Juli 1967 geboren wurde.

Man sieht sich immer zweimal

1994 verdarb Bulgarien Lothar Matthäus einen Tag, der zu einem weiteren Höhepunkt seiner glanzvollen Laufbahn hätte werden können: Im WM-Viertelfinale zwischen Bulgarien und Deutschland brachte der Kapitän der DFB-Auswahl mit einem verwandelten Strafstoß sein Team in Führung, doch Christo Stoitschkow und Jordan Letschkow schlugen zurück und sicherten Bulgarien den Einzug ins Halbfinale. Das Spiel war die 21. WM-Partie von Matthäus und stellte den bis dahin gültigen Rekord ein. Später zeigte Matthäus allerdings, dass er keinen Groll gegen die Bulgaren hegte: Im September 2009 wurde er Trainer des Nationalteams und war damit erst der zweite Ausländer in diesem Amt. Matthäus' Vorgänger Stanimir Stoilow hatte hingeworfen, nachdem Bulgarien seine ersten beiden Partien in der Qualifikation zur UEFA EURO 2012 verloren hatte.

Vier gewinnt

Die sogenannte »goldene Generation« von 1994 gewann als erste bulgarische Mannschaft Spiele bei einer Weltmeisterschaft. Nach Siegen über Griechenland, Argentinien, Mexiko und Deutschland landete sie auf dem vierten Platz. Bulgarien hatte sich für das Turnier nur knapp qualifiziert, nachdem Emil Kostadinow in Paris in der letzten Spielminute ein Tor geschossen und somit Gerard Houlliers Franzosen aus dem Rennen geworfen hatte.

Aleksandar der Alleskönner

Verteidiger Aleksandar Schalamanow stand bei den Weltmeisterschaften 1966 und 1970 im Kader Bulgariens. Zuvor war er bei den Olympischen Winterspielen 1960 als Skifahrer für sein Land angetreten. Bei Olympia 1964 gehörte er zur Volleyball-Mannschaft, kam aber nicht zum Einsatz. Schalamanow wurde 1967 und 1973 zum besten Sportler Bulgariens gewählt.

Stan von der Imbissbude

Stilian Petrow, der bei Aston Villa in England spielt und von seinen Fans »Stan« genannt wird, wurde mit großem Applaus empfangen, als er beim EM-Qualifikationsspiel Bulgarien gegen die Schweiz am 26. März 2011 auf den Rasen kam: Mit dieser Partie wurde er zum ersten bulgarischen Feldspieler, der 100 Länderspiele absolviert hat. Der Mittelfeldmann und Kapitän der Bulgaren spielt seit 1999 in Großbritannien: Als damals 20-Jähriger ging er zu Celtic Glasgow, wo er allerdings zunächst unter schlimmem Heimweh litt. Später gestand er, sein Englisch sei erst besser geworden, als er anfing, im Imbisswagen eines Freundes aus Schottland Hamburger zu verkaufen. Petrow berichtete: »Einige der Kunden starrten mich an und dachten bestimmt: ›Der sieht zwar aus wie Stilian Petrow, aber das kann eigentlich nicht Stilian Petrow sein.‹ Nach einiger Zeit konnte ich dann die Sprache immer besser verstehen.«

Top Ten Torschützen

1.	Dimitar Berbatow	48
2.	Christo Bonew	47
3.	Christo Stoitschkow	37
4.	Emil Kostadinow	26
5.	Ivan Kolew	25
=	Petar Tschekow	25
7.	Atanas Michailow	23
=	Nasko Sirakow	23
9.	Dimitar Milanow	20
10.	Georgi Asparuchow	19
=	Dinko Dermendschiew	19
=	Martin Petrow	19

Im Namen Christo

Christo Stoitschkow wurde am 8. Februar 1966 in Plowdiw (Bulgarien) geboren. Er teilte sich bei der FIFA WM 1994 den Preis für den Torschützenkönig des Turniers, den »Goldenen Schuh«, mit dem Russen Oleg Salenko. Beide schossen sechs Tore, doch die Auszeichnung zu »Europas Fußballer des Jahres« gewann Stoitschkow 1994 allein. Im selben Jahr hatte er zusammen mit dem Brasilianer Romario den FC Barcelona ins Finale der UEFA Champions League geschossen. In jüngeren Jahren wurde er ein Jahr lang gesperrt, nachdem es während des bulgarischen Pokalfinales 1985 zwischen ZSKA Sofia und Lewski Sofia zu Handgreiflichkeiten gekommen war. Stoitschkow gewann als Spieler Titel mit bulgarischen, spanischen, saudi-arabischen und US-amerikanischen Vereinen. 2003 beendete er seine aktive Laufbahn.

An der (Haar-)Spitze

Die meisten Länderspiele für Bulgarien absolvierte Borislaw Michajlow, der am 12. Februar 1962 geboren wurde. Bei einigen Spielen trug er eine Perücke, später unterzog er sich einer Haartransplantation. 2005 beendete er seine aktive Laufbahn und wurde Präsident der Bulgarischen Fußballverbandsunion. Sein Vater Bisser war ebenfalls Torwart, sein Sohn Nikolaj unterschrieb 2007 beim FC Liverpool. Alle drei spielten für Lewski Sofia.

KROATIEN

Kroatiens rot-weißes Trikotmuster ist äußerst charakteristisch und gerade England wohlbekannt: Kroatien schlug nicht nur bei der FIFA WM 1998 Deutschland mit 3:0, sondern schaltete mit zwei Siegen in den Qualifikationsspielen für die UEFA EURO 2008 (2:0 in Zagreb und 3:2 in Wembley) England aus. Dass Kroatien bei der UEFA EURO 2008 erneut das Viertelfinale erreichte, bekräftigte, dass Kroatien im Fußball eine Macht ist. Nach der verpassten WM 2010 ist das Land momentan auf gutem Weg, sich für die UEFA Euro 2012 zu qualifizieren.

Bilićs Band

Kurz nach seiner Ernennung zum Nationaltrainer veröffentlichte Slaven Bilić als Gitarrist mit seiner Rockband eine Single mit dem Titel »Vatreno Ludilo« (»Glühender Wahnsinn«), die den Erfolg der Mannschaft während der FIFA WM 1998 beschrieb und in den kroatischen Charts Platz 1 erreichte. Der modebewusste Bilić trägt auch einen diamantbesetzten Ohrring. Bilić, der ein Jurastudium abgeschlossen hat, äußerte vor einiger Zeit, dass er nach der UEFA EURO 2012 nach sechsjähriger Amtszeit als kroatischer Nationaltrainer zurücktreten wolle.

Top Ten Torschützen

1. Davor Šuker	45
2. Eduardo da Silva	19
= Darijo Srna	19
4. Niko Kranjčar	15
= Goran Vlaović	15
6. Niko Kovač	14
= Ivica Olić	14
8. Zvonimir Boban	12
= Ivan Klasnić	12
= Mladen Petrić	12

Luka, die Schaltzentrale

Luka Modrić verwandelte den bisher schnellsten Elfmeter in der Geschichte der UEFA Fußball-Europameisterschaft: Bei der EM 2008 blieb beim Gruppenspiel-Sieg der Kroaten gegen Mitgastgeber Österreich sein Treffer in der vierten Minute das einzige Tor der Partie. Im Viertelfinale gegen die Türkei vergab er jedoch im Elfmeterschießen den ersten Versuch für seine Mannschaft, und nachdem die Kroaten noch zwei Elfer versiebt hatten, durften sie nach Hause fahren. Das tat jedoch Modrićs Beliebtheit in der Heimat keinen Abbruch, denn der kleine Spielmacher von Tottenham Hotspur, der als »Kroatiens Cruyff« bezeichnet wird, gilt heute allgemein als einer der besten Mittelfeldspieler der Welt.

Wieder dabei

Kroatien, das über 40 Jahre zu Jugoslawien gehörte, erreichte bei der EM 1996 das Viertelfinale und wurde 1998 bei der FIFA WM Dritter – dieses Team wird heute als die »goldene Generation« bezeichnet. Seit der Wiederaufnahme des Landes in die FIFA 1992 hat sich Kroatien für jede WM (außer der von 2010) qualifiziert und nur eine EM verpasst.

Šuker schlägt zu

Davor Šuker wurde bei der FIFA WM 1998 als Torschützenkönig mit dem »Goldenen Schuh« ausgezeichnet: Mit sechs Treffern in sieben Spielen hatte er maßgeblichen Anteil am dritten Platz der kroatischen Mannschaft. Unter anderem schoss er das erste Tor im Halbfinale gegen den späteren Weltmeister Frankreich, das Kroatien dann aber 1:2 verlor; außerdem erzielte er den Siegtreffer beim 2:1 gegen die Niederlande im Spiel um Platz drei. 1996 hatte Šuker bei der EM in England drei Tore geschossen, darunter eines mit einem dreisten Heber, der den dänischen Torwart Peter Schmeichel richtig alt aussehen ließ.

Flink wie ein Reh

Darijo Srna ist aktuell der zweiterfolgreichste kroatische Torschütze, obwohl er bei vielen Partien meist als Außenverteidiger oder Außenbahnspieler zum Einsatz kommt. Seine Wade ziert ein Tattoo, das ein Reh darstellt – das kroatische Wort »srna« bedeutet »Reh«. Außerdem trägt er ein »Igor«-Tattoo über dem Herzen – für seinen Bruder Igor, der unter dem Down-Syndrom leidet und dem Darijo jedes seiner Tore widmet.

Das geht an die Nieren ...

Obwohl Ivan Klasnić Anfang 2007 unter Niereninsuffizienz litt, spielte er danach wieder für die kroatische Nationalelf. Eine erste Nierentransplantation schlug fehl: Sein Körper stieß das Organ ab, die seine Mutter gespendet hatte. Erst der zweite Anlauf mit einer Niere seines Vaters war von Erfolg gekrönt. Im März 2008 hatte Klasnić sich schon so weit von dem Eingriff erholt, dass er wieder mit der kroatischen Elf trainieren und mit ihr im Sommer an der Europameisterschaft in Österreich und der Schweiz teilnehmen konnte. Dort erzielte er zwei Tore; eines davon war der Siegtreffer gegen Polen.

Gut und schlecht

Die beiden höchsten Siege Kroatiens waren die 7:0-Erfolge gegen Andorra 2006 und gegen Australien 1998. Die höchste Niederlage seit der Unabhängigkeit des Landes war ein 1:5 gegen England am 9. September 2009 in London im Rahmen der Qualifikation zur WM-Endrunde 2010.

Es bleibt in der Familie

Niko Kranjčar ist der Sohn des früheren kroatischen Nationaltrainers Zlatko Kranjčar, aber das Verhältnis der beiden war nicht immer einfach. »Zwei Tage, bevor mein Vater Nationaltrainer wurde, sagte mir jeder, dass ich in die Nationalmannschaft gehöre«, erzählte Niko einmal. »Als er mich dann für die EM 2004 in den Kader nahm, hieß es, ich sei halt sein Sohn.« Weniger Probleme hatten die berühmten Brüder Kovač, die beide in Berlin geboren wurden, aber kroatische Staatsbürger sind. Beide haben mittlerweile ihre Länderspielkarriere beendet.

Top Ten — Länderspiele

	Spieler	Länderspiele
1.	Dario Šimić	100
2.	Josip Šimunić	85
3.	Robert Kovač	84
4.	Niko Kovač	83
=	Darijo Srna	83
6.	Stipe Pletikosa	82
7.	Robert Jarni	81
8.	Ivica Olić	73
9.	Davor Šuker	69
10.	Niko Kranjčar	64

Exportweltmeister

Fast alle kroatischen Nationalspieler spielen im Ausland: Von den 23 Spielern im Kader gegen Rumänien (Februar 2009) spielten nur fünf bei kroatischen Vereinen.

Die Doppel-Roberts

Robert Jarni und Robert Prosinečki sind die beiden einzigen Spieler, die schon bei WM-Endrunden für zwei verschiedene Länder angetreten sind. 1990 in Italien liefen beide für Jugoslawien auf, acht Jahre später in Frankreich für das nun wieder unabhängige Kroatien. Der Außenverteidiger Jarni spielte 1990 sogar für Jugoslawien und Kroatien und 1991 wieder nur für Jugoslawien, ehe er 1992 dauerhaft zu den Kroaten zurückkehrte; inzwischen war das Land offiziell in die UEFA und die FIFA aufgenommen worden. Als er seine Karriere beendete, hatte Jarni 81 Länderspiele für Kroatien und sieben für Jugoslawien absolviert.

TSCHECHIEN

Als erfolgreichste Nationalmannschaft Osteuropas wurde die Tschechoslowakei bei den FIFA WM-Turnieren 1934 und 1962 Vizeweltmeister. Gegen die Bundesrepublik Deutschland gewann sie 1976 das EM-Finale. Seit 1994 treten Tschechien und die Slowakei getrennt an. Tschechien kam dem Gewinn der EM 1996 äußerst nahe, verlor jedoch das Finale und erreichte das Halbfinale der EM 2004. Obwohl zuletzt die Erfolge ausblieben und man es nicht schaffte, sich für die WM 2010 in Südafrika zu qualifizieren, bleibt Tschechien eine der stärkeren europäischen Mannschaften.

EM-Dauerbrenner

Vladimír Šmicer, heute Manager der tschechischen Nationalmannschaft, ist einer von nur vier Spielern, die bei drei verschiedenen Europameisterschaften als Torschützen erfolgreich waren – außer ihm gelang das bisher nur Jürgen Klinsmann, Thierry Henry aus Frankreich und Nuno Gomes aus Portugal. Šmicer traf bei den EM-Endrunden von 1996, 2000 und 2004. Seinen vielleicht größten Erfolg neben der Vizeeuropameisterschaft mit den Tschechen 1996 konnte er in seinem letzten Spiel für seinen Verein FC Liverpool feiern: Beim Champions-League-Endspiel 2005 gegen den AC Mailand wurde er in der 23. Minute eingewechselt und trug mit seinem Treffer in der 56. Minute dazu bei, dass Liverpool in der zweiten Halbzeit einen 0:3-Rückstand noch ausgleichen konnte; das nach Verlängerung und Gleichstand fällige Elfmeterschießen gewannen schließlich die Engländer – auch dabei war Šmicer als Schütze erfolgreich. Šmicers Frau Pavlina ist die Tochter des ehemaligen tschechoslowakischen Stürmers Ladislav Vizek, der mit seinem Land bei den Olympischen Spielen 1980 Gold holte, zwei Jahre später bei der Weltmeisterschaft in Spanien aber im Gruppenspiel gegen Frankreich vom Platz flog.

Hineingeschaufelt

Einer der berühmtesten Elfmeter, der je geschossen wurde, ist der Siegelfmeter, den Antonín Panenka beim Elfmeterschießen im Finale der EM 1976 für die Tschechoslowakei gegen die BRD verwandelte. Trotz der Anspannung und der Verantwortung, die auf ihm lastete, lupfte Panenka schlitzohrig den Ball ganz sanft in die Mitte des Tores – während der deutsche Torhüter Sepp Maier zur Seite sprang. Diese Elfmetertechnik ist heute allgemein als »Panenka-Heber« bekannt und wurde z. B. auch von Zinedine Zidane erfolgreich eingesetzt – er brachte damit im Endspiel der FIFA WM 2006 seine Mannschaft gegen Italien in der siebten Minute in Führung.

Prima, Poborský

Die EM 1996 gab Karel Poborský einen Karriereschub. Nachdem er mit Tschechien das Finale erreicht hatte, erhielt er einen Traumvertrag bei Manchester United. Sein Heber gegen Portugal im Viertelfinale gilt als eines der schönsten Abstaubertore in der Geschichte der EM. Seine 118 Länderspieleinsätze sind tschechischer Rekord.

Kopfschutz

Torwart Petr Čech trägt einen Kopfschutz, seit er während eines Spiels in der englischen Premier League im Oktober 2006 einen Schädelbasisbruch erlitt. Nachdem ein Trainingszwischenfall eine Gesichtsoperation nötig machte, fügte Čech noch einen Kinnschutz hinzu.

Ivan Rastlos

Ivan Hašek senior hat nicht nur über 50 Länderspiele für die Tschechoslowakei absolviert, sondern bei der WM von 1990 in Italien sein Land als Kapitän angeführt. Auch nach dem Ende seiner Spielerlaufbahn prägte er den Fußball seines Heimatlandes: 2009 wurde er Vorsitzender des tschechischen Fußballverbandes und übernahm vier Monate später zusätzlich das Amt des Nationaltrainers von František Straka, der nach dem Rauswurf von Petr Rada das tschechische Team geleitet hatte. Hašek blieb aber selbst nur drei Monate im Amt, dann überließ er die Aufgabe seinem Co-Trainer Michal Bílek, um sich verstärkt seinen Pflichten als Verbandsvorsitzender zu widmen. Unter Hašek als Trainer gelang es den Tschechen, mit einem 7:0 gegen San Marino am 9. September 2009 ihren Siegrekord mit der höchsten Tordifferenz einzustellen. Bei diesem Spiel wurde ein weiterer nationaler Rekord aufgestellt: Milan Baroš traf viermal und war damit der erste Tscheche, dem dies gelang. Baroš nimmt auf der tschechischen Rekordtorschützenliste momentan den zweiten Platz ein und er war Torschützenkönig bei der UEFA Fußball-Europameisterschaft 2004 in Portugal.

67 Jahre vorn

Das Endspiel der FIFA WM 1934 war das erste, das in die Verlängerung ging; die Tschechoslowakei verlor es schließlich 1:2 gegen den Gastgeber Italien, obwohl sie in der 76. Minute mit einem Tor von Antonín Puč in Führung gegangen war. Puč führte nach 1938, als er seine Karriere beendete, 67 Jahre lang die Liste der Rekordtorschützen der Tschechoslowakei bzw. von Tschechien an. Erst 2005 wurde er von Jan Koller auf den zweiten Platz verdrängt und vor Kurzem überholte ihn auch noch Milan Baroš.

Kampflos

Der belgische Gewinn der Goldmedaille bei den Olympischen Spielen 1920 wurde von dem Rückzug des tschechoslowakischen Nationalteams überschattet: Die Spieler verließen nach einer halben Stunde den Platz, um gegen den Schiedsrichter zu protestieren. Die Tschechoslowakei ist das einzige Team, das im olympischen Fußball disqualifiziert wurde.

Bescheiden

Pavel Nedvěds Auszeichnung als Europas Fußballer des Jahres 2003 beendete eine lange Durststrecke übersehener tschechischer Spitzenspieler, seitdem zuletzt Josef Masopust 1962 diese Auszeichnung erhalten hatte. Der Mittelfeldregisseur hatte das Führungstor für sein Team im FIFA WM-Finale 1962 in Santiago (Chile) erzielt, allerdings gewann schließlich Brasilien mit 3:1. Jahre später erinnerte Pelé an Masopust, der 2004 von der FIFA in die Liste der 125 besten lebenden Fußballer aufgenommen wurde. Auf Vereinsebene wurde Masopust mit dem Armeeverein Dukla Prag achtmal tschechoslowakischer Meister. Er war tschechoslowakischer Fußballer des Jahres 1962. Damals überreichte man ihm die Auszeichnung einfach vor dem Anstoß eines Europapokalspiels gegen Benfica Lissabon. Masopust erinnerte sich Jahre danach: »Eusebio schüttelte mir die Hand, ich packte den Pokal in meine Sporttasche und fuhr mit der Straßenbahn nach Hause.«

Top Ten Torschützen

(Tschechoslowakei und Tschechien)

1.	Jan Koller	55
2.	Milan Baroš	39
3.	Antonín Puč	35
4.	Zdeněk Nehoda	31
5.	Pavel Kuka	29
6.	Oldřich Nejedlý	28
=	Josef Silný	28
8.	Vladimír Šmicer	27
9.	Adolf Scherer	22
=	František Svoboda	22

Top Ten Länderspiele

(Tschechoslowakei und Tschechien)

1.	Karel Poborský	118
2.	Jan Koller	91
=	Pavel Nedvěd	91
4.	Zdeněk Nehoda	90
5.	Pavel Kuka	87
6.	Jiří Němec	84
7.	Milan Baroš	81
=	Petr Čech	81
=	Vladimír Šmicer	81
10.	Tomáš Ujfaluši	80

Perfekt

Der hünenhafte Stürmer Jan Koller ist mit 55 Treffern in 91 Spielen Tschechiens Torschützenkönig. Koller traf bei seinem Debüt gegen Belgien und schoss zehn Tore in zehn aufeinanderfolgenden Länderspielen. Während der Qualifikation zu den Europameisterschaften 2000, 2004 und 2008 traf er jeweils sechsmal. Bei Sparta Prag wurde er vom Torwart zum Torjäger. In Belgien spielte er für den SC Lokeren, bevor er in zwei aufeinanderfolgenden Spielzeiten mit dem RSC Anderlecht den Meistertitel holte und insgesamt 42 Tore erzielte. Bei Borussia Dortmund ersetzte er einmal sogar den vom Feld geschickten Jens Lehmann und hielt seinen Kasten sauber, nachdem er in der ersten Halbzeit selbst ein Tor erzielt hatte.

DÄNEMARK

Dänemark spielt seit 1908 international, doch erst seit Mitte der 1980er-Jahre nimmt das Land auch an den großen Meisterschaften teil. Die Krönung kam im Jahr 1992: Nachdem die Dänen erst zehn Tage vor Beginn des Turniers als Ersatzmannschaft einberufen worden waren, holten sie sich den Europameister-Titel und schockten den amtierenden Weltmeister Deutschland mit einem 2:0. Diesen Erfolg konnten sie zwar nicht wiederholen, doch spielen sie nach wie vor eine wichtige Rolle auf der Fußball-Weltbühne.

Top Ten Länderspiele

1.	Peter Schmeichel	129
2.	Jon Dahl Tomasson	112
3.	Thomas Helveg	108
=	Dennis Rommedahl	108
5.	Michael Laudrup	104
6.	Morten Olsen	102
7.	Martin Jørgensen	100
8.	Thomas Sørensen	92
9.	John Sivebæck	87
10.	Jan Heintze	86

Die Nummer eins

Peter Schmeichel galt in den frühen 1990ern als bester Torhüter der Welt. Mit Manchester United holte er den englischen Meistertitel, mit seiner Nationalmannschaft wurde er Europameister.

Rückennummer 100 beim 100. Spiel

Bei der WM 2010 avancierte Martin Jørgensen, der in Südafrika auch Kapitän des Teams war, zum ersten dänischen Fußballer, der bei drei Weltmeisterschaften mitgewirkt hatte – schon 1998 und 2002 war er mit von der Partie gewesen. Die Entscheidung, seine Nationalmannschaftskarriere nach Südafrika zu beenden, führte dazu, dass für Jørgensen bei Länderspiel Nr. 99 erst einmal Schluss war. Daraufhin entschloss er sich jedoch zum Rücktritt vom Rücktritt und absolvierte mit dem Freundschaftsspiel gegen die Tschechische Republik am 17. November 2010 sein 100. Länderspiel. Dem Anlass gebührend trug Jørgensen dabei die Rückennummer 100.

Dänisches Dynamit

Der 6:1-Sieg der Dänen bei der FIFA WM 1986 gegen Uruguay gilt als einer der größten Erfolge des Landes. Leider setzte Spanien dann Dänemarks WM-Abenteuer im Achtelfinale ein Ende: Die Dänen verloren mit 1:5, nachdem ein haarsträubender Rückpass von Jesper Olsen den Spaniern den Torreigen eröffnen ließ. Die Dänen waren schon geschwächt in die Partie gegangen: Ihr Spielmacher Frank Arnesen war gesperrt, nachdem er im siegreichen letzten Gruppenspiel gegen den späteren Vizeweltmeister Deutschland einen Platzverweis erhalten hatte. Kapitän der Mannschaft, die allgemein unter dem Namen »Dänisches Dynamit« bekannt wurde, war damals Morten Olsen. Bei der WM in Mexiko wurde das Team von dem Deutschen Josef »Sepp« Piontek gecoacht, der von 1979 bis 1990 amtierte und die zahlreichen Stars, die in den großen europäischen Profiligen spielten, zu einem Team formte. Michael Laudrup, einer der besten Spieler der legendären Truppe, die Mitte der Achtziger für Furore sorgte, bezeichnete die Elf einmal als »Europas Antwort auf Brasilien.«

Führungsstil

Morten Olsen war der dänische Kapitän bei der FIFA WM 1986. Später war er der erste Spieler, der 100 Länderspiele für sein Land absolvierte. Als er 1989 seine internationale Karriere beendete, hatte er von 1970 an insgesamt 102 Länderspiele bestritten und dabei vier Tore erzielt. Danach wurde er Trainer, zunächst bei Brøndby IF, dann beim 1. FC Köln und schließlich bei Ajax Amsterdam. 2000 übernahm er die dänische Nationalmannschaft, die er 2002 und 2010 zu WM-Endrunden führte. Das Freundschaftsspiel gegen England am 9. Februar 2011, das Dänemark mit 1:2 verlor, war sein 116. Länderspiel, bei dem er als Trainer die Verantwortung trug – damit überbot er den Rekord, den Sepp Piontek, unter dem Olsen selbst gespielt hatte, zwischen 1979 und 1990 aufgestellt hatte.

Wiedergutmachung für einen unberechtigten Elfer

Der Mittelfeldspieler Morten Wieghorst, der beim FC Dundee, bei Celtic Glasgow und beim Brøndby IF unter Vertrag stand, ist bisher der einzige Nationalspieler Dänemarks, der zwei Platzverweise kassierte – er hat jedoch andererseits auch eine besondere Fairplay-Auszeichnung bekommen. Seine erste Rote Karte erhielt er bei der WM 1998, nachdem er in der Partie gegen Südafrika gerade erst drei Minuten im Spiel gewesen war. Bei der UEFA EURO 2000 wurde er erneut vom Platz gestellt: Im Spiel gegen Italien war er erneut eingewechselt worden, schaffte es dieses Mal aber immerhin, 28 Minuten zu absolvieren und einen Treffer zum 3:2-Sieg der Dänen beizusteuern. Die andere Seite seines Wesens zeigte sich im Februar 2003 in einem Spiel gegen den Iran, das im Rahmen des Carlsberg Cup (der heute »Lunar New Year Cup« heißt) in Hongkong stattfand – dort verschoss er absichtlich einen Strafstoß. Dieser war gegen den Iran verhängt worden, als dessen Abwehrspieler Jalal Kameli Mofrad den Ball mit den Händen aufgenommen hatte, weil er fälschlicherweise einen Pfiff aus der Zuschauermenge für den Halbzeitpfiff des Schiedsrichters hielt. Das Internationale Olympische Komitee verlieh Wieghorst später einen eigenen Fairplay-Preis für seinen absichtlichen Fehlschuss – eine sportliche Geste, die umso gewichtiger war, als Dänemark das Spiel schließlich mit 0:1 verlor und den Einzug ins Finale verpasste.

Top Ten Torschützen

1.	Poul Nielsen	52
=	Jon Dahl Tomasson	52
3.	Pauli Jørgensen	44
4.	Ole Madsen	42
5.	Preben Elkjær Larsen	38
6.	Michael Laudrup	37
7.	Henning Enoksen	29
8.	Michael Rohde	22
=	Ebbe Sand	22
10.	Brian Laudrup	21
=	Flemming Povlsen	21
=	Allan Simonsen	21

Schnellschuss

Ebbe Sand schoss das schnellste FIFA WM-Tor eines eingewechselten Spielers aller Zeiten. Nur 16 Sekunden, nachdem er den Platz betreten hatte, setzte er beim Spiel gegen Nigeria in der FIFA WM von 1998 den Ball ins Tor.

Gerade mal 18

Der jüngste Spieler der FIFA WM 2010 lief für Dänemark auf: Christian Eriksen von Ajax Amsterdam war erst 18 Jahre alt, als er in den Spielen gegen die Niederlande und Japan eingewechselt wurde. Sein Länderspieldebüt hatte er erst am 3. März 2010 beim Testspiel gegen Österreich gegeben; damit war er der viertjüngste dänische Nationalspieler aller Zeiten.

1992 passiert das Unglaubliche

Kaum ein Fußballfan wird je den Juni 1992 vergessen, Dänemarks größte Stunden im Fußball, als die Mannschaft die Europameisterschaft gewann. Die Dänen hatten sich ursprünglich nicht für die EM in Schweden qualifiziert, doch zehn Tage vor dem Eröffnungsspiel bat die UEFA sie, den Platz von Jugoslawien einzunehmen, da das Land aufgrund von internationalen Sanktionen wegen des Balkankriegs vom Turnier ausgeschlossen wurde. Die Dänen waren in der Qualifikationsrunde Zweiter hinter Jugoslawien geworden. Die Erwartungen an sie waren nur gering, doch dann geschah das Unfassbare. Durch die starken Leistungen des Torhüters Peter Schmeichel und die Abwehrspieler und die kreativen Ideen von Brian Laudrup sorgten die Dänen für eine der größten Sensationen der modernen Fußballgeschichte: Sie gewannen das Turnier und besiegten im Finale den amtierenden Weltmeister Deutschland mit 2:0. Dieser Erfolg war umso erstaunlicher, als Brians Bruder Michael, der beste Spieler des Teams, in der Qualifikation nicht antrat, weil er sich mit dem Trainer Richard Møller Nielsen überworfen hatte. 1993 kehrte Michael Laudrup aufs internationale Parkett zurück, doch Dänemark konnte sich nicht für die bevorstehende FIFA WM in den USA qualifizieren.

Weit gereiste Brüder

Brian (links) und Michael Laudrup gehören zu den erfolgreichsten Geschwisterpaaren im Fußball. Zusammen brachten sie es auf 186 Länderspiele. Michael (104 Länderspiele, 37 Tore) spielte in Italien bei Lazio Rom und Juventus Turin sowie in Spanien beim FC Barcelona und bei Real Madrid. Brian (82 Länderspiele, 21 Tore) brillierte in Deutschland bei Bayer Uerdingen und Bayern München (1990–92), in Italien beim AC Florenz und dem AC Mailand, in Schottland bei den Glasgow Rangers und in England bei Chelsea London.

GRIECHENLAND

Es gibt keinen Zweifel darüber, was Fußball-Griechenland bisher am meisten mit Stolz erfüllt hat: natürlich der überraschende Titelgewinn bei der EM 2004, eine der größten Sensationen im Weltfußball überhaupt! Unter der Leitung ihres langjährigen deutschen Trainers Otto Rehhagel hatten die Griechen erst zum zweiten Mal überhaupt an der EM-Endrunde teilgenommen. Und die FIFA WM 2010 war ebenfalls erst das zweite WM-Turnier, für das sich Griechenland qualifizieren konnte.

Top Ten Torschützen

1.	Nikolaos Anastopoulos	29
2.	Angelos Charisteas	24
3.	Dimitris Saravakos	22
4.	Mimis Papaioannou	21
5.	Theofanis Gekas	20
6.	Nikos Machlas	18
7.	Demis Nikolaidis	17
8.	Panagiotis Tsalouchidis	16
9.	Giorgos Sideris	14
10.	Nikos Liberopoulos	13

Besser spät als gar nicht

Theodoros »Thodoris« Zagorakis, der am 27. Oktober 1971 in der Nähe von Kavala auf die Welt kam, führte die Griechen als Kapitän an, als sie 2004 den EM-Titel holten; der defensive Mittelspieler wurde außerdem zum »Besten Spieler des Turniers« gewählt. Mit 120 Länderspielen ist er derzeit Rekordnationalspieler seines Landes, doch erst in seiner 101. Partie für die Griechen – zehn Jahre und fünf Monate nach seinem Debüt – schoss er sein erstes Länderspieltor: Am 9. Februar 2005 erzielte er in einem WM-Qualifikationsspiel gegen Dänemark den Führungstreffer. Er beendete seine Nationalmannschaftskarriere im August 2007 nach einem Freundschaftsspiel gegen Spanien, bei dem er einen 15-minütigen Gastauftritt gab.

Die Aufmischer

Griechenland, der überraschende Sieger der EM 2004, schlug als erste Mannschaft sowohl den Titelverteidiger als auch den Gastgeber auf dem Weg zu einem EM- oder FIFA WM-Titel. Gastgeber Portugal schlugen sie sogar zweimal: im Eröffnungsspiel des Turniers und im Finale. Dazwischen lag ein Viertelfinalsieg über den Titelverteidiger Frankreich.

Goldener Sotirios

Sotirios Ninis war gerade einmal 18 Jahre und 46 Tage alt, als er im Mai 2008 bei seinem Nationalmannschaftsdebüt (einem Freundschaftsspiel gegen Zypern, das Griechenland mit 2:0 gewann) sein erstes Tor schoss – damit ist er der bisher jüngste Torschütze Griechenlands. Die zweite Hälfte der Saison 2006/2007 hatte den sensationellen Durchbruch für den offensiven Mittelfeldspieler gebracht: Er absolvierte sein erstes Spiel für Panathinaikos Athen, war wenige Wochen später der jüngste Spieler, der je für einen griechischen Verein an einem UEFA-Vereinswettbewerb teilgenommen hat, und trug dann noch mit dazu bei, dass Griechenland bei der UEFA U-19-Fußball-Europameisterschaft 2007 Zweiter wurde. Der in Albanien geborene Ninis wurde zu einem der elf besten Spieler des Turniers gewählt. 2008 nahm er nochmals an der U-19 EM teil – da hatte er seinen ersten Einsatz in der griechischen A-Nationalmannschaft bereits hinter sich.

Farbspielereien

Der überraschende Titelgewinn bei der EM 2004 brachte für die griechische Nationalmannschaft eine bedeutende Veränderung mit sich – sie machten ihr Auswärtstrikot (Weiß mit Blau) zum Heimtrikot. Seit der Gründung des Griechischen Fußballverbandes HFF im Jahr 1926 war das Heimtrikot Blau mit Weiß gewesen, doch der Erfolg von Otto Rehhagels Jungs veranlasste die Griechen zu einem Tausch.

Top Ten Länderspiele

1.	Theodoros Zagorakis	120
2.	Giorgios Karagounis	105
3.	Angelos Basinas	100
4.	Stratos Apostolakis	95
5.	Antonios Nikopolodis	90
6.	Angelos Charisteas	85
7.	Konstantinos Katsouranis	80
8.	Dimitris Saravakos	78
9.	Stelios Giannakopoulos	77
=	Tasos Mitropoulos	77

Dimitrios schreibt Geschichte

Der Stürmer Dimitrios Salpingidis schoss nicht nur das einzige Tor im Relegationsrückspiel gegen die Ukraine, das im Rahmen der WM-Qualifikation für 2010 am 18. November 2009 in Donezk ausgetragen wurde, und sicherte den Griechen damit den Einzug in die Endrunde – er ist auch der erste Grieche überhaupt, der bei einer WM traf: Im Gruppenspiel gegen Nigeria, das am 17. Juni 2010 stattfand und mit 2:1 für sein Team endete, erzielte er in der 44. Minute mit einem abgefälschten Schuss den 1:1-Ausgleichstreffer.

Erfahrung nicht gefragt

Ioannis Fetfatzidis, den man auch schon als den »griechischen Messi« bezeichnet hat, hatte als 19-Jähriger mit Olympiakos Piräus erst sieben Spiele in der Superleague, dem griechischen Fußball-Oberhaus, bestritten, als er im Oktober 2010 in einem EM-Qualifikationsspiel gegen Lettland sein Debüt in der griechischen A-Nationalmannschaft gab.

Punktekönige

Die Griechen stellten bei der Qualifikation zur UEFA Fußball-Europameisterschaft 2008 einen neuen Rekord auf: In ihrer Gruppe kamen sie in 12 Spielen auf 31 Punkte. Den Rekord hatte bis dahin Frankreich gehalten, das im Vorfeld der EM von 2004 insgesamt 24 Punkte erzielt hatte, allerdings auch vier Partien weniger bestreiten musste.

Absturz nach dem EM-Höhenflug

Bisher haben es drei Länder nach einem EM-Titelgewinn nicht geschafft, sich für die zwei Jahre später stattfindende Weltmeisterschaft zu qualifizieren: die Tschechoslowakei (Europameister 1976), Dänemark (1992) und Griechenland (2004). Für Otto Rehhagels Hellenen begann die Qualifikation für die WM 2006 denkbar schlecht mit einer 1:2-Niederlage gegen den Fußballzwerg Albanien – und das gerade einmal zwei Monate nach dem überraschenden Titelgewinn. In der Qualifikationsrunde für die EM 2004 hatten die Griechen zwar auch ihre ersten beiden Partien verloren, doch die restlichen sechs Spiele durch die Bank gewonnen.

Ehrlichkeit wird belohnt

Das 500. griechische Länderspieltor wurde im Oktober 2001 im »Old Trafford« in Manchester bei einem Qualifikationsspiel für die FIFA WM 2002 erzielt: Der Stürmer Demis Nikolaidis brachte mit diesem Treffer unerwartet Griechenland mit 2:0 gegen England in Führung; David Beckham erzielte dann allerdings mit seinem berühmten Freistoßtor noch in letzter Sekunde den Ausgleich. Im März des darauffolgenden Jahres wurde Nikolaidis vom Internationalen Fair-Play-Komitee ausgezeichnet: Er hatte dem Schiedsrichter im griechischen Pokalendspiel gestanden, dass er bei seinem Treffer für die AEK Athen den Ball mit der Hand gespielt hatte. Die Athener gewannen trotzdem das Spiel und holten den Pokal.

16 Jahre ohne WM

Nachdem Griechenland bei seiner ersten FIFA WM 1994 in drei Spielen kein einziges Mal getroffen hatte – als einziges europäisches Land war es bei dieser Weltmeisterschaft mit null Toren ausgeschieden –, konnte man 2010 endlich die ersten Zähler auf dem WM-Torkonto verbuchen. Beim 2:1 gegen Nigeria sackten die Griechen auch ihre ersten Punkte ein. Doch trotz dieses Erfolges, bei dem ein Treffer von Vasilios Torosidis die Entscheidung brachte, verpassten die Jungs von Otto Rehhagel wegen der Pleiten gegen Südkorea und Argentinien den Einzug ins Achtelfinale.

König Otto

Nachdem er sein Team als Trainer zum EM-Titel geführt hatte, wurde der Essener Otto Rehhagel 2004 als erster Ausländer zum »Griechen des Jahres« gewählt; außerdem bot man ihm die griechische Staatsbürgerschaft an. Rehhagel coachte die Hellenen von 2001 bis 2010 und ist mit diesen neun Jahren von allen griechischen Nationaltrainern bisher am längsten im Amt gewesen. 2004 wurde zum ersten Mal ein Team mit einem ausländischen Trainer Europa- oder Weltmeister. Beim Turnier 2004 war Rehhagel 65 Jahre alt und damit der bis dahin älteste Trainer, der je die EM gewinnen konnte. Diesen Rekord büßte Rehhagel vier Jahre später ein, als Louis Aragonés im Alter von 69 Jahren mit Spanien den Titel holte.

UNGARN

In der ersten Hälfte der 1950er-Jahre war Ungarn die beste Fußballmannschaft der Welt. Das Land holte in Helsinki 1952 olympisches Gold, gewann als erste Mannschaft des Kontinents überhaupt im Wembley-Stadion gegen England und war zu Beginn der FIFA WM™ 1954 seit über vier Jahren ungeschlagen und haushoher Favorit. Ungarn verlor im Endspiel gegen die Bundesrepublik Deutschland und konnte seitdem nie wieder an seine Glanzzeit anknüpfen.

Top Ten Länderspiele

1.	József Bozsik	101
2.	László Fazekas	92
3.	Gyula Grosics	86
4.	Ferenc Puskás	85
5.	Imre Garaba	82
6.	Gábor Király	81
=	Sándor Mátrai	81
8.	Ferenc Sipos	77
9.	László Bálint	76
=	Ferenc Bene	76
=	Máté Fenyvesi	76

Top Ten Torschützen

1.	Ferenc Puskás	84
2.	Sándor Kocsis	75
3.	Imre Schlosser-Lakatos	59
4.	Lajos Tichy	51
5.	György Sárosi	42
6.	Nándor Hidegkuti	39
7.	Ferenc Bene	36
8.	Tibor Nyilasi	32
=	Gyula Zsengellér	32
10.	Flórián Albert	31

In der Fremde

Der Engländer Jimmy Hogan war in Ungarn extrem beliebt, weil er dort während des Ersten Weltkriegs als Trainer arbeitete. Er war der Ehrengast des ungarischen Fußballverbandes nach dem Sieg gegen England 1953.

Später Erfolg für Sándor

Etwa 1000 wenig erfolgsverwöhnte Fans drängten sich im Oktober 2009 im Budapester Flughafen, um die Spieler und Betreuer zu empfangen, die für den wohl größten ungarischen Erfolg der letzten Jahrzehnte gesorgt hatten: Die ungarische U-20 hatte bei der FIFA U-20-Weltmeisterschaft nach einem Sieg über Costa Rica im Elfmeterschießen den dritten Platz belegt. Krisztián Németh, damals beim FC Liverpool, der schon im Viertelfinale gegen Italien kurz vor Ende der Verlängerung den Siegtreffer erzielt hatte, war auch Schütze des entscheidenden Elfmeters. Auch das Endspiel zwischen Ghana und Brasilien wurde übrigens im Elfmeterschießen entschieden – hier behielt Ghana mit 4:3 die Oberhand. Sándor Egervári, der Trainer der Junioren, wurde im darauffolgenden Jahr als Nachfolger des Niederländers Erwin Koeman zum Trainer der ungarischen A-Nationalmannschaft berufen. Bei der bisher letzten WM-Teilnahme der Magyaren im Jahr 1986 hatte er schon als Co-Trainer des Teams fungiert.

Goldköpfchen

Sándor Kocsis, mit 11 Treffern Torschützenkönig der FIFA WM 1954, war so kopfballstark, dass er »Goldköpfchen« genannt wurde. In 68 Länderspielen erzielte er unglaubliche 75 Tore, darunter sieben Hattricks (bis heute ein Rekord). Er schoss die beiden entscheidenden Tore im FIFA WM-Halbfinale von 1954 gegen Uruguay und riss diese Partie für Ungarn noch aus dem Feuer.

Der Major

Ferenc Puskás war einer der besten Fußballspieler aller Zeiten. Er erzielte 84 Tore in 85 Länderspielen für Ungarn und 514 Tore in 529 Spielen in der ungarischen und der spanischen Liga. Der gefährlichste Linksfuß der Fußballgeschichte wurde auch als »Major« bezeichnet, weil er für die Armeemannschaft Honved Budapest gespielt hatte, bevor er für Real Madrid und später für die Nationalmannschaft Spaniens antrat. Während der 1950er-Jahre war er bester Torschütze und Kapitän der ungarischen Nationalmannschaft.

Sturz des Fußballkönigs

Ungarns 6:3 gegen England im Wembley-Stadion 1953 ist bis heute eines
der bedeutendsten Ergebnisse aller Zeiten: Ungarn war das erste nicht-
britische Team, das die Engländer auf heimischem Boden besiegte, ein
Rekord, der seit 1901 bestand. Ungarn war seit drei Jahren unbesiegt und
hatte im Vorjahr das olympische Fußballturnier gewonnen. Die britische
Presse nannte das Spiel gegen das Mutterland des Fußballs das »Match
des Jahrhunderts«. In der Folge revolutionierte dieses Spiel die englische
Spielweise. Ungarns überlegener Sieg deckte die Antiquiertheit der englischen Taktik auf. Kapitän Billy Wright fasste es so zusammen: »Wir haben
den Fortschritt der Ungarn vollkommen unterschätzt, nicht nur in taktischer
Hinsicht. Als wir in Wembley aufliefen, fiel mir auf, dass die Ungarn ganz leich-
te Fußballstiefel trugen, die unter dem Knöchel endeten. Ich sagte zu Stan Mor-
tensen: ›Kein Problem, Stan, die haben nicht mal eine richtige Ausrüstung.‹«

Jahre des Überflusses

Die schillernde ungarische Auswahl der
frühen 1950er-Jahre war auch als »Aranycsa-
pat« bekannt, was auf Deutsch »Goldene Elf«
bedeutet. Von Mai 1950 bis zur Endspielnie-
derlage gegen Deutschland im Juli 1954 blieb
Ungarn 31 Länderspiele in Folge ungeschlagen
und stellte damit einen Rekord auf; Teil dieser Serie waren auch die Partien, mit denen
die Ungarn 1952 Gold bei den Olympischen
Spielen von Helsinki holten. Diesen Rekord
konnten bisher nur Brasilien und Spanien ver-
bessern. In den 1950er-Jahren stellte Ungarn
außerdem noch zwei weitere Rekordmarken
auf: In 73 Länderspielen in Folge schossen die
Ungarn mindestens ein Tor; außerdem erzielten sie bei der FIFA WM 1954 im Schnitt 5,4
Tore pro Spiel – ein Wert, der bei keinem der
folgenden WM-Turniere mehr erreicht wurde.

Europäische Wegbereiter

Während die Partie zwischen
Argentinien und Uruguay im Juli
1902 das erste Länderspiel außerhalb Englands darstellte, war
die 0:5-Niederlage der Ungarn
gegen Österreich drei Monate
später in Wien das erste Länderspiel in Europa ohne englische
Beteiligung. Bei zehn der ersten
16 Länderspiele der Ungarn war
Österreich der Gegner; davon gewann Ungarn vier, fünf verlor es,
eine Partie endete mit einem Unentschieden. Die bisherige Bilanz
der Ungarn gegen ihre österreichischen Nachbarn: 66 Siege, 30
Unentschieden, 40 Niederlagen.

Ruhmreiche Niederlage

Ungarn war bei der FIFA WM 1954 in der
Schweiz klarer Favorit. Vor dem Finale
hatte die Mannschaft seit vier Jahren kein
Spiel verloren. In der ersten Runde wurde
die Bundesrepublik mit 8:3 deklassiert,
obwohl Ungarn das Match nach einer Verletzung von Kapitän Ferenc Puskás mit nur
zehn Spielern beenden musste.

Lehrstunde

Bei der WM 1966 gab Ungarn Brasilien im
Liverpooler Goodison Park eine fußbal-
lerische Lehrstunde: Die Südamerikaner
verloren 1:3, die Ungarn schieden später
im Viertelfinale gegen die Sowjetunion aus.
Es war Brasiliens erste Niederlage bei einer
FIFA WM seit 1954: In der Schweiz waren die
Südamerikaner im Viertelfinale mit 2:4 ausgeschieden – gegen Ungarn.

Höhenflug

1938 – Ungarn verliert im FIFA WM-Finale mit 2:4 gegen Italien.
1953 – Ungarn schlägt als erste Mannschaft vom europäischen
Kontinent England mit 6:3 im Londoner Wembley-Stadion.
1954 – Die favorisierten Ungarn verlieren das WM-Finale 2:3
gegen die Bundesrepublik.
1964 – Ungarn erreicht das EM-Halbfinale in Spanien.
1965 – Ferencváros Budapest gewinnt als erster und bis heute
einziger ungarischer Verein einen europäischen Wettbewerb,
den Messestädte-Pokal (Vorläufer des UEFA-Pokals).
1972 – Ungarn verliert im Halbfinale der EM in Belgien mit 0:1
gegen die Sowjetunion.
1986 – Die bis heute letzte WM-Teilnahme Ungarns in Mexiko.

Tamás Hajnal
Zentrales Mittelfeld,
stellvertretender Kapitän,
34 Einsätze, 4 Tore

NORDIRLAND

Seit 1921 tritt Nordirland als eigenständiges Land an (zuvor gab es nur eine gesamtirische Mannschaft) und qualifizierte sich dreimal für FIFA WM™-Endrunden: 1958 (als bis heute kleinstes Land, das je im Viertelfinale einer WM stand), 1982 (beim Erreichen der Zwischenrunde) sowie 1986, als das Team in der Vorrunde ausschied.

Großartiger Jennings

Pat Jennings, einer der besten Torhüter aller Zeiten, ist mit 119 Einsätzen Nordirlands Rekordnationalspieler. Der ehemalige Star von Tottenham Hotspur und Arsenal London war bei seinem internationalen Debüt am 15. April 1964 gegen Wales erst 18 Jahre alt. An seinem 41. Geburtstag trat er bei der FIFA WM 1986 gegen Brasilien zu seinem letzten Spiel an.

George Best

Best, der 37-mal für Nordirland antrat, ist einer der besten Spieler in der Geschichte des Fußballs, der nie an einer WM teilnahm. Mit Manchester United feierte er dennoch internationale Triumphe – 1968 gewann er mit dem Verein den Europapokal der Landesmeister und wurde im selben Jahr zu »Europas Fußballer des Jahres« gewählt. Später spielte er in den USA, Hongkong und Australien, bevor er 1984 endgültig seine Karriere beendete. Der Star, der 37 Länderspiele für Nordirland bestritt, starb 2005 im Alter von nur 59 Jahren.

Peter der Große

Peter Doherty, ein ehemaliger Stürmer von Manchester City und Derby County, zählte zu den teuersten Spielern seiner Zeit. Er gewann den Ligapokal und den FA Cup (den Pokal des Verbandes) und absolvierte insgesamt 19 Länderspiele für Nordirland. 1947 sorgte er durch ein Tor in letzter Minute für ein 2:2-Unentschieden gegen England, sodass Nordirland erstmals eine Niederlage gegen die »Three Lions« vermeiden konnte. Als Nationaltrainer führte er das Land 1958 ins FIFA WM-Viertelfinale, wo Nordirland gegen Frankreich, den späteren WM-Dritten, mit 0:4 unterlag.

Dannys Double

Bei der FIFA WM 1958 war Danny Blanchflower von Tottenham Hotspur der Kapitän des nordirischen Teams; und in der Saison 1960/61 errangen die Spurs mit ihm als Kapitän das Double aus englischer Meisterschaft und englischem Pokal, als erste englische Mannschaft im 20. Jahrhundert überhaupt. 1958 antwortete er auf die Frage, was das Geheimnis des Erfolgs der Nationalmannschaft sei: »Uns gelingt es immer wieder, den Ausgleich zu erzielen, bevor der Gegner getroffen hat.« Noch berühmter wurde er mit dieser philosophischen Äußerung: »Es ist ein großer Irrtum, dass es beim Fußball ums Gewinnen geht. Im Gegenteil: Es geht um Ruhm und darum, die Dinge mit Stil und Schwung zu erledigen. Also rauszugehen, um den anderen Haufen zu schlagen, und nicht zu warten, bis sie vor Langeweile sterben.«

Eine uralte Frage

Sam Johnston ist der jüngste Spieler, der jemals in einer irischen Nationalmannschaft spielte. Als er 1882 für das damals, lange vor der Gründung der Republik Irland, gesamtirische Team zum Einsatz kam, war er 15 Jahre und 154 Tage alt. In seinem zweiten Spiel wurde er darüber hinaus Irlands jüngster Torschütze aller Zeiten.

Top Ten Torschützen

1.	David Healy	35
2.	Colin Clarke	13
=	Billy Gillespie	13
4.	Gerry Armstrong	12
=	Joe Bambrick	12
=	Iain Dowie	12
=	Jimmy Quinn	12
8.	Billy Bingham	10
=	Johnny Crossan	10
=	Jimmy McIlroy	10
=	Peter McParland	10

Top Ten Länderspiele

1.	Pat Jennings	119
2.	Mal Donaghy	91
3.	Sammy McIlroy	88
4.	Maik Taylor	87
5.	Keith Gillespie	86
6.	David Healy	85
7.	Aaron Hughes	76
8.	Jimmy Nicholl	73
9.	Michael Hughes	71
10.	David McCreery	67

Die Qual der Wahl

Fußballer, die in Nordirland auf die Welt gekommen sind, dürfen, wenn sie wollen, aus familiären oder religiösen Gründen auch für die benachbarte Republik Irland spielen. Der in Derry geborene Darron Gibson, der bei Manchester United unter Vertrag steht, zurzeit aber ausgeliehen ist, hat sich 2007 für diesen Weg entschieden. Zunächst sah es so aus, als ob sich ihm noch zwei weitere in Nordirland geborene Spieler – Tony Kane und Michael O'Connor – anschließen würden, aber beide haben sich letztlich doch entschieden, für das Team von Nordirland anzutreten. Kane spielte in den U-21-Mannschaften sowohl Nordirlands als auch der Republik Irland, wartet jedoch noch auf seinen ersten Einsatz in der nordirischen A-Nationalmannschaft. O'Connor hingegen gab hier schon 2008 sein Debüt.

Healy, der Held

Nordirlands Rekordtorschütze David Healy hat in Länderspielen für Nordirland mehr als doppelt so viele Tore erzielt wie der nächstplatzierte Spieler. Bei seinem Debüt gegen Luxemburg am 23. Februar 2000 traf er gleich zweimal, am 6. September 2006 schoss er beim Qualifikationsspiel für die EM 2008 gleich alle drei Tore zum 3:2-Sieg über Spanien.

Junge Kanone

Norman Whiteside brach Pelés Rekord und wurde 1982 zum jüngsten Spieler bei einer FIFA WM-Endrunde, als er für Nordirland im Alter von 17 Jahren und 41 Tagen in Spanien auflief. Er bestritt 38 Länderspiele und erzielte neun Tore, bis er aufgrund einer Verletzung mit nur 26 Jahren seine Karriere beenden musste.

Binghams Doppelgänger

Billy Bingham, bei der FIFA WM 1958 Rechtsaußen des nordirischen Teams, führte sein Land als Trainer 1982 und 1986 zweimal hintereinander in eine WM-Endrunde, ein für Nordirland bislang einmaliger Erfolg.

Briten unter sich

Nordirland ist immer noch der amtierende Titelträger des Wettbewerbs »British Home Championship«. Dieses Turnier wurde von 1883/84 bis 1983/84 jährlich ausgetragen, Teilnehmer waren England, Schottland, Wales und Nordirland. Am Ende des letzten Turniers hatten alle vier Mannschaften drei Punkte. Das von Billy Bingham trainierte nordirische Team hatte allerdings als einzige Mannschaft eine positive Tordifferenz. 2011 wurde ein neuer »Nations Cup« ins Leben gerufen (offizieller Sponsorenname »Carling Nations Cup«), den Nordirland, Schottland, Wales und die Republik Irland bestritten; die erste Auflage gewann das Team der Republik Irland. Die Veranstalter hoffen darauf, dass auch England Gefallen an dem Turnier findet und es 2013 zu einer Wiederauferstehung der »British Home Championship« kommt.

NORWEGEN

Obwohl das erste Länderspiel gegen Schweden schon 1908 stattfand und 1938 die Qualifikation zur FIFA WM™ gelang, dauerte es danach 56 Jahre, bis das Land erneut an einem größeren Turnier teilnehmen konnte: Norwegen ist noch nie in einem größeren Turnier über die zweite Runde hinausgekommen, hat aber als einzige Mannschaft der Welt noch nie gegen Brasilien verloren.

Widerstand gegen Brasilien

Norwegen ist das einzige Land, das bislang noch nie gegen die Sambakicker verloren hat – es gab zwei Siege und zwei Unentschieden. Ihr denkwürdigstes Spiel gegen den Rekordweltmeister absolvierten sie in der Gruppenphase der FIFA WM 1998 – damals besiegten die Norweger das Team, das später das Finale bestritt, mit 2:1. Zunächst war Norwegen in Rückstand geraten, drehte dann aber das Spiel in den letzten sieben Minuten mit zwei Treffern von Tore André Flo (links) und Kjetil Rekdal.

Wie der Vater, so der Sohn

Bei der UEFA Fußball-Europameisterschaft 2000 in Portugal gelang den Norwegern nur ein einziger Sieg: Durch ein Tor von Steffen Iversen gewannen sie das Gruppenspiel gegen Spanien mit 1:0. Steffens Vater Odd Iversen gilt bis heute als einer der besten Stürmer des Landes; mit seinen legendären Toren trug er zu unerwarteten Erfolgen seines Teams bei, z. B. dem Heimsieg über Jugoslawien im Qualifikationsspiel zur WM 1966 oder dem Auswärtssieg über Frankreich vor der WM 1970. Odd erzielte von 1967 bis 1979 in 45 Länderspielen 19 Treffer für sein Land. Steffen stellte diese Zahl im November 2007 ein, als er im Spiel gegen Malta einen Hattrick schoss. Im September 2008 erzielte er im Spiel gegen Island seine bislang letzten beiden Länderspieltore. 2011 war er im Alter von 34 Jahren immer noch für Norwegen im Einsatz und hat nun 79 Länderspiele absolviert.

Eure Jungs haben verloren

Bjørge Lilleliens Kommentar zu einem norwegischen 2:1 gegen England in einem Qualifikationsspiel zur FIFA WM 1982 ist bis heute berühmt. Lillelien war seit 1957 bis unmittelbar vor seinem Tod durch ein Krebsleiden 1987 Sportkommentator, vor allem im Wintersport und Fußball. Er sagte 1982: »Lord Nelson, Lord Beaverbrook, Sir Winston Churchill, Sir Anthony Eden, Clement Attlee, Henry Cooper, Lady Diana, Maggie Thatcher, können Sie mich hören? Eure Jungs haben gerade so richtig verloren.« Obwohl diese Sätze im norwegischen Radio gesprochen wurden, erreichten sie rasch Großbritannien und sind bis heute populär. Die Sportredaktion der Zeitung »Observer« wählte Lilleliens Worte 2002 zum besten Sportkommentar aller Zeiten.

Auferstanden von den Toten

Der Mittelfeldspieler Ståle Solbakken, der in der norwegischen Nationalmannschaft sowie u. a. beim FC Wimbledon und beim FC Kopenhagen gespielt hat und im Mai 2011 Trainer des 1. FC Köln wurde, hatte
sich bereit erklärt, 2012 die Leitung des norwegischen Nationalteams
zu übernehmen, bevor er dann doch in die Bundesliga wechselte. Dabei war der Mann 2001 praktisch schon sieben Minuten lang tot: Im
Alter von 33 Jahren erlitt er während einer Trainingseinheit mit dem FC
Kopenhagen einen Herzstillstand, die herbeigeeilten Sanitäter erklär-
ten ihn schon für klinisch tot. Im Krankenwagen gelang es jedoch, den
Spieler zu reanimieren. Danach stellte sich heraus, dass Solbakken
einen angeborenen Herzfehler hatte. Er lebt seitdem mit einem Herz-
schrittmacher, beendete seine Spielerlaufbahn und wurde Trainer.

Top Ten Länderspiele

1.	Thorbjørn Svensson	104
2.	Henning Berg	100
3.	Erik Thorstvedt	97
4.	Øyvind Leonhardsen	86
=	John Arne Riise	86
6.	Kjetil Rekdal	83
7.	John Carew	82
8.	Erik Mykland	78
9.	Svein Grøndalen	77
=	Steffen Iversen	77

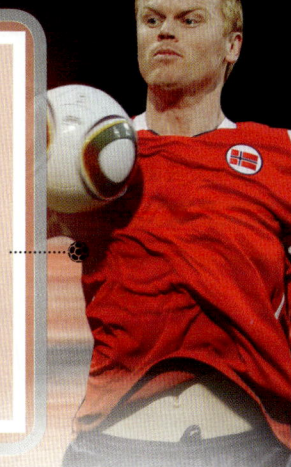

Top Ten Torschützen

1.	Jørgen Juve	33
2.	Einar Gundersen	26
3.	Harald Hennum	25
4.	Tore André Flo	23
=	Ole Gunnar Solskjær	23
6.	John Carew	22
=	Gunnar Thoresen	22
8.	Steffen Iversen	21
9.	Jan Åge Fjørtoft	20
10.	Odd Iversen	19
=	Øyvind Leonhardsen	19
=	Olav Nilsen	19

Langzeiturlauber

Das bisher beste Ergebnis, das die Norweger bei einem
internationalen Wettbewerb erreichen konnten, war die
Bronzemedaille bei den Olympischen Spielen von 1936
in Berlin: Das Halbfinale hatten sie zwar gegen Italien
verloren, doch das Spiel um Bronze gewannen sie
mit 3:2 gegen Polen – dank eines Hattricks von Arne
Brustad. Das siegreiche Team ist unter dem Namen
»Bronselaget« (dt. »Bronze-Mannschaft«) in die
norwegische Fußballgeschichte eingegangen. Es
war ursprünglich nur mit geringen Erwartungen in
das Turnier gezogen und musste vor dem Halbfinale
am 10. August 1936 seine Reisepläne ändern: Die
norwegischen Fußballfunktionäre hatten die Heimreise eigentlich für den 9. August gebucht, weil sie
nicht erwartet hatten, so weit zu kommen. Italien schlug
Norwegen 2:1 n. V. und gewann schließlich das Turnier.
Zwei Jahre später, bei der WM 1938 in Frankreich, grüßte
das Murmeltier: Abermals besiegten die Italiener die
Wikinger mit 2:1 n. V., diesmal im Achtelfinale, und abermals gewannen sie schließlich den Titel.

Erik der Wikinger

Der Torhüter Erik Thorstvedt nahm an den Olympischen Spielen von 1984 in Los Angeles teil.
Norwegen hatte sich eigentlich nicht qualifiziert,
doch als aufgrund des Olympiaboykotts die Ost-
blockstaaten DDR, Tschechoslowakei und Sowjetunion
ihre Teilnahme verweigerten, wurde es zusammen mit
Deutschland und Italien an deren Stelle eingeladen.
Thorstvedt war auch eine Säule des Teams, das sich für
die FIFA WM 1994 qualifizierte – zum ersten Mals seit
1938. Von 1982 bis 1996 absolvierte er 97 Länderspiele – mehr als jeder andere norwegische Torhüter. Seine
Verpflichtung durch Tottenham Hotspur schien indes ein
schwerer Fehler gewesen zu sein, als der Norweger noch vor
der fünften Minute seines allerersten Spiels, 1989 gegen Nottingham Forest, seinem Gegenspieler Nigel Clough den Ball
überließ und der mit dem Führungstreffer erzielte; am Ende unterlagen die Spurs mit 1:2. Trotz dieses Patzers wurde Thorstvedt
bei den Fans des Nordlondoner Vereins beliebt und erhielt den
Spitznamen »Erik der Wikinger«. Er hütete
das Tor, als die Spurs 1991 in Wembley den
FA-Cup gewannen – diesmal zog Nottingham
Forest mit 1:2 den Kürzeren. In den 90er-
Jahren stand noch ein anderer norwegischer
Nationaltorhüter bei den Spurs zwischen
den Pfosten: Espen Baardsen. Er war in
den USA als Sohn norwegischer
Einwanderer auf die Welt gekommen und beendete mit
25 Jahren seine Spielerkarriere, um ein erfolgreicher
Geschäftsmann im Lon-
doner Finanzdistrikt
zu werden.

Der Exzentriker

Egil Olsen gilt als einer der exzentrischsten Trainer Europas. Er wurde für die Qualifikation zur FIFA WM 2010
in Südafrika ein zweites Mal zum norwegischen Nationaltrainer ernannt. 15 Jahre zuvor hatte der Trainer die
Skandinavier bereits zur FIFA WM 1994 geführt. Das war die
erste Teilnahme an einer FIFA WM-Endrunde seit 1938. Bei
der nachfolgenden WM 1998 in Frankreich besiegte Norwegen in der Vorrunde Brasilien. Daraufhin war Olsen in seinen
charakteristischen Wellington-Stiefeln eine Art norwegischer
Volksheld, und sein Land erreichte Platz 2 der FIFA Weltrangliste.
Bevor er Norwegen ein zweites Mal trainierte, war Olsen drei Monate lang Trainer der Auswahl des Irak. Das erste Spiel unter seiner Leitung gewann Norwegen Anfang 2009 gegen Deutschland
mit 1:0, wobei Olsen sich wieder auf seine vertraute Taktik verließ. Weniger erfolgreich war Olsen während seiner Zeit als Trainer von Wimbledon 1999 – 2000: Der Norweger ist fest von einer
wissenschaftlichen Herangehensweise an den Wettkampfsport
überzeugt und führte bei Wimbledon die Raumdeckung ein. Kritiker gaben dieser Konzeption Olsens die Schuld an der katastrophalen Rückrunde von Wimbledon in jener Saison.

POLEN

In der Geschichte des polnischen Fußballs wechseln sich glänzende Phasen mit langen Durststrecken ab. Dem Gewinn der olympischen Goldmedaille 1972 folgten dritte Plätze bei den Weltmeisterschaften 1974 und 1982. Seit 1986 konnte sich die Mannschaft bis zur FIFA WM 2002 für kein großes Turnier mehr qualifizieren. 2008 qualifizierte sich Polen erstmals überhaupt für die Europameisterschaft und richtet dieses Turnier gemeinsam mit der Ukraine 2012 aus.

Top Ten Torschützen

1.	Włodzimierz Lubański	48
2.	Grzegorz Lato	45
3.	Kazimierz Deyna	41
4.	Ernest Pol	39
5.	Andrzej Szarmach	32
6.	Gerard Cieślik	27
7.	Zbigniew Boniek	24
8.	Ernest Wilimowski	21
9.	Dariusz Dziekanowski	20
10.	Roman Kosecki	19
=	Euzebiusz Smolarek	19

An Lato vorbei

Michał Żewłakow, Rekordnationalspieler Polens, beendete seine Länderspielkarriere auf vertrautem Geläuf, obwohl Polen bei seiner letzten Partie ein Auswärtsspiel absolvierte: In seinem 102. Einsatz am 29. März 2011 ging es in einem Freundschaftsspiel, das mit einem torlosen Unentschieden endete, gegen Griechenland. Ausgetragen wurde die Partie im Karaiskakis-Stadion in Piräus, wo Żewłakow von 2006 bis 2010 regelmäßig für seinen Verein Olympiakos Piräus angetreten war. Mit seiner vorletzten Partie gegen Ecuador im Oktober 2010 hatte er Grzegorz Lato in der Liste der polnischen Rekordnationalspieler überholt. Schon im Februar 2000 hatte er polnische Fußballgeschichte geschrieben: Damals war er mit seinem Zwillingsbruder, dem Stürmer Marcin Żewłakow, gegen Frankreich aufgelaufen – die beiden waren damit das erste Zwillingsbruderpaar, das gemeinsam für sein Land spielte. Marcin Żewłakow brachte es auf 25 Länderspiele, in denen er fünf Tore schoss.

Torhüter made in Poland

Während nur wenige polnische Feldspieler Weltklasseniveau aufweisen, spielten oder spielen mit Jerzy Dudek (FC Liverpool), Artur Boruc und Łukasz Załuska (beide Celtic Glasgow), Łukasz Fabiański und Wojciech Szczęsny (beide Arsenal London) sowie Tomasz Kuszczak (Manchester United) sechs hervorragende Torhüter bei großen britischen Vereinen.

Leo, der Löwe

Als der Niederländer Leo Beenhakker polnischer Nationaltrainer wurde, war er der erste Ausländer auf diesem Posten. In seiner über dreißigjährigen Karriere trainierte Beenhakker bereits die Niederlande, Saudi-Arabien und Trinidad und Tobago. Er wurde mit Real Madrid 1987 – 89 dreimal spanischer Meister und holte mit Ajax Amsterdam 1980 und 1990 zwei niederländische Meistertitel. Der grauhaarige Beenhakker unterstrich seinen Ruf als Arbeitstier, als er im Frühjahr 2009 eine Zusatzaufgabe als Berater für Feyenoord Rotterdam übernahm. Diese Aufgabe wurde im weiteren Verlauf des Jahres zu seiner Hauptbeschäftigung, denn die Polen feuerten ihn im September 2009.

Emmanuel, komm nach Polen!

Polen qualifizierte sich als erstes europäisches Land für die FIFA WM 2002. Zu verdanken hatte die Mannschaft das den acht Treffern, die der Stürmer Emmanuel Olisadebe in der Qualifikation erzielte – und damit einen neuen polnischen Rekord aufstellte. Olisadebe, der aus Nigeria stammt, erlangte die polnische Staatsbürgerschaft, nachdem er drei Jahre erfolgreich für Polonia Warschau gespielt hatte. Tatsächlich sorgte der polnische Präsident Aleksander Kwaśniewski im Juli 2000 mit einer persönlichen Order dafür, dass Olisadebe die Staatsbürgerschaft schon vor Ablauf der regulären Frist bekam.

Top Ten Länderspiele

1. Michal Żewłakow — 102
2. Grzegorz Lato — 100
3. Kazimierz Deyna — 97
4. Jacek Bąk — 96
= Jacek Krzynówek — 96
6. Władysław Żmuda — 91
7. Antoni Szymanowski — 82
8. Zbigniew Boniek — 80
9. Włodzimierz Lubański — 75
10. Tomasz Wałdoch — 74

Polens größte Erfolge

Im Fußball ist die Drei Polens Glückszahl: 1974 wie auch 1982 erzielte die Mannschaft ihre größten Erfolge im internationalen Fußball und belegte bei beiden Weltmeisterschaften den dritten Rang. 1974 war das blitzschnelle und eingespielte Team, das England aus der Qualifikation geworfen hatte, fast unaufhaltsam. Bei der Wasserschlacht von Frankfurt, dem Spiel gegen die Bundesrepublik in der 2. Finalrunde, benötigten die Polen einen Sieg, um das Finale zu erreichen. Sie forderten eine Verlegung, weil der Platz durch schwere Regenfälle unbespielbar war. Gerd Müller erzielte den Siegtreffer für die Deutschen. 1982 bei der WM in Spanien waren von dem 74er-Team noch Grzegorz Lato, Andrzej Szarmach, Marek Kusto und Wladyslaw Zmuda dabei. Polen verlor im Halbfinale gegen Italien mit 0:2.

Fünf gewinnt

Für den 5:1-Sieg der Polen über Peru bei der FIFA WM 1982 waren fünf verschiedene polnische Torschützen verantwortlich: Włodzimierz Smolarek, Grzegorz Lato, Zbigniew Boniek, Andrzej Buncol und Włodzimierz Ciołek. Erst 1998 brachte eine andere Mannschaft dieses Kunststück erneut zustande: Bei der Weltmeisterschaft in Frankreich schossen Phillip Cocu, Marc Overmars, Dennis Bergkamp, Pierre van Hooijdonk und Ronald de Boer die Niederlande zu einem 5:0-Sieg über Südkorea.

Boniek

Zbigniew Boniek war vielleicht der beste polnische Spieler aller Zeiten. Sein Beitrag zum Erreichen des dritten Platzes bei der FIFA WM 1982 machte ihn in Polen legendär. Dass er im Halbfinale gegen Italien gesperrt war, wirft bis heute die Frage auf, ob Polen den Favoriten Italien mit seinem Stürmerstar hätte schlagen können. Ohne ihn verlor das polnische Team 0:2.

Super-Ernest

Ernest Wilimowski erzielte bei der FIFA WM 1938 gegen Brasilien vier Treffer – und trotzdem verlor sein Team das Spiel. Die Polen unterlagen in Straßburg in der Verlängerung der Achtelfinalpartie mit 5:6, nachdem es nach Ablauf der regulären Spielzeit noch 4:4 gestanden hatte.

Unpünktlichkeit wird bestraft

Kazimierz Górski, der während seiner Spielerkarriere nur eine einzige Partie für die polnische Nationalmannschaft bestritt, führte als Trainer Polen bei der FIFA WM 1974 zum dritten Platz. Zwei Jahre zuvor hatte er mit seinem Team bei den Olympischen Spielen in München Gold geholt. Górski war dafür bekannt, dass er mit seinen Spielern einen sehr vertrauten Umgang pflegte, doch er konnte auch knallhart sein: Der Schlüsselspieler Adam Musiał flog beim Turnier von 1974 vor dem Spiel gegen Schweden (zweite Finalrunde) aus der Mannschaft – als Strafe dafür, dass er 20 Minuten zu spät zum Training erschienen war. Polen gewann die Partie trotzdem mit 1:0.

In der Pflicht

Grzegorz Lato, einer der besten polnischen Fußballer aller Zeiten, ist seit 2008 Präsident des polnischen Fußballverbandes. Lato versprach, den polnischen Nationalsport von den Skandalen zu reinigen, damit Polen die Europameisterschaft 2012 (gemeinsam mit der Ukraine) ausrichten kann. »Ich bin entschlossen, dem polnischen Fußball wieder einen sauberen Ruf zu verpassen«, sagte Lato, der mit sieben Treffern Torschützenkönig der WM 1974 war.

PORTUGAL

Portugals erster Auftritt auf der internationalen Bühne endete beinahe mit einem Triumph. Von Eusébio inspiriert, zogen die Portugiesen ins Halbfinale der FIFA WM™ von 1966 ein – und verloren dann gegen den späteren Weltmeister England. Von einer herausragenden Leistung in der EM 1984 abgesehen, sollte es mehr als 30 Jahre dauern, bis Portugal erneut in solch schwindelerregende Höhen vorstieß. Eine »goldene Generation« von Spielern betrat das Feld, und seit der Jahrtausendwende ist Portugal auf der Weltbühne des Fußball eine Kraft, mit der man rechnen muss.

Top Ten Länderspiele

1. LUÍS Filipe Madeira FIGO	127
2. FERNANDO Manuel Silva COUTO	110
3. RUI Manuel César COSTA	94
4. Pedro Miguel Carreiro Resendes »PAULETA«	88
5. SIMÃO Pedro Fonseca SABROSA	85
6. JOÃO Manuel VIEIRA PINTO	81
= CRISTIANO RONALDO dos Santos Aveiro	81
8. VÍTOR Manuel Martins BAÍA	80
9. RICARDO Alexandre Martins Soares Pereira	79
10. Nuno Miguel Soares Pereira Ribeiro »NUNO GOMES«	77

Top Ten Torschützen

1. Pedro Miguel Carreiro Resendes »PAULETA«	47
2. EUSÉBIO da Silva Ferreira	41
3. LUÍS Filipe Madeira FIGO	32
4. Nuno Miguel Soares Pereira Ribeiro »NUNO GOMES«	29
5. RUI Manuel César COSTA	26
= CRISTIANO RONALDO dos Santos Aveiro	26
7. JOÃO Manuel VIEIRA PINTO	23
8. Tamagnini Manuel Gomes Batista »NENÉ«	22
= SIMÃO Pedro Fonseca SABROSA	22
10. Rui Manuel Trinidade JORDÃO	15
= Fernando Baptista de Seixas PEYROTEO de Vasconcelos	15
= HÉLDER Manuel Marques POSTIGA	15

Triumph im Goodison Park

Bei der FIFA WM 1966 schlug Portugal Nordkorea mit 5:3 in einem unglaublichen Viertelfinale im Goodison Park von Liverpool, dem Stadion des FC Everton. Der überragende Eusébio setzte eine gnadenlose Aufholjagd in Gang, nachdem die Koreaner nach nur 25 Minuten 3:0 in Führung lagen. Er schoss vier Tore und brachte die Portugiesen damit ins Halbfinale ihrer allerersten FIFA WM. Die Tränen flossen in Strömen, als Portugal vom späteren Weltmeister England besiegt wurde, doch rappelten sich die Portugiesen wieder auf und sicherten sich mit einem 2:1-Sieg über die Sowjetunion den dritten Platz.

Alle neune!

Fernando Baptista de Peyroteo ist einer der erfolgreichsten Torschützen der Fußballgeschichte. Seine Rekorde: neun Tore in einem Spiel gegen den Leça FC, acht in einem Spiel gegen Boavista Porto, dreimal sechs Tore in einem Spiel, zwölfmal fünf Tore in einem Spiel und 17-mal vier Tore in einem Spiel. Insgesamt kickte er den Ball zwischen 1937 und 1939 in 197 portugiesischen Ligaspielen unglaubliche 330-mal ins Netz (das entspricht 1,68 Toren pro Spiel). Für die Nationalmannschaft erzielte er 15 Tore in nur 20 Spielen.

Der schwarze Panther

Zum 50. Geburtstag der UEFA 2004 wurde der aus Mosambik stammende Eusébio da Silva Ferreira vom Fußballverband seines Heimatlandes zu Portugals »Goldenem Spieler« ernannt. 1960, im Alter von 18 Jahren, wurde er von Benfica Lissabon unter Vertrag genommen und erzielte bereits in seinem zweiten Spiel einen Hattrick gegen den brasilianischen FC Santos in Paris. Damit stellte er sogar Pelé, den jungen Star des Gegners, in den Schatten. 1962 verhalf er Benfica mit zum zweiten Gewinn des Europapokals der Landesmeister, 1965 wurde er »Europas Fußballer des Jahres« und 1966 führte er Portugal auf den dritten Platz der FIFA WM und wurde Torschützenkönig dieses Turniers (9 Tore). Der Stürmer schoss bei 313 Einsätzen in der portugiesischen Liga 320 Tore und gewann 1968 als Erster den »Goldenen Schuh« (1973 noch einmal), den die UEFA seitdem an den erfolgreichsten Torschützen einer Saison vergibt. Nur Pauleta war mit 47 Treffern in 88 Spielen noch erfolgreicher, er benötigte jedoch 24 Einsätze mehr als Eusébio für seine 41 Tore.

Schützenfest zu sechst und siebt

Nach dem portugiesischen 7:0-Sieg über Nordkorea bei der FIFA WM 2010 standen sechs verschiedene Torschützen auf dem Spielberichtsbogen: Raul Meireles, Simão, Hugo Almeida, Tiago (zwei Treffer), Liédson und Kapitän Cristiano Ronaldo. Dieser Rekord wird nur noch von den sieben jugoslawischen Torschützen überboten, die Zaire bei der FIFA WM 1974 eine 0:9-Klatsche verpassten. Mit ihren Toren haben es Simão und Cristiano Ronaldo geschafft, wie Pauleta bei zwei Weltmeisterschaften für Portugal als Torschützen erfolgreich zu sein.

Ronaldo, der zweite

Cristiano Ronaldo dos Santos Aveiro bekam seinen zweiten Vornamen, weil sein Vater den amerikanischen Präsidenten Ronald Reagan bewunderte. Obwohl er eigentlich Benfica-Fan war, begann Ronaldo seine Profikarriere beim Lokalrivalen Sporting Lissabon, bevor er 2003 dann zu Manchester United ging. 2008 war sein Glücksjahr, denn er gewann den Titel in der englischen Premier League, die Champions League sowie den »Goldenen Schuh« als Europas bester Torschütze. Die Krönungen waren die Wahlen zu »Europas Fußballer des Jahres« und – als zweiter Portugiese nach Luís Figo – zum »FIFA Weltfußballer des Jahres«. 2009 wurde er zum teuersten Fußballspieler aller Zeiten: Real Madrid holte ihn von Manchester United und zahlte dafür die Rekordtransfersumme von umgerechnet 93 Millionen Euro.

Die fabelhaften fünf

Eusébio, Mário Coluna, José Augusto, António Simões und José Torres waren die »fabelhaften fünf« in Benficas »Dream-Team« der frühen 1960er-Jahre und bildeten das Rückgrat der portugiesischen Nationalmannschaft bei der FIFA WM von 1966. Coluna (das »heilige Monster«) schoss 1961 das entscheidende dritte Tor im Finale des Europapokals der Landesmeister gegen den FC Barcelona und war 1966 Kapitän der Nationalmannschaft. José Augusto, der zwei Tore im ersten Spiel bei der WM gegen Ungarn schoss, trainierte später die Nationalmannschaft und danach die portugiesische Damenmannschaft. Antonio Simões (der »riesige Zwerg«, nur 1,58 Meter groß) spielte 1962 im Alter von nur 18 Jahren zum ersten Mal für Portugal und Benfica. José Torres gewann als Einziger der fünf nicht den Europapokal (er kam bei den Finalniederlagen 1963 gegen den AC Mailand bzw. 1968 gegen Manchester United zum Einsatz), doch 1966 erzielte er das Siegtor gegen Russland im Spiel um den dritten Platz. Danach trainierte er die Nationalmannschaft und führte sie 1986 zu ihrer nächsten Teilnahme an einer FIFA WM-Endrunde.

Ein gern gesehener Gegner

Bei der FIFA WM 2010 schoss Portugal sieben Tore in vier Spielen; allerdings wurden alle Treffer gegen die Nordkoreaner erzielt, die von den Portugiesen mit 7:0 zerlegt wurden. Es war der bisher dritte WM-Sieg mit sieben Toren Unterschied. Unter Einbeziehung des 5:3 gegen die Nordkoreaner 1966 bedeutet das, dass Portugal fast ein Drittel seiner 39 WM-Tore gegen die Asiaten erzielt hat.

Ein 100. Geburtstag nach Maß

Die Portugiesen feierten den 100. Jahrestag ihrer Republik auf ganz besondere Weise: In einem zu diesem Anlass angesetzten Freundschaftsländerspiel brachten sie im November 2010 den frischgebackenen Weltmeister Spanien unsanft auf den Boden der Tatsachen zurück. Die Partie wurde nicht nur abgehalten, um den nationalen Jahrestag der Portugiesen am 5. Oktober nachträglich zu begehen, sondern auch, um die gemeinsame Bewerbung der beiden Länder für die Ausrichtung der FIFA WM 2018 zu feiern, die aber letztlich nicht von Erfolg gekrönt war. In den 90 Minuten der Partie selbst war allerdings nicht viel von Gemeinsamkeit zu spüren: Die Portugiesen fegten die Spanier mit 4:0 vom Platz – was dennoch nur ein schwacher Trost für die 0:1-Niederlage war, die ihnen die Spanier im Achtelfinale der FIFA WM 2010 beigebracht hatten. Trainer der Portugiesen bei dieser Partie war der ehemalige Nationalspieler Paulo Bento. Queiroz hatte schon zweimal das Amt des portugiesischen Nationaltrainers übernommen (1991–1993 und 2008–2010); außerdem hatte er die »Goldene Generation« Portugals bei den U-20-Weltmeisterschaften von 1989 und 1991 jeweils zum Titel geführt.

IRLAND

Es bedurfte einer Kombination aus geschicktem Management und akribischen Analysen von Familienstammbüchern, ehe sich Irland im zwanzigsten Anlauf endlich für die Endrunde eines großen Fußballturniers qualifizieren konnte. Doch seit Jack Charlton das Team zur EM-Endrunde 1988 führte, erwies sich Irland regelmäßig als brandgefährlich für seine Gegner.

Auf geht's Keane!

Während Irlands Vorbereitung auf die FIFA WM 2002 in Japan und Korea reiste Roy Keane nach einem Streit mit dem Manager Mick McCarthy überraschend ab, bevor das Turnier überhaupt begonnen hatte. Keanes Länderspielkarriere begann mit einem Spiel gegen Chile am 22. Mai 1991, von 1996 bis 2002 fungierte er als Kapitän Irlands. Von 1993 bis 2005 spielte Keane für den englischen Klub Manchester United, mit dem er siebenmal Meister und viermal Pokalsieger wurde sowie einmal die Champions League gewann. Keane kehrte 2003 wieder ins irische Nationalteam zurück, als Brian Kerr den Managerposten übernahm. Nachdem sich Irland nicht für die WM-Endrunde 2006 qualifizieren konnte, trat Keane endgültig zurück. Sein letztes Länderspiel war ein 0:1 gegen Frankreich am 7. September 2005.

Champion Charlton

Jack Charlton wurde zum Helden, als er Irland 1988 zum ersten Mal in eine wichtige Endrunde führte und das Team gleich beim ersten EM-Spiel England mit 1:0 besiegte. Noch erfolgreicher verlief Irlands erste FIFA WM-Endrunde zwei Jahre später, als die Außenseiter erst im Viertelfinale von Gastgeber Italien besiegt wurden.

Kilbane kennt keine Pause

Nur Billy Wright aus England hat mit 70 Partien mehr Länderspiele in Folge absolviert als Kevin Kilbane: Dessen 109. Einsatz für Irland – im März 2011 gegen Mazedonien – war gleichzeitig sein 65. in Folge, wobei diese Serie einen Zeitraum von elf Jahren und fünf Monaten überspannt. Der wendige Verteidiger und defensive Mittelfeldspieler wird von den Fans »Zinédine Kilbane« genannt. Nach der besagten Partie durfte er eine Pause einlegen: Der darauffolgende Einsatz der Iren gegen Uruguay ging drei Tage später ohne seine Beteiligung über die Bühne.

Robbie der Große

Im Oktober 2004 setzte sich der viel gereiste Stürmer Robbie Keane an die Spitze der irischen Rekordtorschützenliste und baute seitdem seine Führung ständig aus. Unvergessen bleiben seine Last-Minute-Ausgleichstreffer gegen Deutschland und Spanien bei der WM 2002. Im November 2006 drückte er der letzten Begegnung im alten Stadion an der Landsdowne Road (Irland gegen San Marino) mit einem Hattrick seinen Stempel auf. Vier Jahre später war dann das Eröffnungsspiel des an der gleichen Stelle völlig neu erbauten »Aviva Stadium« gleichzeitig Keanes 100. Länderspiel – Gegner war Argentinien, das die Partie mit 1:0 gewann. Der 2:1-Sieg von Irland über Mazedonien am 26. März 2011 war für Keane die 41. Partie als Mannschaftskapitän – damit stellte er den Rekord ein, den Andy Townsend in den 1980er- und 1990er-Jahren aufgestellt hatte. Danach bestritt Keane noch zwei weitere Partien als Kapitän: In den beiden Spielen, die im Mai 2001 im Rahmen des neu eingerichteten »Carling Nations Cup« stattfanden, gewann Irland gegen Nordirland und Schottland. Keane erzielte dabei insgesamt drei Tore, die sein Konto auf 49 Treffer in Länderspielen erhöhten. Am 4. Juni 2011 stockte er mit einem Doppelpack gegen Mazedonien diese Anzahl auf 51 auf – damit ist er der erste Spieler von den Britischen Inseln, der es auf mehr als 50 Länderspieltore gebracht hat und den früheren Toptorjäger Bobby Charlton (49 Treffer für England) überbieten konnte.

Croke Park

Croke Park in Dublin ist die traditionelle Heimat des Gälischen Sportverbandes GAA. Das Stadion war lange Zeit traditionell gälischen Sportarten vorbehalten – bis für die Austragung der irischen Qualifikationsspiele zur EM 2008 eine Sondererlaubnis erteilt wurde, solange das Landsdown Road-Stadion renoviert wurde.

Multijobber Giles

Von allen irischen Nationaltrainern war Jack Charlton am
längsten im Amt: Er coachte die
Iren von 1986 bis 1995. Die
Trainerära von Johnny Giles
(1973–1980) verdient jedoch
ebenfalls Beachtung, denn
während seiner Tätigkeit als
Teamchef war er gleichzeitig
noch selbst als Spieler bei
Leeds United, West Bromwich
Albion, Philadelphia Fury und
den Shamrock Rovers aktiv.
Trotz seiner Pflichten als Nationaltrainer war er in seiner
siebenjährigen Amtszeit u.a.
einer der Leistungsträger in
Leeds' Meistermannschaft von
1973/74 und Spielertrainer bei
West Bromwich und den Rovers.

Kapitän für alle Fälle

Als Mannschaftskapitän ver-
half Johnny Carey nicht nur
Matt Busby und Manchester
United 1952 zum englischen
Meistertitel, sondern er war
auch Mannschaftskapitän
für Nordirland (9 Länderspie-
le) und später der Republik
Irland (27 Länderspiele).
Außerdem managte er von
1955 bis 1967 das irische
Nationalteam.

Schottischer Ire

Ray Houghton wurde zwar in Glasgow geboren und
spricht mit schottischem Akzent, doch der Sohn eines
irischen Vaters schoss zwei der wichtigsten Tore für die
irische Nationalmannschaft: Per Kopf erzielte er bei
der EM 1988 in der Bundesrepublik den 1:0-Siegtreffer
gegen England. Und in der Gruppenphase der FIFA WM
1994 in den USA blieb sein Weitschusstor gegen den
späteren Endspielteilnehmer Italien der einzige Treffer
der Begegnung.

Mehr für Moore

Paddy Moore war der erste Spieler überhaupt, der vier Tore
in einem FIFA WM-Qualifikationsspiel erzielte, als Irland am
25. Februar 1934 in einer Aufholjagd gegen Belgien noch ein
4:4 erreichte. Als bislang einziger Ire konnte Don Givens hier
gleichziehen, als er im Oktober 1975 beim irischen Sieg über
die Türkei alle 4 Tore schoss.

Seitenwechsel

Cornelius »Con« Martin war ein irischer Spieler, dessen
Leidenschaft für Fußball zu seinem Ausschluss aus dem
Gälischen Sportverband (GAA) führte. Seine Vielseitig-
keit zeigte sich darin, dass er als Innenverteidiger ebenso gut eingesetzt werden konnte wie im Tor, sowohl für
seinen Verein Aston Villa als auch in Länderspielen. Für
Irland verwandelte er 1949 im Liverpooler Goodison Park
beim 2:0 gegen England einen Elfmeter, was zur ersten
englischen Heimniederlage gegen einen nicht-britischen
Gegner führte.

Top Ten Länderspiele

1.	Shay Given	113
2.	Kevin Kilbane	110
3.	Robbie Keane	108
4.	Steve Staunton	102
5.	Niall Quinn	91
6.	Tony Cascarino	88
7.	Damien Duff	87
8.	Paul McGrath	83
9.	Packie Bonner	80
10.	Ray Houghton	73

Top Ten Torschützen

1.	Robbie Keane	51
2.	Niall Quinn	21
3.	Frank Stapleton	20
4.	John Aldridge	19
=	Tony Cascarino	19
=	Don Givens	19
7.	Noel Cantwell	14
8.	Gerry Daly	13
=	Jimmy Dunne	13
10.	Ian Harte	11

RUMÄNIEN

Die rumänische Fußballgeschichte ist gespickt mit Glanzpunkten: Rumänien war eines von vier Ländern (neben Brasilien, Frankreich und Belgien), die an den ersten drei FIFA Weltmeisterschaften™ teilnahmen. Doch danach folgte eine lange Flaute, denn seit 1938 konnte sich die Mannschaft nur viermal für das Turnier qualifizieren – bei immerhin 14 Versuchen. Der Höhepunkt in der Fußballgeschichte des Landes kam 1994, als Rumänien – angeführt von Gheorghe Hagi – das Viertelfinale der FIFA WM™ erreichte.

Friedhofswache

Der zweite Anlauf des ehemaligen rumänischen Nationalstürmers Victor Piturca als Nationaltrainer von Rumänien bei der UEFA Fußball-Europameisterschaft 2008 in Österreich und der Schweiz war, obwohl Rumänien nach den Gruppenspielen nach Hause fahren musste, von wesentlich mehr Erfolg gekrönt als sein erster: Als sich das Land für die UEFA Fußball-Europameisterschaft 2000 qualifizierte, trug er schon einmal die Verantwortung für das Team, doch vor dem eigentlichen Turnier musste er nach Auseinandersetzungen mit rumänischen Fußballgrößen wie Gheorghe Hagi seinen Hut nehmen. Nach einjähriger Pause hat der Fußballlehrer das Nationalteam seines Landes mittlerweile zum dritten Mal übernommen. Victor Piturcas Cousin Florin war ebenfalls Fußballprofi, starb aber schon 1978 im Alter von nur 27 Jahren. Maximilian Piturca, Florins Vater und Onkel von Victor, errichtete für seinen Sohn ein Mausoleum und verbrachte bis zu seinem eigenen Tod 1994 die Nächte auf dem Friedhof.

Ein traumhaftes Trio

1994 glänzten Gheorghe Hagi, Florin Raducioiu und Ilie Dumitrescu bei der FIFA WM in den USA. Zusammen schossen sie neun von Rumäniens zehn Toren (Raducioiu vier, Hagi drei, Dumitrescu zwei). Alle drei konnten ihre Elfmeter im Elfmeterschießen im Viertelfinale gegen Schweden verwandeln, doch da Dan Petrescu und Miodrag Belodedici danebenschossen, schied Rumänien aus. In der Spielzeit 1994/95 folgten alle drei dem Ruf des Geldes: Hagi wechselte von Brescia nach Barcelona, Dumitrescu von Steaua Bukarest zu Tottenham Hotspur und Raducioiu ging von der Ersatzbank des AC Mailand in die erste Mannschaft von Espanyol Barcelona.

Die blonde Gefahr

An die rumänischen Spieler, die bei der WM 1998 aufliefen, wird man sich vielleicht nicht so sehr deswegen erinnern, weil sie Erster der Gruppe G wurden, sondern hauptsächlich deshalb, weil sie alle miteinander beschlossen hatten, sich die Haare vor dem letzten Gruppenspiel blond färben zu lassen. Die frisch blondierten Rumänen erkämpften sich gegen Tunesien ein mühsames 1:1 Unentschieden, unterlagen jedoch im Achtelfinale den Kroaten mit 0:1.

Der »Held von Sevilla«

Helmuth Duckadam, der »Held von Sevilla«, ging in die Fußballgeschichte ein, denn er hielt vier Strafstöße, als Steaua Bukarest 1986 den FC Barcelona im Elfmeterschießen besiegte und so als erste osteuropäische Mannschaft den Europapokal der Landesmeister gewann. Da er an einer seltenen Blutkrankheit litt, musste er 1991 seine Fußballkarriere beenden. Heute ist er Offizier der rumänischen Grenzpolizei.

Top Ten Torschützen

1.	Gheorghe Hagi	35
2.	Adrian Mutu	32
3.	Iuliu Bodola	31
4.	Anghel Iordănescu	26
5.	Viorel Moldovan	25
6.	Ladislau Bölöni	23
7.	Rodion Cămătaru	22
8.	Dudu Georgescu	21
=	Florin Răducioiu	21
10.	Ştefan Dobay	20
=	Illie Dumetrescu	20

Top Ten Länderspiele

1.	Dorinel Munteanu	134
2.	Gheorghe Hagi	125
3.	Gheorghe Popescu	115
4.	Ladislau Bölöni	108
5.	Dan Petrescu	95
6.	Bogdan Stelea	91
7.	Michael Klein	90
8.	Marius Lăcătuş	84
9.	Mircea Rednic	83
10.	Bogdan Lobonţ	78

Grenzüberschreitungen

Ungefähr 14 Fußballer spielten sowohl in den 1930er-Jahren für Rumänien als auch in den 1940er-Jahren für Ungarn. Der erfolgreichste von ihnen war der Stürmer Iuliu (Gyula) Bodola, der in 48 Spielen (darunter auch Partien bei den Weltmeisterschaften von 1934 und 1938) 30 Tore für Rumänien schoss und in 13 Länderspielen für seine Wahlheimat Ungarn vier Treffer erzielte.

Ein guter Name

Gheorghe Popescu, geboren 1918, war Verteidiger in der rumänischen Nationalmannschaft und wurde später erfolgreicher Trainer von Steaua Bukarest und Präsident des rumänischen Fußballverbandes. Gheorghe »Gica« Popescu, geboren 1967, ist zwar nicht mit ihm verwandt, war jedoch ebenfalls Verteidiger in der rumänischen Nationalmannschaft. Er nahm an 115 Länderspielen teil und gewann mit seinen Vereinen einige europäische Titel, darunter den abgeschafften Europapokal der Pokalsieger und den UEFA-Cup sowie diverse Pokale in den Ligen von Holland, Spanien, Rumänien und der Türkei.

Ein Jahrhundertspieler

Gheorghe Hagi, Rumäniens »Spieler des Jahrhunderts«, schoss bei der FIFA WM in den USA 1994 drei Tore und wurde ins All-Star-Team des Turniers aufgenommen. Trotzdem schied Rumänien im Viertelfinale im Elfmeterschießen gegen Schweden aus. An seinem ersten Länderspiel nahm Hagi 1983 teil, als er erst 18 Jahre alt war, mit 19 schoss er sein erstes Tor (bei einem 2:3 gegen Nordirland) und auch heute noch ist er mit 35 Toren in 125 Spielen Rumäniens Torschützenkönig. Obwohl er sich nach der FIFA WM 1998 aus der Nationalmannschaft verabschiedet hatte, folgte Hagi 2000 dem Ruf seines Landes und spielte in der EM. Doch leider handelte er sich im Viertelfinale gegen Italien zwei Gelbe Karten in sechs Minuten ein und verabschiedete sich somit unglücklich von der internationalen Bühne. In seiner Heimatstadt benannte der FC Farul Constanţa 2000 das Stadion nach ihm, doch die Anhänger der Mannschaft verwenden diesen Namen nicht mehr, seit Hagi Trainer beim Rivalen FC Timişoara wurde.

Bedeutende Turniere

FIFA Weltmeisterschaft™: 7 Teilnahmen, Viertelfinale 1994
Europameisterschaften: 4 Teilnahmen, Viertelfinale 2000
Erstes Länderspiel: Jugoslawien – Rumänien 1:2 (Belgrad, Jugoslawien, 8. Juni 1922)
Höchster Sieg: Rumänien – Finnland 9:0 (Bukarest, Rumänien, 14. Oktober 1973)
Höchste Niederlage: Ungarn – Rumänien 9:0 (Budapest, Ungarn 6. Juni 1948)

Dämpfer für Mutu

Mit Adrian Mutu, ihrem wohl besten Spieler der letzten Jahre, hatten die Rumänen ziemlich Pech: Er wurde bisher schon zweimal wegen Dopings gesperrt. Das erste Mal zog man Mutu im September 2004 aus dem Verkehr: Der FC Chelsea, sein damaliger Arbeitgeber, hatte ihn einen Test machen lassen, der den Nachweis auf Spuren von Kokain erbrachte und den englischen Verein dazu veranlasste, ihn zu feuern. Mutu wurde außerdem für sieben Monate gesperrt, konnte danach aber seine Karriere bei Juventus Turin und dem AC Florenz fortsetzen. Im Januar 2010 wurde er erneut positiv getestet. Ihm wurde der Konsum eines verbotenen Abführmittels nachgewiesen, was ihm im April eine Sperre von neun Monaten eintrug. In der rumänischen Rekordtorschützenliste nimmt er immer noch den dritten Platz ein; zu seinen 29 Toren zählt auch ein Treffer, den er bei der EM 2008 gegen Italien erzielte. Von den Spielen, in denen Mutu als Torschütze erfolgreich war, hat Rumänien nur ein einziges verloren.

RUSSLAND

Vor ihrem Zusammenbruch 1992 war die Sowjetunion (UdSSR) eine Macht im Weltfußball – mit dem Gewinn der ersten UEFA Fußball-Europameisterschaft 1960, Olympiagold 1956 und 1988 und sieben Teilnahmen an FIFA WM™-Endrunden. Für die russische Auswahl seit August 1992 scheinen die guten Zeiten vorbei zu sein. Sie stand zwar bei der EM 2008 im Halbfinale, schaffte es danach aber nicht, sich für die FIFA WM 2010™ zu qualifizieren, sondern scheiterte in der Relegation an Slowenien. Russland wird jedoch in nicht allzu ferner Zukunft das erste osteuropäische Land sein, das eine Weltmeisterschaft ausrichten darf: 2018 findet das größte Fußballfest der Welt im größten Land der Erde statt.

Top Ten Torschützen
(nur Russland)

1.	Wladimir Bestschastnych	26
2.	Roman Pawljutschenko	19
3.	Waleri Karpin	17
=	Alexander Kerschakow	17
5.	Andrej Arschawin	16
6.	Dmitri Sytschow	15
7.	Igor Kolywanow	12
8.	Sergei Kirjakow	10
=	Alexander Mostowoi	10
10.	Dmitri Radschenko	9
=	Igor Simutenkow	9

Junger Hoffnungsträger

Igor Akinfejew ist der bisher jüngste Nationalmannschafts-Debütant des postsowjetischen Russland: Als er am 28. April 2004 gegen Norwegen sein erstes Länderspiel absolvierte, war der Torhüter von ZSKA Moskau erst 18 Jahre und 20 Tage alt. Die nachfolgende Saison wird ihm ebenfalls für immer im Gedächtnis bleiben: Mit seinem Verein holte er sowohl das Double aus russischer Meisterschaft und russischem Pokal als auch den UEFA-Pokal, wobei ZSKA Moskau der erste Klub des postsowjetischen Russland war, der einen der UEFA-Vereinswettbewerbe gewinnen konnte. Der jüngste Länderspieldebütant der ehemaligen Sowjetunion war Eduard Strelzow: Als er 1956 gegen Schweden das erste Mal zum Einsatz kam – und dabei gleich einen Hattrick fabrizierte –, war er 17 Jahre und 340 Tage alt. In seinem zweiten Spiel gegen Indien ließ er einen weiteren Dreierpack folgen.

Top Ten Länderspiele
(nur Russland)

1.	Wiktor Onopko	109
2.	Waleri Karpin	72
3.	Wladimir Bestschastnych	71
4.	Sergei Ignaschewitsch	65
=	Sergei Semak	65
6.	Andrej Arschawin	60
7.	Alexander Anjukow	56
8.	Dmitri Alenitschew	55
=	Juri Nikiforow	55
=	Alexei Smertin	55

Der Mann mit dem Geld

Roman Abramowitsch, der Milliardär hinter dem FC Chelsea, war auch an der Wiederauferstehung des russischen Fußballs beteiligt – einschließlich der Verpflichtung des Holländers Guus Hiddink als Trainer der Nationalmannschaft. 2008 führte Hiddink Russland bis ins EM-Halbfinale (ihr bestes postsowjetisches Abschneiden), wo das Team gegen den späteren Europameister Spanien mit 0:3 verlor. Abramowitsch finanziert ferner die »Nationale Fußballakademie« in Russland, die den Bau von Trainingsanlagen und Spielfeldern zur Förderung des Jugendfußballs unterstützt.

Wichtige Meisterschaften

FIFA Weltmeisterschaften™: 9 Endrundenteilnahmen (7 als UdSSR, 2 als Russland) – vierter Platz 1966

Europameisterschaften: 9 Endrundenteilnahmen (5 als UdSSR, 1 als GUS 1992, 3 als Russland) – Europameister 1960 (UdSSR), Halbfinale 2008 (Russland)

Erstes Länderspiel: Russisches Reich: Finnland – Russisches Reich 2:1 (Stockholm, Schweden, 30. Juni 1912)
UdSSR: UdSSR – Türkei 3:0 (Moskau, 16. November 1924)
(letztes Länderspiel: Zypern – UdSSR 0:3, Larnaka, 13. November 1991)
GUS: USA – GUS 0:1 (Miami, USA, 25. Januar 1992) (letztes Länderspiel:
Schottland – GUS 3:0, Norrköping, Schweden, 18. Juni 1992)
Russland: Russland – Mexiko 2:0 (Moskau, 16. August 1992)

Höchster Sieg: UdSSR: UdSSR – Indien 11:1
(Moskau, 16. September 1955); Finnland – UdSSR 0:10
(Helsinki, 15. August 1957)
GUS: El Salvador – GUS 0:3 (San Salvador, 29. Januar 1992)
Russland: San Marino – Russland 0:7 (San Marino, 7. Juni 1995)

Höchste Niederlage: Russisches Reich: Deutschland – Russisches Reich 16:0 (Stockholm, Schweden, 1. Juli 1912)
UdSSR: England – UdSSR 5:0 (London, 22. Oktober 1958)
GUS: Mexiko – GUS 4:0 (Mexiko-Stadt, 8. März 1992)
Russland: Portugal – Russland 7:1 (Lissabon, 13. Oktober 2004)

Das toppt alles

Wiktor Onopko, obwohl in der Ukraine geboren, spielte während seiner gesamten Karriere für die GUS und für Russland. Das erste seiner 113 Länderspiele (darunter 4 für die GUS) war ein 2:2 gegen England in Moskau am 29. April 1992. Er spielte bei den FIFA Weltmeisterschaften 1994 und 1998 wie auch bei der EM 1996. Bei der EM 2004 gehörte er zwar zum Kader, musste jedoch verletzungsbedingt passen. In seiner 19-jährigen Vereinskarriere spielte er u. a. für Schachtar Donezk, Spartak Moskau, Real Oviedo, Rayo Vallecano, Alanija Wladikawkas und Saturn Ramenskoje. 1993 und 1994 war er Russlands »Fußballer des Jahres«.

Keiner hält besser

Lew Jaschin wurde von der FIFA zum Welttorhüter des 20. Jahrhunderts gekürt und natürlich auch in die Weltauswahl des 20. Jahrhunderts gewählt. In seiner 20-jährigen Fußballerlaufbahn bestritt Jaschin 326 Ligaspiele für Dynamo Moskau – dem einzigen Verein, für den er je spielte – und 78 Länderspiele für die Sowjetunion, wobei er mit insgesamt 70 Gegentreffern im Durchschnitt weniger als ein Tor pro Spiel zuließ. Mit Dynamo gewann er fünfmal die Meisterschaft der UdSSR und dreimal den Sowjet-Pokal, zuletzt in seiner letzten Saison 1970. In seiner langen Karriere hielt er rund 140 Elfmeter und behielt bei vier seiner insgesamt 12 WM-Spiele eine weiße Weste. Der Chilene Eladio Rojas freute sich bei der FIFA WM 1962 so, den legendären Jaschin überwunden zu haben, dass er den überraschten Keeper spontan umarmte, während der Ball noch im Netz zappelte – ein Beleg für den überragenden Ruf, den Jaschin weltweit genoss. Aufgrund seines schwarzen Dresses und seiner schon fast unheimlichen Fähigkeit, jeglichem Ball mit einem wie auch immer gearteten Körperteil den Weg ins Tor zu versperren, wurde er auch »Schwarze Spinne« genannt. 1963 wurde er als erster und bislang einziger Torhüter zu »Europas Fußballer des Jahres« gewählt. Im selben Jahr wurde er zum fünftenmal sowjetischer Meister und trat beim Jubiläumsspiel zum 100-jährigen Bestehen des englischen Fußballverbands für die Weltauswahl gegen England in Wembley an.

Kicker mit Diplom

Der damalige russische Nationaltrainer Guus Hiddink berief Andrej Arschawin zur EM 2008 in seinen Kader, obwohl er wusste, dass er den Spielmacher wegen einer Sperre in den ersten beiden der drei Gruppenspiele nicht einsetzen durfte. Arschawin war im letzten Qualifikationsspiel gegen Andorra in den Schlussminuten wegen einer Tätlichkeit vom Platz gestellt worden. Hiddinks Entscheidung war goldrichtig: Arschawin glänzte sowohl beim dritten Gruppenspiel, das sein Team gegen Schweden 2:0 gewann, als auch im Viertelfinale beim 3:1-Sieg über die Niederlande. Arschawin, der später von Zenit Sankt Petersburg, mit dem er 2008 den UEFA-Pokal gewonnen hatte, zu Arsenal London wechselte, ist nicht nur ein Weltklassespieler, sondern spielt auch sehr gut Dame – und hat außerdem einen Hochschulabschluss im Fach Modedesign.

Goldjunge

Igor Netto führte die UdSSR als Kapitän zu ihren größten Erfolgen: olympisches Gold 1960 in Melbourne und der Titelgewinn bei der allerersten EM 1960 in Frankreich. 1930 in Moskau geboren, wurde Netto 1957 mit dem Leninorden ausgezeichnet. Nach Beendigung seiner Fußballkarriere wurde er Eishockeytrainer.

SCHOTTLAND

Schottland hat nicht nur eine starke Fußballliga, sondern auch eine große Fußballtradition, denn hier fand das erste Fußballländerspiel aller Zeiten statt – gegen England im November 1872. Doch leider konnten die Leistungen der Nationalmannschaft ihren hochfliegenden Ansprüchen selten gerecht werden. Es gibt zwar durchaus auch Augenblicke des Triumphs, wie zum Beispiel den unerwarteten Sieg gegen die Niederlande bei der FIFA WM 1978, doch insgesamt leider mehr Anlass zur Verzweiflung. Seit 1998 konnte sich Schottland für kein größeres Turnier mehr qualifizieren.

Top Ten Torschützen

1.	Kenny Dalglish	30
=	Denis Law	30
3.	Hughie Gallacher	24
4.	Lawrie Reilly	22
5.	Ally McCoist	19
6.	Bob Hamilton	15
=	James McFadden	15
8.	Maurice Johnston	14
9.	Bob McColl	13
=	Kenny Miller	13

König Kenny

Kenny Dalglish schoss (zusammen mit Denis Law) die meisten Länderspieltore für Schottland. Als einziger Spieler trat er mehr als 100-mal, nämlich 102-mal, für die Nationalmannschaft an. Damit absolvierte er elf Länderspiele mehr als Torhüter Jim Leighton, der an zweiter Stelle steht. Obwohl Dalglish (geboren am 4. März 1951 in Glasgow) ursprünglich Rangers-Fan war, dominierte er in den 1970ern mit Celtic die schottische Liga. Mit ihm gewann der Verein sechs Meisterschaften, fünfmal den schottischen Pokal und dreimal den Liga-Pokal. Danach wechselte Dalglish zum FC Liverpool und wurde dort zur Legende: Dreimal gewann er mit der Mannschaft den Europapokal der Landesmeister (1978, 1981 und 1984), 1986 führte er das Team als Spielertrainer zu seinem ersten Double (Meisterschaft und Pokal). Später führte er als dritter Trainer nach Herbert Chapman und Brian Clough zwei verschiedene Vereine zur Meisterschaft: nach Liverpool 1986 die Blackburn Rovers in der Spielzeit 1994/95. Für Schottland schoss Dalglish zwei Tore bei den FIFA Weltmeisterschaften von 1978 und 1982, darunter eins beim legendären 3:2 gegen den späteren Vize-Weltmeister Niederlande in den Gruppenspielen. Sein letztes Länderspiel bestritt er 1986.

Sein Name ist Gesetz

Zusammen mit Kenny Dalglish ist Denis Law Schottlands Torschützenkönig. In nur 55 Länderspielen schoss er 30 Tore – Dalglish dagegen brauchte 102 Spiele, um auf diese Zahl zu kommen. Zweimal erzielte Law sogar vier Tore für Schottland in einem Spiel: gegen Nordirland am 7. November 1962 (die Mannschaft gewann in diesem Jahr die British Home Championship) und in einem Freundschaftsspiel gegen Norwegen am 7. November 1963. Norwegen dürfte Laws Lieblingsgegner gewesen sein, denn fünf Monate zuvor hatte er in Bergen einen Hattrick erzielt.

Bleibt doch noch ein Weilchen

Schottland kam noch nie über die Vorrunde eines internationalen Turniers hinaus. Dreimal nacheinander schieden sie bei Punktgleichheit aufgrund der schlechteren Tordifferenz bei Weltmeisterschaften in der ersten Gruppenphase aus: 1974 hinter Brasilien, 1978 hinter den Niederlanden und 1982 hinter der Sowjetunion.

Ist hier noch ein Platz frei?

Hampden Park, Schottlands Nationalstadion, hält den Besucherrekord eines Spiels in Europa. Es waren so viele Zuschauer da, dass niemand mit Sicherheit sagen kann, wie viele Menschen sich 1937 tatsächlich ins Stadion quetschten und zusahen, wie Schottland gegen England spielte. Offiziell wird die Zahl mit 149 415 angegeben. Schottland gewann das Spiel der British Home Championship mit 3:1, den Titel gewann jedoch Wales.

Wo ist der Gegner?

Als die Schotten im Oktober 1996 in Estland ein WM-Qualifikationsspiel bestreiten sollten, standen sie buchstäblich allein auf dem Platz: Die Gastmannschaft weigerte sich aufzulaufen, weil der Anstoß nach Beschwerden der Schotten über die Flutlichtanlage um vier Stunden vorverlegt worden war. Die Schotten schickten also in Tallinn zur neuen Anstoßzeit elf Spieler auf den Rasen – nur waren weit und breit keine Gegner zu sehen. Nachdem Billy Dodds und John Collins den Anstoß ordnungsgemäß ausgeführt hatten, blies der jugoslawische Schiedsrichter Miroslaw Radoman in seine Trillerpfeife und brach das Spiel offiziell ab. Die FIFA ordnete später an, das Spiel im neutralen Fürstentum Monaco zu wiederholen; es endete torlos und Schottland qualifizierte sich für die FIFA WM 1998 in Frankreich.

AbWEIRspieler

David Weir, der robuste Innenverteidiger der Glasgow Rangers, wurde zum bisher ältesten schottischen Nationalspieler: Als er am 3. September 2010 in einem Qualifikationsspiel zur UEFA Fußball-Europameisterschaft 2012 gegen Litauen seinen 66. Einsatz hatte, war er 40 Jahre und 111 Tage alt. 39 Tage später lief er gegen den amtierenden Welt- und Europameister Spanien bereits zum 69. Mal für sein Land auf.

Top Ten Länderspiele

1.	Kenny Dalglish	102
2.	Jim Leighton	91
3.	Alex McGleish	77
4.	Paul McStay	76
5.	Tom Boyd	72
6.	David Weir	69
7.	Christian Dailly	67
8.	Willie Miller	65
9.	Danny McGrain	62
10.	Richard Gough	61
=	Ally McCoist	61

Mal eine andere Kugel

Der in der schottischen Grafschaft Lanarkshire geborene Stürmer Andrew »Andy« Wilson schoss von Februar 1920 bis April 1923 12 Tore in 12 Länderspielen, doch den größten Teil seiner Karriere verbrachte er südlich der schottischen Grenze: Er spielte für den FC Middlesbrough, den FC Chelsea und die Queens Park Rangers, bevor er seine Karriere mit einem zweijährigen Engagement für den französischen Verein Olympique Nîmes beendete.

Der schönste Tag, seit Archie Gemill ein Tor gegen die Niederlande schoss

Archie Gemill schoss Schottlands wichtigstes Tor auf internationalem Parkett, und zwar beim überraschenden 3:2 gegen die Niederlande bei der FIFA WM 1978. Er umspielte drei Verteidiger, bevor er den Ball schön über den holländischen Torhüter Jan Jongbloed schoss. 2008 verewigte das englische Nationalballett diesen magischen Augenblick in dem Stück »The Beautiful Game«.

McLeish

Alex McLeish, der ehemalige Innenverteidiger beim FC Aberdeen und spätere Trainer der Glasgow Rangers sowie Schottlands Nationalspieler mit den drittmeisten Länderspieleinsätzen, ist zugleich der Nationaltrainer seines Landes mit der kürzesten Amtszeit der letzten 40 Jahre: 2007 trat er nach nur zehn Monaten wieder zurück und heuerte beim englischen Verein Birmingham City an. Rein statistisch ist er jedoch der erfolgreichste schottische Nationaltrainer aller Zeiten: Seine Siegquote beträgt 70 Prozent, denn von den zehn Spielen unter seiner Leitung endeten sieben erfolgreich, darunter auch ein Auswärtssieg gegen Frankreich in einem Qualifikationsspiel für die UEFA EURO 2008; den Einzug in das Turnier verpasste Schottland allerdings trotzdem knapp.

Die Weltmeister-Besieger

Einer der Siege, an den sich schottische Fans mit Vorliebe erinnern dürften, ist das triumphale 3:2, das die Schotten im April 1967 im Wembley-Stadion über den Erzrivalen England errangen. Es war gleichzeitig das erste Spiel, das die Mannen von Sir Alf Ramsey nach ihrem WM-Titel 1966 verloren. Der Mann des Spiels auf schottischer Seite war der ballgewandte Jim Baxter, und gleichzeitig war es auch die erste Partie, bei der Bobby Brown als Trainer die Verantwortung trug (Brown war übrigens der erste Vollzeit-Teamchef der Schotten). Weniger gern erinnert man sich an die 3:9-Klatsche, die die Schotten im April 1961 vom selben Gegner im selben Stadion verpasst bekamen. Sie war auch die Grundlage für einen beliebten Witz, der danach in England herumging und in dem man sich über den glücklosen Torwart Frank Haffey lustig machte. Für Haffey war es sein zweiter Einsatz und zugleich auch sein letzter …

SERBIEN

Das frühere Jugoslawien war eine der stärksten osteuropäischen Mannschaften. Jugoslawien erreichte 1930 und 1962 das Halbfinale der FIFA WM™ und wurde 1960 und 1968 Vizeeuropameister. Jugoslawiens Spitzenverein Roter Stern Belgrad ist neben Steaua Bukarest (1986) die einzige Mannschaft Osteuropas, die den Europapokal der Landesmeister gewinnen konnte – durch einen Sieg im Elfmeterschießen gegen Olympique Marseille im Finale 1991.

Dragans Trickkiste

Der beste Spieler Jugoslawiens war der Linksaußen Dragan Džajić von Roter Stern Belgrad, der später Vereinspräsident wurde. Mit 18 spielte er zum ersten Mal in der Nationalmannschaft, wurde mit 85 Einsätzen am häufigsten in die Nationalmannschaft berufen und erzielte 23 Treffer. Sein Siegtor in der Schlussminute der EM 1968 gegen England in Florenz brachte Jugoslawien ins Finale gegen Italien. Pelé sagte über Džajić: »Ein echter Zauberkünstler. Schade, dass er kein Brasilianer ist.«

Top Ten Länderspiele

1.	Savo Milošević	102
2.	Dejan Stanković	96
3.	Dragan Stojković	84
4.	Predrag Mijatović	73
5.	Slavisa Jokanović	64
=	Siniša Mihajlović	64
7.	Mladen Krstajić	59
=	Zoran Mirković	59
9.	Darko Kovačević	58
10.	Dejan Savićević	56

Savićević schlägt zu

Dejan Savićević ist der berühmteste serbische Spieler nach 1994. Der offensive Mittelfeldmann war ein Schlüsselspieler in der Mannschaft von Roter Stern Belgrad, die 1991 den Europapokal der Landesmeister gewann. Er führte Belgrad auch zu drei Meistertiteln in Folge. Mit dem AC Mailand siegte er im Champions-League-Finale 1994 gegen den FC Barcelona mit 4:0. Er bereitete das erste Tor vor und erzielte mit einem Volleyschuss aus über 30 Metern Entfernung einen Treffer. Später war Savićević leidenschaftlicher Anhänger der Unabhängigkeit Montenegros von Serbien und warb im Vorfeld des schließlich erfolgreichen Referendums vom 21. Mai 2006 für die Trennung des Landes von Serbien.

Boykott gegen Jugoslawien

Die Rivalität zwischen Serbien und Kroatien war schon im alten Jugoslawien offensichtlich. Jugoslawien erreichte die Runde der letzten vier bei der FIFA WM 1930, aber ohne einen einzigen Kroaten. Die kroatischen Spitzenfußballer blieben dem Turnier fern, um gegen die Gründung des Sitzes des jugoslawischen Fußballverbandes in Belgrad, der Hauptstadt Serbiens, zu protestieren.

Top Ten Torschützen

1.	Savo Milošević	37
2.	Predrag Mijatović	28
3.	Nikola Žigić	20
4.	Dejan Savićević	19
5.	Mateja Kežman	17
6.	Dejan Stanković	15
=	Dragan Stojković	15
8.	Danko Lazović	11
9.	Slaviša Jokanović	10
=	Milan Jovanović	10
=	Darko Kovaćević	10

Drei-Länder-Deki

Dejan »Deki« Stanković, Mittelfeldspieler bei Inter Mailand, ist der einzige Spieler, der bei WM-Endrunden schon für drei verschiedene Länder auflief: 2002 für Jugoslawien, 2006 für Serbien und Montenegro und 2010 für Serbien. Sein nüchterner Kommentar hierzu lautete: »Der Rekord freut mich, aber viel lieber wäre es mir gewesen, weiterzukommen oder gar den Titel zu gewinnen.« Stanković, der serbische Nationalspieler mit den zweitmeisten Länderspieleinsätzen, erzielte 1998 bei seinem Debüt gegen Südkorea gleich zwei Treffer. Er ist für zwei legendäre Volleytreffer bekannt, die er fast von der Mittellinie aus erzielte: Der erste davon gelang ihm in der Saison 2009/2010 beim Auswärtsspiel von Inter Mailand in Genua – ein Abschlag des gegnerischen Torwarts flog direkt zu ihm, er nahm den Ball volley und drosch ihn aus gut 50 Metern Entfernung in den Kasten. Der zweite Treffer war fast eine Kopie des ersten – er erzielte ihn in der darauffolgenden Saison in der Champions League beim Viertelfinal-Hinspiel gegen den FC Schalke 04.

Lange Amtszeit

Slobodan Santrač war der erste Trainer der »neuen« jugoslawischen Nationalmannschaft. Er hatte bis heute die längste Amtszeit: Von 1994 bis 1998 gewann Serbien 26 seiner 43 Spiele. Seit seinem Abgang waren Milan Živadinović, Vujadin Boškov (zweimal), Ilija Petković (zweimal), Milovan Đorić, Ivan Ćurković, Dejan Savićević (zweimal), der Spanier Javier Clemente, Miroslav Đukić, Radomir Antić und der amtierende Nationaltrainer Vladimir Petrović für das Team verantwortlich. Petrović, der früher u. a. bei Roter Stern Belgrad und Arsenal London im Mittelfeld spielte, führte 2004 bei der UEFA U-21-Fußball-Europameisterschaft das Team von Serbien-Montenegro auf den zweiten Platz.

Milorads Meilensteine

Der Erste, der sein Land bei einer WM zunächst als Kapitän aufs Spielfeld geführt und danach als Trainer betreut hat, war Milorad Arsenijević: Bei der ersten WM 1930 in Uruguay kam er als Spielführer mit der jugoslawischen Mannschaft bis ins Halbfinale, 20 Jahre danach war er bei der Endrunde in Brasilien Trainer des Teams.

Die weißen Adler

Die frühere jugoslawische Nationalmannschaft wurde wegen ihrer Trikotfarbe mit »Plavni« (»die Blauen«) angefeuert. Nach der Eigenständigkeit Montenegros entschied sich Serbien für einen Wechsel der Trikotfarbe zu Rot. Die Anhänger wurden nach einem neuen Spitznamen befragt, und der Radiosender B92 schlug »Beli Orlovi« (»die weißen Adler«) vor, nach dem doppelköpfigen Adler im serbischen Wappen. Der Name blieb, die Spieler der U-21-Nationalmannschaft werden heute mit »Orlici« (»Adlerküken«) angefeuert.

Alleine nach Südafrika

Bei der Weltmeisterschaft 2006 in Deutschland waren Serbien und Montenegro noch als ein Land angetreten, 2010 war Serbien erstmals alleine dabei, denn zwischenzeitlich hatte Montenegro die Unabhängigkeit erlangt. Die von Radomir Antić trainierten Serben führten zwar nach der WM-Qualifikation die Tabelle der Gruppe 7 vor Frankreich an, schafften es aber beim Turnier trotz eines 1:0 in Gruppe D gegen den Rivalen Deutschland nicht, bis in die K.-o.-Phase vorzudringen. Mitschuld daran hatte auch ein Serbe: Milovan Rajevac trainierte die ghanaische Mannschaft, die den Serben im ersten Spiel beider Teams eine 0:1-Niederlage bescherte. Serbien kassierte in seinen beiden ersten Gruppenspielen aufgrund unerklärlicher Handspiele im Strafraum jeweils einen Elfmeter – gegen Ghana war Zdravko Kuzmanović der Übeltäter und gegen Deutschland Nemanja Vidić; beide sahen dafür auch die Gelbe Karte. Ghana verwandelte seinen Strafstoß und gewann mit 1:0, der Deutsche Lukas Podolski verschoss jedoch.

SLOWAKEI

Die Slowaken können sich vielleicht bald damit rühmen, erfolgreicher zu sein als ihre Nachbarn aus der Tschechischen Republik. Während des Zweiten Weltkrieges gab es zwischen 1939 und 1944 schon einmal eine eigenständige slowakische Mannschaft. Danach vergingen über 60 Jahre bis sich 1993 die nach dem Zweiten Weltkrieg entstandene ČSSR in zwei selbstständige Staaten aufteilte – entsprechend gibt es seitdem auch zwei eigenständige Nationalmannschaften. Das erste Qualifikationsturnier, an dem die Slowakei teilnahm, war das zur EM 1996; dabei erreichte sie in ihrer Gruppe den dritten Platz. In den folgenden Jahren machte das Team beständig Fortschritte und krönte diese Entwicklung mit der Qualifikation zur FIFA WM in Südafrika. Dort schalteten die Slowaken mit einem 3:2 den Titelverteidiger Italien aus und erreichten das Achtelfinale.

Top Ten Torschützen

1.	Róbert Vittek	23
2.	Szilárd Németh	22
3.	Marek Mintál	14
4.	Miroslav Karhan	13
5.	Peter Dubovský	12
6.	Stanislav Šesták	11
7.	Tibor Jančula	9
=	Ľubomír Reiter	9
9.	Marek Hamšík	8
10.	Jaroslav Timko	7
=	Dušan Tittel	7

Anfängerglück

Die Slowakei war der einzige WM-Neuling, der sich für das Turnier von 2010 qualifizieren konnte. Sie war nach 12 Jahren auch der erste WM-Debütant, der sein Auftaktspiel nicht verlor: Das Match gegen Neuseeland endete 1:1 und die Slowaken verpassten den Sieg nur durch den Ausgleichstreffer der Kiwis in der 93. Minute. Die beiden letzten WM-Neulinge davor unterlagen bei ihren Premieren jeweils gegen Spanien: die Ukraine 2006 mit 0:4 und Slowenien 2002 mit 1:3.

Hausmacher-Marián

Marián Masný hat von den in der Slowakei geborenen Fußballern, die für die ČSSR antraten, die meisten Länderspiele absolviert: Zwischen 1974 und 1982 brachte er es auf 75 Einsätze. Masný, der aus dem westslowakischen Rybany stammt, war auch der zweiterfolgreichste slowakische Torschütze in der tschechoslowakischen Mannschaft: Seine 18 Tore wurden nur von den 22 übertroffen, die Adolf Scherer aus Vrútky zwischen 1958 und 1964 in 36 Länderspielen schoss. Drei Treffer erzielte Scherer bei der FIFA WM 1962, bei der die Tschechoslowakei hinter Brasilien Vizeweltmeister wurde – unter anderem den Siegtreffer im Viertelfinale gegen Ungarn. Im Halbfinale war Scherer gegen Jugoslawien zum 3:1-Endstand erfolgreich.

Aus der Traum für Karhan

Miroslav Karhan trug mit dazu bei, dass sich die Slowakei für die WM 2010 qualifizieren konnte. Im Verlauf der Qualifikation wurde er Rekordnationalspieler seines Landes. Wegen einer Achillessehnenverletzung musste er seine Teilnahme am eigentlichen Turnier absagen. Nach seiner Genesung lief der Spieler von Mainz 05 Ende 2010 wieder für die Nationalmannschaft auf und wurde zum ersten Slowaken, der über 100 Länderspiele absolvierte.

Acht slowakische Stützen

Im Endspiel der EM 1976 gegen Deutschland strickten sage und schreibe acht slowakische Spieler am Titelgewinn der ČSSR mit: Der Mannschaftskapitän Anton Ondruš war ebenso Slowake wie Ján Švehlík und Karol Dobiaš, die beide Tore zum 2:2-Unentschieden erzielten und so die Verlängerung und schließlich das Elfmeterschießen für ihr Team erzwangen. Das konnte die ČSSR schließlich mit 5:3 für sich entscheiden, wobei drei der fünf Treffer von Slowaken erzielt wurden: Neben Marián Masný verwandelten der schon erwähnte Ondruš und der in der 80. Minute eingewechselte Ladislav Jurkemik ihre Versuche. Außerdem standen in der Endspielmannschaft die Slowaken Ján Pivarník, Jozef Čapkovič und Jozef Móder. Der Verteidiger Koloman Gögh kam zwar in einem Ort zur Welt, der heute zur Tschechischen Republik gehört, doch er hatte slowakische Wurzeln und spielte die meiste Zeit beim ŠK Slovan Bratislava in der Hauptstadt der heutigen Slowakei.

Die Nachbarn haben das Nachsehen

Seit sich die ČSSR 1993 in zwei selbstständige Staaten aufgeteilt hat, haben die Slowakei und die Tschechische Republik bisher vier Pflichtspiele gegeneinander bestritten. In der Qualifikation zur FIFA WM 1998 gewann die Slowakei zu Hause 2:1, unterlag aber auswärts 0:3 – beide Mannschaften waren nicht bei der Endrunde dabei. Auf der Reise zur FIFA WM 2010 spielten die Slowaken zu Hause unentschieden gegen ihre Nachbarn und gewannen auswärts 2:1. Die Tschechen scheiterten abermals.

Róbert, der Held

Róbert Vittek ist erst der vierte Spieler eines WM-Debütanten, der es in seinem ersten Turnier gleich auf vier Treffer gebracht hat: 2010 in Südafrika netzte er einmal gegen Neuseeland ein und zweimal gegen den Titelverteidiger Italien; außerdem verwandelte er bei der Achtelfinalniederlage gegen die Niederlande erfolgreich einen Elfmeter in der 94. Minute. Die drei Spieler, die vor ihm beim WM-Debüt ihres Landes 4-mal trafen, waren 1996 Eusébio aus Portugal, 1986 Preben Elkjær Larsen aus Dänemark und 1998 Davor Šuker aus Kroatien. Durch den Last-Minute-Treffer gegen die Niederlande überholte Vittek zugleich den Stürmer Szilárd Németh, der u. a. bei Sparta Prag und beim FC Middlesbrough spielte, und setzte sich an die Spitze der slowakischen Rekordtorschützenliste. Die bestechende Form, in der er sich 2010 in Südafrika befand, war umso überraschender, als ihm in der vorangehenden Qualifikation nicht ein einziger Treffer gelungen war.

Süßes Eigentor

Der Spieler, der mit seinem Tor dafür sorgte, dass die Slowakei zu ihrer ersten WM überhaupt fahren durfte, war kein Slowake, sondern ein Pole: Ein Eigentor des Verteidigers Seweryn Gancarczyk verhalf der Slowakei im Oktober 2009 zu einem 1:0 im entscheidenden Spiel der Gruppe 3.

Trainer mit Doktortitel

Alle acht Nationaltrainer, die das Land seit seiner Rückkehr auf die internationale Fußballbühne betreut haben, waren Slowaken. Der erste von ihnen, Jozef Vengloš, Doktor der Philosophie, trainierte die Mannschaft von 1993 bis 1995. Als Co-Trainer hatte er mit der ČSSR 1976 bereits die Europameisterschaft gewonnen und das Land bei der EM 1980 als Cheftrainer zum dritten Platz geführt. 1990 übernahm er Aston Villa und war damit der erste Coach im englischen Fußball-Oberhaus, der nicht von den Britischen Inseln stammte.

SCHWEDEN

Elf Endrundenteilnahmen an FIFA Weltmeisterschaften™ (bestes Ergebnis war ein zweiter Platz bei der WM im eigenen Land 1958) und drei olympische Medaillen (einschließlich Gold in London 1948) zeugen von Schwedens großer Vergangenheit im Weltfußball. In jüngerer Zeit waren Erfolge jedoch rar gesät. Das Erreichen des Halbfinales bei der EM 1992 (erneut als Gastgeber) und der dritte Platz bei der FIFA WM 1994 in den USA waren die besten Ergebnisse der letzten Jahre.

Glorreiches Sturm-Trio »Gre-No-Li«

Durch Schwedens Gewinn der Goldmedaille bei den Olympischen Spielen 1948 in London weltweit bekannt geworden, wurden die schwedischen Nationalstürmer Gunnar Gren, Gunnar Nordahl und Nils Liedholm vom AC Mailand unter Vertrag genommen. Das kongeniale Gre-No-Li-Sturm-Trio verhalf dem Verein 1951 zum Meistertitel in der Serie A. Nordahl, der zwischen 1949 und 1955 fünfmal Torschützenkönig der Serie A wurde, ist mit 210 Toren in 257 Spielen bis heute erfolgreichster Torjäger des AC Mailand. Gren und Liedholm wurden mit der schwedischen Nationalmannschaft bei der FIFA WM 1958 Vize-Weltmeister.

Mach's noch einmal!

Einer der berühmtesten und erfolgreichsten schwedischen Fußballer neuerer Zeit, Henrik Larsson (er spielte u. a. bei Celtic Glasgow und dem FC Barcelona), verabschiedete sich nach der FIFA WM 2002 aus dem Nationalteam und erneut nach der FIFA WM 2006 in Deutschland, gab jedoch in der Qualifikation für die FIFA WM 2010 ein weiteres Comeback. Mit 37 Toren in 106 Länderspielen, darunter fünf bei seinen drei WM-Teilnahmen, ist er einer der effektivsten Torjäger in der jüngeren Geschichte seines Landes. Durch die verpasste Qualifikation Schwedens für die Endrunde 1998 lagen 12 Jahre zwischen seinem ersten Tor bei einer WM-Endrunde gegen Bulgarien 1994 und seinem letzten WM-Treffer, mit dem er 2006 den Ausgleich zum 2:2 im dramatischen Gruppenspiel gegen England erzielte.

Top Ten Länderspiele

1.	Thomas Ravelli	143
2.	Roland Nilsson	116
=	Anders Svensson	116
4.	Björn Nordqvist	115
5.	Niclas Alexandersson	109
6.	Henrik Larsson	106
=	Olof Mellberg	106
8.	Patrik Andersson	96
9.	Orvar Bergmark	94
10.	Teddy Lučić	86

Ravelli, der Superkeeper

Mit 143 Einsätzen führt der Torwart Thomas Ravelli die Liste der Rekordnationalspieler seines Landes an – und genau 143 Tore (nur!) hat er bei diesen Einsätzen auch kassiert. Bei der FIFA WM 1994 wehrte er im Viertelfinale gegen Rumänien im Elfmeterschießen zwei Strafstöße ab und brachte damit die Schweden ins Halbfinale, das sie dann allerdings mit 0:1 gegen Brasilien verloren. Schweden wurde schließlich Dritter und hatte in dem Turnier mit insgesamt 15 Treffern die höchste Torausbeute erzielt (vier mehr als der spätere Weltmeister Brasilien). Zum schwedischen Torreigen trug Kennnet Andersson fünf Tore bei, Martin Dahlin traf viermal und Tomas Brolin netzte dreimal ein.

Ibrakadabra

Der launische schwedische Stürmer Zlatan Ibrahimović kann für sich in Anspruch nehmen, am Ende der Spielzeit 2008/09 der bestbezahlte Fußballer der Welt gewesen zu sein. Der Torjäger hat ein Selbstbewusstsein, das seinesgleichen sucht, überliefert sind von ihm Aussagen wie »Es gibt nur einen Zlatan« und »Ich bin wie Muhammad Ali«. Auf kritische Äußerungen des Norwegers John Carew erwiderte er spöttisch: »Was Carew mit dem Ball kann, kann ich mit einer Orange.« Bei seinem Wechsel von Inter Mailand zum FC Barcelona 2009 wurde eine Ablöse von 69 Millionen Euro gezahlt, wobei allerdings der Gegentransfer von Samuel Eto'o eingerechnet worden war. Doch Ibrahimović hielt es nur ein Jahr in der Primera División, dann dockte er bei Inters Erzrivalen AC Mailand an. Seit der Saison 2003/2004 wurde er mit seinen Teams 8-mal in Folge Landesmeister: in den Niederlanden mit Ajax Amsterdam (2004), in Italien mit Juventus Turin (2005 und 2006) und Inter Mailand (2007, 2008 und 2009), in Spanien mit dem FC Barcelona (2010) und jüngst abermals in Italien mit dem AC Mailand (2011). Der in Malmö geborene Stürmer hat sich dafür entschieden, für Schweden zu spielen, obwohl er auch dazu berechtigt wäre, für Bosnien und Herzegowina anzutreten; allerdings erlebte seine Nationalmannschaftskarriere in Schweden schon einige Unterbrechungen: 2006 wurde er kurzzeitig suspendiert, Ende 2009 nahm er freiwillig eine Auszeit. Im Juli 2010 kehrte er jedoch ins Team zurück und will nun als Kapitän mit Schweden die Qualifikation zur UEFA Fußball-Europameisterschaft 2012 schaffen. Zu seinen bisher 28 Toren für Schweden zählt auch ein denkbar frecher Treffer bei der EM 2004 in Portugal, den er beim 1:1 gegen Italien mit dem Rücken zum Tor per Volley-Hackentrick erzielte. Im Viertelfinale gegen die Niederlande vergab der Stürmerstar dann jedoch im Elfmeterschießen seinen Versuch, sein Team unterlag schließlich mit 4:5.

Na gut, wenn ihr nicht wollt ...

Eines der wundersamsten Länderspieltore wurde im EM-Qualifikationsspiel zwischen Schweden und Island am 6. Juni 2007 im Råsundastadion in Solna erzielt: Die Gäste aus Island stellten plötzlich ihre Abwehrbemühungen ein, weil sie glaubten, der Schweizer Schiedsrichter Alain Hamer hätte einen Handelfmeter für Schweden gegeben; doch die Pfeife war stumm geblieben und der schwedische Stürmer Marcus Allbäck stürmte mit dem Ball aufs Tor und netzte ein. Damit erzielte er seinen zweiten Treffer in diesem Spiel zum 5:0-Endstand.

Nur eine Minute

Der Schwede Magnus Erlingsmark und der Bulgare Petar Mikhtarski teilen sich einen Rekord, um den sie nicht viele beneiden: die kürzeste Gesamteinsatzzeit bei einer WM-Endrunde! Erlingsmark wurde bei der WM 1994 beim Gruppenspiel der Schweden gegen Russland in der 89. Minute eingewechselt, Mikhtarski kam im selben Turnier beim Achtelfinalsieg der Bulgaren über Mexiko in der letzten Minute der Verlängerung zum Einsatz (das Spiel endete 3:1 im Elfmeterschießen).

Göteborg hält die Fahnen hoch

Unter Sven-Göran Eriksson gewann mit dem IFK Göteborg erstmals ein schwedisches Team einen europäischen Wettbewerb, als man im UEFA-Cup-Finale 1982 den HSV mit insgesamt 4:0 Toren (Hin-/Rückspiel) bezwang.

Top Ten Torschützen

1.	Sven Rydell	49
2.	Gunnar Nordahl	43
3.	Henrik Larsson	37
4.	Gunnar Gren	32
5.	Kennet Andersson	31
6.	Marcus Allbäck	30
7.	Martin Dahlin	29
8.	Zlatan Ibrahimović	28
9.	Agne Simonsson	27
10.	Tomas Brolin	26

Trainertausch

 Der erfolgreichste Nationaltrainer, den Schweden jemals hatte, war der Engländer George Raynor, der Schweden zu olympischem Gold in London 1948 und zu einem dritten und zweiten Platz bei den FIFA Weltmeisterschaften 1950 bzw. 1958 führte. Raynor gelang es auch, seinem Heimatland »eins auszuwischen«, als Schweden 1959 bei seinem 3:2 gegen England als zweites ausländisches Team überhaupt in Wembley als Sieger vom Platz ging. Umgekehrt verließ 2001 Sven-Göran Eriksson Lazio Rom, um als erster Ausländer englischer Nationaltrainer zu werden. Er führte das Team dreimal in Folge in ein Viertelfinale – bei den Weltmeisterschaften 2002 und 2006 und der EM 2004. Es gelang ihm jedoch kein einziger Sieg über sein Heimatland Schweden. Seine Bilanz: drei Unentschieden (1:1 in einem Freundschaftsspiel 2001; 1:1 in einem FIFA WM-Gruppenspiel 2002; 2:2 in einem Gruppenspiel bei der FIFA WM 2006) und eine Niederlage (0:1 in einem Freundschaftsspiel 2004).

Erfolgreiche Brüder

Die Brüder Nordahl – Bertil, Knut und Gunnar – gewannen 1948 mit Schweden gemeinsam Gold beim Olympischen Fußballturnier. Alle drei spielten danach in Italien: Bertil bei Atalanta Bergamo, Knut bei AS Rom, und Gunnar wurde zunächst beim AC Milan zur Torschützen-Legende, bevor auch er bei AS Rom anheuerte. Die Zwillinge Thomas und Andreas Ravelli setzten die Tradition fort und absolvierten 143 bzw. 41 Länderspiele für Schweden.

SCHWEIZ

Als sich die Schweiz 2006 ohne einen einzigen Gegentreffer aus der FIFA Weltmeisterschaft™ verabschiedete, stellte sie damit einen neuen Rekord auf. Gleichzeitig ist das Ausscheiden symptomatisch für das Abschneiden der Schweizer: Trotz dreier Viertelfinalteilnahmen (1934, 1938 und 1954 im eigenen Land) konnte sich die Schweiz international nie etablieren. Das Land war gemeinsam mit Österreich Co-Gastgeber der EM 2008 und ist besser als Sitz sowohl der FIFA als auch der UEFA bekannt.

Ohne Gegentor ausgeschieden

Die Schweizer Nationalmannschaft schrieb Geschichte, als sie 2006 als erstes und bislang einziges Team ohne ein einziges Gegentor in der regulären Spielzeit bei der FIFA WM ausschied. Jedoch mussten die Schweizer im Achtelfinale gegen die Ukraine nach torlosen 120 Minuten ins Elfmeterschießen, wo sie keinen einzigen Treffer erzielten und 0:3 verloren. Obwohl er im Elfmeterschießen dreimal hinter sich greifen musste, sicherte sich Torhüter Pascal Zuberbühler die längste Zu-null-Serie bei einem internationalen Fußballturnier.

Anfängerglück

Der kurdischstämmige Schweizer Stürmer Eren Derdiyok erzielte als 19-Jähriger in seinem allerersten Länderspiel gleich einen Treffer: In einem Freundschaftsspiel gegen England im Februar 2008 im Wembley-Stadion traf er 12 Minuten nach seiner Einwechslung zur 2. Halbzeit zum zwischenzeitlichen Ausgleich. Doch England, zum ersten Mal vom neuen Trainer Fabio Capello geführt, gewann schließlich mit 2:1.

Top Ten Torschützen

1.	Alexander Frei	42
2.	Max Abegglen	34
=	Kubilay Türkyılmaz	34
4.	Max Abeggln	32
5.	André Abegglen	29
=	Jacques Fatton	29
7.	Adrian Knup	26
8.	Josef Hügi	23
9.	Charles Antenen	22
10.	Lauro Amadò	21
=	Stéphane Chapuisat	21

»Lama« Frei

Nachdem er in der Schweizer Sportpresse aufgrund seiner Spuckattacke gegen Steven Gerrard bei der EM 2004 als »Lama« beschimpft worden war, übernahm der Schweizer Rekordtorschütze Alexander Frei als Entschuldigung kurzerhand die Patenschaft für ein Lama im Baseler Zoo. Als er im April 2011 seinen Rücktritt aus der Nationalmannschaft bekannt gab, stand fest, dass er seine Anzahl an Länderspieltoren (42 Treffer in insgesamt 84 Partien), mit der er derzeit die Liste der Schweizer Rekordtorschützen anführt, nicht mehr erhöhen konnte. Frei war es leid, bei seinen Einsätzen immer häufiger massiv von den eigenen Fans beschimpft zu werden. Zu diesen Spielen zählte auch ein torloses Unentschieden gegen den Fußballzwerg Malta, bei dem Frei und sein Mannschaftskamerad Gökhan İnler Elfmeter verschossen. Freis Sturmpartner Marco Streller (12 Tore in 37 Länderspielen) schloss sich dem Nationalmannschaftsrücktritt an.

Meister Chappi

Als 1997 Borussia Dortmund 3:1 gegen Juventus Turin gewann, wurde Stéphane »Chappi« Chapuisat – er war der dritte Spieler, der schon 100 Länderspiele für die Schweiz bestritten hat – damit zum ersten Schweizer, der jemals einen UEFA Champions-League-Pokal holte. Chapuisat wurde in der zweiten Halbzeit gegen Lars Ricken ausgewechselt, der mit seiner ersten Ballberührung für den Endstand sorgte. Auch »Chappis« Vater Pierre-Albert Chapuisat war ein erfolgreicher Schweizer Nationalspieler, der in den 1970er- und 1980er-Jahren 34 Länderspiele für die Schweiz bestritt. Jedoch konnte er mit den Erfolgen seines Sohns nicht mithalten, der später mit Borrussia Dortmund noch den Weltpokal sowie mit Grasshoppers Zürich auch die Schweizer Meisterschaft gewann.

⚽ Schweizergarde

Die Schweiz stellte bei der FIFA WM 2010 einen neuen Rekord auf, den bis dahin Italien gehalten hatte: Die WM von 2006 miteingerechnet, ließen die Schweizer neun Stunden und annähernd 15 Minuten lang keinen Gegentreffer zu, dann hämmerte der Chilene Mark Gonzáles den Ball ins Schweizer Gehäuse. Die Mannschaft von Ottmar Hitzfeld verlor die Partie der Gruppe H mit 0:1 und verpasste nach einem 0:0 gegen Honduras den Einzug ins Achtelfinale, obwohl sie in ihrem ersten Spiel den späteren Weltmeister Spanien 1:0 bezwungen hatte.

⚽ Schweizer Jugendstil

Cristiano Ronaldo, Wayne Rooney, David Silva und Lukas Podolski zählten zu den zukünftigen Stars, die bei der UEFA U-17-Fußball-Europameisterschaft 2002 von sich reden machten – doch die U-17 der Schweiz fuhr in diesem Turnier den ersten internationalen Titel für die Eidgenossen ein. Im Endspiel besiegte das Team Frankreich nach torlosem Unentschieden und Verlängerung schließlich im Elfmeterschießen. Unter den erfolgreichen Schützen waren auch spätere A-Nationalspieler wie Tranquillo Barneta und Reto Ziegler.

⚽ Schock für Spanien

Die Schweiz bereitete dem Europameister und Titelfavoriten Spanien bei der FIFA WM 2010 ein Schockerlebnis: Im Auftaktspiel der beiden Mannschaften in der Gruppe H schlugen die Eidgenossen die Iberer mit 1:0. Der Schweizer Mittelfeldspieler Gelson Fernandes erzielte im Moses-Mabhida-Stadion in Durban den einzigen Treffer der Partie. Spanien hatte 63 % Ballbesitz und kam auf 24 Torschüsse und zwölf Eckstöße, während für die Schweizer nur acht Torschüsse und drei Eckbälle notiert wurden. Der Sieg bedeutete für die Schweiz zugleich den ersten Erfolg gegen Spanien – nach 18 vergeblichen Anläufen.

⚽ »Danke Köbi«

Der ehemalige Schweizer Nationalspieler und -trainer Jakob »Köbi« Kuhn weinte fast, als seine Spieler nach seinem letzten Spiel als Chefcoach, dem 2:0-Erfolg über Portugal im letzten Gruppenspiel der EM 2008, ein Transparent mit der Aufschrift »Danke Köbi« ausrollten. Wie die Zeiten sich geändert haben: Während er nun höchstes Ansehen genießt, musste er mit 22 Jahren bei der FIFA WM 1966 wegen Übertretens des »Zapfenstreichs« vorzeitig die Heimreise antreten und wurde dann für ein Jahr aus dem Kader gestrichen. Und nun war es Köbi Kuhn, der seinen Stürmer Alexander Frei nach dessen Spuckattacke gegen Englands Steven Gerrard bei der EM 2004 nach Hause schicken musste. Den Großteil seiner aktiven Karriere verbrachte Kuhn beim FC Zürich, mit dem er sechsmal die Schweizer Meisterschaft und fünfmal den Schweizer Cup gewann. Er spielte 63-mal für die Nationalmannschaft und erzielte dabei fünf Tore. Sein Debüt als Nationaltrainer gab er bei der Schweizer U-18-Nationalmannschaft, bevor er die U-21 und schließlich das A-Team übernahm. Mit 64 Jahren schied er als Trainer aus dem Amt. Seine Bilanz: 32 Siege, 16 Unentschieden und 25 Niederlagen in 73 Länderspielen.

Top Ten Länderspiele

1.	Heinz Hermann	117
2.	Alain Geiger	112
3.	Stéphane Chapuisat	103
4.	Johann Vogel	94
5.	Hakan Yakin	87
6.	Alexander Frei	84
7.	Patrick Müller	81
8.	Severino Minelli	80
9.	Ciriaco Sforza	79
10.	André »Andy« Egli	77

⚽ Schweizer Riegel

Karl Rappans Verdienste um den Schweizer Fußball waren so groß, dass darüber häufig vergessen wird, dass er von Geburt Österreicher war. Nach einer eher mittelmäßigen Karriere als Spieler und Trainer in Österreich erlangte Rappan anhaltenden Ruhm als innovativer Trainer in der Schweiz, u. a. als Chefcoach der »Nati!« bei den FIFA Weltmeisterschaften 1938 und 1954 und als Meister- und Pokalsieger-Trainer der Grasshoppers Zürich, des Servette FC Genf und des FC Zürich. Er entwickelte ein neuartiges Spielsystem, bei dem Spieler flexibel die Position wechseln konnten, um den Gegner stärker unter Druck setzen zu können. Dieses als »Schweizer Riegel« bekannt gewordene System half den als Außenseiter gehandelten Gastgebern der FIFA WM 1954, Italien zu schlagen, bevor im Viertelfinale das WM-Aus gegen Rappans Heimatland Österreich kam. Als früher Fürsprecher einer europäischen Liga setzte sich Rappan schließlich für einen einfacheren Wettbewerb im K.-o.-System ein, dem UI-Cup (UEFA Intertoto Cup), an dessen Gründung 1961 er maßgeblich beteiligt war; bis 1967 hieß der Wettbewerb International Football Cup (IFC). Rappan ist der dienstälteste Schweizer Trainer und mit 29 Siegen in 77 Spielen war er vor Köbi Kuhn auch der statistisch erfolgreichste Übungsleiter der Nationalmannschaft.

TÜRKEI

Mit dem Triumph im Elfmeterschießen von Galatasaray Istanbul über Arsenal London im UEFA-Cup-Finale 2000 zeichnete sich eine bessere Zukunft für den türkischen Fußball ab. Vor jener Nacht in Kopenhagen hatte sich die Türkei nur zweimal für eine FIFA Weltmeisterschaft™ qualifiziert (1950, als man auf die Teilnahme an der Endrunde verzichtete, und 1954) und war regelmäßig hinter den Erwartungen zurückgeblieben. Seit dem Jahr 2000 haben türkische Fans jedoch jede Menge Grund zur Freude – nicht zuletzt über den dritten Platz bei der FIFA WM™ 2002 in Japan und Südkorea und das Erreichen des Halbfinales bei der EM 2008.

Ratet mal, wer wieder da ist

Rüştü Reçber kennt augenscheinlich die Bedeutung des Wortes »Rücktritt« nicht. Knapp ein Jahr nach seinem Abschied aus der Nationalmannschaft nach der EM 2008 kehrte der türkische Rekordnationalspieler zurück, um sein Team in der Qualifikation für die FIFA WM 2010 in Südafrika zu unterstützen. Und dies war nicht sein erstes Comeback: Bei der EM 2008 war er auf die Bank verbannt worden, kehrte jedoch im Viertelfinale gegen Kroatien ins Tor zurück, nachdem der erste Keeper Volkan Demirel im letzten Gruppenspiel Rot gesehen hatte. Rüştü avancierte im Elfmeterschießen zum Helden, indem er gegen Mladen Petrić parierte und der Türkei ihr allererstes EM-Halbfinale sicherte, in dem sie an Deutschland scheiterte. 1993 kehrte Rüştü nach einem schweren Autounfall, bei dem ein Freund ums Leben gekommen war, in die Nationalelf zurück. Mit Fenerbahce und später Beşiktaş Istanbul wurde er insgesamt fünfmal Türkischer Meister. Mit seinem Pferdeschwanz und seiner schwarzen Kriegsbemalung stach Rüştü immer hervor. Am auffälligsten war er aber wohl als Leistungsträger seines Teams im Spiel um Platz drei bei der FIFA WM 2002. Er wurde – als zweitbester Torhüter des Turniers nach Oliver Kahn – ins All-Star-Team der WM berufen und kam bei der Wahl zum »Welttorhüter des Jahres« auf den dritten Platz.

Hattrick-Held

Dem Kapitän der türkischen Nationalelf Tuncay Şanli gelang als erstem türkischen Spieler ein Hattrick in der Champions League. Beim 3:0 von Fenerbahce Istanbul gegen Manchester United in Istanbul 2004 gingen alle Tore auf sein Konto. Auch für die Türkei erzielte er zwei Hattricks: gegen die Schweiz am 16. November 2005 (Endstand 4:2) und gegen Österreich (wiederum 4:2) am 19. November 2008.

Gold von gestern

Das letzte »Golden Goal« einer FIFA WM wurde bei der Weltmeisterschaft 2002 in Japan und Südkorea vom türkischen Einwechselspieler İlhan Mansız in der 94. Minute der Viertelfinalbegegnung Senegal - Türkei erzielt. Die Türken gewannen dadurch mit 1:0 und wurden am Ende des Turniers Dritter. Die Golden-Goal-Regel wurde vor der WM 2006 wieder abgeschafft, seither gibt es wieder eine normale Verlängerung von 2 mal 15 Minuten, wenn ein K.-o.-Spiel nach den regulären 90 Minuten mit einem Unentschieden endet.

Schnell gezielt und gut getroffen

Hakan Şükür erzielte das schnellste Tor in einer FIFA WM-Endrunde. Nur 11 Sekunden dauerte es, bis der Ball im Spiel um den dritten Platz gegen Südkorea bei der WM 2002 im Netz lag. Die Türkei gewann am Ende mit 3:2 und erreichte damit ihr bestes Ergebnis in einem großen Turnier. Mit insgesamt 51 Toren (in 112 Spielen) verbucht Şükür mehr als doppelt so viele Treffer wie der Zweitplatzierte auf der türkischen ewigen Torjägerliste. Sein erstes Tor erzielte er bereits bei seinem zweiten Länderspieleinsatz, dem 2:1 der Türkei gegen Dänemark am 8. April 1992. Zweimal traf er sogar viermal in einem einzigen Spiel – beim 6:4 über Wales am 20. August 1997 und beim 5:0-Kantersieg über Moldawien am 11. Oktober 2006.

Türkisches Doppel

Hamit Altıntop kam zehn Minuten vor seinem Zwillingsbruder Halil Altıntop auf die Welt – und wie bei ihrer Geburt am 8. Dezember 1982 in Gelsenkirchen blieb er bislang auf den parallel verlaufenden Karrierewegen der beiden immer Erster. Beide spielten bei der SG Wattenscheid 09 in der damaligen Regionalliga Nord. Der Mittelfeld-Allrounder Hamit ging 2003 zu Schalke, der Stürmer Halil zum 1. FC Kaiserslautern. Im Sommer 2006 folgte Halil seinem Bruder zu Schalke, doch spielten die beiden hier nur ein Jahr zusammen, weil Hamit 2007 von Bayern München verpflichtet wurde. Beide kamen mit den Türken bei der UEFA Fußball-Europameisterschaft 2008 bis ins Halbfinale, – wo sie gegen ihre Wahlheimat Deutschland verloren. Hamit wurde in das 23-köpfige UEFA-All-Star-Team gewählt. 2011 wechselte Hamit schließlich zu Real Madrid, während sein Zwillingsbruder in die Türkei zu Trabzonspor ging.

Fatih Terim

Nach dem Gewinn des UEFA-Pokals mit Galatasaray im Jahr 2000 übernahm Fatih Terim für eineinhalb Jahre den Trainerposten beim AC Florenz und gab ein kurzes Gastspiel beim AC Mailand, ehe er zu Galatasaray zurückkehrte. 2005 übernahm er zum zweiten Mal die türkische Nationalmannschaft, die er überraschend bis ins Halbfinale der EM 2008 führte. Nach der Auftaktniederlage gegen Portugal zogen die Türken nach dramatischen Aufholjagden gegen die Schweiz und die Tschechen ins Viertelfinale ein. Nach einem Tor für Kroatien in der 119. Minute schien das Spiel bereits entschieden. Doch während der Gegner schon feierte, trieb »Imperator« Terim seine Spieler an, den Ball aus dem Netz zu holen und bis zum Schluss zu kämpfen. Durch einen Ausgleichstreffer von Semih Şentürk retteten sie sich ins siegreiche Elfmeterschießen. Das Halbfinale gegen Deutschland bot eine weitere Achterbahnfahrt, diesmal hatten sie jedoch dem Last-Minute-Siegtreffer der Deutschen nichts entgegenzusetzen. Der Aussage Terims, dass dieses Team »etwas Besonderes« hätte, konnte kaum jemand widersprechen.

Top Ten Torschützen

1.	Hakan Şükür	51
2.	Tuncay Şanlı	22
3.	Lefter Küçükandonyadis	21
4.	Nihat Kahveci	19
=	Metin Oktay	19
=	Cemil Turan	19
7.	Zeki Rıza Sporel	15
8.	Arif Erdem	11
=	Ertuğrul Sağlam	11
=	Tanju Çolak	11

Top Ten Länderspiele

1.	Rüştü Reçber	119
2.	Hakan Şükür	112
3.	Bülent Korkmaz	102
4.	Tugay Kerimoğlu	94
5.	Alpay Özalan	90
6.	Tuncay Şanlı	79
7.	Ogün Temizkanoğlu	76
8.	Emre Belözoğlu	75
9.	Abdullah Ercan	71
10.	Oğuz Çetin	70

Wichtige Meisterschaften

FIFA Weltmeisterschaften™: 2 Endrundenteilnahmen – 3. Platz 2002
Europameisterschaften:
3 Endrundenteilnahmen – Halbfinale 2008
Erstes Länderspiel: Türkei – Rumänien 2:2 (Istanbul, 26. Oktober 1923)
Höchster Sieg: Türkei – Syrien 7:0 (Ankara, 20. November 1949)
Türkei – Südkorea 7:0 (Genf, Schweiz, 20. Juni 1954)
Türkei – San Marino 7:0 (Istanbul, 10. November 1996)
Größte Niederlage: Polen – Türkei 8:0 (Chorzów, 24. April 1968)
Türkei – England 0:8 (Istanbul, 14. November 1984)
England – Türkei 8:0 (London, 14. Oktober 1987)

Coca-Cola-Colin

England schaffte es zwar nicht, sich für die EM 2008 zu qualifizieren, doch waren trotzdem zwei in England gebürtige Spieler mit dabei: der Italiener Simone Perrotta, der in der Nähe von Manchester auf die Welt kam, und der aus London stammende Colin Kâzim-Richards, der in seiner Wahlheimat Türkei unter dem Namen Kâzim Kâzim bekannt ist. Bevor er 2007 bei Fenerbahçe Istanbul unterschrieb, hatte er nur für die unattraktiven Vereine FC Bury, Brighton & Hove Albion und Sheffield United gespielt. Als Brighton & Hove Albion ihn vom FC Bury holte, wurde die Transfersumme quasi von Coca-Cola bezahlt: Ein Brighton-Fan hatte bei einem Preisausschreiben des Getränkeherstellers gewonnen und das Geld für den Wechsel zur Verfügung gestellt – und Kâzim-Richards hatte ab da den Spitznamen »Coca-Cola Kid« weg.

UKRAINE

Schon seit vielen Jahren ist die Ukraine eine Bastion im osteuropäischen Fußball. Ein stetiger Strom von Talenten aus ukrainischen Klubs mit einer bedeutenden europäischen Geschichte, wie zum Beispiel Dynamo Kiew, brachte der sowjetischen Nationalmannschaft viele herausragende Spieler, bevor die Ukraine 1991 unabhängig wurde. In den Jahren danach entwickelte sich die Ukraine zu einer eigenständigen Fußballmacht und qualifizierte sich 2006 zum ersten Mal für die FIFA WM™, wo sie immerhin das Viertelfinale erreichte.

Bedeutende Meisterschaften

FIFA WM™: 1 Teilnahme, Viertelfinale (2006)
Erstes Länderspiel: Ukraine – Ungarn 1:3 (Uschhorod, Ukraine, 29. April 1992)
Höchster Sieg: Ukraine – Aserbaidschan 6:0 (Kiew, Ukraine, 15. August 2006);
Andorra – Ukraine 0:6 (Andorra la Vella, Andorra, 14. Oktober 2009)
Höchste Niederlagen: Kroatien – Ukraine 4:0 (Zagreb, Kroatien, 25. März 1995);
Spanien – Ukraine 4:0 (Leipzig, 14. Juni 2006)

Auch im Weltall am Ball

Andrij Schewtschenko war zwar vor seinem Teamkollegen Anatolij Tymoschtschuk der erste ukrainische Fußballer mit 100 Länderspielen, doch der defensive Mittelfeldspieler von Bayern München zog Ende 2010 an dem Stürmer vorbei und führt derzeit mit 106 Einsätzen die Liste der ukrainischen Rekordnationalspieler an. Tymoschtschuk wurde auch die seltene Ehre zuteil, seinen Namen im Weltall sehen zu dürfen: Als 2007 der ukrainische Kosmonaut Juri Malentschenko zur Internationalen Raumstation ISS flog, trug er ein Tymoschtschuk-Trikot von Zenit Sankt Petersburg, dem damaligen Verein des Spielers.

Ein Anfang ist gemacht

Denys Garmash und Dmitro Korkischko erzielten 2009 beim 2:0-Endspiel-Sieg der UEFA U-19-Fußball-Europameisterschaft gegen England die beiden Tore, die der Ukraine den ersten wichtigen internationalen Titel einbrachten. Trainer der siegreichen Elf war Juri Kalitwintschew, der später unter Oleg Blochin Co-Trainer der A-Nationalmannschaft wurde.

Aller Anfang ist schwer

Da die Ukraine mit ihrer Unabhängigkeit zu spät dran war, um sich für die Qualifikationsrunde zur FIFA WM 1994 anzumelden, entschlossen sich viele ihrer Stars, für die Gemeinschaft Unabhängiger Staaten (GUS) anzutreten, die kurze Zeit Nachfolgerin der Sowjetunion war. Andrei Kantschelskis, Wiktor Onopko, Sergei Juran und Oleg Salenko hätten alle für die neue Nationalmannschaft der Ukraine spielen können. Danach konnte sich die Ukraine erst 2006 wieder für eine internationale Meisterschaft qualifizieren, und zwar für die FIFA WM 2006 in Deutschland, wo sie im Viertelfinale dem späteren Sieger Italien mit 0:3 unterlag.

Super-Schewtschenko

2004 wurde Andrij Schewtschenko als dritter Ukrainer mit dem »Goldenen Ball« für »Europas Fußballer des Jahres« ausgezeichnet – der erste war im Jahr 1975 sein Trainer während der FIFA WM von 2006: Oleg Blochin; der zweite war Igor Belanow im Jahr 1986. Schewtschenko wurde am 29. September 1976 geboren. In seiner Jugend war er ein vielversprechender Boxer, bevor er beschloss, nur noch Fußball zu spielen. Mit jedem Verein, für den er spielte, gewann er Titel, darunter fünf Meisterschaften nacheinander mit Dynamo Kiew; mit dem AC Mailand siegte er in der Serie A und der Champions League, während er in seiner »enttäuschenden« Zeit bei Chelsea London »nur« den Englischen Pokal und den Ligapokal (beide 2007) erringen konnte. Schewtschenko ist Rekordnationalspieler der Ukraine und mit 45 Treffern in 96 Spielen auch Torschützenkönig des Landes. Zwei Tore erzielte er als Mannschaftskapitän bei der FIFA WM 2006 – der ersten Teilnahme der Ukraine an einem bedeutenden Turnier.

Führung von der Spitze her

Oleg Blochin war Trainer der Ukraine, als sie 2006 zum ersten Mal an einer FIFA WM teilnahm, doch bekannt wurde er als Stürmer seines Heimatvereins Dynamo Kiew. Geboren wurde Blochin am 5. November 1952, als die Ukraine noch zur Sowjetunion gehörte. Mit 211 Toren ist er Rekordtorschütze von Dynamo Kiew. Diese erzielte er bei 432 Einsätzen in der Liga der UdSSR – ebenfalls ein Rekord. Außerdem ist er der Spieler mit den meisten Länderspielen und Toren für die UdSSR, denn er erzielte in 101 Spielen 35 Treffer. Zweimal, 1975 und 1986, führte er Kiew zum Sieg im Europapokal der Pokalsieger, beide Male schoss er Tore. Für seine herausragenden Leistungen wurde er 1975 zu »Europas Fußballer des Jahres« gewählt. Blochin war immer der Beste, und so führte er auch als erster Trainer die Ukraine zu einem internationalen Turnier: zur FIFA WM 2006 in Deutschland. Dort verlor die Ukraine im Viertelfinale gegen den späteren Sieger Italien, nachdem sie im Achtelfinale die Schweiz nach Hause geschickt hatte. Blochin war vor allem für seine Geschwindigkeit berühmt. Walerij Borsow, der zweifache Goldmedaillengewinner über 100 und 200 Meter bei den Olympischen Spielen 1972, soll in dem jungen Blochin sogar seinen möglichen Nachfolger gesehen haben. Blochin trat im Dezember 2007 vom Amt des ukrainischen Nationaltrainers zurück, übernahm es aber im April 2011 erneut.

Amateurfunker mit Torhunger

Serhij Rebrow, der seine Karriere 2009 beendete, war sowohl auf Vereinsebene als auch in der Nationalmannschaft Andrij Schewtschenkos dynamischer Sturmpartner. Das Stürmerduo glänzte in den späten 1990er-Jahren bei Dynamo Kiew, bevor die beiden zu westeuropäischen Mannschaften wechselten. Wie Schewtschenko bei Chelsea ackerte Rebrow ebenfalls in London, zuerst bei Tottenham Hotspur, danach bei West Ham United. Doch erst, als er in die Ukraine zurückkehrte, wurde er in die Nationalmannschaft berufen und erzielte bei der FIFA WM 2006 ein denkwürdiges Weitschusstor gegen Saudi-Arabien. Danach spielte er in Russland beim FK Rubin Kasan und trug 2008 mit dazu bei, dass der Verein die russische Meisterschaft gewinnen konnte. Trotzdem ist Rebrow, der übrigens ein passionierter Amateurfunker ist, mit 125 Toren in 286 Spielen immer noch Torschützenkönig der ukrainischen ersten Liga.

Top Ten Torschützen

1.	Andrij Schewtschenko	45
2.	Serhij Rebrow	15
3.	Serhij Nasarenko	11
4.	Andrij Hussin	9
=	Andrij Worobej	9
6.	Timerlan Huseinow	8
7.	Oleg Gusew	7
=	Maxym Kalynytschenko	7
9.	Wiktor Leonenko	6
=	Artem Milewskyj	6
=	Ruslan Rotan	6
=	Andrij Woronin	6

Ukraine und die EURO

Im Olympiastadion Kiew wird 2012 das Endspiel der UEFA EURO 2012 abgehalten werden; das Turnier wird gemeinsam von Polen und der Ukraine ausgerichtet. Das Stadion wurde 1923 eröffnet und seither mehrfach umgebaut und renoviert. Seinen gegenwärtigen Namen verdankt es den Olympischen Sommerspielen von 1980, die zwar zum größten Teil in Moskau stattfanden, doch wurden in Kiew sieben Spiele des olympischen Fußballturniers ausgetragen.

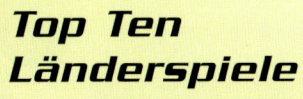

Top Ten Länderspiele

1.	Anatolij Tymoschtschuk	106
2.	Andrij Schewtschenko	101
3.	Olexandr Schowkowskyj	89
4.	Serhij Rebrow	75
5.	Andrij Hussin	71
6.	Andrij Worobej	68
7.	Andrij Nesmatschnyj	67
8.	Oleg Gusew	64
=	Andrij Woronin	64
10.	Wladyslaw Waschtschuk	63

WALES

Wales, ein Land, in dem Rugby nach wie vor der Volkssport Nummer eins ist, hat sich im Fußball international ziemlich schwergetan. Trotz einiger sehr talentierter Spieler schaffte es Wales mit der Teilnahme an der FIFA-Weltmeisterschaft™ in Schweden 1958 bislang nur einmal in die Endrunde eines großen Turniers.

Junge Führungskraft

Der Arsenal-Mittelfeldspieler Aaron Ramsey wurde im März 2011 zum bisher jüngsten Kapitän der Waliser, als ihn der neue Trainer Gary Speed mit dieser Aufgabe betraute: Ramsey war erst 20 Jahre und 90 Tage alt, als er im Rahmen der Qualifikation zur UEFA Fußball-Europameisterschaft 2012 sein Team im Millenium Stadium von Cardiff gegen England auf das Feld führte; England setzte sich schließlich mit 2:0 durch. Diesen Rekord hielt bis dahin der Innenverteidiger Michael »Mike« England, der im April 1964 22 Jahre und 135 Tage alt war, als er in einem Spiel gegen Nordirland zum ersten Mal die Kapitänsbinde trug. Ramsey war erst kurz davor wieder fit geworden, nachdem er im Februar 2010 in einem Spiel von Arsenal London gegen Stoke City einen Beinbruch erlitten hatte, der beinahe seine Karriere beendet hätte.

Vom Staub zum Ruhm

Torhüter und Rekordnationalspieler Neville Southall absolvierte am 27. Mai 1982 den ersten seiner 92 Auftritte für Wales beim 3:2 gegen Nordirland. Er stand 15 Jahre im walisischen Tor und hielt es in 34 Spielen sauber. Während seiner Zeit beim FC Everton wurde er 1985 zu Englands »Fußballer des Jahres« gewählt; unterstützt von seinem Mannschaftskameraden und Kapitän Kevin Ratcliffe hatte er die Defensive des Klubs aus Liverpool stabilisiert. Bei seinem letzten Einsatz für Wales am 20. August 1997 wurde er in Istanbul bei einem 4:6 gegen die Türkei vorzeitig ausgewechselt.

Wo ist unser Goldjunge?

Ryan Giggs, einer der besten und erfolgreichsten Spieler, der noch nie bei einer WM spielte, brachte es tatsächlich fertig, 18 Freundschaftsspiele in Folge zu versäumen.

Hattrick-Held

Der walisische Stürmer Robert Earnshaw hält einen bemerkenswerten Rekord: Er ist der einzige Spieler, der in allen vier Profiligen Englands einen Hattrick erzielte. Auch für die walisische Nationalmannschaft traf er dreimal in einem Spiel – am 18. Februar 2004 gegen Schottland.

Top Ten Torschützen

1.	Ian Rush	28
2.	Ivor Allchurch	23
=	Trevor Ford	23
4.	Dean Saunders	22
5.	Craig Bellamy	18
6.	Robert Earnshaw	16
=	Mark Hughes	16
=	Cliff Jones	16
9.	John Charles	15
10.	John Hartson	14

Top Ten Länderspiele

1.	Neville Southall	92
2.	Gary Speed	85
3.	Dean Saunders	75
4.	Peter Nicholas	73
=	Ian Rush	73
6.	Mark Hughes	72
=	Joey Jones	72
8.	Ivor Allchurch	68
9.	Brian Flynn	66
10.	Andy Melville	65

Im Scheinwerferlicht

Sagar Mitchell und James Kenyon, Pioniere unter den Filmemachern, waren im März 1906 beim Spiel Wales gegen Irland mit der Kamera dabei und drehten den ersten Film über ein internationales Fußballspiel.

Der Jones-Clan

Der Linksverteidiger Cliff Jones, der mit Wales an der FIFA WM 1958 teilnahm und 1961 mit Tottenham Hotspur das Double aus englischer Meisterschaft und englischem Pokal schaffte, stammte aus einer walisischen Fußball-Dynastie: Sein Vater Ivor Jones hatte schon für Wales gespielt und dessen Bruder Bryn ebenfalls. Cliffs Cousin Ken, ein Torwart, gehörte ebenfalls zum walisischen WM-Kader von 1958, kam aber nie für sein Land zum Einsatz.

Kleiner Drache

 Gareth Bale war 16 Jahre und 315 Tage alt, als er am 27. Mai 2006 gegen Trinidad und Tobago eingewechselt wurde. Er ist seitdem der jüngste Fußballer, der je international für Wales gespielt hat. Der Linksverteidiger und linke Außenstürmer von Tottenham Hotspur machte durch seine Darbietungen in der Champions-League-Saison 2010/2011 alle großen Vereine auf sich aufmerksam und löste eine regelrechte »Balemania« aus. Unter anderem erzielte er im San-Siró-Stadion gegen den amtierenden Champions-League-Titelträger Inter Mailand in der zweiten Halbzeit einen Hattrick, wodurch sein Team einen 0:4-Rückstand noch auf 3:4 verkürzen konnte.

Im Torrausch

Ian Rush ist mit 28 Toren in 73 Spielen Rekordtorschütze von Wales. Seinen ersten Treffer erzielte er am 27. Mai 1982 beim 3:0 gegen Nordirland; sein 28. und damit letztes Tor verhalf Wales 1994 in Tallinn zum 2:1-Sieg über Estland.

Spieler, Trainer und Dichter

Als Spieler schoss John Toshack, der schon zweimal walisischer Nationaltrainer war und übrigens auch Autor eines Gedichtbandes ist, für Wales in 40 Länderspielen 12 Tore; außerdem gewann er mit dem FC Liverpool dreimal die englische Meisterschaft, einmal den Europäischen Supercup und zweimal den UEFA-Cup. Als Trainer führte er Swansea City von der vierten in die erste englische Liga. Später war er zweimal Trainer von Real Madrid. In seiner ersten Amtszeit dort gewann er 1989/1990 mit dem Verein die spanische Meisterschaft; dabei erzielten seine Schützlinge 107 Tore in 38 Spielen (spanischer Rekord). 1994 wurde Toshack für 41 Tage walisischer Nationaltrainer. Sein zweites Engagement als Teamchef von Wales hatte mehr Bestand: Im November 2004 übernahm er das Amt erneut und wurde erst im September 2010 nach sechsjähriger Tätigkeit von Gary Speed abgelöst, der früher im Mittelfeld der Nationalmannschaft gespielt hatte.

Champions der Heimat

Wales gewann zwölfmal die »British Home Championship«, einen Wettbewerb, der von 1883 bis 1984 jährlich zwischen England, Nordirland, Schottland und Wales ausgetragen wurde.

ANDERE MANN-SCHAFTEN IN EUROPA

Für Europas große Fußballnationen gibt es zwei Dinge, die zu einer Qualifikationsrunde für eine der großen internationalen Meisterschaften unbedingt dazugehören: unangenehme Reisen in ein Land des ehemaligen Ostblocks und die Aussicht auf ein Torfestival gegen Kandidaten wie San Marino oder Liechtenstein. Doch für die Spieler dieser kleinen Nationen ist es wichtiger, ihr Land zu vertreten, als davon zu träumen, in der Fußballwelt den Ton anzugeben.

Selva schlägt zu

Mit einer Einwohnerzahl von unter 30 000 ist San Marino das kleinste Mitgliedsland der UEFA. Mit acht Toren ist Andy Selva nicht nur San Marinos Torschützenkönig, sondern auch der bisher einzige Spieler, der mehr als ein Tor bei Länderspielen geschossen hat.

Ein Paatelainen kommt selten allein

Der amtierende finnische Nationaltrainer Mixu Paatelainen hat bisher die meisten Tore in einem Länderspiel der Finnen erzielt: Im Rahmen der Qualifikation zur UEFA EM 1996 traf er im Dezember 1994 viermal beim 4:1-Heimsieg über San Marino. Dieser Fußballzwerg war im Juni 2011 auch der Gegner bei Paatelainens erstem Match als Nationaltrainer seines Landes. Wie sein früherer Mannschaftskamerad Jari Litmanen ist auch Paatelainen der Sohn eines ehemaligen finnischen Nationalspielers – sein Vater Matti erzielte als Stürmer in den 47 Spielen, die er von 1970 bis 1977 absolvierte, insgesamt 11 Tore. Mixu hat zwei jüngere Brüder – Mikko und Markus –, die ebenfalls Profifußballer waren, doch keiner der beiden schaffte den Sprung ins Nationalteam. Allerdings bildeten sie in der Saison 2005/2006 beim schottischen FC Cowdenbeath ein Sturmduo, als Mixu dort Trainer war.

Die Stunde der Außenseiter

In der Qualifikation zur FIFA WM 2010 war in der europäischen Zone Slowenien das einzige ungesetzte Team, das seine Relegation gewann: Es schlug Russland aufgrund der Auswärtstorregel. Slowenien geriet im Hinspiel in Moskau mit 0:2 in Rückstand, doch zwei Minuten vor Spielende erzielte Nejc Pečnik das entscheidende Auswärtstor. Sein Mannschaftskamerad Zlatko Dedič schoss im Rückspiel in Maribor das Goldene Tor. Das Land hat nur zwei Millionen Einwohner und gerade einmal 429 Berufsfußballer und war damit der kleinste Teilnehmerstaat der FIFA WM 2010.

Ein echter Zehner

Es ist eigentlich kein Wunder, dass Jari Litmanen ein Fußballstar wurde – seine Eltern spielten beide für den in Lahti beheimateten Verein Lahden Reipas, sein Vater Olavi wurde sogar fünfmal in die Nationalmannschaft berufen. Doch Jaris Fähigkeiten gingen weit über die seiner Eltern hinaus – und ohne Zweifel auch über die jedes anderen Spielers, den Finnland bisher hervorgebracht hat. So war Litmanen der erste finnische Spieler, der die UEFA Champions League gewann: 1995 schlug sein Verein Ajax Amsterdam den AC Mailand im Endspiel mit 1:0. Litmanen hatte seine Heimat im Alter von 21 Jahren verlassen, um bei Ajax eine Weltkarriere zu starten. In Amsterdam erbte er die Spielmacherposition des großen Dennis Bergkamp – und die dazugehörige 10 auf dem Trikot. Im Champions-League-Endspiel von 1996 gegen Juventus Turin sorgte er für den 1:1-Ausgleich, doch Ajax verlor das Spiel schließlich im Elfmeterschießen (obwohl Litmanen auch als Elfmeterschütze erfolgreich war). Er ist bis heute der Ajax-Spieler mit den meisten Treffern in europäischen Wettbewerben: In 44 Partien brachte er es auf 24 Tore. 1999 wechselte der Finne zum FC Barcelona und zwei Jahre darauf zum FC Liverpool. Seine Zeit in England wurde durch eine Handgelenksverletzung beeinträchtigt, die er sich bei einem Länderspiel zugezogen hatte. 2002 kehrte er schließlich zu Ajax zurück. Trotz einer Reihe von Verletzungen gab er weiter alles für sein Land: Von 1996 bis 2008 war er Kapitän der Finnen, und selbst 2010, im Alter von 39 Jahren, spielte und traf er noch für sein Land. Mit 137 Einsätzen und 32 Treffern ist er finnischer Rekordnationalspieler und -torschütze.

Frühes Aufgeben

Litauen und Estland traten erst gar nicht zu ihrem letzten Gruppenspiel gegeneinander an, als es um die Qualifikation für die FIFA WM 1934 ging. Schweden hatte sich nämlich bereits die Spitzenposition in der Gruppe – und den einzigen noch freien Platz in der Meisterschaft – durch ein 2:0 gegen Litauen und ein 6:2 gegen Estland gesichert.

Hinter dem Eisernen Vorhang

Die Auflösung der Sowjetunion im Jahr 1990 brachte der Welt 15 neue Fußballnationen, obwohl Russland bei der Europameisterschaft 1992 zunächst als Gemeinschaft Unabhängiger Staaten antrat, allerdings ohne Estland, Lettland und Litauen. Danach ließen sowohl die UEFA als auch die FIFA eigene Mannschaften für die folgenden Länder zu: Russland, Armenien, Aserbaidschan, Estland, Georgien, Kasachstan, Kirgisien, Lettland, Litauen, Moldawien, Tadschikistan, Turkmenistan, die Ukraine, Usbekistan und Weißrussland. Durch Unruhen in den frühen 1990ern zerfiel auch das frühere Jugoslawien in Kroatien, Serbien, Bosnien-Herzegowina, Mazedonien, Slowenien und Montenegro. Die Tschechoslowakei wiederum teilte sich in die Slowakei und die Tschechische Republik.

Jahr des FIFA Beitritts

Albanien: 1932
Andorra: 1996
Bosnien-Herzegowina: 1996
Estland: 1923
Färöer-Inseln: 1988
Finnland: 1908
Georgien: 1992
Griechenland: 1927
Island: 1947
Israel: 1929
Kasachstan: 1994
Lettland: 1922
Liechtenstein: 1974
Luxemburg: 1910
Malta: 1959
Mazedonien: 1994
Moldawien: 1994
Montenegro: 2007
Österreich: 1905
San Marino: 1988
Slowakei: 1994
Slowenien: 1992
Weißrussland: 1992
Zypern: 1948

Montenegro vor!

Kurz nachdem Serbien und Montenegro gemeinsam bei der FIFA WM von 2006 angetreten waren, wurde Montenegro als 208. und bisher letztes Land von der FIFA anerkannt. Doch die neue Nation trat der FIFA oder der UEFA nicht rechtzeitig bei und konnte deshalb nicht an der Qualifikationsrunde für die Europameisterschaft 2008 teilnehmen. Sie musste auf die Qualifikation zur FIFA WM 2010 warten und konnte im September 2008 endlich ihr erstes WM-Qualifikationsspiel austragen – ein 2:2 gegen Bulgarien im eigenen Land.

Vergebliche Liebesmüh

Wenn es nicht gleich auf Anhieb klappt, so versuche es einfach noch einmal – doch die armen Luxemburger haben es schon 17-mal hintereinander versucht und konnten sich trotzdem für keine Weltmeisterschaft qualifizieren. Nur einmal beteiligten sie sich nicht: 1930, als es keine Qualifikationsrunde gab und Luxemburg nicht zur Meisterschaft eingeladen wurde. Bisher hat das Land in der Qualifikationsrunde nur dreimal gewonnen: ein 4:2-Heimsieg gegen Portugal im Oktober 1961, ein 2:0-Heimsieg gegen die Türkei im Oktober 1972 und ein 2:1-Auswärtssieg gegen die Schweiz im September 2008, als Alphonse Leweck ein spätes Siegestor schoss.

Eine weit gereiste Mannschaft

Beinahe hätte sich Israel kampflos für die FIFA WM von 1958 qualifiziert, denn die Gegner Türkei, Indonesien und Sudan weigerten sich, gegen das Land anzutreten. Doch die FIFA verfügte, dass Israel zu zwei Entscheidungsspielen gegen eine europäische Mannschaft antreten müsse – und Israel verlor mit einem Gesamtergebnis von 0:4 gegen Wales. In der Qualifikationsrunde zur FIFA WM 2006 hatte Israel wieder Pech: Das Team blieb zwar ungeschlagen, wurde aber hinter Frankreich und der Schweiz nur Dritter in seiner Gruppe. Trainer Avram Grant verlor 2008 das Finale der Champions League gegen Manchester United nach Elfmeterschießen. Israel war Gastgeber – und Sieger – der Asienmeisterschaft 1964 und qualifizierte sich für die FIFA WM 1970 – damals in der zusammengefassten »Asiatischen und Ozeanischen Zone«; seit 1994 ist das Land der UEFA angeschlossen.

Slowenien startet durch

Als einzige Mannschaft konnte Slowenien Italien auf seinem Weg zum Sieg in der FIFA WM 2006 schlagen. Im Oktober 2004 siegte Slowenien in der Qualifikationsrunde 1:0 dank eines späten Tors des Innenverteidigers Boštjan Cesar. Trotzdem konnte sich das Land nicht für die Endrunde qualifizieren.

Arme Werbebande ...

Temur Kezbaia erzielte 16 Tore für Georgien – nur Schota Arweladse brachte es auf mehr Treffer für sein Land (26). Er war später der erste Trainer, der mit Anorthosis Famagusta einen zyprischen Verein in die Champions-League-Gruppenphase führte (2008/09); wenige Monate später übernahm er das Amt des georgischen Nationaltrainers. Ins Gedächtnis der englischen Fans dürfte er sich mit einer skurrilen Aktion eingegraben haben, mit der er seinen Last-Minute-Siegtreffer für Newcastle United gegen die Bolton Wanderes im Januar 1998 feierte: Anstatt wie üblich zu jubeln, riss er sich das Trikot vom Leib, schleuderte es ins Publikum und trat dann wie wild auf eine Werbebande am Spielfeldrand ein. Bei seinem ersten Ballkontakt nach dem Wiederanstoß drosch er das Leder sofort hoch in die Zuschauerränge.

Sindelars Alleingang

Als Österreich 1938 von Deutschland annektiert wurde, weigerte sich Österreichs Starfußballer Matthias Sindelar, für die gemeinsame »deutsche« Nationalmannschaft zu spielen. Sindelar, geboren 1903 im heutigen Ungarn, stand in den 1930ern an der Spitze von Österreichs sogenanntem »Wunderteam«. In 43 Spielen schoss er 27 Tore für sein Land, das zwischen April 1931 und Dezember 1932 in 14 aufeinanderfolgenden Länderspielen ungeschlagen blieb. Außerdem gewann Sindelar 1933 und 1936 den Mitropapokal und eine Silbermedaille bei der Olympiade von 1936. Bei einem Wiedervereinigungsspiel zwischen dem »Altreich« und der »Ostmark« in Wien im April 1938 setzte sich Sindelar über alle Befehle hinweg und erzielte im Alleingang ein sensationelles Tor. Österreich gewann daraufhin 2:0 in einem Spiel, das aus diplomatischen Gründen eigentlich unentschieden hätte ausgehen sollen. Sindelar starb im Januar 1939 unter mysteriösen Umständen in seiner Wiener Wohnung an einer Kohlenmonoxidvergiftung.

Ein »guder« Sohn

Der isländische Stürmer Eidur Gudjohnsen schrieb bei seinem ersten Länderspiel, einem Auswärtsspiel gegen Estland im April 1996, Fußballgeschichte, denn er wurde für seinen eigenen Vater Arnór Gudjohnsen eingewechselt. Eidur war damals 17 Jahre alt, sein Vater 34. Traurig waren beide nur darüber, dass sie nicht gleichzeitig auf dem Platz stehen konnten. Der isländische Fußballverband wollte ihnen bei Islands nächstem Heimspiel eine neue Chance geben, doch Eidur konnte wegen einer Knöchelverletzung nicht antreten. Danach ergab sich die Gelegenheit nie wieder.

Elvir, der Glückspilz

Elvir Bolić hält zwei Rekorde in Bosnien-Herzegowina: Er hat die meisten Länderspiele bestritten und die meisten Tore geschossen. Seit das Land 1996 die internationale Fußballbühne betrat, erzielte er 22 Treffer in 52 Spielen. Auf seine Kappe ging auch das Tor, das Manchester Uniteds 40-jähriger Serie, bei Heimspielen in europäischen Wettbewerben nicht verloren zu haben, ein Ende setzte. Bolić erzielte das Goldene Tor beim Sieg von Fenerbahçe Istanbul im Gruppenspiel der Champions-League-Saison 1996/97.

Der AbREIMer

Bevor der Lette Vitālijs Astafjevs den aktuellen Europarekord für die meisten Länderspieleinsätze aufstellte, wurde dieser von einem anderen Fußballer aus dem Baltikum gehalten – der estnische Mittelfeldabräumer Martin Reim absolvierte von Juni 1992 bis Juni 2009 157 Partien für sein Land und schoss dabei 14 Tore. Reim trat aus der Nationalmannschaft zurück, nachdem er im Februar 2007 den bis dahin gültigen Rekord von Lothar Matthäus mit 150 Länderspielen eingestellt hatte; doch er konnte von Viggo Jensen, dem neuen estnischen Trainer, zur Rückkehr bewegt werden. Sein 157. und letztes Länderspiel war sein offizielles Abschiedsspiel gegen Äquatorialguinea am 6. Juni 2009 – dem Tag, an dem auch »Hundert Jahre Fußball in Estland« gefeiert wurden.

Ganz schön vital, der Vitālijs

Der Mittelfeldspieler Vitālijs Astafjevs aus Lettland ist mit 167 Länderspieleinsätzen (darunter auch drei Partien bei der UEFA Fußball-Europameisterschaft 2004) europäischer Rekordnationalspieler. Außerdem erzielte er 16 Tore für sein Land. Sein Länderspieldebüt gab Astafjevs 1992 – sein Land hatte ein Jahr zuvor nach dem Zusammenbruch der Sowjetunion die Unabhängigkeit wiedererlangt. Im November 2009 war er mit bereits 38 Jahren immer noch in der Nationalmannschaft aktiv: In einem Freundschaftsspiel gegen Honduras bot sich ihm die Möglichkeit, mit seinem 158. internationalen Spiel den Einsatz-Rekord des Esten Martin Reim zu brechen.

Die meisten Länderspiele

Albanien: Altin Lala 74
Andorra: Oscar Sonejee 87
Bosnien-Herzegowina:
   Zvjezdan Misimović 57
Estland: Martin Reim 157
Färöer-Inseln: Óli Johannesen 83
Finnland: Jari Litmanen 137
Georgien: Lewan Kobiaschwili 96
Island: Rúnar Kristinsson 101
Israel: Arik Benado 94
Kasachstan: Ruslan Baltiew 73
Lettland: Vitālijs Astafjevs 167
Liechtenstein: Mario Frick 99
Luxemburg: Jeff Strasser 98
Malta: David Carabott 122
Mazedonien: Goce Sedloski 100
Moldawien: Radu Rebeja 74
Montenegro: Simon Vukčević 27
Österreich: Andreas Herzog 103
San Marino: Damiano Vannucci 59
Slowenien: Zlatko Zahovič 80
Weißrussland: Aleksandr Kulchiy 89
Zypern: Yiannakis Okkas 102

Glücksschuhe und Wunderkappe

Seit seinem ersten von der FIFA anerkannten Länderspiel 1995 gegen Albanien war Bosnien und Herzegowina bei Qualifikationen zu größeren internationalen Wettbewerben chancenlos – bis der kroatische Veteran Miroslav Blažević 2008 das Amt des Nationaltrainers übernahm. Er führte die Mannschaft, die mit Bundesliga-Stars wie Spielmacher Zvjezdan Misimović und Stürmer Edin Džeko besetzt war, bis an die Schwelle der FIFA WM-Endrunde 2010; das Team scheiterte erst in den Playoff-Spielen gegen Portugal knapp. Blažević schrieb diesen eindrucksvollen Durchmarsch seinen »Glücksschuhen« zu, die ihm der Bürgermeister von Zagreb geschenkt hatte und die er immer bei Spielen trug, obwohl sie ihm eigentlich zwei Nummern zu klein waren. Der abergläubische Mann hat einen Hang zu Glücksbringern offenbart: Als Trainer von Dinamo Zagreb trug er immer einen weißen Schal, und als er Kroatien bei der FIFA WM 1998 zum dritten Platz führte, vertraute er auf die Wunderkraft einer französischen Polizeikappe.

Durststrecken

Malta ist das einzige europäische Land, dem es schon bei zwei verschiedenen WM-Qualifikationsrunden misslungen ist, auch nur ein einziges Tor zu erzielen: Sowohl im Vorfeld zur WM 1978 als auch zum Turnier 2010 blieb das Nationalteam ohne Treffer – vor 1978 in sechs Anläufen, beim letzten Versuch sogar in zehn Partien. Sechs weitere Teams haben ähnliche Torlos-Serien in Qualifikationsrunden erlebt: Liechtenstein (in acht Spielen vor der WM 2002), San Marino (acht Spiele 1998), Zypern (vier Spiele 1966), Israel (vier Spiele 1954), Finnland (drei Spiele 1938) und Litauen (ein Spiel 1934).

Dann eben Basketball

Raschad Sadigow, Kapitän von Aserbaidschan, sicherte im Oktober 2010 mit seinem Goldenen Tor gegen die Türkei im Rahmen der Qualifikation zur UEFA Fußball-Europameisterschaft 2012 nicht nur den bisher größten Erfolg in dessen Geschichte, sondern er versetzte auch dem Land einen Schlag, in dem er seit 2005 mehrfach seine Karriere vorangetrieben hat: 2005/2006 spielte er beim türkischen Topklub Kayserispor, 2008/09 bei Kocaelispor und seit 2010 steht er bei Eskişehirspor unter Vertrag. Nicht alle Vereinswechsel von Sadigow gingen reibungslos über die Bühne: Als er 2006 beim aserbaidschanischen Verein Neftçi Baku unterschrieb, versäumte er die Wechselfrist – und spielte daher eine Saison lang Basketball, um sich fit zu halten, bis er wieder Fußball spielen durfte.

Eine dunkle Zeit

Der mazedonische Stürmer Darko Pančev musste 15 Jahre warten, bis er endlich seinen »Goldenen Schuh« als Europas bester Torschütze in der Saison 1990/91 in Empfang nehmen konnte, in der er 34 Tore für Roter Stern Belgrad geschossen hatte. Doch die UEFA schaffte die Auszeichnung von 1991 bis 1996 vorübergehend ab, da es Unstimmigkeiten über die genauen Torzahlen in Zypern gab. Schließlich übergaben sie Pančev seinen Preis im August 2006 aber doch. Die Pechvögel unter den europäischen Torschützenkönigen von 1992 bis 1996 waren Schottlands Ally McCoist (zweimal), der Waliser David Taylor, der Armenier Arsen Awetissjan und der Georgier Zviad Endeladze.

Die meisten Tore in Länderspielen

Albanien: Alban Bushi 14
Andorra: Ildefons Lima 7
Bosnien-Herzegowina: Elvir Bolić 22
Estland: Andres Oper 36
Färöer-Inseln: Rógvi Jacobsen 10
Finnland: Jari Litmanen 32
Georgien: Schota Arweladse 26
Island: Eidur Gudjohnsen 24
Israel: Mordechai Spiegler 33
Kasachstan: Ruslan Baltiew 13
Lettland: Māris Verpakovskis 28
Liechtenstein: Mario Frick 16
Luxemburg: Léon Mart 16
Malta: Michael Mifsud 26
Mazedonien: Goran Pandev 23
Moldawien: Serghei Clescenco 11
Montenegro: Mirko Vučinić 11
Österreich: Toni Polster 44
San Marino: Andy Selva 8
Slowenien: Zlatko Zahovič 35
Weißrussland: Maksim Ramaschtschanka 20
Zypern: Michalis Konstantinou 32

Huhu, Uhu!

Zum Glücksbringer der finnischen Elf ist ein Uhu geworden, der gelegentlich während eines Länderspiels durch das Olympiastadion von Helsinki segelt. So zum ersten Mal während eines mit 2:0 gewonnenen EM-Qualifikationsspiels gegen Belgien im Juni 2007 geschehen. Das Spiel wurde minutenlang unterbrochen, weil »Bubi« über dem Spielfeld kreiste und sich auf dem Torpfosten niederließ. Der Uhu wurde später zu Helsinkis »Bürger des Jahres« gewählt.

Im hohen Norden

Mit 64°09'N ist Islands Hauptstadt Reykjavík der am nördlichsten gelegene Austragungsort von FIFA WM-Spielen – wenngleich bislang nur in der Qualifikation. Der nördlichste Austragungsort einer WM-Endrunde ist Sandviken in Schweden auf 60°37'N – während Christchurch in Neuseeland (43°32'S) den Titel für den südlichsten FIFA WM-Austragungsort für sich in Anspruch nehmen kann. Der südlichste Austragungsort bei einer WM-Endrunde ist Mar del Plata in Argentinien (38°01'S).

Böhmische Rhapsodie

Den Stürmer Josef »Pepi« Bican halten viele österreichische Fußballfans für den besten Goalgetter aller Zeiten. Einige Experten beziffern die Anzahl der Tore, die er in offiziellen Meisterschafts- und sonstigen Pflichtspielen erzielt hat, auf sage und schreibe 805 Treffer – mehr als beispielsweise Gerd Müller. Bican spielte in den 1930er-Jahren für die österreichischen Vereine Rapid Wien und Admira Wien, doch den größten Teil seiner Treffer erzielte er zwischen 1937 und 1948 für den tschechischen Klub Slavia Prag. Von 1933 bis 1936 traf er für Österreich in 19 Länderspielen 19-mal. Danach wechselte er die Staatsangehörigkeit und erzielte zwischen 1938 und 1949 in 14 Spielen 21 Tore für die Tschechoslowakei. Bei der FIFA WM 1934 erreichte er mit Österreich das Halbfinale, doch ein Verwaltungsirrtum verhinderte, dass er rechtzeitig vor der WM 1938 als Spieler für sein neues Heimatland registriert wurde. Schließlich bestritt Bican 1939 auch noch ein Länderspiel für die »Auswahl des Protektorates Böhmen und Mähren«, bei dem er einen Hattrick schaffte.

Den Wurzeln verpflichtet

Der albanische Mannschaftskapitän Lorik Cana wurde in Priština im Kosovo geboren. Nachdem er zwischen 2002 und 2005 bei Paris Saint-Germain von sich reden gemacht hatte, hätte er für Albanien, Frankreich oder die Schweiz international antreten können. Doch Cana, dessen weitere Vereinsstationen Olympique Marseille und der AFC Sunderland waren, bevor er 2010 bei Galatasaray Istanbul anheuerte, entschied sich für Albanien. Sein Vater, Agim Cana, gehörte in den 1980er-Jahren der erfolgreichen Mannschaft des FC Prishtina an, die damals in der ersten Liga des alten Jugoslawien spielte.

Hand und Fuß

Die Teilzeit-Nationalspieler der Färöer-Inseln bestreiten ihren Lebensunterhalt mit einer bunten Mischung von Jobs – und können auf die unterschiedlichsten sportlichen Leistungen außerhalb des Fußballs verweisen. Der pudelbemützte Torhüter Jens Martin Knudsen, der 1989 beim 1:0-Überraschungssieg der Färöer gegen Österreich der Mann des Spiels war, verdiente z.B. als Gabelstaplerfahrer seine Brötchen – und errang drei Landestitel im Turnen; zudem war er auch noch Handball-Nationaltorwart. Weitere Nationalspieler, die ebenfalls gleichzeitig Fußball und Handball spielten, waren u.a. der Journalist und Musiker Uni Arge, der bisher die drittmeisten Tore für das Fußballteam der Färöer erzielt hat, und John Petersen, der in der färöischen Rekordtorschützenliste hinter Uni Arge den vierten Platz einnimmt.

Bühne frei für Lettland

Nachdem Österreich, das seine Qualifikation als Gruppenerster abschloss, vor der FIFA WM 1938 vom Deutschen Reich annektiert wurde, hoffte der Gruppenzweite Lettland, anstelle Österreichs zur WM fahren zu können. Diese Hoffnung erfüllte sich nicht: Die WM wurde mit 15 anstatt mit 16 Teilnehmern ausgetragen. Nach Jahren als Teil der Sowjetunion (1940 bis 1991) qualifizierte sich Lettland schließlich für sein erstes großes Turnier in einem Qualifikationsspiel gegen die Türkei für die EM 2004.

Höchste Siege

Albanien: 5:0 gegen Vietnam (A, Dezember 2003)
6:1 gegen Zypern (H, August 2009)
Andorra: 2:0 gegen Weißrussland (H, April 2000);
2:0 gegen Albanien (H, April 2002)
Bosnien und Herzegowina: 7:0 gegen Estland
(H, September 2008)
Estland: 6:0 gegen Litauen (H, Juni 1928)
Färöer-Inseln: 3:0 gegen San Marino (H, Mai 1995)
Finnland: 10:2 gegen Estland (H, August 1922)
Georgien: 7:0 gegen Armenien (H, März 1997)
Griechenland: 8:0 gegen Syrien (H, November 1949)
Island: 9:0 gegen Färöer-Inseln (H, Juli 1985)
Israel: 9:0 gegen Taiwan (A, März 1988)
Kasachstan: 7:0 gegen Pakistan (H, Juni 1997)
Lettland: 8:1 gegen Estland (H, August 1942)
Liechtenstein: 4:0 gegen Luxemburg (A, Oktober 2004)
Luxemburg: 6:0 gegen Afghanistan (A, Juli 1948)
Malta: 7:1 gegen Liechtenstein (H, März 2008)
Mazedonien: 11:1 gegen Liechtenstein
(A, November 1996)
Moldau: 5:0 gegen Pakistan (A, August 1992)
Montenegro: 3:0 gegen Kasachstan (H, Mai 2008)
Österreich: 9:0 gegen Malta (H, April 1977)
San Marino: 1:0 gegen Liechtenstein (H, April 2004)
Slowakei: 7:0 gegen Liechtenstein (H, September 2004);
7:0 gegen San Marino (H, Oktober 2007);
7:0 gegen San Marino (H, Juni 2009)
Slowenien: 7:0 gegen Oman (A, Februar 1999)
Weißrussland: 5:0 gegen Litauen (H, Juni 1998)
Zypern: 5:0 gegen Andorra (H, November 2000)

Höchste Niederlagen

Albanien: 0:12 gegen Ungarn (A, September 1950)
Andorra: 1:8 gegen Tschechien (A, Juni 2005);
0:7 gegen Kroatien (A, Oktober 2006)
Bosnien und Herzegowina: 0:5 gegen Argentinien
(A, Mai 1998)
Estland: 2:10 gegen Finnland (A, August 1922)
Färöer-Inseln: 0:7 gegen Jugoslawien (A, Mai 1991);
0:7 gegen Rumänien (A, Mai 1992);
0:7 gegen Norwegen (H, August 1993);
1:8 gegen Jugoslawien (H, Oktober 1998)
Finnland: 0:13 gegen Deutschland (A, September 1940)
Georgien: 0:5 gegen Rumänien (A, April 1996);
1:6 gegen Dänemark (A, September 2005)
Griechenland: 1:11 gegen Ungarn (A, März 1938)
Island: 2:14 gegen Dänemark (A, August 1967)
Israel: 1:7 gegen Ägypten (A, März 1934)*;
1:7 gegen Deutschland (A, Februar 2002)
Kasachstan: 0:6 gegen Türkei (H, Juni 2006);
0:6 gegen Russland (A, Mai 2008)
Lettland: 0:12 gegen Schweden (A, Mai 1927)
Liechtenstein: 1:11 gegen Mazedonien
(H, November 1996)
Luxemburg: 0:9 gegen England (H, Oktober 1960);
0:9 gegen England (A, Dezember 1982)
Malta: 1:12 gegen Spanien (A, Dezember 1983)
Mazedonien: 0:5 gegen Belgien (H, Juni 1995)
Moldau: 0:6 gegen Schweden (A, Juni 2001)
Montenegro: 0:4 gegen Rumänien (A, Mai 2008)
Österreich: 1:11 gegen England (H, Juni 1908)
San Marino: 0:13 gegen Deutschland
(A, September 2006)
Slowakei: 0:6 gegen Argentinien (A, Juni 1995)
Slowenien: 0:5 gegen Frankreich (A, Oktober 2002)
Weißrussland: 0:5 gegen Österreich (A, Juni 2003)
Zypern: 0:12 gegen BRD (A, Mai 1969)

* Palästina-Eretz Israel unter britischem Mandat

Ladehemmung bei Andorra

Seit seinem ersten Länderspiel an Neujahr 1996 – eine 1:6-Heimniederlage gegen Estland – konnte Andorra lediglich drei Spiele gewinnen, zwei davon Freundschaftsspiele. Der einzige Pflichtspieltriumph war ein 1:0 gegen Mazedonien im Oktober 2004 in der FIFA WM-Qualifikation, als der linke Außenverteidiger Marc Bernaus das Tor des Tages erzielte. Das schwache Abschneiden kann nicht weiter verwundern, ist das Fürstentum mit nur 71 822 Einwohnern doch der sechstkleinste Staat Europas, der seine prestigeträchtigsten Spiele, z. B. gegen England, in Barcelona austrug.

Georgien, Georgien

Dinamo Tiflis aus Georgien und Zalgiris Vilnius aus Litauen trennten sich im Mai 1990 2:2 unentschieden in einem Spiel, das später als Länderspiel zwischen Georgien und Litauen gewertet wurde. Die Partie gilt nun als erstes Länderspiel Georgiens, obwohl das Land seine Unabhängigkeit von der Sowjetunion erst elf Monate später erlangte.

Der Stripper aus Montenegro

Wenn Montenegro trifft, zählt fast immer der derzeit führende Rekordtorschütze Mirko Vučinić zu den Torschützen. Seinen Siegtreffer gegen die Schweiz in einem Qualifikationsspiel für die UEFA EURO 2012 feierte er auf verrückte Weise: Er zog sich nicht das Trikot aus, sondern streifte seine kurze Hose ab und zog sie sich über den Kopf – für diese Mätzchen sah er dann allerdings auch die Gelbe Karte. Vučinić hatte davor schon einmal etwas Ähnliches gebracht: Nachdem er für seinen Verein AS Rom getroffen hatte, zog er sowohl sein Trikot als auch seine Hose aus, wobei unter der kurzen Hose eine weiße Unterhose, unter dem Trikot jedoch ein weiteres Roma-Trikot zum Vorschein kamen.

Bessere Zeiten

Massimo Bonini verlor während seiner Amtszeit als Trainer von San Marino (1996–1998) sämtliche Spiele mit seinem Team. Als Spieler war er wesentlich erfolgreicher gewesen: Während der 1980er-Jahre lief er 192-mal für Juventus Turin auf und gewann mit dem Spitzenklub dreimal die italienische Meisterschaft. Im Finale des Europapokals der Landesmeister 1985 in Brüssel, das Juventus gegen den FC Liverpool mit 1:0 gewann, stand er 90 Minuten auf dem Platz (und, am Rande vermerkt, wurde so auch Augenzeuge der »Katastrophe von Heysel«, bei der 39 Menschen ums Leben kamen). Damit ist er der bisher einzige Spieler aus San Marino, der den Pokal holen konnte. Bonini spielte zunächst in der italienischen U-21-Auswahl, da die FIFA sein Heimatland erst 1990 offiziell anerkannte. Danach durfte er 19-mal für San Marino antreten und wurde 2004 zum größten sanmarinesischen Fußballer der letzten 50 Jahre gewählt.

SÜDAMERIKA

Südamerika stellte mit Uruguay den ersten Ausrichter einer FIFA Weltmeisterschaft™ und den ersten offiziellen Weltmeister. Der Subkontinent kann jetzt insgesamt neun WM-Titel für sich beanspruchen (Brasilien fünf, Argentinien und Uruguay jeweils zwei); die beiden Endspielgegner von 1930 – Uruguay und Argentinien – machen sich Hoffnungen darauf, 2030 gemeinsam die Jubiläums-WM zum 100-jährigen Bestehen des Wettbewerbs ausrichten zu dürfen. Südamerikanische Fans können jedes Spiel in ein Karnevalsspektakel verwandeln.

Der Argentinier Andrés D'Allesandro wurde 2010 zu Südamerikas Fußballer des Jahres gewählt. Der olympische Goldmedaillengewinner von 2004 war 2010 nach fünf Jahren Pause wieder in die Nationalmannschaft berufen worden.

ARGENTINIEN

Argentinien gewann 14-mal die Copa América, zwei olympische Goldmedaillen bei den Spielen 2004 und 2008, errang 1992 den Konföderationen-Pokal und eroberte bei den FIFA Weltmeisterschaften™ 1978 und 1986 zweimal die wertvollste Trophäe im Weltfußball. Kein anderes Land hat so viele internationale Titel gewonnen. Das Land mit der großen Fußballtradition – die Nationalmannschaft wurde bereits 1890 gegründet – hat zudem einige der besten Fußballer aller Zeiten hervorgebracht.

Haarig

Daniel Passarella verlangte als Kapitän das Äußerste von seinem Team, als es die FIFA WM 1978 gewann. Auch als Trainer war er anspruchsvoll. Nachdem er 1994 die Nationalmannschaft übernahm, mussten sich alle Spieler die Haare kurz schneiden lassen. Von Stürmer Claudio Caniggia verlangte er, sich die »Mädchenhaare« abzuschneiden.

Batista bringt's

Der Nachfolger war wie sein Vorgänger WM-Sieger von 1986: Nach der FIFA WM 2010 übernahm Sergio Daniel Batista das Amt des argentinischen Nationaltrainers von Diego Maradona. Batista, der in seiner Zeit als Aktiver im defensiven Mittelfeld agierte, war zunächst nur zum Interimstrainer ernannt worden. Er legte jedoch einen perfekten Start hin: Zuerst schlug sein Team Irland mit 1:0, dann Weltmeister Spanien mit 4:1. Beim Olympischen Fußballturnier von 2008 in Peking hatte Batista Argentinien zu seiner zweiten Goldmedaille geführt.

Das Warten hat sich gelohnt

In Argentiniens wichtigstem Stadion »El Monumental« in Buenos Aires wurde 1938 das erste Spiel ausgetragen. Endgültig fertiggestellt wurde das »Estadio Monumental Antonio Vespucio Liberti«, so der offizielle Name, 20 Jahre später – dank des Geldes, das sein Verein River Plate von Juventus Turin für Omar Sivori erhielt. Das Stadion ist eine Sehenswürdigkeit und Austragungsort des »Superclasicó«, des Derbys zwischen River Plate und dem Lokalrivalen Boca Juniors.

Schüsse auf den Hintern

Das einzig Berechenbare an Diego Maradona während seiner Amtszeit als argentinischer Nationaltrainer war seine Unberechenbarkeit. Nach der Qualifikation für die WM in Südafrika wurde er von der FIFA zwei Monate lang gesperrt, weil er in äußerst rüder Weise Kritik an Journalisten geübt hatte. Die Aussicht darauf, von Maradona beleidigt zu werden, hielt die Journalisten in Südafrika jedoch nicht davon ab, in Scharen zu seinen Pressekonferenzen zu strömen. Auch die Trainingseinheiten der Mannschaft bei der WM waren von Maradonas Extravaganzen geprägt: Mal sog er an einer Zigarre, während er Anweisungen gab – oder er beugte sich vornüber und forderte Spieler auf, mit dem Ball auf seinen Allerwertesten zu schießen.

Anfängerglück

Der jüngste Trainer bei einer FIFA WM war Juan José Tramutola, der nur 27 Jahre und 267 Tage alt war, als Argentinien 1930 Frankreich mit 1:0 schlug. Argentinien erreichte das Endspiel, verlor dort aber gegen Uruguay mit 2:4. Beide Mannschaften spielten je eine Halbzeit lang mit einem Ball aus ihrer Heimat.

Zahlendreher

Die argentinischen FIFA WM-Mannschaften von 1978 und 1982 bekamen ihre Rückennummern in alphabetischer Reihenfolge. Die Nummer 1 trug 1978 Norberto Alonso und 1982 Osvaldo Ardiles. 1982 durchbrach nur ein Spieler diesen Ritus: Die Nummer 10 war Diego Maradona vorbehalten.

Den Jungen geht es gut

Argentinien hat die U-20 (offiziell »FIFA Junioren«)-Weltmeisterschaft sechsmal gewonnen – so oft wie kein anderes Land. Die letzten Siege gelangen 2005 und 2007. Sergio Agüero und Mauro Zarate erzielten die Siegtreffer beim 2:1 gegen Tschechien in Kanada 2007.

Getrübtes Gold

Obwohl Argentinien die Olympischen Fußballturniere von 2004 und 2008 gewann – Javier Mascherano wurde dadurch zum ersten (männlichen) Fußballer seit 1928, der wieder zweimal hintereinander Gold holte –, schaffte es das Land überraschend nicht, sich für das nächste Turnier 2012 in London zu qualifizieren. Die beiden südamerikanischen Startplätze gingen an Brasilien und Uruguay. Ausgespielt wurde die Qualifikation bei der U-20-Fußball-Südamerikameisterschaft 2011 in Peru; Argentinien wurde dort hinter Brasilien und Uruguay nur Dritter.

Ein rundes Dutzend

Argentinien erzielte den deutlichsten Sieg in einem Endrundenspiel der Copa América, als das Land 1942, unter anderem durch fünf Tore von José Manuel Moreno, mit 12:0 über Ecuador triumphierte. Moreno gewann Meistertitel in Argentinien, Mexiko, Chile und Kolumbien.

Wasser!

Beim Endspiel des Olympischen Fußballturniers von 2008 zwischen Argentinien und Nigeria kam es unter den Augen der 89 102 Zuschauer zu einer ungewöhnlichen Begebenheit: Der Schiedsrichter sah sich zweimal gezwungen, die Mannschaften zu einer Trinkpause zu bitten. Das Spiel fand in der brütenden Hitze statt, die damals in Peking herrschte. Der Argentinier Ángel Di Maria erzielte das einzige Tor der Partie – damit durfte Argentinien den Titel behalten, den es vier Jahre davor in Athen zum ersten Mal geholt hatte.

Spielen Sie öfter hier?

Argentinien und Uruguay haben mehr Länderspiele gegeneinander bestritten als je zwei andere Länder: Insgesamt 177-mal traten sie gegeneinander an. Sie bestritten auch das erste Länderspiel, das außerhalb Großbritanniens stattfand: Im Mai 1901 unterlag Uruguay in Montevideo den argentinischen Gästen mit 2:3. Insgesamt hat Argentinien 81 Spiele gewonnen, Uruguay 53, 43 Spiele endeten unentschieden.

Bedeutende Turniere

FIFA Weltmeisterschaft™:

15 Teilnahmen – Siege (2) 1978, 1986

Copa América: 38 Teilnahmen – Siege (14) 1921, 1925, 1927, 1929, 1937, 1941, 1945, 1946, 1947, 1955, 1957, 1959, 1991, 1993

Konföderationen-Pokal:

Drei Teilnahmen – Sieg (1) 1992

Erstes Länderspiel: Uruguay – Argentinien 2:3 (Montevideo, Uruguay, 16. Mai 1901, inoffiziell)

Höchster Sieg: Argentinien – Ecuador 12:0 (Montevideo, Uruguay, 22. Januar 1942)

Höchste Niederlagen: Tschechoslowakei – Argentinien 6:1 (Helsingborg, Schweden, 15. Juni 1958), Bolivien – Argentinien 6:1 (La Paz, Bolivien, 1. April 2009)

Weltruhm

Der alte Weltpokal wurde bis 2004 zwischen dem Sieger der südamerikanischen »Copa Libertadores« und dem »Europapokalsieger der Landesmeister« (ab 1993 dem Gewinner der »Champions League«) ausgetragen. Argentinische Vereine konnten die Trophäe neunmal und damit am häufigsten erringen. Boca Juniors gewannen dreimal, Independiente zweimal, Estudiantes de La Plata, Racing Club, River Plate und CA Vélez Sársfield je einmal.

Roas Auszeit

Die Elfmeterkiller-Qualitäten des argentinischen Torhüters Carlos Roa besiegelten 1998 im Achtelfinale das WM-Aus für England: Im Elfmeterschießen klatschte er den entscheidenden Versuch von David Batty ab. Roa machte auch Schlagzeilen als gläubiger Sieben-Tage-Adventist: Er rechnete mit dem Ende der Welt im Jahr 2000, zu Anbruch des neuen Jahrtausends, und gab 1999 das Fußballspielen auf, um sich ein Jahr lang von der Welt zurückzuziehen und sich auf die Apokalypse vorzubereiten. Als er dann merkte, dass das Leben doch weiterging, kehrte er zum Fußball zurück und spielte wieder für den spanischen Verein RCD Mallorca. Weil er unter anderem darauf bestand, an Samstagen (Sabbat-Tagen) nicht spielen zu müssen, wurde er für den argentinischen WM-Kader von 2002 nicht mehr berücksichtigt. Wenn man ihn später auf seine einjährige Auszeit ansprach, wiederholte Roa beharrlich: »Die Pause hat mir gutgetan.«

Elfmetertod

Beharrlichkeit ist eine Tugend, aber Martín Palermo war zu beharrlich, als er in einem Spiel gegen Kolumbien bei der Copa América 1999 drei Strafstöße vergab: Der erste Elfmeter ging an die Latte, der zweite übers Tor und der dritte wurde gehalten. Kolumbien gewann mit 3:0.

Kurz und siegreich

Marcelo Trobbiani spielte genau zwei Minuten bei einem WM-Turnier und wurde gleich Weltmeister. Er wurde in den letzten zwei Spielminuten des Finales 1986 für Jorge Burruchaga eingewechselt. Trobbiani hatte einen Ballkontakt. Der Star von Boca Juniors beendete seine Länderspiellaufbahn mit 15 Einsätzen und einem Tor.

Die besten Torschützen

1.	Gabriel Batistuta	56
2.	Hernán Crespo	36
3.	Diego Maradona	34
4.	Luis Artime	24
5.	Leopoldo Luque	22
=	Daniel Passarella	22
7.	José Sanfilippo	21
=	Herminio Masantonio	21
9.	Mario Kempes	20
10.	Norberto Méndez	19
=	José Manuel Moreno	19
=	René Pontoni	19

Zweiter Versuch

Luis Monti ist der einzige Fußballspieler, der für zwei verschiedene Länder im Endspiel der Weltmeisterschaft gestanden hat. Der am 15. Mai 1901 in Buenos Aires geborene Innenverteidiger stammte aus einer italienischen Familie. Er trug wesentlich zu Argentiniens Einzug ins Endspiel 1930 bei, das mit 2:4 gegen Uruguay verloren ging; Monti hatte vor dem Spiel Morddrohungen erhalten. 1931 wechselte er zu Juventus Turin, erhielt die Spielberechtigung für Italien und gewann 1934 mit seinem neuen Land im Endspiel gegen die Tschechoslowakei. Ein anderes Mitglied des italienischen Weltmeisterteams von 1934 war Raimundo Orsi, der ebenfalls bis 1929 für Argentinien gespielt hatte.

Göttlicher Diego

Diego Armando Maradona gilt vielen neben Pelé als bester Fußballer aller Zeiten. Er kam am 30. Oktober 1960 zur Welt und zog schon als Kind Aufmerksamkeit auf sich, als er während der Halbzeitpause eines Spiels der Argentinos Juniors mit dem Ball jonglierte. Für die FIFA WM 1978 wurde er nicht nominiert, weil Trainer Cesar Luis Menotti ihn für zu jung hielt; vier Jahre später enttäuschte Maradona und bekam im Zwischenrundenspiel gegen Brasilien die Rote Karte. Als Kapitän des siegreichen Teams bei der WM 1986 wurde er hingegen zur Legende. Unvergessen sind seine Tore im Viertelfinalspiel gegen England, als er zunächst die sprichwörtliche »Hand Gottes« zu Hilfe nahm, um einen »Kopfball«-Treffer zu erzielen; sein 2:0 kurz darauf, dem ein spektakulärer Sololauf durch die Abwehrreihen des Gegners vorausging, wurde 2002 von der FIFA zum »WM-Tor des Jahrhunderts« gewählt. 1990 in Italien verlor er erneut im Endspiel, mit 0:1 gegen die Bundesrepublik. Mit dem SSC Neapel gewann er in Italien das Double, wurde ein zweites Mal Meister und errang den UEFA-Pokal. 1994 wurde er bei der WM wegen Dopings disqualifiziert. Argentiniens Mannschaftskapitän in 16 WM-Spielen wurde 2008 Nationaltrainer seines Landes, obwohl er kaum Erfahrung hatte.

Super, Zanetti

Javier Zanetti ist der Spieler mit den meisten Einsätzen in der argentinischen Nationalmannschaft – 140-mal stand er für sein Heimatland auf dem Platz. Bei der FIFA WM 2006 wurde er von Trainer José Pekerman überraschend nicht nominiert. Aber unter Alfio Basile kehrte er zurück und übertraf anschließend den Rekord von Roberto Ayala. Zanetti, der sowohl in der Außenverteidigung als auch im Mittelfeld spielen kann, hat auch mehr Spiele in der Serie A bestritten als jeder andere Ausländer. Dennoch verpasste er 2010 erneut die Weltmeisterschaft: Er und Esteban Cambiasso wurden von Diego Maradona nicht berücksichtigt, obwohl sie beide kräftig daran mitgewirkt hatten, dass ihr Verein Inter Mailand in der Saison 2009/2010 das Triple aus italienischer Meisterschaft, italienischem Pokal und Champions League holte.

Super Mario

Mario Kempes erzielte zwei Treffer für Argentinien im Finale der FIFA WM 1978 und wurde bester Torschütze des Turniers. Er war der einzige Spieler in Trainer Menottis Kader, der nicht in Argentinien spielte: Er stand beim FC Valencia unter Vertrag und war 1977 und 1978 zweimal hintereinander Torschützenkönig der Primera División geworden.

Erzengel Gabriel

Gabriel Batistuta, auch »Batgol« genannt, führt die ewige Torschützenrangliste der argentinischen Nationalmannschaft an. Als einziger Spieler erzielte er je einen Hattrick bei zwei FIFA WM-Turnieren, den ersten gegen Griechenland 1994, den zweiten gegen Jamaika 1998. Der Ungar Sándor Kocsis (1954), der Franzose Just Fontaine (1958) und der Deutsche Gerd Müller (1970) erzielten jeweils zwei Hattricks im selben Turnier. Batistuta kam am 1. Februar 1969 zur Welt. Mit Treffern in elf aufeinanderfolgenden Spielen für den AC Florenz während der Spielzeit 1994/95 stellte er auch einen Rekord in der italienischen Serie A auf.

Schwer erreichbar

Obwohl er ein paar feine Leistungen zeigte, gelang es Lionel Messi nicht, in den fünf Spielen, die er bei der FIFA WM 2010 absolvierte, ein Tor zu schießen. Allerdings durfte er sich darüber freuen, dass er zum jüngsten argentinischen Spieler aller Zeiten wurde, der sich die Spielführerbinde überstreifen durfte – beim letzten Gruppenspiel gegen Griechenland vertrat er den etatmäßigen Mannschaftskapitän Javier Mascherano, der gelb gesperrt fehlte. Vor dem Turnier hatte Trainer Diego Maradona geschildert, wie schwierig es sei, den Barça-Star Messi telefonisch zu erreichen: »Es ist leichter, mit US-Präsident Barack Obama zu sprechen als mit ihm.«

Top Ten Länderspiele

1.	Javier Zanetti	140
2.	Roberto Ayala	115
3.	Diego Simeone	106
4.	Oscar Ruggeri	97
5.	Diego Maradona	91
6.	Ariel Ortega	87
7.	Gabriel Batistuta	78
8.	Juan Pablo Sorín	76
9.	Américo Gallego	73
=	Juan Sebastián Verón	73

Heiliger Palermo!

Nach seinem letzten Einsatz zogen zehn Jahre ins Land, bevor Martín Palermo 2009 von seinem früheren, nun zum Nationaltrainer aufgerückten Boca-Juniors-Mitstreiter Diego Maradona wieder in die argentinische Auswahl berufen wurde. Palermo demonstrierte dann, dass seine überraschende Reaktivierung berechtigt war: Im vorletzten Qualifikationsspiel gegen Peru erzielte er in der Nachspielzeit den entscheidenden Treffer. Maradona hechtete sich daraufhin an der Seitenlinie auf den schlammigen Rasen und jubelte nach dem Spiel über den »heiligen Palermo«. Beim Turnier 2010 in Südafrika wurde Palermo auch zum ältesten argentinischen Spieler, der je ein WM-Tor geschossen hat. Als er im Gruppenspiel gegen Griechenland eingewechselt wurde und zum 2:0-Endstand einnetzte, war er 36 Jahre und 227 Tage alt – ein Jahr und 358 Tage älter als Maradona 16 Jahre davor, der gegen denselben Gegner getroffen hatte.

BRASILIEN

Kein Land verkörpert so sehr die Seele des Fußballs wie Brasilien. Die Spieler in ihren typischen gelben Trikots und blauen Hosen begeisterten schon ganze Generationen von Fußballfans. Auf ihre Kappe gehen einige der schönsten Augenblicke in diesem Sport. Eine FIFA WM™ ohne Brasilien? Unvorstellbar, denn das Land, das Spieler wie Pelé, Garrincha, Zico, Ronaldo, Ronaldinho und Kaká hervorbrachte, war als einziges bei jeder FIFA WM™ dabei. Gewonnen hat Brasilien das Turnier bisher fünfmal – absoluter Rekord.

Magere olympische Ausbeute

Brasilien hat beim Olympischen Fußballturnier der Männer schon zweimal Silber (1984 und 1988) und zweimal Bronze (1996 und 2008) geholt, aber noch keine Goldmedaille errungen. Damit ist dies der einzige offizielle FIFA-Wettbewerb, den die Südamerikaner noch nicht gewonnen haben. 2012 werden die Brasilianer in London einen erneuten Anlauf nehmen, nachdem sie sich bei der U-20-Fußball-Südamerikameisterschaft 2011 in Peru zusammen mit Uruguay für das Turnier qualifiziert haben: Brasilien holte dort den Titel, und der FC-São-Paulo-Spielmacher Lucas erzielte in der Abschlussbegegnung des Turniers, bei der Brasilien die Urus mit 6:0 demontierte, einen Hattrick.

Ganz schön knapp

Viele Spiele Brasiliens sind unvergesslich. So ging die 2:3-Niederlage gegen Italien 1982 in die Geschichte der FIFA WM ein. Der Italiener Paolo Rossi schoss damals alle drei Tore, und Brasiliens Trainer Telê Santana erntete viel Kritik, weil er voll auf Angriff setzte, obwohl ein Unentschieden reichte, um die Mannschaft ins Halbfinale zu bringen. Die brasilianische Mannschaft von 1982 mit Spielern wie Sócrates (links), Zico und Falcão gilt als bestes Team, das den Titel nicht gewinnen konnte. Das 3:2 gegen die Niederlande im Viertelfinale 1994 – seit 20 Jahren die erste Begegnung der Länder bei einer WM – war genauso umkämpft, sämtliche Tore fielen erst in der zweiten Halbzeit.

Schlimmste Rivalen

Der älteste Klassiker im brasilianischen Fußball ist das Derby der Klubs Fluminense und Botafogo aus Rio de Janeiro. Zum ersten Mal standen sich die Vereine am 22. Oktober 1905 gegenüber, Fluminense gewann 6:0. Ein Spiel entfachte sogar einen Streit, der 89 Jahre anhielt: Die beiden Mannschaften sahen das Ergebnis der lokalen Meisterschaft von 1907 unterschiedlich und stritten sich bis 1996 um den Titel – dann beschlossen sie, ihn zu teilen.

Brasiliens Bilanz

FIFA WM™	**19 Teilnahmen** (alle bisherigen Turniere)
Spiele (97)	S 67, U 17, N 15, T 210, GT 88*
Weltmeister (5)	1958, 1962, 1970, 1994, 2002
Vizeweltmeister (2)	1950, 1998
Dritter (2)	1938, 1978
Vierter (1)	1974
Copa América	**32 Teilnahmen**
Südamerikameister (8)	1919, 1922, 1949, 1989, 1997, 1999, 2004, 2007
Konföderationen-Pokal	**Sechs Teilnahmen**
Pokalsieger (3)	1997, 2005, 2009
Historisches erstes Länderspiel	**Argentinien – Brasilien 3:0** (Buenos Aires, 20. September 1914)
Höchster Sieg	**Brasilien – Nigeria 14:0** (Mexiko, 17. Oktober 1975)
Höchste Niederlage	**Uruguay – Brasilien 6:0** (Chile, 18. September 1920)

* S = Sieg, U = Unentschieden, N = Niederlage, T = Tore, GT = Gegentore

Das Land des Fußballs

Kein Land steht mehr für fußballerischen Erfolg als Brasilien. Mit fünf Siegen in der Geschichte der FIFA WM (1958, 1962, 1970, 1994 und 2002) ist das Land Rekordweltmeister. Als einziges Land konnte sich Brasilien jedes Mal für die WM-Endrunde qualifizieren – und galt jedes Mal als Favorit. Nachdem sie 1970 in Mexiko zum dritten Mal gewonnen hatten, durften die Brasilianer den Jules-Rimet-Pokal behalten. Doch leider wurde er 1983 aus der Zentrale des brasilianischen Fußballverbandes gestohlen und nicht wieder aufgefunden. Die Brasilianer bezeichnen ihr Land häufig als »o país do futebol« (»das Land des Fußballs«). Der Sport ist das Lieblingshobby der Kinder und Jugendlichen. Parlamentswahlen werden oft im selben Jahr wie die FIFA WM abgehalten. Kritiker beklagen dabei allerdings, dass die politischen Parteien versuchten, die patriotische Stimmung, die der Fußball im Land erweckt, für ihre Zwecke auszunutzen. Charles William Miller, der Sohn eines schottischen Ingenieurs, brachte das Spiel 1894 nach Brasilien. Doch der Sport wurde erst richtig brasilianisch, als in den 1920-er-Jahren auch farbige Spieler von den Vereinen eingesetzt wurden; wegen seines europäischen Ursprungs galt der Fußball zunächst als Sport der weißen städtischen Oberschicht. Doch schon bald wurde er auch bei den Armen in Brasiliens Großstädten beliebt, denn die Menschen merkten schnell, dass man dazu nur einen Ball brauchte, den man zur Not auch durch ein Bündel Socken, eine Orange oder sogar in Stoff gewickeltes Papier ersetzen konnte.

Vom Spielführer zum Nationaltrainer

Dunga, 1994 als Mannschaftskapitän mit Brasilien Weltmeister, wurde 2006 brasilianischer Nationaltrainer, obwohl er keine Erfahrung als Trainer hatte. Er gewann zwar mit seiner Mannschaft 2007 die Südamerikameisterschaft und 2009 den Konföderationen-Pokal, aber 2010 flog er aus dem Amt, nachdem Brasilien nach dem 1:2 im Viertelfinale gegen die Niederlande aus dem WM-Turnier in Südafrika ausgeschieden war. Dunga, der mit bürgerlichem Namen Carlos Caetano Bledorn Verri heißt, aber nur mit dem portugiesischen Namen eines der sieben Zwerge (»Dopey«) aus der Disney-Verfilmung des Märchens gerufen wird, musste sich schon vor dem Turnier in der Heimat heftige Kritik gefallen lassen: Vielen gefiel nicht, wie die Mannschaft in der Defensive arbeitete, und Kritiker waren entsetzt darüber, dass er Ronaldinho, Adriano und Alexandre Pato nicht nach Südafrika mitnahm.

WM-Versager weg

Als im August 2010 der neue brasilianische Nationaltrainer Mano Menezes für eine Partie gegen die USA den 23-köpfigen Kader für das erste Länderspiel unter seiner Leitung nominierte, machte er einen radikalen Schnitt: Nur vier Spieler, die bei der WM 2010 in Südafrika dabei gewesen waren, fanden Aufnahme in sein Team – neben Kapitän Robinho waren dies Dani Alves, Ramires und Thiago Silva. Brasilien entschied das Match mit 3:0 für sich.

Kälte und Hitze

Die FIFA WM 2010 in Südafrika war eine der bisher wenigen Weltmeisterschaften, die in einem Land abgehalten wurde, in dem es gerade Winter war – und Brasilien machte das von allen Nationen am meisten zu schaffen. Beim Auftaktspiel der »Seleção« hatte es im Ellis-Park-Stadion in Johannesburg nur 3 °C, doch als die Mannschaft später in Durban am Indischen Ozean auf die Portugiesen traf, war es dort 25 °C warm.

Das ging fast ins Auge ...

Der Mittelstürmer Tostão (Eduardo Gonçalves de Andrade) war einer der Stars der legendären brasilianischen Mannschaft, die 1970 die Weltmeisterschaft gewann – doch beinahe hätte er überhaupt nicht an dem Turnier teilgenommen: Im Jahr zuvor hatte ihn ein Ball ins Gesicht getroffen, als Folge hatte sich in einem seiner Augen die Netzhaut abgelöst, und die Ärzte rieten dazu, ihn nicht zur WM mitzunehmen. Tostão beendete 1973 mit nur 26 Jahren seine Karriere, nachdem er eine weitere Augenverletzung erlitten hatte, und wurde Arzt. Pelé, 1970 sein Mannschaftskamerad, hatte ähnliche Probleme mit den Augen.

Top Ten Länderspiele

1.	Cafu	142
2.	Roberto Carlos	125
3.	Cláudio Taffarel	101
4.	Djalma Santos	98
5.	Ronaldo	97
6.	Lúcio	96
7.	Gilmar	94
8.	Gilberto Silva	93
9.	Pelé	92
=	Rivelino	92

Top Ten Torschützen

1.	Pelé	77
2.	Ronaldo	62
3.	Romario	55
4.	Zico	52
5.	Bebeto	39
6.	Rivaldo	34
7.	Jairzinho	33
8.	Ademir	32
=	Ronaldinho	32
=	Tostão	32

Die Top Ten Torschützen bei FIFA WM™-Turnieren

1.	Ronaldo (Torschützenkönig 2002)	15
2.	Pelé	12
3.	Ademir (Torschützenkönig 1950)	9
=	Jairzinho (traf bei der FIFA WM 1970 als Einziger bei jedem Spiel)	9
=	Vavá (Co-Torschützenkönig 1962)	9
6.	Leônidas da Silva (Torschützenkönig 1938)	8
=	Rivaldo	8
8.	Careca	7
9.	Bebeto	6
=	Rivelino	6

Der König

Viele halten Pelé für den größten Fußballer aller Zeiten – in Brasilien ist er ein Idol, und das nicht nur wegen seiner Leistungen auf dem Platz. So widmete Pelé zum Beispiel sein 1000. Tor den armen Kindern des Landes. Er debütierte bereits im Alter von 15 Jahren 1956 für den FC Santos und gewann zwei Jahre später seine erste FIFA WM – damit ist er bis heute der jüngste Weltmeister der Fußballgeschichte. Im Endspiel schoss er zwei Tore. Obwohl zahlreiche Angebote von europäischen Vereinen vorlagen, blieb er seinem Verein fast 20 Jahre treu – bis 1974. Niemand schoss mehr Tore für die Seleção und als einziger Fußballer gewann er drei FIFA WM-Titel (1958, 1962, 1970). Beim Turnier 1962 fehlte er verletzungsbedingt bei einigen Spielen und stand auch nicht in der Siegerelf. Seine Medaille wurde ihm von der FIFA im November 2007 rückwirkend überreicht. Als Brasilien 1966 in der WM-Vorrunde nach katastrophalen Leistungen ausschied, verkündete Pelé, er werde nie wieder bei einer WM spielen. Doch er ließ sich überreden und war 1970 Führungsspieler in einer Mannschaft, die als eine der besten aller Zeiten gilt. Von 1974 bis 1977 spielte Pelé in den USA, und lange nach seinem Karriereende wurde er 1995 vom brasilianischen Staatspräsidenten zum außerordentlichen Sportminister ernannt. Die FIFA zeichnete ihn 1999 als »Weltfußballer des Jahrhunderts« aus.

Vertrauen in die Erfahrung

Der brasilianische Spielmacher Kaká wurde bei der FIFA WM 2002 Weltmeister, obwohl er während des Turniers nur ganze 21 Minuten auf dem Rasen war: Beim Gruppenspiel gegen Costa Rica wurde er in der 72. Minute für Rivaldo eingewechselt. Doch Kaká hatte Glück, dass er überhaupt für sein Land auflaufen konnte: Mit 18 drohte er nach einem Badeunfall für immer gelähmt zu bleiben. Seine Genesung bestärkte ihn danach in seinem tiefen christlichen Glauben. 2007 wurde er zum »Weltfußballer des Jahres« gewählt – im gleichen Jahr trug er entscheidend dazu dabei, dass der AC Mailand die Champions League gewann. 2009 war er für kurze Zeit der teuerste Spieler der Welt, als Real Madrid 65 Millionen Euro Ablöse für ihn an den AC Mailand überwies. Bei den Weltmeisterschaften 2006 und 2010 war Kaká nicht so erfolgreich, Brasilien schied beide Male im Viertelfinale aus. In Südafrika sah er zudem im Gruppenspiel gegen die Elfenbeinküste Gelb-Rot.

Ronaldo, wo bist du?

Nur ein Mensch weiß genau, was mit Ronaldo in den Stunden vor dem Finale der FIFA WM 1998 los war: er selbst. Es ist eines der größten Rätsel in der Geschichte der FIFA WM, warum sein Name vor dem Spiel zunächst in der Mannschaftsaufstellung fehlte – und dann kurz vor Anstoß doch noch auftauchte. Erst hieß es, Ronaldo leide an einer Knöchelverletzung, später war es eine Magenverstimmung. Schließlich gab der Mannschaftsarzt Lidio Toledo bekannt, der Stürmer sei ins Krankenhaus gebracht worden, nachdem er im Schlaf Krämpfe erlitten hatte. Nach neurologischen und kardiologischen Untersuchungen gaben die Ärzte jedoch grünes Licht. Die dramatischsten Worte zur Vorgeschichte fand Ronaldos Zimmergenosse Roberto Carlos: »Ronaldo hatte Angst vor dem, was da auf ihn zukam. Er wurde mit dem Druck nicht fertig und hörte nicht mehr auf zu weinen«, erzählte der legendäre Verteidiger. »Ungefähr um vier ging es ihm dann richtig schlecht. Da habe ich den Mannschaftsarzt angerufen und ihm gesagt, er solle so schnell wie möglich zu uns kommen.«

Cláudio macht keine Pause

Der Torhüter Cláudio Taffarel, 1994 mit Brasilien Weltmeister, fand es nicht unter seiner Würde, für die Fußballmannschaft einer Kirchengemeinde aufzulaufen, als er auf der Suche nach einem neuen Verein war: Nachdem er 1994 mit AC Reggiana aus Italiens Serie A abgestiegen und vorübergehend vereinslos war, schloss sich Taffarel dem Team der Kirchengemeinde Preziosissimo Sangue in Reggiana an und spielte im Kleinfeldfußballteam – allerdings nicht als Torwart, sondern als Stürmer, der in sieben Spielen insgesamt 15 Tore schoss.

Per Elfmeter zum 1000. Treffer

Obwohl etliche Fachleute Zweifel an der Richtigkeit dieser Zahlen hegen, behaupten Pélé und Romario, jeweils über 1000 Tore erzielt zu haben – und beide wollen ihren jeweils 1000. Treffer per Strafstoß geschossen haben: Pelé im November 1969 bei einem Spiel seines Vereins FC Santos gegen CR Vasco da Gama, Romario im Mai 2007 für Vasco da Gama gegen Sport Recife.

Zwei Namen, zwei Länder

Heutzutage dürfen Spieler in Pflichtspielen nicht mehr für zwei Länder antreten, doch José Altafini spielte sowohl für Brasilien als auch für Italien. Der dritterfolgreichste Torschütze in der Geschichte der italienischen Serie A hatte nämlich die doppelte Staatsbürgerschaft. Schon in Brasilien erhielt er den Spitznamen »Mazzola«, da er Valentino Mazzola, einem ehemaligen Stürmer des AC Turin, verblüffend ähnlich sah. Bei der FIFA WM von 1958 spielte er für Brasilien, kam jedoch im Viertelfinale letztmals zum Einsatz. 1962 trat er für Italien an, doch das Land schied bereits früh aus.

CHILE

Chile war 1916 eines von vier Gründungsmitgliedern der südamerikanischen Fußball-Konföderation CONMEBOL. Die chilenische Nationalmannschaft hatte ihr erstes Länderspiel im Mai 1910 in Buenos Aires bestritten; in der Eröffnungspartie des ersten internationalen Turniers in Südamerika (»Torneo América del Sud – Centenario«) unterlag das Team mit 0:3 gegen Uruguay. 1916 nahm Chile an der ersten offiziellen Südamerikameisterschaft (»Copa América«) teil. Diesen Wettbewerb konnten die Chilenen noch nie gewinnen, doch wurden sie insgesamt viermal Zweiter (1955, 1956, 1979 und 1987). Ihr bisher größter Erfolg war der dritte Platz bei der FIFA WM 1962 im eigenen Land.

Top Ten Torschützen

1.	Marcelo Salas	37
2.	Iván Zamorano	34
3.	Carlos Caszely	29
4.	Leonel Sánchez	23
5.	Jorge Aravena	22
6.	Juan Carlos Letelier	18
=	Humberto Suazo	18
8.	Enrique Hormazábal	17
9.	Jaime Ramírez Banda	12
=	Alberto Fouilloux	12
=	Hugo Eduardo Rubio	12
=	Alexis Sánchez	12
=	Raúl Toro	12

Ein schönes Jubiläum

Chile musste sich exakt 48 Jahre lang gedulden, bis es wieder einen WM-Sieg einfahren konnte. Das lange Warten hatte ein Ende, als Jean Beausejour am 16. Juni 2010 das goldene Tor gegen Honduras erzielte. Am 16. Juni 1962 hatte Chile bei der WM im eigenen Land im Spiel um den dritten Platz Jugoslawien ebenfalls mit einem 1:0 bezwungen, Torschütze war damals Eladio Rojas. In der Zeit zwischen diesen beiden Spielen kassierte Chile bei seinen WM-Teilnahmen sieben Niederlagen und spielte sechsmal unentschieden. Der Sieg gegen Honduras im südafrikanischen Nelspruit war zudem der erste chilenische WM-Erfolg außerhalb von Südamerika.

Das Triple des Innenverteidigers

Der erste Spieler, der dreimal zu Südamerikas »Fußballer des Jahres« gewählt wurde, war der chilenische Innenverteidiger Elías Figueroa. In drei aufeinanderfolgenden Jahren von 1974 bis 1976 holte er sich als Spieler des brasilianischen Vereins SC Internacional aus Porto Alegre die Trophäe. Nur zwei weitere Spieler konnten solch ein Triple wiederholen: der Brasilianer Zico (1977, 1981 und 1982) und der argentinische Stürmer Carlos Tévez (2003, 2004 und 2005). Zwei weitere Chilenen gewannen die Auszeichnung ebenfalls: Marcelo Salas 1997 und Matías Fernández 2006. Sieht man von Brasilien und Argentinien ab, so gingen die meisten Preise nach Chile und Paraguay, nämlich jeweils fünf. Obwohl Figueroa seine Laufbahn in Chile begann und beendete, spielte er auch für Vereine in Brasilien, Uruguay und den USA. 16 Jahre lang (1966–1982) trat er für sein Land an und nahm an drei WM-Endrunden (1966, 1974 und 1982) teil.

Verrückt nach dem Verrückten

Obwohl er aus Argentinien stammt, wurde Marcelo Bielsa im Nachbarland zum Volkshelden, als er Chile 2010 zur Weltmeisterschaft in Südafrika führte und mit dem Team dort das Achtelfinale erreichte; dabei hatte der Trainer großes Geschick bei der Zusammenstellung der Mannschaft bewiesen, die er angriffslustig und taktisch modern spielen ließ. Mit seinem Heimatland hatte der »Verrückte« 2004 Argentiniens bislang einzige olympische Goldmedaille im Fußball gewonnen. Nach der WM kündigte Bielsa an, von seinem Posten zurückzutreten, falls sein Verbündeter Harold Mayne-Nicholls die Wahl zum Präsidenten des chilenischen Fußballverbandes verlieren würde. Mayne-Nicholls unterlag, und obwohl das Wahlergebnis später annulliert wurde, blieb Bielsa seiner Linie treu und legte sein Amt nieder.

Die Ära von Salas

Chiles Rekordtorschütze Marcelo Salas bildete in den Jahren um die Jahrtausendwende mit Iván Zamorano ein gefürchtetes Goalgetter-Duo. Salas schoss vier Tore bei der FIFA WM 1998 in Frankreich, bei der Chile das Achtelfinale erreichte, obwohl es in der Gruppenphase kein einziges Spiel gewann, sondern nur Unentschieden fabrizierte. Von 2005 bis 2007 zog sich der in der südchilenischen Stadt Temuco geborene Stürmer aus der Nationalmannschaft zurück, stieß dann aber für die ersten vier Qualifikationsspiele zur WM 2010 wieder zum Team. Unter anderem sorgte er am 18. November 2007 beim 2:2 gegen Uruguay für die beiden chilenischen Treffer, doch seine Länderspielkarriere endete drei Tage später nach der 0:3-Niederlage gegen Paraguay für immer.

Mit Fußball durchhalten

Am 5. August 2010 wurden durch eine Explosion 33 chilenische Bergarbeiter in einer Mine in der Atacama-Wüste verschüttet; der Fußball sorgte mit dafür, dass sie während ihrer 69 Tage dauernden Gefangenschaft nicht den Lebenswillen verloren. Zunächst hatte man die Männer schon tot geglaubt, doch nachdem sie Lebenszeichen von sich gegeben hatten, bohrte man eilig einen Versorgungsschacht. Neben Lebensmitteln schickte man ihnen über diesen Schacht auch einen Diabericht über ein Freundschaftsspiel gegen die Ukraine in die Tiefe, das Chile am 7. September 2010 mit 2:1 gewonnen hatte. Als die Arbeiter endlich gerettet wurden, schnappten sich einige von ihnen sofort Bälle und jonglierten mit ihnen. Zwei Wochen später traten sie zu einem Vergleich mit ihren Rettern an. Die Minenarbeiter unterlagen in dem 40-minütigen Freundschaftsspiel mit 2:3; eines der Gegentore wurde sogar vom chilenischen Staatspräsidenten Sebastián Piñera erzielt. Später wurden einige der Minenarbeiter zu Spielen nach England ins Old Trafford von Manchester United sowie nach Spanien ins Santiago-Bernabéu-Stadion von Real Madrid eingeladen.

Glück für Leo

Leonel Sánchez absolvierte die meisten Länderspiele für Chile. In 84 Spielen schoss er 23 Tore. Bei einem davon war es pures Glück, dass er überhaupt noch auf dem Rasen stand, denn er wäre bei der FIFA WM 1962 beinahe vorzeitig zum Duschen geschickt worden, weil er den Italiener Mario David im sogenannten »Rasenkrieg von Santiago« ins Gesicht geschlagen und ihm das Nasenbein gebrochen hatte. Der englische Schiedsrichter Ken Aston beließ es bei dem Spiel bei zwei Platzverweisen, hätte aber bei Weitem mehr Spieler vom Platz stellen können. Am Ende des Turniers war der Linksaußen Sánchez, geboren am 25. April 1936, zusammen mit fünf anderen Spielern Torschützenkönig. Wie die Brasilianer Garrincha und Vavá, der Russe Walentin Iwanow, der Jugoslawe Dražan Jerković und der Ungar Flórian Albert hatte er vier mal getroffen.

Top Ten Länderspiele

1.	Leonel Sánchez	84
2.	Nelson Tapia	73
3.	Alberto Fouilloux	70
=	Marcelo Salas	70
5.	Fabián Estay	69
=	Iván Zamorano	69
7.	Javier Margas	63
8.	Miguel Ramírez	62
9.	Clarence Acuña	61
10.	Juan Carlos Letelier	57

URUGUAY

Uruguay ist das erste – und mit nur knapp vier Millionen Einwohner auch nach wie vor das kleinste – Land, das Weltmeister wurde. Seine Spieler holten den wichtigsten Titel des Fußballs 1930 und 1950, wobei sie beim zweiten Mal den Gastgeber und Favoriten Brasilien in einen Schockzustand versetzten. Außer jüngst dem vierten Platz bei der FIFA WM™ 2010 haben die »Urus« in den letzten Jahren wenige Erfolge aufzuweisen; in der Südamerikameisterschaft kann allerdings nur Argentinien mit den 14 uruguayischen Titelgewinnen mithalten.

Top Ten Torschützen

1.	Héctor Scarone	31
2.	Diego Forlán	29
3.	Ángel Romano	28
4.	Óscar Miguez	27
5.	Sebastián Abreu	26
6.	Pedro Petrone	24
7.	Carlos Aguilera	23
8.	Fernando Morena	22
9.	José Piendibene	20
10.	Severino Varela	19

Eine Mini-WM zum Geburtag

Zum 50-jährigen Jubiläum der FIFA WM wurde im Dezember 1980 und Januar 1981 in Montevideo ein »Mundialito«, also eine »Mini-WM«, veranstaltet – dabei ging, wie schon bei der ersten WM 1930, Uruguay als Sieger hervor. An dem Turnier sollten alle sechs Länder teilnehmen, die bis dahin Weltmeister geworden waren; England, Titelträger 1966, schlug allerdings die Einladung aus und wurde durch die Niederlande, dem Zweiten bei den beiden vorangehenden Endrunden, ersetzt. Uruguay schlug Brasilien im Endspiel mit 2:1, was in Bezug auf Gegner und Ergebnis eine exakte Neuauflage des alles entscheidenden Spieles bei der FIFA WM 1950 darstellte. Der Mini-WM-Sieger Uruguay wurde von Kapitän Rodolfo Rodríguez angeführt, mit 78 Einsätzen immer noch Rekordnationalspieler seines Landes; trainiert wurde die Mannschaft von Roque Máspoli, der 1950 das Tor gehütet hatte.

Forlán, der Held

Diego Forlán war der überragende Spieler Uruguays bei der FIFA WM 2010. Er schoss fünf Tore – darunter drei von einer Position außerhalb des Strafraums aus, was vor ihm bei WM-Endrunden nur ein einziger Spieler geschafft hat, nämlich Lothar Matthäus 1990. Mit einem weiteren Freistoß aus der Distanz traf er im Spiel um den dritten Platz gegen Deutschland in der letzten Minute die Latte und hätte damit die 2:3-Niederlage seines Teams fast noch abgewendet. Forlán hatte kurz vor der WM den späten 2:1-Siegtreffer für Atlético Madrid im UEFA Europa-League-Endspiel 2009/2010 gegen den FC Fulham erzielt. Der vierte Platz für Uruguay in Südafrika bedeutete auch, dass Diego besser abschnitt als sein Vater Pablo: Der war mit seinem Land 1974 nach der ersten Finalrunde ausgeschieden.

Mein Ball, dein Ball

Uruguay war 1930 der erste WM-Gastgeber und gewann auch den Pokal; schon 1924 in Paris und 1928 hatte das Land Gold bei den Olympischen Fußballturnieren geholt. Zu den Spielern, die an allen drei Triumphen beteiligt waren, gehörte der Stürmer Héctor Scarone, der die uruguayische Rekordtorschützenliste mit 31 Treffern in 52 Länderspielen anführt. Im Endspiel von 1930, bei dem Uruguay seinen Erzrivalen Argentinien mit 4:2 besiegte, kamen zwei verschiedene Bälle zum Einsatz – in der ersten Hälfte, in der die Argentinier mit 2:1 führten, das Leder, das sie mitgebracht hatten, im zweiten Durchgang das Spielgerät der »Urus«, die schließlich die Partie noch drehten.

Top Ten
Länderspiele

1.	Rodolfo Rodríguez	79
2.	Diego Forlán	76
3.	Fabián Carini	74
4.	Enzo Francescoli	72
5.	Álvaro Recoba	69
=	Ángel Romano	69
7.	Pablo García	66
8.	Carlos Aguilera	64
9.	Sebastián Abreu	63
10.	Paolo Montero	61

Der Herr Lehrer weiß, wie's geht

Uruguay war das letzte von 32 Ländern, das sich für die FIFA WM 2010 qualifizierte: In der Relegation gegen den mittelamerikanischen Konkurrenten Costa Rica setzte es sich mit 2:1 im Hin- und Rückspiel durch. Obwohl die Mannschaft am Ende der WM-Qualifikation nur den fünften Platz in der Abschlusstabelle der zehn Mannschaften umfassenden südamerikanischen Zone einnahm, erreichte es bei der Endrunde das Kleine Finale – und war damit erfolgreichster Teilnehmer seines Kontinentalverbandes, noch vor Brasilien und Argentinien. Als Trainer war sowohl während der Qualifikation als auch während der Endrunde in Südafrika der ehemalige Lehrer Oscar Washington Tabárez verantwortlich. Er trägt den Spitznamen »El Maestro« und war schon einmal bei einer WM im Amt: 1990, als Uruguay das Achtelfinale erreichte.

Seekrank

Obwohl Uruguay 1930 Weltmeister geworden war, verzichtete es vier Jahre später, als das Turnier in Italien abgehalten wurde, auf die Chance, den Titel zu verteidigen. Die Verantwortlichen des uruguayischen Verbandes schmollten, weil 1930 nur vier Länder aus Europa die weite Reise nach Montevideo auf sich genommen hatten, um an der WM teilzunehmen.

Sieg der Unsportlichkeit

Bei der FIFA WM 2010 in Südafrika griff Uruguays Stürmer Luis Suárez in den letzten Sekunden der Verlängerung des Viertelfinalspiels gegen Ghana auf dramatische Weise im eigenen Strafraum ins Geschehen ein. Er wehrte auf der Linie den Ball mit der Hand ab und verhinderte damit ein sicheres Tor für Ghana. Nachdem er dafür eine Rote Karte erhalten hatte, trottete er mit hängendem Kopf durch den Kabinengang des Soccer-City-Stadions in Johannesburg – doch kurz darauf tanzte er vor Freude, denn Asamoah Gyan hatte den fälligen Elfmeter gegen die Latte gezimmert. Das Spiel wurde direkt danach beim Stand von 1:1 abgepfiffen und musste nun durch Elfmeterschießen entschieden werden. Dabei behielt schließlich Uruguay mit 4:2 die Oberhand. Im Halbfinale gegen die Niederlande war Suárez anschließend gesperrt. Diese unsportliche Aktion wurde zu Recht auf breiter Front missbilligt, einzig Maarten Stekelenburg, sein Mannschaftskollege bei Ajax Amsterdam, »gratulierte« dem Stürmer per SMS zu seiner »Parade«.

Rivalen in Blau

Uruguays 2:3 gegen Argentinien am 16. Mai 1901 in Montevideo war das erste Länderspiel außerhalb von England. Das zweite, ebenfalls ein Heimspiel von Uruguay gegen Argentinien, endete 1902 mit 0:6 und stellt bis heute die höchste Niederlage des Landes überhaupt dar. Die Nachbarn trafen in 177 Länderspielen aufeinander – das ist Weltrekord. Uruguay hat 53 dieser Vergleiche gewonnen, Argentinien 81; 43-mal trennte man sich unentschieden. Bevor man sich 1910 auf einen Tausch der Trikotfarben einigte, trugen die Uruguayer gestreifte Leibchen in Hellblau und Weiß, Argentinien blassblaue Trikots.

Francescoli

Bis 2010 hatte kein Feldspieler mehr Länderspieleinsätze (72) für Uruguay absolviert als Enzo Francescoli; erst dann wurde er von Diego Forlán überholt. Wohl nur wenige Spieler haben den Ball so anmutig beherrscht wie der Spielmacher, dessen Vereinskarriere so illustre Stationen wie CA River Plate in Argentinien, Racing Paris und Olympique Marseille in Frankreich sowie Cagliari Calcio und den FC Turin in Italien aufweist. Seine Nationalmannschaftskarriere beendete er 1997, nachdem er 1995 mit dem Gewinn der Copa América seine Laufbahn gekrönt hatte; bei diesem Wettbewerb glänzte er als Mittelfeldspieler und Aushilfsstürmer. Francescoli verwandelte auch einen der Strafstöße im Elfmeterschießen, das Uruguay den Sieg im Finale gegen Brasilien bescherte. Zu Francescolis prominenten Fans zählte Zinédine Zidane, der später seinem ersten Sohn den Namen Enzo gab.

ANDERE MANNSCHAFTEN IN SÜDAMERIKA

Venezuela auf der Fußballwelle

Bei den Venezolanern mögen auf der Beliebtheitsskala Baseball und Boxen lange Zeit vorn gelegen haben, doch seit Beginn des 21. Jahrhunderts grassiert auch das Fußballfieber in Venezuela immer stärker. Einen besonderen Schub hat der Fußball durch die Copa América erfahren, die das Land 2007 ausrichten durfte. Das Turnier war nicht nur von exorbitanten Investitionen für Stadionneubauten gekennzeichnet, sondern auch von Venezuelas erstem Sieg bei einer Südamerikameisterschaft seit 1967; außerdem kam das Land erstmals über die Gruppenphase hinaus. Juan Arango, lange in Spanien beim RCD Mallorca und seit 2009 bei Borussia Mönchengladbach aktiv, erzielte beim 1:4 im Viertelfinale gegen Uruguay den Treffer für sein Team. Bei der südamerikanischen Qualifikationsrunde zur WM 2010 erreichte Venezuela unter zehn Teilnehmern den 8. Platz, noch vor Bolivien und Peru.

Die Nationalstadien der Länder

Bolivien:
Estadio Hernando Siles, La Paz (45 000 Zuschauer)

Chile:
Estadio Nacional de Chile, Santiago (76 500)

Ecuador:
Estadio Olímpico Atahualpa, Quito (55 104)

Kolumbien:
Estadio El Campín, Bogotá (48 300)

Paraguay:
Estadio Defensores del Chaco, Asunción (36 000)

Peru:
Estadio Nacional de Perú, Lima (45 574)

Venezuela:
Estadio Polideportivo de Pueblo Nuevo, San Cristóbal (42 000)

Bolivien macht's spannend

Bolivien konnte die Südamerikameisterschaft bisher nur ein einziges Mal gewinnen – doch dieser Titel wurde 1963 auf höchst dramatische Weise errungen und wird für immer unvergessen bleiben. Die Bolivianer waren in den ersten fünf Spielen unbesiegt geblieben und führten die Tabelle an. Am letzten Spieltag hätten sie den Triumph fast noch aus den Händen gegeben. Bolivien führte schon 2:0, doch Brasilien glich zum 2:2 aus und egalisierte auch einen abermaligen Zweitorerückstand, ehe Máximo Alcócer vier Minuten vor Schluss den Siegtreffer zum 5:4 erzielte.

Sechs und raus

Bolivien und El Salvador trugen bisher die meisten Spiele bei Weltmeisterschaften aus, ohne auch nur ein einziges zu gewinnen: nämlich jeweils sechs. Bolivien erreichte 1994 immerhin ein torloses Unentschieden gegen Südkorea. 1930 und 1994 war das Land fünf WM-Spiele hintereinander torlos, bis Erwin Sánchez im letzten Gruppenspiel zumindest dieser Durststrecke beim 1:3 gegen Spanien ein Ende setzte. Der unfreiwillige Rekord von sechs WM-Spielen ohne Sieg wurde 2010 sowohl von Honduras als auch von Neuseeland eingestellt. Honduras spielte 1982 zweimal unentschieden und verlor einmal, und 2010 unterlag es zweimal und erreichte ein Unentschieden. Neuseeland verlor 1982 alle drei Spiele, 2010 trennte es sich von allen seinen Gruppengegnern mit einem Remis.

Heimatschutz

Als einziges Land kassierte Kolumbien bei einer Copa América kein Gegentor – und zwar als es das Turnier 2001 zum bisher einzigen Mal ausrichtete und gewann. Mit sechs Treffern wurde Víctor Aristazábal Torschützenkönig des Turniers, doch das einzige Tor im Finale gegen Mexiko schoss der Verteidiger Iván Córdoba. Kolumbien hätte das Turnier beinahe nicht austragen dürfen, da Sicherheitsbedenken bestanden und Argentinien schon seine Teilnahme abgesagt hatte. Kurzfristig wurde überlegt, das Turnier nach Venezuela zu verlegen, doch schließlich hielt die Südamerikanische Fußball-Konföderation an Kolumbien als Austragungsort fest.

Seltene Glücksmomente

Bei der Qualifikation zur FIFA WM 1998 musste Venezuela deftige Niederlagen einstecken. Am Ende waren sie in 16 Spielen 13-mal geschlagen worden und sieglos, acht erzielten standen 41 Gegentreffer gegenüber. Unter den Niederlagen waren ein 1:4 gegen Peru, ein 1:6 gegen Bolivien und ein 0:6 gegen Chile, bei dem fünf der sechs Treffer von Iván Zamorano erzielt wurden. Im Oktober 1996 erzielte der Torhüter Rafael Dudamel gegen Argentinien drei Minuten vor Spielende einen Freistoßtreffer. Venezuela verlor das Spiel dennoch mit 2:5.

Höchste Siege

Bolivien – Venezuela 7:0
(22. August 1993)

Ecuador – Peru 6:0
(22. Juni 1975)

Argentinien – **Kolumbien** 0:5
(5. September 1993)

Kolumbien – Uruguay 5:0
(6. Juni 2004)

Kolumbien – Peru 5:0
(4. Juni 2006)

Paraguay – Bolivien 7:0
(30. April 1949)

Hongkong – **Paraguay** 0:7
(17. November 2010)

Peru – Ecuador 9:1
(11. August 1938)

Venezuela – Puerto Rico 6:0
(26. Dezember 1946)

Etwas Neues für Ecuador

Mit dem Sieg bei der Copa Libertadores (vergleichbar der europäischen Champions League) 2008 errang der Klub LDU Quito aus der ecuadorianischen Hauptstadt den bislang einzigen internationalen Titel für sein Land. Die Mannschaft schlug Fluminense aus Rio im Finale mit 3:1 nach Elfmeterschießen – nach Hin- und Rückspiel lautete das Ergebnis in der Addition 5:5. Noch im selben Jahr verlor LDU im Finale der FIFA Klub-Weltmeisterschaft, dem Nachfolger des Weltpokals, gegen Manchester United.

Tims Zeit ist gekommen

Perus Trainer bei der FIFA WM 1982 hieß Tim (eigentlich Elba de Pádua Lima). Der Brasilianer hatte bei der WM 1938 einmal als Stürmer für sein Heimatland gespielt und musste danach 44 lange Jahre warten, bis er wieder zu einer FIFA WM fahren durfte.

Höhenluft

Kein Land trägt seine Heimspiele in ähnlichen Höhenlagen aus wie Bolivien und Ecuador. Boliviens Vorzeigestadion, das Estadio Hernando Siles in der Hauptstadt La Paz, liegt 3637 Meter über dem Meeresspiegel, Ecuadors Estadio Olímpico Atahualpa in Quito 2850 Meter. Gegnerische Mannschaften beschwerten sich häufig, dass die dünne Luft den mit diesen Verhältnissen nicht vertrauten Gästen das Atmen und Spielen erheblich erschwere. Daraufhin verfügte die FIFA im Mai 2007, dass Spiele in internationalen Wettbewerben nur in Stadien ausgetragen werden dürften, die unterhalb von 2500 Metern liegen; nur einen Monat später wurde diese Grenze auf 3000 Meter angehoben und eine Ausnahmegenehmigung für das Estadio Hernando Siles erlassen. Nach Protesten von Bolivien, Ecuador, Kolumbien und Peru wurden diese Höhenbegrenzungen im Mai 2008 komplett abgeschafft. Zu den Gegnern des zwischenzeitlichen Erlasses gehörte auch die argentinische Fußballlegende Diego Maradona. Der sollte dies jedoch bald bereuen: Im April 2009 fegte Bolivien in einem FIFA WM-Qualifikationsspiel in La Paz die argentinische Mannschaft mit 6:1 vom Platz. Argentiniens Trainer war kein Geringerer als Maradona.

Höchste Niederlagen

Brasilien – **Bolivien** 10:1
(10. April 1949)

Argentinien – **Ecuador** 12:0
(22. Januar 1942)

Brasilien – **Kolumbien** 9:0
(24. März 1957)

Argentinien – **Paraguay** 8:0
(20. Oktober 1926)

Brasilien – **Peru** 7:0
(26. Juni 1997)

Argentinien – **Venezuela** 11:0
(10. August 1975)

Paraguay packt das Viertelfinale

Bei seiner achten WM-Teilnahme 2010 in Südafrika war Paraguay zum ersten Mal nach der Gruppenphase Tabellenerster. Doch es kam noch besser: Das Team zog ins Viertelfinale ein; dort scheiterte man knapp mit 0:1 gegen Spanien. Durch den Achtelfinalsieg gegen Japan im Elfmeterschießen – Óscar Cardozo verwandelte den entscheidenden Strafstoß – war es eine von insgesamt vier südamerikanischen Mannschaften, die bis ins Viertelfinale kamen. Damit erreichten zum ersten Mal mehr Mannschaften aus Südamerika die Runde der letzten acht als aus Europa. Allerdings gab es bei den Turnieren 1930, 1950, 1974, 1978 und 1982 kein Viertelfinale.

Die Ära von Botero

Bolivien verpasste zwar die FIFA WM 2010, doch während der WM-Qualifikation sorgte das Team für eine Riesensensation: Am 1. April 2009 zerlegte man in La Paz Argentinien mit 6:1, das bis dahin unter Diego Maradona noch keine Niederlage hatte einstecken müssen. Während Maradona nach allen Regeln der Kunst in den April geschickt wurde, stieg Joaquín Botero, mit einem Hattrick, in den Rang eines Volkshelden auf. Doch der damals 31-jährige Botero beendete seine Länderspielkarriere nur einen Monat später. Seine Bilanz: 48 Länderspiele und 20 Tore, mit denen er die Liste der bolivianischen Rekordtorschützen anführt.

Kein Schuh für Peru

Der peruanische Stürmer Teófilo Cubillas schoss als erster Spieler bei zwei FIFA Weltmeisterschaften jeweils fünf Tore: 1970 und 1978. Beide Male reichte das jedoch nicht, um den Preis für den besten Torschützen zu gewinnen. Der Deutsche Miroslav Klose tat es ihm gleich und erzielte 2002 und 2006 ebenfalls je fünf Treffer; 2006 wurde er mit dem »Goldenen Schuh« ausgezeichnet.

Kurzes Gastspiel

Marco Etcheverry (Spitzname »El Diablo«, »der Teufel«) wandelte sich beim bolivianischen WM-Abenteuer von 1994 vom Helden zum bösen Buben. Seine Treffer in der Qualifikation hatten entscheidenden Anteil daran, dass sein Land sich für die Endrunde qualifizierte (erst die zweite Teilnahme nach 1950), vor allem bei dem 2:0-Sieg über den späteren Weltmeister Brasilien und beim 3:1-Sieg über Uruguay. Doch als die WM begann, saß er beim Eröffnungsspiel gegen Titelverteidiger Deutschland wegen einer Verletzung nur auf der Bank. In der 79. Minute wurde er endlich eingewechselt, aber gerade einmal drei Minuten später erhielt er nach einem Foul an Lothar Matthäus einen Platzverweis.

Die meisten Tore bei Länderspielen

Bolivien:	Joaquín Botero	20
Ecuador:	Agustín Delgado	31
Kolumbien:	Arnoldo Iguarán	25
Paraguay:	José Saturnino Cardozo	25
Peru:	Teófilo Cubillas	26
Venezuela:	Giancarlo Maldonado	20

Die meisten Einsätze

Bolivien:	Luis Cristaldo und Marco Sandy	93
Ecuador:	Iván Hurtado	167
Kolumbien:	Carlos Valderrama	111
Paraguay:	Carlos Gamarra	110
Peru:	Roberto Palacios	127
Venezuela:	José Manuel Rey	110

Top Ten Torschützen – Paraguay

1.	José Saturnino Cardozo	25
2.	Roque Santa Cruz	21
3.	Julio César Romero	13
=	Saturnino Arrúa	13
5.	Carlos Gamarra	12
=	Gerardo Rivas	12
7.	Miguel Ángel Benítez	11
8.	Salvador Cabañas	10
=	Aurelio González	10
=	Carlos Humberto Paredes	10
=	Juan Bautista Villalba	10

René Higuita

Dem exzentrischen Torhüter René Higuita, genannt »El Loco« (der Verrückte), gelang es, drei Tore für sein Land zu schießen. Berühmt wurde er jedoch für seinen akrobatischen »Skorpion-Kick« in Wembley im September 1995. Damals warf er sich in die Luft und wehrte einen Schuss von Jamie Redknapp mit den Fersen ab. Bei der FIFA WM 1990 spielte Higuita für Kolumbien, doch die Endrunde 1994 verpasste er, weil er nach seiner Beteiligung an einer Entführung eine siebenmonatige Gefängnisstrafe absitzen musste. Im November 2004 wurde er außerdem positiv auf Kokain getestet.

Fünf-Sterne-Paraguay

Die Auszeichnung »Südamerikas Fußballer des Jahres« wird seit 1967 verliehen und ging seither hauptsächlich an Spieler aus Brasilien und Argentinien. Seit 1985 haben auch Paraguayer den Titel zugesprochen bekommen – und zwar in Abständen von ungefähr fünf Jahren. Der erste war 1985 der offensive Mittelfeldspieler Julio César Romero (Romerito), zugleich der einzige Paraguayer auf der Liste »FIFA 100«, die Pelé 2004 anlässlich des 100-jährigen Jubiläums der FIFA aufstellte und die die besten 125 zu dem Zeitpunkt noch lebenden Spieler verzeichnete. Fünf Jahre später ging der Titel an Raúl Vicente Amarilla, der kein einziges Länderspiel für Paraguay bestritt; allerdings hat er zwei U-21-Einsätze auf seinem Konto – für Spanien, wo er bis 1988 spielte. Der auch als Torjäger sehr erfolgreiche Torhüter José Luis Chilavert wurde 1996 ausgezeichnet, 2002 bzw. 2007 ging der Preis dann an die Stürmer José Saturnino Cardozo und Salvador Cabañas.

Iván, der Bewundernswerte

Der ecuadorianische Verteidiger Iván Hurtado hat die meisten Länderspiele für ein südamerikanisches Land absolviert. Seit seinem Debüt 1992 kam er 167-mal zum Einsatz und schoss dabei fünf Tore. Als Ecuador 2002 zum ersten Mal an einer FIFA WM teilnahm, war er einer der wichtigsten Spieler. Vier Jahre später führte er als Kapitän seine Mannschaft ins Achtelfinale.

Mord in Medellín

Der kolumbianische Abwehrspieler Andrés Escobar wurde im Alter von 27 Jahren vor einer Kneipe in Medellín erschossen – nur zehn Tage, nachdem er in einem Gruppenspiel bei der FIFA WM 1994 gegen die USA ein Eigentor geschossen hatte. Die Kolumbianer verloren das Spiel mit 1:2 und schieden damit aus dem Turnier aus, obwohl einige Experten, darunter auch Pelé, sie für die Favoriten gehalten hatten.

Spencer, der Meisterschütze

Der beste ecuadorianische Spieler aller Zeiten ist wohl der ehemalige Stürmer und Goalgetter Alberto Spencer, auch wenn er den größten Teil seiner Vereinskarriere in Uruguay absolvierte. Spencer ist immer noch Torschützenkönig der Copa Libertadores, dem wichtigsten südamerikanischen Vereinsfußballwettbewerb: Von 1960 bis 1972 erzielte er dort 54 Tore und holte dreimal den Titel mit dem CA Peñarol Montevideo. Für Ecuador schoss er in elf Partien vier Tore, für Uruguay traf er in sechs Spielen nur einmal. Spencer trug den Spitznamen »Zauberkopf« (»Cabeza Mágica«) und wurde sogar als besserer Kopfballspieler im Vergleich zu Pelé gerühmt – von Pelé selbst.

Top Ten Länderspiele – Paraguay

1.	Carlos Gamarra	110
2.	Denis Caniza	100
3.	Roberto Acuña	98
4.	Justo Villar	86
5.	Paulo da Silva	85
=	Celso Ayala	85
7.	José Saturnino Cardozo	82
8.	Roque Santa Cruz	79
9.	Roberto Fernández	78
10.	Juan Bautista Torales	77

Wie verrückt gehalten

Keinen einzigen Ball ließ Oscar Córdoba während der Copa América 2001 in sein Tor und führte Kolumbien damit zum Turniersieg im eigenen Land. Mit 73 Einsätzen zwischen 1993 und 2006 ist er heute der Rekordtorhüter Kolumbiens.

Lolo fährt Gefühlsachterbahn

Teodoro Fernández Meyzán, besser bekannt als Lolo Fernández, schoss beim Olympischen Fußballturnier 1936 in Berlin für Peru in zwei Spielen sechs Tore, fünf beim 7:3 gegen Finnland und das sechste beim 4:2 n.V. gegen Österreich. Österreich legte Beschwerde ein, weil peruanische Zuschauer das Spielfeld betreten hätten und einer mit einer Pistole herumgefuchtelt haben soll. Als die Funktionäre eine Wiederholung des Spiels anordneten, zog sich Peru unter Prostest zurück, Kolumbien schloss sich dem Nachbarn aus Solidarität an. Österreich erreichte das Halbfinale kampflos, gewann gegen Polen und holte nach einer Niederlage im Finale gegen Italien schließlich Silber. Drei Jahre später bei der Südamerikameisterschaft lief es für Fernández besser: Peru holte den Titel, er wurde mit sieben Treffern Torschützenkönig. Lolo Fernández erzielte in 32 Länderspielen 24 Tore für Peru – eine Zahl, die nur von Teófilo Cubillas überboten wurde (26 Tore in 81 Spielen).

Viermal dabei gewesen

Mit seinem einen Einsatz gegen Neuseeland bei der WM 2010 wurde der Innenverteidiger und Mannschaftskapitän Denis Caniza zum ersten Spieler aus Paraguay, der schon an vier Weltmeisterschaften teilgenommen hat. Er hat jetzt auch mehr WM-Partien bestritten als irgendein anderer paraguayischer Spieler – 12 an der Zahl. Mit insgesamt 99 Einsätzen steht er auf Platz zwei der Rekordnationalspieler des Landes. Nach der WM 2006 hatte er seinen Rücktritt von der Nationalelf erklärt, wurde jedoch vom neuen Trainer Gerardo Martino zum Weitermachen überredet.

AFRIKA

Schon lange, bevor Nationen wie Kamerun, Nigeria und zuletzt Senegal oder Ghana sich immer öfter für WM-Endrunden qualifzierten, schenkte Afrika dem Weltfußball einige der geschicktesten und stärksten Spieler aller Zeiten. Fußballer aus Afrika sind heute Stars in den weltweit wichtigsten Ligen, und 2010 stand der Kontinent im Mittelpunkt des weltweiten Interesses, als Südafrika die FIFA WM ausrichtete.

Samuel Eto'o ist seit vielen Jahren einer der gefürchtetsten Stürmer im europäischen Spitzenfußball. Der Kameruner ist zudem mit bislang 18 Treffern der erfolgreichste Torschütze bei Afrikameisterschaften; 2006 und 2008 war er mit jeweils fünf Toren Schützenkönig des Turniers.

NORDAFRIKA
FIFA WM™-REKORDE

Afrikas erstes WM-Tor

Abdel-Rahman Fawzi war der erste Fußballspieler aus Afrika, der bei einer WM traf: Im Achtelfinale der FIFA WM 1934 erzielte der Ägypter im Spiel gegen Ungarn den 1:2-Anschlusstreffer. Acht Minuten später schoss er auch noch das Ausgleichstor, und mit dem Spielstand von 2:2 ging es in die Pause. Ägypten unterlag Ungarn schließlich mit 2:4 und musste 56 Jahre bis zu seiner nächsten WM-Teilnahme warten.

Ohne uns!

Marokkos Qualifikation für die FIFA WM 1970 beendete eine 36-jährige afrikanische Abstinenz bei WM-Endrunden. Auch an der FIFA WM 1966 in England hatte kein einziges Team aus Afrika teilgenommen: Alle 16 Nationen, die in die Qualifikation gehen sollten, hatten ihre Bewerbungen zurückgezogen, weil die FIFA für Afrika nur einen einzigen WM-Startplatz gemeinsam mit Asien und Ozeanien vorgesehen hatte, der in einer Relegation ausgespielt werden sollte.

Showdown im Sudan

Als ob die historische Rivalität zwischen Algerien und Ägypten nicht schon heftig genug wäre, mussten die beiden nordafrikanischen Länder bei der Qualifikation zur WM 2010 gleich dreimal gegeneinander antreten. Ein 2:0 für Ägypten im regulären zweiten Qualifikationsspiel der beiden Länder hatte dazu geführt, dass sie am Ende der Runde in ihrer Gruppe punktgleich waren, die gleiche Tordifferenz aufwiesen, gleich viele Tore geschossen hatten und auch die Spiele untereinander mit 3:3 Toren unentschieden standen. Daher wurde ein Entscheidungsspiel im neutralen Sudan anberaumt. Dort schoss dann der Algerier Anthar Yahia das einzige Tor des Spiels und brachte sein Land nach 24 Jahren wieder in eine WM-Endrunde. In beiden Ländern sahen sich die Regierungen dazu gezwungen, die Bevölkerung zur Besonnenheit aufzurufen, nachdem es vor dem Match Vorwürfe über vermeintliche Angriffe gegen den algerischen Mannschaftsbus und gegen ägyptische Fans gegeben hatte.

Ewig jung

Der tunesische Torwart Ali Boumnijel bestritt alle drei Partien seines Landes bei der FIFA WM 2006. Er war damit der älteste Spieler, der beim Turnier in Deutschland auflief – und gleichzeitig erst der fünfte über Vierzigjährige bei Weltmeisterschaften. Boumnijel kassierte in diesen drei Spielen sechs Gegentore: zwei beim 2:2 gegen Saudi-Arabien, drei beim 1:3 gegen Spanien und eines bei der 0:1-Niederlage gegen die Ukraine.

Reihenweise Rot

Die Gelb-Rote Karte, die der Algerier Anthar Yahia bei der WM 2010 in der Partie gegen die USA für wiederholtes Foulspiel in der 3. Minute der Nachspielzeit bekam (Algerien verlor das Spiel mit 0:1), war nicht nur der späteste Platzverweis, den es je in einem WM-Spiel ohne Verlängerung gegeben hat, sondern stellte auch einen neuen WM-Rekord dar: 2010 wurde an acht aufeinanderfolgenden Tagen immer mindestens ein Spieler vorzeitig zum Duschen geschickt.

Anthar, der Star

Mit dem 1:0-Siegtreffer im Entscheidungsspiel der Qualifikation zur WM 2010 gegen den Erzrivalen Ägypten wurde Anthar Yahia zum Helden Algeriens. Der Abwehrspieler wurde 1982 im elsässischen Mulhouse geboren und spielte in der französischen U-18, ehe er sich 2004 für Algerien entschied. Bei seinem Debüt in der algerischen U-23 war er gleich als Torschütze erfolgreich.

Marokko trumpft auf

Marokko ist das einzige nordafrikanische Land, das den Einzug in ein WM-Achtelfinale geschafft hat: 1986 unterlag man dem späteren Vizeweltmeister Deutschland mit 0:1. Bei dieser WM in Mexiko standen die Marokkoner als erstes afrikanisches Land am Ende der Gruppenphase an der Spitze ihrer Gruppe – vor England, Polen und Portugal. Entscheidend war dabei das 3:1 im letzten Gruppenspiel gegen Portugal, nachdem das Team vorher gegen England und Polen jeweils ein torloses Unentschieden erreicht hatten. England büßte in seinem Match gegen die Nordafrikaner zwei Spieler ein: Kapitän Bryan Robson renkte sich in der 4. Minute die Schulter aus und der Ersatzkapitän Ray Wilkins erhielt in der 42. Minute einen Platzverweis. Abderrazak Khairi schoss zwei der drei Tore gegen Portugal; das deutsche Siegtor im Achtelfinale erzielte Lothar Matthäus erst drei Minuten vor Spielende per Freistoß.

Nordafrikanische Länder: Beste Ergebnisse bei Weltmeisterschaften

Ägypten: Erste Runde 1934, 1990
Algerien: Erste Runde 1982, 1986, 2010
Marokko: Achtelfinale 1986
Tunesien: Erste Runde 1978, 1998, 2002, 2006

Nordafrikanische Länder: Erfolgreiche WM-Qualifikationen

Algerien: 3 (1982, 1986, 2010)
Ägypten: 2 (1934, 1990)
Marokko: 4 (1970, 1986, 1994, 1998)
Tunesien: 4 (1978, 1998, 2002, 2006)

Nordafrikanische Länder: Erfolgreichste WM-Torschützen

Salah Assad (Algerien) 2
Salaheddine Bassir (Marokko) 2
Abdel-Rahman Fawzi (Ägypten) 2
Abdeljalil Hadda (Marokko) 2
Abderrazak Khairi (Marokko) 2

Schluss mit dem Taktieren

Die Begegnung zwischen Marokko und Saudi-Arabien, bei der die Nordafrikaner 1994 mit 1:2 unterlagen, war eines der beiden letzten normalen Gruppenspiele, die gleichzeitig ausgetragen wurden; im anderen Match besiegte Belgien die Niederlande zeitgleich mit 1:0. Alle vier Mannschaften waren in Gruppe F und hatten danach jeweils noch ein Spiel zu bestreiten. Von da an wurden die Gruppenspiele so angesetzt, dass nur die beiden Abschlussspiele jeder Gruppe gleichzeitig stattfinden.

Eigengewächs

Von den sechs afrikanischen Mannschaften, die an der FIFA WM 2010 teilnahmen, wurde nur eine von einem afrikanischen Trainer geführt: In seiner fünften Amtszeit seit 1981 hatte Rabah Saâdane bei Algerien die Verantwortung für das Team. Er hatte Algerien schon 1986 zur WM in Mexiko geführt, war aber mit dem Team in der Gruppenphase ausgeschieden. Neben Honduras war Algerien 2010 das einzige Land, das nicht ein einziges Tor zustande brachte; allerdings ließ man in drei Spielen auch nur zwei Gegentreffer zu – je einen bei den 0:1-Niederlagen gegen die Slowakei und die USA. Gegen England erreichte Algerien überraschend ein torloses Unentschieden – es war das erste Mal, dass ein Team aus Nordafrika bei einer WM-Endrunde zu null gespielt hatte.

Mahmoud macht's möglich

Ägypten, das 1934 als erste afrikanische Nation an einer WM teilnahm, musste zwei Spiele absolvieren, um sich für dieses Turnier zu qualifizieren. Gegner war der Vorläufer der israelischen Nationalmannschaft, die den Namen »Palästina/Eretz Israel« trug (Palästina unterstand damals dem britischen Völkerbundsmandat). Die Ägypter gewannen beide Spiele, in Kairo mit 7:1, in Jerusalem mit 4:1. Der ägyptische Kapitän und Stürmer Mahmoud Moktar El-Tetch schoss im ersten Spiel einen Hattrick und ließ im zweiten einen Doppelpack folgen. Die Türkei sollte ebenfalls gegen die beiden Mannschaften antreten, zog dann aber zurück. Damit war für Ägypten der Weg nach Italien geebnet.

Tunesisches Triple

Tunesien war das erste afrikanische Land, das eine WM-Begegnung gewinnen konnte: 1978 schlug es im argentinischen Rosario Mexiko mit 3:1. Die Torschützen waren damals Ali Kaabi, Nejib Ghommidh und Mokhtar Dhouib. Mit Marokko teilt sich Tunesien zwar den nordafrikanischen Rekord von vier WM-Teilnahmen, doch es ist das einzige Land aus dem Norden des Kontinents, das sich dreimal hintereinander für eine Endrunde qualifizieren konnte – 1998, 2002 und 2006. Zu den Spielern, die an allen drei Turnieren teilnahmen, zählten der Kapitän von 2006, Riadh Bouazizi, sowie Hatem Trabelsi und Radhi Jaïdi.

NORDAFRIKA NATIONALE REKORDE

Danke, Pál

Der Ungar Pál Titkos war der erste europäische Trainer, der die Afrikameisterschaft holen konnte: 1959 führte er Ägypten zu dessen zweitem Titelgewinn. Mike Smith, Engländer und früherer Nationaltrainer von Wales, gelang dies ebenfalls: Er führte Ägypten 1986 zu dessen drittem Triumph im Wettbewerb.

Gründerväter

Der afrikanische Fußballverband CAF (»Confederation of African Football« bzw. »Confédération Africaine de Football«) wurde offiziell am 7. Februar 1957 in der sudanesischen Hauptstadt Khartoum bei einem Treffen im Grand Hotel gegründet – drei Tage vor Beginn der ersten Afrikameisterschaft, die ebenfalls in Khartoum stattfand. Bei der ersten Versammlung waren Vertreter des Sudan, Südafrikas, Äthiopiens und Ägyptens vor Ort, der Ägypter Abdel Aziz Abdallah Salem wurde zum ersten Präsidenten des Verbandes gewählt.

Erlaubte Einmischung

Der erste afrikanische Schiedsrichter, der ein WM-Endspiel leitete, war der Marokkaner Said Belqola – 1998, als der Gastgeber Frankreich mit 3:0 über Brasilien triumphierte. Besonders ins Blickfeld geriet Belqola in der 68. Minute, als er den Franzosen Marcel Desailly vorzeitig zum Duschen schickte – es war erst die dritte Rote Karte, die in einem WM-Finale gegeben wurde. Belqola war damals 41 Jahre alt. Nicht einmal vier Jahre später starb er an Lungenkrebs.

Aufstieg in die Top Ten

Im Februar 2010 stellte Ägypten einen neuen Rekord auf, als das Land zum dritten Mal hintereinander die Afrikameisterschaft gewann. Dadurch kletterte es auch in der offiziellen FIFA-Weltrangliste bis auf Platz zehn. Nigeria ist der einzige Vertreter Afrikas, der bislang besser platziert war – im April 1994 lag das Land auf Platz fünf.

Schließlich siegt der Sudan

Nach zwei zweiten Plätzen und einem dritten Platz war der Sudan 1970 der dritte der nordafrikanischen Gründerväter, der nun endlich auch die Afrikameisterschaft gewann. Die Sudanesen machten es im Halbfinale spannend: Mit zwei Treffern von El-Issed besiegten sie Ägypten erst in der Verlängerung und zogen ins Endspiel ein. Dort erzielte dann der gleiche Spieler in der 12. Minute den einzigen Treffer gegen Ghana.

Nordafrika – Rekordtorschützen (Auswahl)

Ägypten: Hossam Hassan	69
Algerien: Abdelhafid Tasfaout	35
Libyen: Tariq at-Ta'ib	14
Marokko: Salaheddine Bassir	25
Sudan: Haytham Tambal	26
Tunesien: Francileudo Santos	22

Schlechte Verlierer

Libyen könnte eigentlich den Rekord für den höchsten Sieg einer afrikanischen Mannschaft für sich beanspruchen: Im April 1966 hatte es sich beim Arab Nations Cup gegen den Oman eine 21:0-Führung zusammengeballert. Doch zehn Minuten vor Spielende verließen die omanischen Kicker aus Protest gegen einen aus ihrer Sicht ungerechtfertigten Strafstoß für Libyen den Platz und schieden danach aus dem Turnier aus. Von den 21 Treffern erzielte Ahmed Ben Suwed neun, Ali Al-Baski sieben und Mahmoud Al-Jahani vier; außerdem war Mahmoud Zand noch erfolgreich. Ahmed Ben Suwed und Ali Al-Baski gelangen später im Turnier jeweils ein Fünferpack, als Libyen den Nordjemen mit 13:0 zerlegte. Trotzdem wurde Libyen am Ende nur Dritter, nachdem es sein Halbfinalspiel gegen den Irak verloren hatte.

Kopf-Crash

Die internationale Laufbahn von Abdelhafid Tasfaout, der immer noch Torschützenkönig von Algerien ist, fand bei der Afrikameisterschaft 2002 ein jähes Ende – und das Ganze hätte noch viel schlimmer kommen können. Nach einem Zusammenprall mit dem malischen Verteidiger Boubacar Diarra knallte Tasfaout ungebremst auf den Rasen, verlor das Bewusstsein und verschluckte seine Zunge; zum Glück überlebte er diesen schweren Zwischenfall. Tasfaout, der sechs Jahre in der ersten und zweiten französischen Liga gespielt hatte, schoss von 1990 bis 2002 in 62 Spielen 35 Tore für Algerien.

Ein halbes Jahrhundert

Bei dem Freundschaftsspiel zwischen Ägypten und Schweden, mit dem der afrikanische Fußballverband im Februar 2007 seinen 50. Geburtstag feierte, sorgten Amr Zaki und Ahmed Fathy mit je einem Treffer für einen 2:0-Sieg für den amtierenden Afrikameister.

Raub der Flammen

Wichtige Dokumente des afrikanischen Fußballverbandes CAF wurden ursprünglich in der Hauptstelle des Sudanesischen Fußballverbandes in Khartoum gelagert, doch nur ein paar Monate nach der Gründung des Kontinentalverbandes wütete dort eine Feuersbrunst und vernichtete sie; das veranlasste die CAF, ihren offiziellen Hauptsitz nach Kairo zu verlegen.

Nordafrika – Rekordnationalspieler (Auswahl)

Ägypten: Ahmed Hassan	173
Algerien: Mahieddine Meftah	107
Libyen: Tariq at-Ta'ib	77
Marokko: Abdelmajid Dolmi	124
Sudan: Haitham Mustafa	102
Tunesien: Sadok Sassi	110

Frischgebackener Tunesier

Francileudo Santos, der amtierende tunesische Rekordtorschütze, kam nicht in Tunesien auf die Welt. Tatsächlich besuchte der gebürtige Brasilianer erst mit 16 Jahren zum ersten Mal das nordafrikanische Land und nahm 2003 im Alter von 24 Jahren dessen Staatsbürgerschaft an; von 1998 bis 2000 hatte er für Étoile Sportive du Sahel, den führenden Verein Tunesiens, gespielt. Als frischgebackener Staatsbürger unterstützte er sein Land, Ausrichter der Afrikameisterschaft 2004, das Turnier auch zu gewinnen: Er schoss vier Tore, darunter auch den Führungstreffer im Endspiel gegen Marokko. Aufgrund einer Knieverletzung konnte er bei der WM zwei Jahre später nur 11 Minuten spielen, danach wurde er aber wieder fit und beanspruchte einen Stammplatz in der tunesischen Auswahl. Mittlerweile hat er es in 40 Länderspielen auf 22 Tore gebracht.

Alle mögen Madiba

Neben dem eigentlichen Endspiel der FIFA WM 2010 war am 11. Juli 2010 im Soccer-City-Stadion in Johannesburg der legendäre südafrikanische Ex-Präsident Nelson Mandela eine der Hauptattraktionen. Der gebrechliche, fast 92 Jahre alte Mann, den die meisten Südafrikaner liebevoll mit seinem Clannamen »Madiba« nennen, wurde vor dem Spiel mit einem Golfwagen auf den Platz gefahren und von der Menge frenetisch bejubelt. Es war sein einziger Auftritt beim Turnier: Mandela wollte ursprünglich am 11. Juni der Eröffnungsfeier und dem Eröffnungsspiel beiwohnen, doch wegen des Todes seiner 13-jährigen Urenkelin, die am Abend zuvor bei einem Autounfall ums Leben gekommen war, sagte er seine Teilnahme kurzfristig ab. Bei der Wahl um die Vergabe der WM 2010, die von der FIFA 2004 in Zürich durchgeführt wurde und bei der schließlich Südafrika als Gewinner hervorging, war Mandela einer der prominentesten Gäste.

Rot-König Rigobert

Erst zwei Spieler wurden bei zwei verschiedenen FIFA WM-Turnieren vom Platz gestellt: Rigobert Song (Kamerun) sah 1994 gegen Brasilien und 1998 gegen Chile Rot, Zinedine Zidane 1998 gegen Saudi-Arabien und im Endspiel der FIFA WM 2006 gegen Italien. Song ist der jüngste Spieler, der jemals bei einer WM vom Feld gestellt wurde, er war 1994 gerade 17 Jahre und 358 Tage alt. Der am 1. Juli 1976 in Nkanglikock geborene Song ist der Spieler mit den meisten Einsätzen in der Nationalmannschaft von Kamerun: 137-mal spielte er für sein Land, auch beim Gewinn der Afrikameisterschaft 2000 und 2002. 2008 gesellte sich sein Neffe, der Arsenal-Allrounder Alexandre Song-Billong, in der Nationalmannschaft zu ihm. Rigobert Song hat seine Länderspielkarriere am 1. August 2010 beendet.

Schwarzafrikanische Länder: Beste Ergebnisse bei Weltmeisterschaften

Angola: Erste Runde 2006
Elfenbeinküste: Erste Runde 2006, 2010
Ghana: Viertelfinale 2010
Kamerun: Viertelfinale 1990
Nigeria: Achtelfinale 1994, 1998
Senegal: Viertelfinale 2002
Südafrika: Erste Runde 1998, 2002, 2010
Togo: Erste Runde 2006
Zaire/Demokratische Republik Kongo: Erste Runde 1974

Gezähmte Löwen

Das dritte und letzte Spiel von Kamerun bei der WM 2010, das mit 1:2 gegen die Niederlande verloren ging, machte das westafrikanische Land zur ersten Nation aus Afrika, die bereits 20 WM-Spiele bestritten hat. Doch kein Kameruner hatte Lust, diesen Rekord groß zu feiern, denn die von dem Franzosen Paul Le Guen gecoachten »unzähmbaren Löwen« waren zuvor schon aus dem Turnier ausgeschieden.

Roger, Roger!

Kameruns Stürmerstar Roger Milla war berühmt für seinen Torjubel an der Eckfahne. Er ist der älteste Torschütze einer FIFA WM-Endrunde – als er 1994 gegen Russland traf, war er 42 Jahre und 39 Tage alt. Milla kam während dieses Turniers mehrfach als Einwechselspieler zum Zug, wobei sein Nachname auf die Rückseite seines Trikot nur mit der Hand daraufgeschrieben worden war. Der am 20. Mai 1952 in Yaoundé geborene Milla hatte 1987 seine Nationalmannschaftskarriere schon beendet und sich auf der Insel La Réunion zur Ruhe gesetzt, aber Staatspräsident Paul Biya überredete ihn ein Jahr vor der FIFA WM 1990, Kameruns Auswahl bei der anstehenden Endrunde zu verstärken. Dank seiner Tore im WM-Turnier 1990 wurde er in diesem Jahr ein zweites Mal zu »Afrikas Fußballer des Jahres« gewählt – diese Auszeichnung hatte er bereits 1976 erhalten. Milla beendete seine Karriere nach der FIFA WM 1994 in den USA endgültig, mit 102 Einsätzen und 28 Toren.

Schwarzafrikanische Länder: Erfolgreiche WM-Qualifikationen

Kamerun: 6 (1982, 1990, 1994, 1998, 2002, 2010)
Nigeria: 4 (1994, 1998, 2002, 2010)
Südafrika: 3 (1998, 2002, 2010)
Elfenbeinküste: 2 (2006, 2010)
Ghana: 2 (2006, 2010)
Angola: 1 (2006)
Senegal: 1 (2002)
Togo: 1 (2006)
Zaire/Demokratische Republik Kongo: 1 (1974)

Henri und die Ivorer

2006 bedauerten es viele, dass die Elfenbeinküste trotz ihrer starken Leistungen schon nach der Gruppenphase nach Hause fahren musste, aber leider sah es für sie von Anfang an nicht gut aus, denn das Team war bei der Endrundenauslosung in die »Todesgruppe« C befördert worden, mit Titelfavoriten wie Argentinien und den Niederlanden. Die Ivorer glänzten mit Stars wie Didier Drogba, Didier Zokora und den Brüdern Kolo und Yaya Touré und wurden von dem Franzosen Henri Michel trainiert, der damit zum vierten Mal als Trainer bei einer WM dabei war und zum vierten Mal ein anderes Land betreute: 1986 hatte er Frankreich zur WM geführt, 1994 Kamerun und 1998 Marokko. Nur Bora Milutinović und Carlos Alberto Parreira coachten schon mehr verschiedene Teams bei WM-Turnieren. Auch 2010 wurde die Gruppe der Ivorer wieder als »Todesgruppe« bezeichnet – diesmal bekam es die Elfenbeinküste mit Brasilien, Portugal und Nordkorea zu tun, und wie schon 2006 wurde sie wieder nur Gruppendritter.

Serben-Power

Ghana wurde während der Qualifikation zur FIFA WM 2006 von vier verschiedenen Trainern betreut. Der letzte in der Reihe, der Serbe Ratomir Dujković, brachte schließlich den allerersten Einzug des Landes in eine Endrunde unter Dach und Fach. 2005 blieb er mit Ghana ungeschlagen – was der Mannschaft für dieses Jahr die FIFA-Auszeichnung »Aufsteiger des Jahres« einbrachte. Ghana war das einzige Land, das sowohl bei der FIFA WM 2006 als auch bei FIFA WM 2010 über die Gruppenphase hinauskam, obwohl sein Kader den geringsten Altersdurchschnitt aller Zeiten aufwies. Auch 2010 wurde Ghana von einem Serben geführt: Diesmal hatte Milovan Rajevac als Trainer die Verantwortung.

Bruderduell

Die Brüder Jérôme und Kevin-Prince Boateng standen 2010 bei der Begegnung zwischen Deutschland und Ghana gleichzeitig auf dem Platz – jedoch als Gegner, was ein WM-Novum darstellt. Jérôme spielte als linker Außenverteidiger für Deutschland, sein älterer Halbbruder Kevin-Prince im ghanaischen Mittelfeld. Kevin-Prince hatte sich erst einen Monat vor Beginn der WM offiziell für das Heimatland seines Vaters entschieden. Beide Boatengs sind in Berlin geboren und haben denselben ghanaischen Vater, aber unterschiedliche deutsche Mütter. Der Einsatz von Kevin-Prince bei der FIFA WM 2010 in Südafrika war von besonderer Brisanz: Im englischen Pokalfinale am 15. Mai 2010 hatte er Michael Ballack so schwer gefoult, dass dieser ausgewechselt werden musste und wegen einer Knöchelverletzung für die WM-Endrunde ausfiel.

Schwarzafrikanische Länder: Beste WM-Torschützen

Roger Milla (Kamerun)	5
Asamoah Gyan (Ghana)	4
Papa Bouba Diop (Senegal)	3
Samuel Eto'o (Kamerun)	3
Daniel Amokachi (Nigeria)	2
Emmanuel Amuneke (Nigeria)	2
Shaun Bartlett (Südafrika)	2
Henri Camara (Senegal)	2
Aruna Dindane (Elfenbeinküste)	2
Didier Drogba (Elfenbeinküste)	2
Patrick M'Boma (Kamerun)	2
Benni McCarthy (Südafrika)	2
Sulley Muntari (Ghana)	2
Francois Omam-Biyik (Kamerun)	2

Kult-Tröte oder Nervtöter?

Der kolumbianische Popstar Shakira sang den offiziellen Song der FIFA WM 2010. Sie trug das Lied sowohl bei der Eröffnungs- als auch bei der Abschlussfeier vor. Doch mehr noch als ihr »Waka Waka« (»This Time For Africa«) dürfte ein anderer Sound den WM-Sommer geprägt haben – das Getröte der Vuvuzelas. Dieses einfache Blasinstrument aus Plastik ist seit den 1980er-Jahren fester Bestandteil der südafrikanischen Fußballkultur und war ein Muss für viele Fans, die 2010 die Spiele live in den Stadien verfolgten. Einige Spieler, darunter auch Lionel Messi aus Argentinien und Cristiano Ronaldo aus Portugal, beschwerten sich, dass sie das Dauersummen in ihrer Konzentration stören würde, andere dagegen sprachen sich für die Plastiktröten aus, z. B. Jamie Carragher aus England und Wesley Sneijder aus den Niederlanden. Die FIFA und die südafrikanischen WM-Organisatoren verwahrten sich gegen Forderungen, die Tröten zu verbieten, etliche Fernsehsender sorgten aber mit technischen Mitteln dafür, dass man die Vuvuzelas nicht ganz so extrem wahrnahm.

Die »Bafana Bafana« unterstützt die »Baghana Baghana«

Obwohl Ghana ohne den verletzten Michael Essien auskommen musste, überstand es als einzige afrikanische Mannschaft bei der FIFA WM 2010 die Gruppenphase. Die Ghanaer wurden zuletzt kräftig von südafrikanischen Fans unterstützt, deren Mannschaft, die »Bafana Bafana«, ausgeschieden war. Die ghanaischen Spieler wurden von vielen südafrikanischen Fans als »Baghana Baghana« bezeichnet – ein Wortspiel mit »Bafana Bafana«, was so viel wie »die Jungs, die Jungs« bedeutet.

SCHWARZAFRIKA NATIONALE REKORDE

 Drogba macht Druck

Didier Drogba spielte zwar schon als Jugendlicher in Frankreich, doch er ist einer der größten Publikumslieblinge der Elfenbeinküste, sowohl wegen seiner Leistungen auf dem Rasen als auch wegen seines humanitären Engagements. Der Stürmer vom FC Chelsea und Kapitän der ivorischen Nationalmannschaft hat es bereits auf 73 Länderspieleinsätze gebracht und dabei 47 Tore geschossen. Drogba setzt sich jedoch nicht nur im Fußball für sein Land ein: So hat er z.B. zu einem Waffenstillstand in der vom Bürgerkrieg gebeutelten Nation aufgerufen und auch darauf gedrungen, dass im Juni 2007 ein Afrikameisterschafts-Qualifikationsspiel von der Hauptstadt Abidjan nach Bouaké, der Hochburg der Rebellenarmee, verlegt wurde, um damit ein Zeichen der Versöhnung zu setzen. Drogba, 2006 und 2009 Afrikas Fußballer des Jahres, führte die Ivorer bei den ersten WM-Endrunden 2006 und 2010 als Mannschaftskapitän an.

 Schwarzafrika – Rekordtorschützen (Auswahl)

Angola: Akwá	36
Botswana: Dipsy Selolwane	11
Elfenbeinküste: Didier Drogba	47
Ghana: Abédi »Pelé« Ayew	33
Kamerun: Samuel Eto'o	52
Mosambik: Tico-Tico	27
Namibia: Gervatius Uri Khob	12
Nigeria: Rashidi Yekini	37
Senegal: Henri Camara	31
Simbabwe: Peter Ndlovu	38
Südafrika: Benni McCarthy	32
Swasiland: Sibusiso Dlamini	26

 Nachwuchs

Als jüngster Fußballer aller Zeiten gewann Samuel Kuffour eine Medaille bei Olympischen Spielen: Als Ghana 1992 in Barcelona Dritter wurde, war der spätere Bayern-Star 15 Jahre alt – seinen 16. Geburtstag feierte er 27 Tage später.

 Die jungen Adler kommen

Den ersten Turniersieg bei einem FIFA Turnier errang Nigeria 1985, als seine Mannschaft, die »Goldenen Jungadler«, die Bundesrepublik Deutschland im Finale der U-17-WM mit 2:0 bezwang.

Strafstoß

Botswanas Torwart und Mannschaftskapitän Modiri Marumo wurde im Mai 2003 während des Elfmeterschießens vom Platz gestellt, nachdem er den gegnerischen Torwart Philip Nyasulu ins Gesicht geschlagen hatte. Botswanas Abwehrspieler Michael Mogaladi musste den Torwart ersetzen. Malawi gewann mit 4:1.

 Rückfall in die Kolonialzeit

Angola verlor das erste Länderspiel gegen seine frühere Kolonialmacht Portugal 1989 mit 0:6. Das zweite Treffen zwölf Jahre später wurde beim Stand von 5:1 für Portugal abgebrochen, als vier Angolaner einen Platzverweis erhalten hatten und ein fünfter verletzt vom Platz getragen worden war.

Großzügig, George

George Weah aus Liberia wurde 1995 als erster Afrikaner »Weltfußballer des Jahres«; im selben Jahr gewann er auch die Titel als »Europas« und »Afrikas Fußballer des Jahres«. Damit wurde vor allem die Torgefährlichkeit des Stürmers gewürdigt, der u. a. bei Paris Saint-Germain, AS Monaco und dem AC Mailand sehr erfolgreich war. Weah, der einzige »Weltfußballer des Jahres«, dessen Land noch nie an einer WM-Endrunde teilgenommen hat, engagiert sich seit Langem für humanitäre Projekte in Liberia. Nachdem er seine Karriere nach 60 Länderspielen mit 22 Toren 2003 beendete, wurde er Politiker und kandidierte 2005 vergeblich bei den Präsidentschaftswahlen Liberias.

Unerfülltes Versprechen

Sambia hat sich noch nie für eine FIFA WM-Endrunde qualifiziert. Die Mannschaft errang einen sensationellen 4:0-Erfolg gegen Italien während der Olympischen Spiele 1988. Kalusha Bwalya erzielte einen Hattrick und berichtete später, dass die Italiener die sambischen Spieler vor dem Match von oben herab angeschaut hatten, aber nachher um Autogramme baten. Im April 1993 kamen bei einem Flugzeugabsturz vor Gabun der Trainer und 18 Spieler Sambias ums Leben. Bwalya war nicht an Bord, weil er zur selben Zeit für seinen niederländischen Verein PSV Eindhoven spielte. Die bis dahin in der WM-Qualifikation für das Turnier 1994 aussichtsreich platzierte sambische Nationalmannschaft scheiterte schließlich knapp an Marokko.

Schwarzafrika – Rekordnationalspieler (Auswahl)

Angola: Akwá	80
Botswana: Dipsy Selolwane	34
Elfenbeinküste: Didier Zokora	78
Ghana: Abédi »Pelé« Ayew	73
Kamerun: Rigobert Song	137
Mosambik: Dário Monteiro	88
Namibia: Johannes Hindjou	69
Nigeria: Mudashiru Lawal	86
Senegal: Henri Camara	99
Simbabwe: Peter Ndlovu	100
Südafrika: Aaron Mokoena	103
Swasiland: Mlungisi Ngubane	91

Dramatische Wende

Ghana brachte 1993 das Kunststück fertig, in einem Freundschaftsspiel gegen Weltmeister Deutschland drei Tore in einer Minute einzustecken. Ghana lag 20 Minuten vor Schluss 1:0 in Führung, verlor das Spiel aber mit 1:6. Bei der U-20-Weltmeisterschaft 1989 lag Nigeria gegen die Sowjetunion 25 Minuten vor Schluss 0:4 zurück, glich noch zum 4:4 aus und gewann das anschließende Elfmeterschießen mit 5:3.

Südafrikaner aus Südlondon

Vier in Südafrika geborene Fußballer spielten in den 1950er-Jahren für den Londoner Klub Charlton Athletic. Zwei von ihnen wurden auch Nationalspieler – allerdings lief Eddie Firmani dreimal für Italien auf und John Hewie 19-mal für Schottland. Firmani spielte später für Sampdoria Genua, Inter Mailand und FC Genua 93. Er war der erste Spieler, der sowohl in England als auch in Italien mehr als 100 Ligatore erzielte.

ASIEN & OZEANIEN

Asien sicherte sich 2002 einen Eintrag im Fußball-Geschichtsbuch, als Südkorea und Japan erstmals gemeinsam eine FIFA Weltmeisterschaft™ ausrichteten – und Südkorea zog bei diesem Turnier als erstes asiatisches Land überhaupt in ein WM-Halbfinale ein. Seither hat der Kontinent weitere gute Vorstellungen geboten: Auch Nordkorea und das erst kürzlich zum Asiatischen Fußballverband gewechselte Australien haben gezeigt, dass künftig mit ihnen zu rechnen sein wird. Die Milliardenvölker China und Indien dagegen warten noch auf den großen Durchbruch.

Saša Ognenovski (rechts) aus Australien, der 2010 zu Asiens Fußballer des Jahres gewählt wurde, hatte noch kein Länderspiel absolviert, als er 2009 bei Adelaide United aufhörte und zu Seongnam Ilhwa Chunma in Südkorea wechselte.

AUSTRALIEN

Australien brauchte lange, bis es im Weltfußball Aufsehen erregen konnte. Ein kompliziertes Qualifikationssystem schränkte die Möglichkeiten des Landes, an Weltmeisterschaften teilzunehmen, erheblich ein. Dazu kam noch die geografische Isolation, was dazu führte, dass in Australien zunächst andere Sportarten populärer waren. Doch eine neue Spielergeneration – viele Australier spielen seit Jahren bei starken europäischen Vereinen – sorgte dafür, dass die Socceroos bei der FIFA WM 2006 zum ersten Mal beeindrucken konnten. Bei der WM-Endrunde 2010 schied das Team jedoch in der Gruppenphase aus.

Ureinwohner am Ball

Harry Williams kann stolz auf seinen Platz in der Fußballgeschichte sein: Er war der erste Aborigine, der ein Länderspiel für Australien bestritt. Sein Nationalmannschaftsdebüt gab er 1970, und 1974 gehörte er in der Bundesrepublik Deutschland der ersten australischen Auswahl an, die den Sprung in eine WM-Endrunde geschafft hatte.

Glückszahl

Das Trikot mit der Rückennummer 2 war in sämtlichen 900 Minuten in Einsatz, die Australien bei seinen bisherigen drei WM-Teilnahmen absolviert hat. 1974 war Doug Utjesenović der Zweier, 2006 und 2010 Lucas Neill.

Die meisten Top Ten Länderspiele

1.	Mark Schwarzer	89
2.	Alex Tobin	87
3.	Brett Emerton	84
=	Paul Wade	84
5.	Tony Vidmar	76
6.	Lucas Neil	71
7.	Scott Chipperfield	68
8.	Peter Wilson	64
9.	Attila Abonyi	61
10.	John Kosmina	60
=	Stan Lazaridis	60

Top Ten Torschützen

1.	Damian Mori	29
2.	John Aloisi	27
3.	Attila Abonyi	25
=	John Kosmina	25
5.	Tim Cahill	23
=	Archie Thompson	21
7.	David Zdrilic	20
8.	Graham Arnold	19
=	Brett Emerton	19
10.	Ray Baartz	18

Endlich geschafft!

Die australische Nationalmannschaft, genannt »Socceroos« (von »soccer« = Fußball und »kangaroo« = Känguru), erfuhr in den letzten zehn Jahren viel Unterstützung. Durch den Erfolg bei der FIFA WM 2006, der Australien bis ins Achtelfinale brachte, wurde Fußball zu einer der beliebtesten Sportarten des Landes; jahrelang hatte der Sport hinter Cricket, den beiden Rugby-Varianten und dem »Australischen Rules Football« ein Schattendasein gefristet. Doch Einwanderer – zunächst aus Großbritannien, später auch aus Italien, Griechenland und dem ehemaligen Jugoslawien – sorgten dafür, dass »Soccer« nicht vergessen wurde. Die Stimmung begann umzuschwenken, als die Socceroos bei der Qualifikation zur FIFA WM 1998 erst im letzten Ausscheidungsspiel gegen Iran verloren. Vier Jahre später scheiterte Australien noch einmal – gegen Uruguay. Doch 2006 und 2010 waren die »Aussies« dabei.

Cahill schreibt Geschichte

Tim Cahill schoss Australiens erstes WM-Tor überhaupt, als er am 12. Juni 2006 in Kaiserslautern in der 84. Minute den Ausgleichstreffer gegen Japan erzielte. Fünf Minuten später traf er erneut und in der Nachspielzeit sorgte John Aloisi für den 3:1-Endstand. Später verloren die Australier 0:2 gegen Brasilien und spielten 2:2 gegen Kroatien. Damit qualifizierten sie sich für das Achtelfinale.

Wetter Bretter!

Bei der FIFA WM 2010 wurde Brett Holman mit seinem Führungstreffer beim 1:1 gegen Ghana zum jüngsten australischen WM-Torschützen aller Zeiten. Zu dem Zeitpunkt war er 26 Jahre und 84 Tage alt und damit um 105 Tage jünger als Tim Cahill 2006 bei seinem Treffer gegen Japan. Holman schoss fünf Tage später beim 2:1 der Australier über Serbien sein zweites WM-Tor; Cahill selbst steuerte ebenfalls einen Treffer bei. Doch der Sieg nutzte nichts, Australien schied nach der Gruppenphase aufgrund seiner schlechteren Tordifferenz aus dem Turnier aus.

Australiens Elfmeter-Rekord

Als einziges Land sicherte sich Australien durch Elfmeterschießen seinen Platz in der WM-Endrunde 2006 – beim Relegationsspiel gegen Uruguay, den 5. der Südamerikagruppe. Das Hinspiel hatten die Australier in Montevideo 0:1 verloren, Marco Bresciano glich zum addierten Gesamtstand von 1:1 aus. Nach torloser Verlängerung hielt Torhüter Mark Schwarzer im Elfmeterschießen zwei Bälle und Australien gewann 4:2. Den Siegtreffer erzielte John Aloisi.

Auf nach Australien

Nachdem Australien 2007 bei seiner ersten Asienmeisterschaft bis ins Viertelfinale kam und vier Jahre später erst im Finale gegen Japan unterlag, will das Land es 2015 bei seiner dritten Teilnahme endlich packen und Asienmeister werden – zumal es dann Gastgeber des Wettbewerbs sein wird.

Australische Rekorde

Siege im OFC-Nationen-Pokal: 1980, 1996, 2000, 2004

Erstes Länderspiel: 1:3 gegen Neuseeland, Auckland, 17. Juni 1922

Höchster Sieg: 31:0 gegen Amerikanisch-Samoa, Coffs Harbour, 11. April 2001

Höchste Niederlage: 0:7 gegen Kroatien, Zagreb, 6. Juni 1998

Dreimal Gelb

Graham Poll war 2006 nicht der erste Schiedsrichter, der bei einer WM ein und demselben Spieler in einer Partie dreimal die Gelbe Karte zeigte – dem Kroaten Josip Šimunić im Spiel gegen Australien. So etwas geschah schon einmal bei der Endrunde 1974 – und wieder war Australien beteiligt: In der ersten Finalrundenpartie gegen Chile wurde der australische Stürmer Ray Richards mit Verspätung vom Platz geschickt. Ersatzschiedsrichter Clive Thomas aus Wales teilte dem iranischen Schiedsrichter Jafar Namdar mit, dass der Richards mittlerweile dreimal Gelb gezeigt habe. Richards wurde so mit vier Minuten Verspätung vorzeitig zum Duschen geschickt.

Cool wie Kewell

Harry Kewell, geboren am 22. September 1978, gilt vielen als bester australischer Spieler aller Zeiten. Der Linksaußen schoss 13 Tore in 39 Länderspielen, darunter das Ausgleichstor gegen Kroatien, das Australien 2006 ins Achtelfinale der FIFA WM brachte. Auch in seiner Vereinskarriere ist Kewell erfolgreich, er spielte in Europa bei Leeds United sowie dem FC Liverpool und ist seit 2008 bei Galatasaray Istanbul aktiv. Als einziger gebürtiger Australier bislang gewann er die Champions League, 2005 mit Liverpool. Bei der FIFA WM 2010 hatte er nicht so viel zu lachen – in der Partie gegen Ghana sah er nach nur 22 Minuten für ein Handspiel die Rote Karte; das war gleichzeitig der 150. Platzverweis der WM-Geschichte.

Alte Verbindungen zählen noch immer

Einige gebürtige Australier spielten lieber für ihre Herkunftsländer, darunter Joey Didulica, Anthony Šerić und Josip Šimunić (Kroatien) sowie Saša Ognenovski (Mazedonien). Šimunić spielte 2006 für Kroatien gegen Australien. Hier erhielt er einen legendären Platzverweis, nachdem ihm der Schiedsrichter Graham Poll versehentlich dreimal Gelb gezeigt hatte. Der in Bologna geborene italienische Nationalstürmer Christian Vieri wuchs in Australien auf, sein in Australien geborener Bruder Massimiliano »Max« kickte dagegen für die Socceroos.

JAPAN

Während der letzten beiden Jahrzehnte hat der japanische Fußball erhebliche Fortschritte gemacht. Bis zur Einführung der ersten Profiliga im Jahr 1993 waren die japanischen Vereine Amateurklubs, und in der Gunst der Fans standen Baseball, Kampfsportarten, Tischtennis oder Golf weit über dem Fußball. Bezeichnend für den Aufschwung des Fußballs war die FIFA WM 2002, die Japan mit Südkorea ausrichtete und bei der das Land zum ersten Mal ein Achtelfinale erreichte. Auch die Titelgewinne bei den Asienmeisterschaften 1992, 2000, 2004 und 2011 zeugen von dieser Entwicklung.

Top Ten Torschützen

1.	Kunishige Kamamoto	55
=	Kazuyoshi Miura	55
3.	Hiromi Hara	37
4.	Takuya Takagi	27
5.	Kazushi Kimura	26
6.	Shunsuke Nakamura	24
7.	Naohiro Takahara	23
8.	Masashi Nakayama	21
9.	Teruki Miyamoto	19
10.	Shinji Okazaki	18

Nakata bereitet den Weg

Der Mittelfeldspieler Hidetoshi Nakata gehört zu den besten japanischen Spielern aller Zeiten. Am 16. November 1997 erzielte er alle drei Tore bei Japans 3:2 gegen den Iran in einem Relegationsspiel, durch das sich sein Land für die WM 1998 qualifizierte. Nach dem WM-Turnier wechselte er zum AC Perugia und war der erste japanische Spieler, der in Europa zum Star wurde. 2001 wurde er mit dem AS Rom italienischer Meister und ein Jahr später Pokalsieger. Weitere Stationen waren der AC Parma, der FC Bologna und der AC Florenz. Bald folgten andere Spieler Nakatas Vorbild und machten im Ausland Karriere: Shinji Ono z.B. ging in die Niederlande zu Feyenoord Rotterdam und spielte von 2008 bis 2010 für den VfL Bochum. Der Mittelfeldspieler Shunsuke Nakamura dockte in Italien bei Reggina Calcio an, in Schottland bei Celtic Glasgow und in Spanien bei Espanyol Barcelona. Nakata kam bei drei WM-Endrunden zum Einsatz, wobei er insgesamt zehn Partien absolvierte und ein Tor schoss – das 2:0 gegen Tunesien, das Japan 2002 den Einzug ins Achtelfinale bescherte. Nakata erzielte in 77 Länderspielen elf Tore, bis er sich nach der FIFA WM 2006 im Alter von 29 Jahren überraschend aus dem Fußballgeschehen zurückzog.

Vom Fußballer zum Funktionär

Japan holte beim Olympischen Fußballturnier von 1968 in Mexiko-Stadt überraschend die Bronzemedaille und der Starstürmer Kunishige Kamamoto wurde mit insgesamt sieben Treffern Torschützenkönig. Er führt die japanische Rekordtorschützenliste mit 55 Treffern an, die er in 61 Länderspielen erzielte. Nach seinem Karriereende arbeitete er als Trainer, war Abgeordneter des japanischen Parlaments und Vizepräsident des japanischen Fußballverbandes.

Takeshis zweiter Anlauf

Der ehemalige Nationalverteidiger Takeshi Okada trainierte die Japaner bei den Weltmeisterschaften von 1998 und 2010. In der Spanne dazwischen trugen drei Trainer aus dem Ausland die Verantwortung für das Team: der Franzose Philippe Troussier, der Brasilianer Zico und der Bosnier Ivica Osim. Okada trat nach der FIFA WM 2010 zum zweiten Mal zurück; er begründete seinen Schritt damit, dass er zukünftig nur noch Landwirt sein wolle. Er sagte: »Wenn es regnet, lese ich ein Buch, und wenn es schön ist, arbeite ich auf meinem Bauernhof.«

Top Ten Länderspiele

1.	Masami Ihara	122
2.	Yoshikatsu Kawaguchi	116
3.	Yūji Nakazawa	110
4.	Yasuhito Endō	100
5.	Shunsuke Nakamura	98
6.	Kazuyoshi Miura	89
7.	Alessandro dos Santos	82
=	Junichi Inamoto	82
9.	Satoshi Tsunami	78
10.	Hidetoshi Nakata	77
=	Seigō Narazaki	77

Lattenknaller

Bei der WM 2010 in Südafrika gelang Japan der erste WM-Sieg außerhalb des eigenen Landes und das Team überstand zum ersten Mal außer bei der Heim-WM die Gruppenphase. Das Elfmeterschießen zwischen Japan und Paraguay im Achtelfinale von 2010 war das erste in der Geschichte der FIFA WM, an dem keine Mannschaft aus Europa beteiligt war. Es war zudem das erste bei der Endrunde 2010 und das insgesamt 21. WM-Strafstoß-duell überhaupt. Paraguay entschied das Achtelfinale schließlich mit 5:3 im Elfmeterschießen für sich. Die Partie war auch nach der Verlängerung tor-los geblieben. Der japanische Außen-verteidiger Yūicho Komano war der einzige Schütze, der seinen Versuch vergab – er donnerte das Spielgerät gegen die Querlatte.

Direkt rein ins Glück

Mit dem 3:1 gegen Dänemark in Gruppe E bei der FIFA WM 2010 in Rustenburg war Japan das erste asiatische Land, das seit Nordkoreas 3:5-Viertelfinalniederlage 1966 gegen Portugal in einer WM-Partie drei Treffer erzielte. Die Tore für Japan erzielten Keisuke Honda, Yasuhito Endō und Shinji Okazaki. Honda und Endō verwandelten beide direkte Freistöße – Vergleichbares war zuletzt Jugoslawien beim 9:0 gegen Zaire 1974 in Deutschland gelungen, als sogar drei Treffer durch direkte Frei-stöße erzielt wurden.

Troussier führt Japan zum Sieg

Der in Paris geborene Philippe Troussier wurde zu »Asiens Trainer des Jahres 2000« gewählt, nachdem er mit Japan das Endspiel der Asienmeisterschaft im Libanon mit 1:0 gegen Saudi-Arabien gewonnen hatte. Unter seiner Re-gie erreichte Japan auch sein bisher bestes FIFA WM-Ergebnis, als es auf ei-genem Boden erst im Achtelfinale 2002 mit 0:1 gegen die Türkei ausschied. Diese Leistung wurde jedoch vom Erfolg des Mitveran-stalters Südkorea unter Guus Hiddink überschattet, der im Halbfinale an Deutschland scheiterte.

Datums-Spielereien

Japan hat drei seiner vier WM-Auftakt-spiele an einem 14. Juni absolviert: 1998 verlor es an diesem Tag mit 0:1 gegen Argentinien, 2002 schlugen die Japaner Tunesien mit 2:0 und am 14. Juni 2010 besiegte man Kamerun mit 1:0. Nur 2006 lief es anders: Da ab-solvierten die Japaner ihr Auftaktspiel am 12. Juni; zunächst gingen sie mit einem Treffer von Shunsuke Nakamura gegen Australien in Führung, doch in den letzten sechs Minuten und in der Nachspielzeit kassierten sie drei Gegentreffer.

Japanische Torflut

Bisher hat keine Mannschaft bei einer Asien-meisterschaft mehr Tore geschossen als die Japaner: Auf ihrem Weg zum zweiten Titelge-winn erzielten sie 2000 im Libanon in sechs Spielen 21 Tore– obwohl sie das Endspiel gegen Saudi-Arabien mit nur einem einzigen Treffer für sich entschieden, den Shigeyoshi Mochizuki erzielte. Bei dem Turnier waren neun Spieler als Torschützen erfolgreich – da-runter Akinori Nishizawa und Naohiro Takahara mit je fünf Treffern –, während Ryūzō Morioka das Leder einmal im eigenen Kasten versenk-te. Der deutlichste Sieg bei diesem Turnier gelang den Japanern im Gruppenspiel gegen Usbekistan mit 8:1, bei dem Nishizawa und Takahara jeweils dreimal trafen.

SÜDKOREA

»Be the reds!« war der Schlachtruf der leidenschaftlichen südkoreanischen Fans bei der FIFA WM-Endrunde 2002 im eigenen Land – und sie wurden für ihre Unterstützung reich belohnt: Als erstes Team aus Asien erreichte Südkorea ein WM-Halbfinale und belegte schließlich den vierten Platz. Südkorea gewann 1956 und 1960 auch die ersten beiden Auflagen der Asienmeisterschaft. Längst sind die Südkoreaner eine der führenden Mannschaften des asiatischen Kontinents. Der Profifußball des Landes mit seiner 1983 gegründeten K-League ist immens erfolgreich, insgesamt haben Vereine aus Südkorea schon neunmal AFC Champions League und ihre Vorgängerwettbewerbe gewinnen können.

Top Ten Torschützen

1.	Cha Bum-kun	55
2.	Hwang Sun-hong	50
3.	Park Yi-cheon	36
4.	Kim Jae-han	33
5.	Choi Sun-ho	30
6.	Huh Jung-moo	29
=	Kim Do-heon	29
8.	Choi Yong-soo	27
=	Lee Tae-ho	27
10.	Lee Dong-gook	25

Guus Hiddink – Südkoreas Held

Guus Hiddink ist der erfolgreichste Nationaltrainer Asiens. Der Niederländer, der zuvor u. a. sein Heimatland und Real Madrid trainiert hatte, übernahm das Team von Südkorea Ende 2000. Da der Co-Gastgeber für die FIFA WM 2002 automatisch qualifiziert war, nutzte Hiddink zahlreiche Freundschaftsspiele zum Experimentieren. Fans und Presse in Südkorea hofften, dass die Mannschaft wenigstens das Achtelfinale erreichen würde, aber sie übertraf diese Erwartungen bei Weitem: Die Roten wurden Gruppenerster, warfen im Achtelfinale Italien aus dem Turnier und zogen durch einen Sieg im Elfmeterschießen über Spanien ins Halbfinale ein. Hier scheiterte das Team mit 0:1 an Deutschland und verlor auch das Spiel um Platz drei mit 2:3 gegen die Türkei. Der vierte Rang war dennoch das beste Ergebnis, das ein asiatisches Team je bei einer WM erreichte. Zur Belohnung bekam Hiddink die südkoreanische Ehrenstaatsbürgerschaft verliehen und das Stadion in Gwangju wurde nach ihm umbenannt.

Südkoreanische Spinne

Der südkoreanische Torhüter Lee Woon-jae, auch »der Mann mit den Spinnenhänden« genannt, wurde bei der WM 2002 zum Nationalhelden, als er im Viertelfinale gegen Spanien im Elfmeterschießen den Strafstoß von Joaquín Sánchez abwehrte und damit sein Team ins Halbfinale brachte. Lee Woon-jae, der zudem an den WM-Endrunden 1994, 2006 und 2010 teilnahm, demonstrierte auch bei der Asienmeisterschaft 2007 seine Qualitäten als Elfmetertöter: Insgesamt wehrte er bei den Elfmeterschießen, die Südkorea auf seinem Weg zum dritten Platz absolvieren musste, drei Strafstöße ab. In der Qualifikation zur FIFA WM 2010, die seine Mannschaft als einziges asiatisches Team ohne Niederlage absolvierte, hütete er in sämtlichen Partien das Tor der Südkoreaner.

Kims Dreifacherfolg

Der südkoreanische Mittelfeldspieler Kim Joo-sung bekam als Einziger dreimal den Titel »Asiens Fußballer des Jahres« verliehen, und zwar dreimal hintereinander von 1989 bis 1991. Er nahm an drei FIFA-Weltmeisterschaften teil, doch kam seine Mannschaft nie über die Vorrunde hinaus. Insgesamt 77-mal trat er für sein Land an, schoss dabei 14 Tore und ging als einer der ersten Südkoreaner ins Ausland: 1992 wechselte er für zwei Jahre zum VfL Bochum.

Top Ten Länderspiele

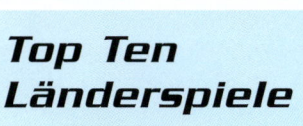

1.	Hong Myung-bo	136
2.	Lee Woon-jae	132
3.	Yoo Sang-chul	123
4.	Cha Bum-kun	121
=	Lee Young-pyo	121
6.	Kim Tae-young	104
7.	Hwang Sun-hong	103
8.	Kim Nam-il	96
9.	Choi Sun-ho	95
=	Ha Seok-ju	95
=	Park Ji-sung	95

Hwang, der Leitwolf

Unter den ungestümen südkoreanischen Jungspunden war der 33-jährige Hwang Sun-hong bei der FIFA WM 2002 ein echter Veteran. Er ist neben Cha Bum-kun der bisher einzige Südkoreaner, der ein halbes Hundert Tore für sein Land geschossen hat. Sein 50. Länderspieltor erzielte er beim Gruppenspiel gegen Polen, der Südkoreas Einzug ins Achtelfinale klarmachte. Hwang hatte auch schon an den Weltmeisterschaften von 1990 und 1994 teilgenommen, das Turnier von 1998 jedoch aufgrund einer Verletzung verpasst.

Hong stellt einen FIFA WM™-Rekord auf

Als erster asiatischer Spieler trat Südkoreas Verteidiger Hong Myung-bo in vier aufeinanderfolgenden FIFA Weltmeisterschaften an. Als Südkorea 1990 gegen Belgien, Spanien und Uruguay verlor, war er bei allen Spielen dabei. 1994 schoss er bei drei Einsätzen zwei Tore – sein Treffer gegen Spanien führte dazu, dass Korea nach einem 0:2-Rückstand noch ein 2:2 erzielen konnte. 1998 stand er abermals bei drei Gruppenspielen auf dem Platz, doch Südkorea schied erneut in der Vorrunde aus. Vier Jahre später war er im eigenen Land Mannschaftskapitän und führte sein Land zum vierten Platz. Hong wurde bei dem Turnier auch zum drittbesten Spieler gewählt und bekam den Bronzenen Ball verliehen. Seine 16 Einsätze bei den vier Turnieren sind ein weiterer asiatischer Rekord. Später wurde er Trainer von Koreas U-20-Mannschaft.

Und es hat Tscha-Bum gemacht

Noch ehe Südkorea bei der WM 2002 unter Guus Hiddink der Durchbruch gelang, konnte das Land auf einen Spieler stolz sein, der Weltruf genoss: der torgefährliche Stürmer Cha Bum-kun, der für seinen harten Schuss bekannt war und deshalb auch den passenden Spitznamen »Tscha-Bum« trug. Als er 1979 bei Eintracht Frankfurt unterschrieb, ebnete er damit den Weg für erfolgreiche Auslandskarrieren zahlreicher weiterer Spieler aus Asien. Später wechselte er zum Bundesligarivalen Bayer Leverkusen. Zu seinen Erfolgen in Deutschland zählen zwei UEFA-Cup-Titel (1980 mit Frankfurt und 1988 mit Bayer Leverkusen). Durch seine sportlichen Leistungen wurde er u. a. zum Vorbild späterer deutscher Stars wie Jürgen Klinsmann und Michael Ballack. Mit 55 Treffern in 121 Länderspielen führt er die südkoreanische Rekordtorschützenliste an. Unvergessen ist sein Hattrick beim Präsident-Park-Pokal am 11. September 1976 innerhalb von nur sieben Minuten gegen Malaysia, mit dem Südkorea nach einem 1:4-Rückstand noch zum 4:4 ausgleichen konnte. »Tscha-Bum« wurde später Nationaltrainer von Südkorea. Seine Bilanz von Januar 1997 bis Juni 1998: 22 Siege, 8 Unentschieden und 11 Niederlagen. Seine Trainerlaufbahn fand leider ein unschönes Ende: Nach dem zweiten Spiel bei der WM 1998, bei dem Südkorea von den Niederländern mit 0:5 abgefertigt wurde, musste er seinen Hut nehmen.

ANDERE ASIATISCHE UND OZEANISCHE LÄNDER

Die weniger bekannten asiatischen und ozeanischen Fußballnationen sind noch weiße Flecken auf der Fußballweltkarte. Auch wenn sich in diesen Ländern die wahre Fußballbegeisterung erst noch durchsetzen muss, wetteifern die Mannschaften doch gerne miteinander und erzielen dabei auch Erfolge. In dieser Region der Welt wurden etliche Fußballrekorde aufgestellt, die vielleicht nie gebrochen werden können. Zum Beispiel fielen hier die meisten Tore in einem einzigen Länderspiel, und auch der Weltrekordhalter für Länderspiele stammt aus Asien.

Die Saudis starten durch

Bei seiner ersten FIFA WM 1994 erreichte Saudi-Arabien das Achtelfinale. Said al-Uwairans Siegtor gegen Belgien brachte das Land punkt- und torgleich mit den Niederlanden an die Spitze der Gruppe F. Sami al-Dschabir und Fuad Amin hatten beim 2:1 gegen Marokko getroffen, das erste Spiel gegen die Niederlande war mit 1:2 verloren gegangen. Im Achtelfinale unterlagen die Saudis mit 1:3 gegen Schweden. Der eingewechselte Fahad al-Ghesheyan verkürzte zwar in der 85. Minute auf 1:2, doch Kennet Andersson erzielte drei Minuten später das entscheidende Tor für Schweden. Bei ihren nächsten drei FIFA Weltmeisterschaften kamen die Saudis nicht über die Gruppenspiele hinaus.

Top Ten Torschützen – Iran

1.	Ali Daei	109
2.	Karim Bagheri	50
3.	Ali Karimi	36
4.	Javad Nekounam	26
5.	Gholam Hossein Mazloomi	19
=	Farshad Pious	19
7.	Ali Asghar Modir Roosta	18
8.	Wahid Haschemian	14
=	Alireza Nikbakht Vahedi	14
10.	Mehdi Mahdavikia	13
=	Ali Parvin	13
=	Hassan Rowshan	13

Nach drei Titeln war Schluss

Saudi-Arabien hat die Asienmeisterschaft schon dreimal gewonnen – 1984, 1988 und 1996 –, Japan sogar viermal: 1992, 2000, 2004 und 2011. Doch keines der beiden Länder konnte wie der Iran den Titel dreimal hintereinander holen: 1968, 1972 und 1976. Seitdem hat es für das Land allerdings nur noch zu vier dritten Plätzen gelangt.

Die Siegesserie des Iran

Der Iran hat bei seinen drei aufeinanderfolgenden Asienmeisterschafts-Titelgewinnen von 1968, 1972 und 1976 alle 13 Partien gewonnen, die er absolvierte, das 8:0 von 1976 gegen den Südjemen ist ein bis heute gültiger Turnierrekord. Zu den Spielern, die sich über die Serienerfolge freuen durften, gehörte auch Homayoun Behzadi, der in allen vier Partien 1968 als Torschütze erfolgreich und auch vier Jahre später dabei war. Nationaltrainer des Iran war 1976 Heshmat Mohajerani; er brachte das Land zudem beim Olympischen Fußballturnier desselben Jahres in Montreal bis ins Viertelfinale und coachte es auch 1978 bei dessen allererster Teilnahme an einer FIFA WM-Endrunde. Bei dem Turnier in Argentinien war der Mittelfeldspieler Ali Parvin Kapitän der iranischen Mannschaft – er hatte 1976 im Asienmeisterschaftsfinale gegen Kuwait den einzigen Treffer der Partie erzielt.

Krasse Außenseiter

Nordkorea verlor sein Auftaktspiel 2010 gegen Brasilien mit 1:2, wobei Ji Yun-nam eine Minute vor Spielende traf. Bei dieser Partie begegneten sich die Teams mit dem höchsten bzw. niedrigsten Rang in der FIFA-Weltrangliste: Brasilien lag zu diesem Zeitpunkt auf Platz 1, Nordkorea hatte den 105. Platz inne.

Top Ten Länder-spiele – Iran

1.	Ali Daei	149
2.	Javad Nekounam	118
3.	Ali Karimi	112
4.	Mehdi Mahdavikia	111
5.	Hossein Kaebi	89
6.	Karim Bagheri	87
7.	Hamid Reza Estili	82
8.	Javad Zarincheh	80
9.	Ahmad Reza Abedzadeh	79
=	Mohammad Nosrati	79

Teilnahmen an der FIFA WM™

Saudi-Arabien	4	(1994, 1998, 2002, 2006)
Iran	3	(1978, 1998, 2006)
Neuseeland	2	(1982, 2010)
Nordkorea	2	(1966, 2010)
China	1	(2002)
Indonesien*	1	(1938)
Irak	1	(1986)
Israel	1	(1970)
Kuwait	1	(1982)
Vereinigte Arabische Emirate	1	(1990)

* unter dem Namen »Niederländisch Ostindien«

Ein Scheich gibt das Rumpelstilzchen

Kuwait konnte sich bisher nur einmal für die FIFA WM qualifizieren: 1982 in Spanien. Da hinterließen sie aber einen bleibenden Eindruck: Aus Protest gegen eine Entscheidung des Schiedsrichters drohten sie am 21. Juni 1982 in Valladolid im Gruppenspiel gegen Frankreich mit einem Abbruch. Alain Giresse hätte den Vorsprung der Franzosen auf 4:1 erhöht, doch die Kuwaitis behaupteten, sie hätten einen Pfiff gehört und daher ihre Abwehrbemühungen eingestellt; um dem Protest Nachdruck zu verleihen, rannte Scheich Fahid al-Ahmad as-Sabah, Kuwaits oberster Olympia-Funktionär, schimpfend aufs Spielfeld und stampfte wie ein Rumpelstilzchen auf dem Rasen herum. Kuwait erreichte so, dass Schiedsrichter Miroslav Stupar den Treffer annullierte. Das Spiel endete trotzdem mit einer 1:4-Niederlage für Kuwait, das nach der Gruppenphase nach Hause fahren durfte.

Bei 19 ist Schluss für Iran

Iran hält den Torrekord für WM-Qualifikationsspiele der Asiatischen Zone: Am 24. November 2000 schlug man in Täbris Guam vernichtend mit 19:0. Karim Bagheri schoss dabei sechs Tore, Ali Karimi vier. Der spätere Nationaltrainer Ali Daei und Farhad Majidi waren je dreimal erfolgreich. Damit hatten die Iraner ihren bis dahin höchsten Sieg in einem Qualifikationsspiel sogar noch übertrumpft: Am 2. Juni 1997 hatte das Team 17:0 gegen die Malediven gewonnen – mit sieben Toren von Bagheri. Nur zwei Tage, nachdem Guam die 19 Tore kassiert hatte, wurde das Land von Tadschikistan mit 16:0 geschlagen.

Palästinensische Pioniere

Als erste asiatische Mannschaft nahm Palästina – damals noch unter britischem Mandat – an der Qualifikationsrunde zur FIFA WM 1934 teil. In Ägypten verlor das Land am 16. März 1934 mit 1:7 – das Rückspiel am 6. April in Jerusalem endete mit einer 1:4-Niederlage. Vier Jahre später warfen die Griechen Palästina aus dem Rennen. Sie gewannen mit 3:1 in Tel Aviv und 1:0 in Athen.

China hat sein Potenzial noch nicht erreicht

China konnte sich bisher erst einmal für die FIFA WM qualifizieren, im Jahr 2002. In seiner Qualifikationsgruppe lag China am Ende zwar mit acht Punkten Vorsprung vor den Vereinigten Arabischen Emiraten an der Spitze, doch im Turnier verlor die Mannschaft von Trainer Bora Milutinović 0:2 gegen Costa Rica, 0:4 gegen Brasilien und 0:3 gegen die Türkei und schied aus.

Die schlechtesten Nationalmannschaften der Welt

Am 30. Juni 2002, dem Tag des WM-Finales, trafen auch die Länder aufeinander, die damals die beiden letzten Plätze in der FIFA-Weltrangliste einnahmen: Bhutan machte in Thimphu, der Hauptstadt dieses asiatischen Staates, das Team von der Karibikinsel Montserrat, die dem nord- und mittelamerikanischen Kontinentalverband angehört, mit 4:0 nieder.

Es geht aufwärts

Die besten asiatischen Mannschaften gehörten bei den letzten FIFA WM-Endrunden fest zum Programm, Südkorea erreichte sogar als bislang einzige Mannschaft Asiens ein WM-Halbfinale (das es dann verlor). Mit Saudi-Arabien und Iran muss weiter gerechnet werden, und Australien verstärkt die Asiatische Fußball-Konföderation seit 2006 als ihr neuestes Mitglied. Bereits 1966 setzte Nordkorea ein erstes Ausrufezeichen, als das Land bei seiner ersten FIFA WM das Viertelfinale erreichte. Die Nordkoreaner mussten in der Qualifikationsrunde gegen Mannschaften aus Asien, Afrika und Ozeanien antreten und überwanden in den entscheidenden Spielen auf neutralem Boden Australien mit 6:1 und 3:1. 2010 in Südafrika erhielt Asien vier feste Startplätze, und eine weitere Mannschaft aus der Asiatischen Zone hätte noch dabei sein können, doch Bahrain, das nach der Qualifikation auf dem fünften Platz lag, verlor die Relegation gegen Neuseeland, den Sieger der Ozeanischen Zone.

Al-Deayea steckt alle in die Tasche

Der saudi-arabische Torwart Mohammad al-Deayea musste sich als Jugendlicher zwischen Fußball und Handball entscheiden. Sein Bruder Abdullah überredete ihn zum Fußball. Er stand 181-mal für sein Land im Tor, zum ersten Mal gegen Bangladesch 1990, zum letzten Mal gegen Belgien im Mai 2006. Auch an den FIFA Weltmeisterschaften von 1994, 1998 und 2002 nahm er teil. Sein letztes FIFA WM-Spiel war ein 0:3 gegen Irland am 11. Juni 2002. Für das Turnier 2006 wurde er zurückberufen, spielte jedoch nicht.

Asienmeister im eigenen Land

Kuwait gelang sein bisher einziger Triumph bei einer Asienmeisterschaft 1980 als Gastgeber des Turniers. Im Endspiel schlugen die Kuwaitis Südkorea mit 3:0 – mit demselben Ergebnis hatten sie das Gruppenspiel gegen die Ostasiaten verloren. Im Endspiel war Faisal al-Dachil der Held der Kuwaitis: Er erzielte zwei Tore, die gleichzeitig seine Turniertreffer vier und fünf bedeuteten. Im Halbfinale gegen den Iran hatte er den entscheidenden Treffer zum 2:1-Endstand gemacht.

100 Buden: Daei ist dabei

Der iranische Stürmer Ali Daei ist der bisher einzige männliche Fußballer, der mehr als 100 Länderspieltore erzielen konnte: Am 17. November 2004 traf er beim 7:0 gegen Laos viermal und schraubte damit sein Torekonto auf 102 hoch. Als er zwei Jahre später seine Karriere beendete, hatte er in den Jahren von 1993 bis 2006 in 149 Länderspielen 109 Tore für den Iran geschossen – darunter allerdings keine WM-Tore, denn sowohl 1998 als auch 2006 blieb er ohne Erfolg. Daei führt mit 14 Treffern auch die Rekordtorschützenliste der Asienmeisterschaft an; leider war es ihm nicht vergönnt, das Turnier auch einmal zu gewinnen. Seine Karriere als iranischer Nationaltrainer war weniger glücklich: Er bekleidete das Amt nur ein Jahr lang (von März 2008 bis März 2009), dann wurde er während der Qualifikation zur FIFA WM 2010 gefeuert.

Barças bester Mann

Der erste Spieler aus Asien, der je bei einem europäischen Verein gespielt hat, war der seit fast 100 Jahren immer noch unübertroffene Torschützenkönig des spanischen Fußballriesen FC Barcelona: Paulino Alcántara von den Philippinen schoss zwischen 1912 und 1927 in 357 Spielen für die Katalanen ebenso viele Tore, rein statistisch also genau ein Tor pro Einsatz. Sein Debüt bei Barcelona absolvierte er im Alter von nur 15 Jahren – ein weiterer Vereinsrekord. Alcántara, der zwar auf den Philippinen auf die Welt kam, aber einen spanischen Vater hatte, spielte für Katalonien, Spanien und sein Vaterland. 1917 stand er beim 15:2-Rekordsieg der Philippinen gegen Japan mit auf dem Platz. Nachdem Alcántara mit 31 Jahren das Fußballspielen aufgegeben hatte, wurde er Arzt; 1951 war er für kurze Zeit Trainer der spanischen Nationalmannschaft.

Asiens Fußballer des Jahres

Jahr	Spieler	Land
1988	Ahmed Radhi	Irak
1989	Kim Joo-sung	Südkorea
1990	Kim Joo-sung	Südkorea
1991	Kim Joo-sung	Südkorea
1992	nicht verliehen	
1993	Kazuyoshi Miura	Japan
1994	Said al-Uwairan	Saudi-Arabien
1995	Masami Ihara	Japan
1996	Chodadad Azizi	Iran
1997	Hidetoshi Nakata	Japan
1998	Hidetoshi Nakata	Japan
1999	Ali Daei	Iran
2000	Nawaf at-Tamyat	Saudi-Arabien
2001	Fan Zhiyi	China
2002	Shinji Ono	Japan
2003	Mehdi Mahdavikia	Iran
2004	Ali Karimi	Iran
2005	Hamad al-Muntaschari	Saudi-Arabien
2006	Khalfan Ibrahim	Katar
2007	Yassir al-Qahtani	Saudi-Arabien
2008	Server Djeparov	Usbekistan
2009	Yasuhito Endō	Japan
2010	Saša Ognenovski	Australien

Überläufer

Jong Tae-se, der nordkoreanische Stürmerstar der FIFA WM 2010, musste schluchzen, als vor dem Auftaktspiel seiner Mannschaft gegen Brasilien die Nationalhymne gespielt wurde. Doch tatsächlich war er noch nie in dem Land gewesen, für das er antrat: Jong wurde in Japan geboren, spielte bis zu seinem Wechsel zum VfL Bochum im August 2010 für den japanischen Verein Kawasaki Frontale, und seine Eltern sind südkoreanische Staatsbürger; doch er entschied sich, sein Anrecht auf einen nordkoreanischen Pass wahrzunehmen.

Top Ten Torschützen – Asienmeisterschaft

1.	**Ali Daei (Iran)**	**14**
2.	Lee Dong-gook (Südkorea)	10
3.	Naohiro Takahara (Japan)	9
4.	Jassem Al-Houwaidi (Kuwait)	8
5.	Faisal al-Dachil (Kuwait)	7
=	Behtash Fariba (Iran)	7
=	Hossein Kalani (Iran)	7
=	Choi Soon-ho (Südkorea)	7
9.	Yassir al-Qahtani (Saudi-Arabien)	6
=	Alexander Geynrikh (Usbekistan)	6

Paks Schuss schreibt Geschichte

Der Nordkoreaner Pak Doo-ik wurde durch sein Tor, das zu Italiens Ausscheiden bei der WM 1966 führte, zur Legende. Eine vergleichbare Sensation hatte es bis dahin nur beim Turnier 1950 gegeben, als die USA 1:0 gegen England gewannen. Mit diesem legendären Treffer, erzielt am 19. Juli 1966 in der 42. Minute des Spiels, brachte Pak Nordkorea als erstes asiatisches Land in ein WM-Viertelfinale. Der Unteroffizier der nordkoreanischen Armee, eigentlich ein Arzt, wurde nach dem Turnier befördert.

Top Ten Meistertrainer – Asienmeisterschaft

1956	**Lee Yoo-hyung**	(Südkorea)
1960	**Wi Hye-deok**	(Südkorea)
1964	**Gyula Mándi**	(Israel)
1968	**Mahmoud Bayati**	(Iran)
1972	**Mohammad Ranjbar**	(Iran)
1976	**Heshmat Mohajerani**	(Iran)
1980	**Carlos Alberto Parreira**	(Kuwait)
1984	**Khalil al-Zayani**	(Saudi-Arabien)
1988	**Carlos Alberto Parreira**	(Saudi-Arabien)
1992	**Hans Ooft**	(Japan)
1996	**Nelo Vingada**	(Saudi-Arabien)
2000	**Philippe Troussier**	(Japan)
2004	**Zico**	(Japan)
2007	**Jorvan Vieira**	(Irak)
2011	**Alberto Zaccheroni**	(Japan)

Asien stürmt vorwärts

Die besten asiatischen Spieler wurden in den letzten zehn Jahren auf der ganzen Welt bekannt. Die Entscheidung der FIFA, mehr Mannschaften zu den WM-Endrunden zuzulassen, gab diesen Spielern die Möglichkeit, auch international zu glänzen. Hidetoshi Nakata, Japans Star im Turnier von 1998, war nach Kazuyoshi Miura der zweite Spieler aus Japan, der in Europa Erfolge feierte. Bald folgten ihm Shinji Ono (Feyenoord Rotterdam, VfL Bochum) und der Mittelfeldspieler Shunsuke Nakamura (Reggina Calcio, Celtic Glasgow, Espanyol Barcelona). Irans Torschützenkönig Ali Daei spielte in Deutschland bei Hertha BSC Berlin und Bayern München, sein Landsmann, der Flügelstürmer Mehdi Mahdavikia, wurde von den HSV-Fans zum »Spieler des Jahres« gewählt. Der südkoreanische Mittelfeldspieler Park Ji-sung gewann mit Manchester United die Champions League und erreichte – gemeinsam mit seinem Landsmann Lee Young-pyo – mit dem PSV Eindhoven das Halbfinale dieses Wettbewerbs.

Ihr könnt nach Hause fahrn …

Das erste asiatische Land, das an einer FIFA WM teilnahm, war Indonesien, das unter dem Namen Niederländisch Ostindien 1938 in Frankreich an den Start ging. Diese WM war ein reines K.-o.-Turnier, Niederländisch Ostindien holte sich in seinem ersten Spiel gegen Ungarn am 5. Juni 1938 eine 0:6-Klatsche ab und konnte sofort wieder nach Hause fahren. Die Tore für Ungarn erzielten György Sárosi und Gyula Zsengellér (je zwei) sowie Vilmos Kohut und Géza Toldi.

Al-Uwairans magisches Tor

Der saudi-arabische Stürmer Said al-Uwairan landete das schönste Tor der FIFA WM 1994. Am 29. Juni umspielte er bei seinem Sololauf über mehr als 50 Meter fünf Gegner und schoss den Ball zum Siegtor gegen Belgien ins Netz, womit er sein Land zum ersten Mal ins Achtelfinale einer WM brachte.

Al-Dschabir, bitte vor!

Als Sami al-Dschabir (geboren am 11. Dezember 1972 in Riad) am 14. Juni 2006 in München gegen Tunesien auflief, war er erst der zweite Spieler aus Asien, der viermal an FIFA Weltmeisterschaften teilnahm. Das Spiel endete 2:2, und al-Dschabir schoss ein Tor, sein drittes bei insgesamt neun WM-Einsätzen. 1998 kam er nur einmal zum Einsatz, weil er während des Turniers mit einem Blinddarmdurchbruch ins Krankenhaus gebracht werden musste. Mit 44 Toren in 163 Länderspielen ist er Saudi-Arabiens Torschützenkönig.

Machen Kleider Leute?

Thailand hat eine Vorliebe, ehemalige englische Nationalspieler zum Trainer seines Nationalteams zu berufen, z. B. 1998 den ehemaligen Aston-Villa-Stürmer Peter Withe oder zuletzt Peter Reid (2008). Seit 2009 ist Bryan Robson, früher Kapitän der englischen Nationalmannschaft und von Manchester United, im Amt. Das Auftreten von Withe hat seine Brötchengeber allerdings nicht immer überzeugt – er wurde kurzerhand entlassen, weil er während der Spiele lieber in Shorts als in einem Anzug in seiner Coachingzone stand.

Ausländischer Doppelagent

Der Brasilianer Carlos Alberto Parreira ist der einzige Trainer, der bisher zweimal Asienmeister wurde – mit zwei verschiedenen Ländern. 1980 holte er den Titel mit der Mannschaft von Kuwait, acht Jahre darauf führte er Saudi-Arabien zum Triumph.

Einheimische Trainer setzen Zeichen

Drei gebürtige Asiaten wurden in jüngster Zeit zu »Asiens Trainer des Jahres« gewählt. Den Anfang machte 2001 Nasser Al-Johar, der mit Saudi-Arabien die FIFA WM-Endrunde 2002 erreicht hatte. Adnan Hamad folgte ihm drei Jahre später, nachdem er – nur gut ein Jahr nach der US-Invasion – den Irak ins Viertelfinale der Asienmeisterschaft geführt hatte. Und 2007 wurde die Ehre dem Usbeken Rauf Ileneyev zuteil, der mit seinem Team ebenfalls im Viertelfinale der Meisterschaften stand und in den Gruppenspielen China mit 3:0 geschlagen hatte.

Am meisten und am wenigsten ...

Die höchste Zuschauerzahl bei einem FIFA WM-Qualifikationsspiel in Asien verbuchte das 1:1-Unentschieden zwischen Iran und Australien, das am 22. November 1997 130 000 Zuschauer ins Azadi-Stadion in Teheran lockte. Es war das Hinspiel der Play-offs zwischen dem 4. der Qualifikationsrunden in Asien und dem Sieger der Ozeanien-Zone bei der FIFA WM 1998. Nach einem 2:2 im Rückspiel in Melbourne kam Iran aufgrund der mehr erzielten Auswärtstore weiter. Mit nur 20 Zuschauern war das am 7. Mai 2001 im jordanischen Amman ausgetragene Spiel Turkmenistans gegen Taiwan, das 1:1 endete, das Match mit den wenigsten Zuschauern.

Fußball begeistert die chinesischen Massen

Chinas Nationalelf verfügt über eine riesige Anhängerschaft – wie 2002 deutlich wurde, als sie zum einzigen Mal eine FIFA WM-Endrunde erreichte. Zwischen ihrer Qualifikation am 19. Oktober 2001 und ihrem WM-Auftaktspiel gegen Costa Rica am 4. Juni 2002 wurden in China rund 170 Millionen neue Fernseher verkauft! Bei jedem der drei Spiele der chinesischen Auswahl saßen über 300 Millionen vor dem Bildschirm, obwohl China jedesmal verlor und kein Tor erzielte.

Pak trägt die Fackel

Nordkoreas Held der FIFA WM 1966 Pak Doo-ik wird bis heute in seiner Heimat bewundert. 2008 durfte er als einer von 56 Fackelträgern das olympische Feuer auf seinem Weg nach Peking durch Nordkorea tragen. Als rüstiger 60er war er obendrein der älteste Teilnehmer.

Ein Volk, vier Mannschaften

Vier chinesische Teams sind international vertreten, wobei die Nationalmannschaft der Volksrepublik China sicher die größte Aufmerksamkeit auf sich zieht. Daneben stellen auch Hongkong (als ehemalige britische Kolonie) und Macao (als ehemalige portugiesische Kolonie) unabhängige Fußballnationalmannschaften. Darüber hinaus tritt der Inselstaat Taiwan bei Weltmeisterschaften und anderen Wettbewerben als »Chinese Taipei« auf.

Zagallos K. o. bei den VAE

Die brasilianische Fußballlegende Mário Zagallo, als Spieler und Trainer Weltmeister, führte die Vereinigten Arabischen Emirate zu ihrer bisher einzigen WM-Endrunde 1990 in Italien. Trotz der erfolgreichen Qualifikation in der Asiatischen Zone wurde er vor dem eigentlichen Turnier gefeuert. Sein Amt übernahm der Pole Bernard Blaut, der mit dem VAE-Team alle drei Gruppenspiele verlor. Weitere Fußballgrößen, die im Laufe der Zeit die VAE gecoacht haben, waren so illustre Figuren wie der Brasilianer Carlos Alberto Parreira (auch schon einmal mit Brasilien Weltmeister), Don Revie und Roy Hodgson aus England, Walerij Lobanowskyj aus der Ukraine und der Portugiese Carlos Queiroz.

Ein neues Zuhause für die Sowjetrepubliken

Der Zusammenbruch der Sowjetunion ließ die Mitgliederzahl des AFC in den frühen 1990-er-Jahren anwachsen. Die früheren Sowjetrepubliken Kasachstan, Kirgisistan, Tadschikistan, Turkmenistan und Usbekistan traten dem Verband 1994 bei, wobei die Kasachen allerdings 2002 in die UEFA wechselten. Mit dem Erreichen des Viertelfinales bei der Asienmeisterschaft 2007 war Usbekistan der bislang größte Erfolg dieser Neulinge beschieden. Das 46. und jüngste AFC-Mitglied ist Australien, das sich dem Verband am 1. Januar 2006, wenige Monate nach der Aufnahme von Osttimor, anschloss.

Allrounder

Obwohl der Nordkoreaner Kim Myong-won eigentlich Stürmer ist, wurde er als einer der drei Torhüter des nordkoreanischen Aufgebotes für die WM 2010 nominiert. Die FIFA legte jedoch fest, dass er nicht als Feldspieler, sondern nur als Torwart eingesetzt werden durfte. Kim Myong-won kam in den drei Spielen seiner Mannschaft in Gruppe G so auf keinen einzigen Einsatz.

Das politische Problem

Geografisch gehört Israel zu Asien. Das Land war 1964 Ausrichter – und Gewinner – der Asienmeisterschaft. Jedoch weigerten sich viele der Länder, die sich später dem AFC anschlossen, aus politischen Gründen gegen Israel anzutreten. In der Folge absolvierte Israel seine Qualifikationsspiele in der Ozeanien-Gruppe – und zog nach einem Erfolg über Australien in die WM-Endrunde 1970 ein. 1989 gewann Israel die Ozeanien-Gruppe, konnte sich jedoch in den interkontinentalen Play-offs für die FIFA WM 1990 nicht gegen Kolumbien durchsetzen. Seit 1992 bestreitet Israel die WM-Qualifikationen in den Europa-Gruppen und ist seit 1994 vollwertiges Mitglied der UEFA.

Asienmeister seit 1956

Jahr	Gewinner
1956	Südkorea
1960	Südkorea
1964	Israel
1968	Iran
1972	Iran
1976	Iran
1980	Kuwait
1984	Saudi-Arabien
1988	Saudi-Arabien
1992	Japan
1996	Saudi-Arabien
2000	Japan
2004	Japan
2007	Irak
2011	Japan

Kalt erwischt

Die Mongolei hat von 1960 bis 1998, also 38 Jahre lang, kein einziges Länderspiel bestritten. Auch sonst tut sich in Sachen Fußball in dem Land kaum etwas. Das ist aber auch kein Wunder: Zwischen Oktober und Juni herrschen in der Mongolei normalerweise Temperaturen um den Gefrierpunkt.

OZEANIEN

Der Fußball in Ozeanien bereichert die Statistiken des internationalen Fußballs auf interessante Weise – wobei es den Protagonisten nicht immer gefallen dürfte, in welchen Rekordlisten sie auftauchen. Man denke nur an die armen Torhüter, die auf winzigen Inseln an Spielergebnissen beteiligt sind, die eher an Kricket erinnern. Der Wechsel von Australien zum Asiatischen Fußballverband war ein moralischer Tiefschlag für den Ozeanischen Fußballverband – doch für Neuseeland gereichte dies zum Vorteil: Die FIFA WM 2010 war die erste Endrunde, an der sowohl Australien als auch Neuseeland teilnahmen.

Top Ten Länderspiele – Neuseeland

1.	Ivan Vicelich	72
2.	Simon Elliott	68
3.	Vaughan Coveny	64
4.	Ricki Herbert	61
5.	Chris Jackson	60
6.	Brian Turner	59
7.	Duncan Cole	58
=	Steve Sumner	58
9.	Chris Zorich	57
10.	Ceri Evans	56

Karembeu – der FIFA WM™-Gewinner

Christian Karembeu wurde in Neukaledonien geboren und ist damit der einzige Fußballweltmeister, der aus Ozeanien stammt. Beim 3:0 seines Heimatlandes Frankreich, zu dem Neukaledonien gehört, gegen Brasilien feierte er 1998 seinen größten Erfolg. Der defensive Mittelfeldspieler stand zuvor auch schon gegen Dänemark (Gruppenspiele), Italien (Viertelfinale) und Kroatien (Halbfinale) in der Mannschaft. Insgesamt trat er 53-mal für Frankreich an. Mit Real Madrid gewann er 1998 und 2000 die Champions League.

Ryans Schwester

Der neuseeländische Mannschaftskapitän Ryan Nelsen flog im März 2011 vom englischen Blackburn zurück in seine Heimatstadt Christchurch, nachdem diese von einem Erdbeben zerstört worden war. Nelson machte sich Sorgen um das Wohlbefinden seiner Familie – vor allem bangte er um seine Schwester Stephanie Martin, die ein Kind erwartete. Doch sie hatte das Erdbeben mit einer Stärke von 6,3 auf der Richterskala unbeschadet überstanden und brachte ohne Komplikationen einen gesunden Jungen auf die Welt. Weil Nelsen in der englischen Premier League eine Rote Karte bekommen hatte und in der Folge für drei Spiele gesperrt war, konnte er ein paar Tage Heimataufenthalt genießen.

Kiwi aus Dänemark

Nachdem Neuseeland alle seine drei Spiele bei der WM von 1982 verloren hatte, sorgte 2010 der Kopfballtreffer von Innenverteidiger Winston Reid in der Nachspielzeit der Auftaktpartie des Landes gegen die Slowakei für ein 1:1 – und damit für den allerersten Punkt bei einer WM-Endrunde. Reid hatte sein Debüt für Neuseeland erst knapp einen Monat zuvor gegeben. Seit seinem zehnten Lebensjahr hatte er in Dänemark gelebt und 2006 auch die dänische Staatsbürgerschaft erhalten.

Top Ten Torschützen – Neuseeland

1.	Vaughan Coveny	28
2.	Steve Sumner	22
3.	Brian Turner	21
4.	Jock Newall	17
=	Shane Smeltz	17
6.	Keith Nelson	16
7.	Grant Turner	15
8.	Darren McClennan	12
=	Michael McGarry	12
=	Wynton Rufer	12

Rickis Comeback

Ricki Herbert ist der einzige Neuseeländer, der an zwei Weltmeisterschaften teilnahm: 1982 in Spanien spielte er als linker Außenverteidiger für sein Land, seit 2007 ist er Nationaltrainer der Kiwis, führte sie erfolgreich durch die Qualifikation zur WM 2010 und coachte sie auch in Südafrika. Die endgültige Qualifikation verdankte man der erfolgreichen Relegation gegen Bahrain, einem Vertreter des Asiatischen Fußballverbandes – obwohl sich die neuseeländischen Fußball-Oberen auch schon Gedanken darüber gemacht hatten, dem australischen Beispiel zu folgen und zum Asiatischen Fußballverband zu wechseln. Herbert, der 1961 in Auckland geboren wurde, betreute während der WM-Qualifikationsrunde zusätzlich den neuseeländischen Verein Wellington Phoenix, der in der ersten australischen Liga spielt.

Shane im siebten Himmel

Der neuseeländische Stürmer Shane Smeltz ist schon weit herumgekommen: Er wurde am 29. September 1981 in Göppingen geboren und spielte als Jugendlicher bei australischen und neuseeländischen Vereinen, bevor er 2005 nach England übersiedelte. Smeltz bestritt sein erstes Länderspiel im April 2006 und erzielte auch gleich ein Tor. Zu der Zeit war er beim AFC Wimbledon unter Vertrag, der damals in der dritten englischen Liga unterhalb der vier Profiligen spielte, also auf der siebten Ebene des englischen Ligasystems.

Perfekter Start für Pierre

Das allererste Tor in der Qualifikation zur FIFA WM 2010 erzielte der Neukaledonier Pierre Wajoka am 25. August 2007 beim 1:0 gegen sein Geburtsland Tahiti.

Das Aus nach drei Remis

Obwohl Neuseeland in Südafrika nach 1982 erst zum zweiten Mal bei einer Weltmeisterschaft dabei war, verlor es bei der FIFA WM 2010 kein einziges Spiel: Es trennte sich von allen seinen Gruppengegnern (Slowakei, Italien, Griechenland) mit einem Unentschieden. Die drei Punkte reichten zwar nicht für den zweiten Platz in der Gruppe F, mit dem man weitergekommen wäre, doch Neuseeland landete damit immerhin noch vor Titelverteidiger Italien auf dem dritten Rang. Bis dahin gab es nur drei Mannschaften, die bei einer Endrunde ausschieden, obwohl sie in den Gruppenspielen unbesiegt geblieben waren: Schottland 1974, Kamerun 1982 und Belgien 1998.

Von der Bank auf die Auswechselbank

Unter den 23 Spielern des neuseeländischen WM-Kaders von 2010 befanden sich auch vier Amateure. Der Mittelfeldspieler Andy Barron, der bei einer Bank in Wellington als Anlageberater arbeitet, schaffte es sogar bis auf den Rasen: In der Partie gegen den noch amtierenden Weltmeister Italien wurde er in der Nachspielzeit eingewechselt.

Viel Arbeit für Nicky

Nicky Salapu hieß der bedauernswerte Torwart, der in der Qualifikation zur WM 2002 einen Weltrekord aufstellte, als er am 11. April 2001 bei der Auswärtsbegegnung zwischen Amerikanisch-Samoa und Australien 31-mal hinter sich greifen musste. Nur zwei Tage zuvor hatte Australien Tonga mit 22:0 demontiert. Probleme mit den Reisepässen hatten dazu geführt, dass Amerikanisch-Samoa in Australien auf einige seiner besten Spieler verzichten musste und mit drei 15-Jährigen anreiste, die den Altersdurchschnitt der Truppe auf knapp über 18 Jahre drückten. Trotzdem schafften es die Jungs, kein Gegentor zu bekommen ... bis zur 10. Minute. In seinen acht Länderspielen hat Salapu 91 Tore kassiert. In den Qualifikationsspielen des Teams zur WM 2006 landete der Ball nur einmal im gegnerischen Netz: Am 12. Mai 2004 erzielte Natia Natia beim 1:9 gegen Vanuatu den Ehrentreffer. Dies war gleichzeitig das allererste Tor für Amerikanisch-Samoa bei einer WM-Qualifikation überhaupt. Den bisher einzigen Sieg für das Land gab es 1983 gegen Wallis und Futuna, 15 Jahre vor seiner offiziellen Aufnahme in die FIFA, die 1998 erfolgte. Wallis und Futuna, eine kleine Inselgruppe in der Südsee, die zu Frankreich gehört, blieb die Mitgliedschaft im Weltfußballverband bis heute versagt.

Ganz in Weiß

Die neuseeländische Nationalmannschaft ist auch unter dem Namen »All Whites« bekannt. Er bezieht sich nicht nur auf ihren Dress, sondern ist auch als Antwort auf den Spitznamen der berühmteren und erfolgreicheren neuseeländischen Rugby-Nationalmannschaft, die »All Blacks«, zu verstehen.

CONCACAF

Mexikanische Fans sorgen für Farbe und die La-Ola-Wellen, US-amerikanische Fußballanhänger für Eleganz und die Karibikländer für jede Menge fröhliche Beschwingtheit auf den Rängen – die Nationen der nord- und zentralamerikanischen sowie der karibischen Fußballkonföderation begeistern sich allmählich genauso stark für Fußball wie in anderen Teilen der Welt. Mexiko war schon bei der ersten WM 1930 dabei und bis 2006 als einziges Land bereits zweimal Gastgeber einer WM-Endrunde (1970 und 1986).

Obwohl sich die USA – hier Landon Donovan (rechts) gegen Ghana – seit 1990 für alle WM-Endrunden qualifiziert haben, genießen sie im Ausland noch immer größere mediale Aufmerksamkeit als zu Hause.

MEXIKO

Mexiko ist die Fußball-Hochburg unter den Mitgliedern der CONCACAF (Confederation of North and Central American and Caribbean Association Football) und regelmäßig bei FIFA Weltmeisterschaften™ dabei. Obwohl sich die Mexikaner nur dreimal nicht für Endrunden qualifizieren konnten (1934, 1974, 1982) und zweimal (1938, 1990) nicht teilnahmen, sind die ganz großen Erfolge bislang ausgeblieben. Zwei Auftritte im Viertelfinale (beide Male als Gastgeber, 1970 und 1986) waren die bisher besten Ergebnisse. Ein fußballverrücktes Land erwartet eigentlich mehr.

Top Ten Torschützen

1.	Jared Borgetti	46
2.	Cuauhtémoc Blanco	39
3.	Carlos Hermilloso	35
=	Luis Hernández	35
5.	Enrique Borja	31
6.	Zague	30
7.	Luis Flores	29
=	Luis García	29
=	Hugo Sánchez	29
10.	Benjamín Galindo	28

Hugo, der Siegreiche

Jared Borgetti führt zwar die Liste der mexikanischen Rekordtorschützen an, doch der bekannteste Torjäger Mexikos ist und bleibt der begnadete Stürmer Hugo Sánchez, der sich bei vielen mit seinen Fallrückzieher-Treffern und seinen anschließenden Torjubel-Saltos ins Gedächtnis eingegraben hat. Sánchez trat bei den Weltmeisterschaften von 1978, 1986 und 1994 für Mexiko an und hätte sicher auch die Turniere von 1982 und 1990 gespielt ... wenn sich Mexiko denn qualifiziert hätte. Von 1981 bis 1992 spielte er bei Atlético und Real Madrid, in den sechs Spielzeiten von 1984 bis 1990 wurde er fünfmal Torschützenkönig der Primera División. Höhepunkt seiner ansonsten glücklosen Zeit als mexikanischer Nationaltrainer (2006 bis 2008) war das Erreichen des dritten Platzes bei der Südamerikameisterschaft 2007.

Márquez' Rekordmarke

Mit seinem Einsatz im Achtelfinale von 2010, das Mexiko mit 1:2 gegen Argentinien verlor, stellte Rafael Márquez einen neuen mexikanischen Rekord auf: Mit 12 WM-Partien hat er jetzt ein Spiel mehr absolviert als der ehemalige Torhüter Antonio Carbajal und zwei Spiele mehr als Cuauhtémoc Blanco und Gerardo Torrado, die beide 2010 ebenfalls zum mexikanischen Kader gehörten.

Hernández führt die Liste an

Seine vier Tore im Jahr 1998 machten Luis Hernández zu Mexikos Torschützenkönig in einem WM-Turnier. Beim 3:1 im Gruppenspiel gegen Südkorea traf Hernández zweimal ins Netz. Sein Ausgleichstor gegen die Niederlande in der letzten Minute rettete seinem Land ein 2:2. Im Achtelfinale brachte Hernández – Spitzname »El Matador« – Mexiko gegen Deutschland in Führung, doch nach Toren von Jürgen Klinsmann und Oliver Bierhoff ging das Spiel doch noch verloren.

Top Ten Länderspiele

1.	Claudio Suárez	178
2.	Pável Pardo	148
3.	Jorge Campos	131
4.	Alberto García Aspe	127
5.	Cuauhtémoc Blanco	121
=	Ramón Ramírez	121
=	Gerardo Torrado	121
8.	Rafael Márquez	100
9.	Oswaldo Sánchez	99
10.	Carlos Hermilloso	90

Erbschen und Erbse

Mit Javier Hernández, der am 17. Juni 2010 in Polokwane im Gruppenspiel gegen Frankreich das Führungstor für Mexiko erzielte, war seine Familie bereits in dritter Generation bei einer Weltmeisterschaft vertreten. Hernández, der den Spitznamen »Chicharito« trägt (deutsch »Erbschen«), ist der Sohn des gleichnamigen Javier Hernández (Spitzname »Chicharo«, deutsch »Erbse«), der 1986 mit Mexiko das Viertelfinale erreichte, und das Enkelkind von Tomás Balcázar, der zur mexikanischen Auswahl von 1954 gehörte. Balcázar war bei seiner Weltmeisterschaft ebenfalls gegen Frankreich als Torschütze erfolgreich – und wie sein Enkelkind war er zu dem Zeitpunkt 22 Jahre alt. Ein weiteres mexikanisches Großvater-Enkel-Paar hatte das Land schon einmal bei Weltmeisterschaften vertreten: Luis Pérez war 1930 in Uruguay Mitglied der Auswahl, sein Enkel Mario Pérez lief vierzig Jahre später bei der WM im eigenen Land für Mexiko auf.

Ein Riss durch die Familie

Der Außenstürmer Giovani dos Santos war entsetzt, als der vorläufige mexikanische 30-Mann-Kader für die WM 2010 auf die vorgeschriebenen 23 Spieler reduziert wurde: Er selbst kam zwar in die Auswahl und war bei allen vier Spielen dabei, die Mexiko in Südafrika absolvierte – aber sein Bruder Jonathan wurde von Nationaltrainer Javier Aguirre nicht berücksichtigt.

Mexikanische Rekorde

Erstes Länderspiel: 3:2 gegen Guatemala, Guatemala-Stadt, 1. Januar 1923
Höchster Sieg: 13:0 gegen die Bahamas, Toluca, 28. April 1987
Höchste Niederlage: 0:8 gegen England, London, 10. Mai 1961
CONCACAF Nations Cup/Gold Cup: 1965, 1971, 1977, 1993, 1996, 1998, 2003, 2009
Sieger im Konföderationen-Pokal: 1999

Rosas' historischer Elfmeter

Als der Mexikaner Manuel Rosas 1930 beim Spiel gegen Argentinien in der 42. Minute einen Strafstoß verwandelte, erzielte er damit das erste Elfmeter-Tor bei einer FIFA WM. In der 65. Minute traf Rosas ein zweites Mal, doch Mexiko unterlag trotzdem mit 3:6.

Mexiko schlägt ein Erdbeben

Mexiko wurde Austragungsort der FIFA WM 1986, nachdem der ursprünglich vorgesehene Gastgeber Kolumbien 1982 abgesagt hatte – u. a. wegen der Erhöhung der Teilnehmerzahl. Die FIFA gab Mexiko vor Kanada und den USA den Vorzug, da es seit dem Turnier von 1970 über die Stadien und eine gute Infrastruktur verfügte. Nach dem Erdbeben vom 19. September 1985, bei dem in Zentralmexiko rund 10 000 Menschen ums Leben kamen und viele Gebäude in Mexiko-Stadt zerstört wurden, musste das Land wie verrückt arbeiten, um rechtzeitig zum Turnier startklar zu sein.

Suárez toppt (fast) alle

Mit 178 Einsätzen ist der mexikanische Abwehrspieler Claudio Suárez der Feldspieler mit den weltweit meisten Länderspielen, übertroffen nur noch vom saudi-arabischen Torhüter Mohammad al-Deayea mit 181 Einsätzen. Suárez, der in seiner Heimat »Kaiser« genannt wird, stand 1994 und 1998 bei allen acht Spielen seines Landes auf dem Platz. 2002 konnte er wegen eines gebrochenen Beines nicht an der WM teilnehmen. 2006 gehörte er im Alter von 37 Jahren zwar nochmals zum Kader, kam jedoch nicht zum Einsatz.

Aguirre hat wieder das Sagen

Mexikos Trainer Javier Aguirre, der wegen seiner Herkunft »der Baske« genannt wird, brachte Mexiko schon 2002 ins Achtelfinale. Am 3. April 2009 nahm er den Platz von Sven-Göran Eriksson ein. Der Schwede war gefeuert worden, nachdem Mexiko in einem Qualifikationsspiel für die FIFA WM 2010 1:3 gegen Honduras verloren hatte. Aguirre erklärte 2010 seinen Rücktritt, nachdem Mexiko von Argentinien aus dem WM-Turnier gekegelt worden war.

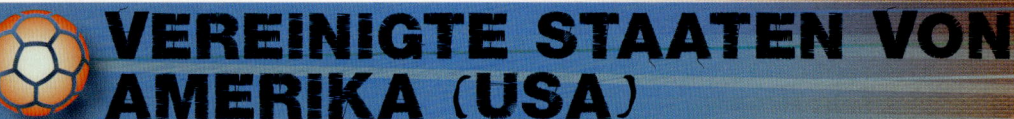

VEREINIGTE STAATEN VON AMERIKA (USA)

Zwar spielten einige der bekanntesten Fußballer – Pelé, Franz Beckenbauer und David Beckham – in US-Ligen und die USA durften als eines von nur 15 Ländern selbst eine FIFA WM™ ausrichten, trotzdem interessiert sich im mächtigsten Land der Welt nur eine Minderheit für Fußball. Allerdings besteht nach einer Reihe von beeindruckenden Auftritten auf der internationalen Bühne durchaus Anlass zur Hoffnung, dass sich dies bald ändern wird.

Top Ten Torschützen

1.	Landon Donovan	45
2.	Eric Wynalda	34
3.	Brian McBride	30
4.	Joe-Max Moore	24
5.	Bruce Murray	21
6.	Clint Dempsey	19
7.	DaMarcus Beasley	17
=	Earnie Stewart	17
9.	Cobi Jones	15
10.	Hugo Pérez	13
=	Marcelo Balboa	13

Arenas Mannen im Viertelfinale

Der größte Erfolg der USA in der FIFA WM-Geschichte nach dem Turnier 1930 kam 2002, als sie ins Viertelfinale einzogen. Die Mannschaft von Trainer Bruce Arena schlug Portugal mit 3:2, spielte 1:1 gegen Südkorea und verlor 1:3 gegen Polen, doch reichte dies, um als Zweiter der Gruppe D das Achtelfinale zu erreichen. Brian McBride und Landon Donovan schossen ihr Land mit einem 2:0 gegen Mexiko ins Viertelfinale. Dort verloren die USA jedoch 0:1 gegen Deutschland. Viele amerikanische Spieler – Brad Friedel (unten), Kasey Keller, Claudio Reyna, McBride, Donovan, DaMarcus Beasley und Cobi Jones – hatten in Europa Erfahrungen gesammelt. Nachdem die USA 2006 in Deutschland in den Gruppenspielen ausgeschieden waren, wurde Arena von Bob Bradley abgelöst.

Der Star der US-Boys

Der aktuelle US-Rekordtorschütze Landon Donovan war ohne Zweifel der Star der Amerikaner bei der FIFA WM 2010. Er schoss drei Tore in vier Spielen. Dazu zählt auch das Siegtor gegen Algerien in der Nachspielzeit der Partie, wodurch die USA die erste Runde als Tabellenführer der Gruppe C abschlossen. Mit seinen vier Auftritten in Südafrika hat Donovan jetzt insgesamt 13 WM-Partien für sein Land bestritten und liegt damit zwei Spiele vor Earnie Stewart und Cobi Jones. Durch seinen verwandelten Elfmeter bei der Achtelfinalniederlage gegen Ghana wurde er auch zum bisher erfolgreichsten amerikanischen WM-Torschützen: Fünf WM-Treffer stehen jetzt für ihn zu Buche, einer mehr als für Bert Patenaude, den Hattrick-Helden von 1930.

Caligiuris Schuss geht in die Geschichte ein

Amerikas Sieg im entscheidenden Spiel der Qualifikationsrunde zur WM 1990 in Trinidad & Tobago am 19. November 1989 gilt als Wendepunkt in der Fußballgeschichte des Landes. Zur Mannschaft gehörte nur ein Profi: Paul Caligiuri, der beim (west-)deutschen Zweitliga-Verein SV Meppen spielte. Nach 31 Minuten schoss er das einzige Tor des Spiels und brachte so die USA zu ihrer ersten WM-Teilnahme seit 40 Jahren. Trinidads Torhüter Michael Maurice behauptete später, die Sonne habe ihn geblendet. Dieser Sieg steigerte das Ansehen der Mannschaft erheblich, obwohl sie bei der WM 1990 in den Gruppenspielen scheiterte. Auch führte er dazu, dass die Nationalmannschaft professionell organisiert wurde. Caligiuri meinte dazu: »Es war unser wichtigster Sieg aller Zeiten.«

Mein Vater, unser Trainer

Die von Bob Bradley gecoachten US-Amerikaner wurden bei der FIFA WM 2010 vor dem Favoriten England überraschend Sieger der Gruppe C. Es war das erste Mal, dass die US-Boys eine erste Turnierrunde als Tabellenführer beenden konnten. Bradley stellte seinen Sohn Michael bei allen vier Spielen der USA auf, und der Mittelfeldspieler rechtfertigte das Vertrauen seines Vaters mit dem späten Ausgleichstor beim 2:2 im zweiten Gruppenspiel gegen Slowenien.

Dempseys Double

Mit seinem Tor beim 1:1 gegen England wurde Clint Dempsey bei der FIFA WM 2010 zum zweiten amerikanischen Nationalspieler, der bei zwei verschiedenen Turnieren getroffen hat: Im Stadion von Rustenburg zog er gut 20 Meter vor dem Tor ab, doch der englische Torhüter Robert Green schob sich das Leder selbst in den Kasten. 2006 bei der WM in Deutschland hatte Dempsey bei der Gruppenspielniederlage gegen Ghana getroffen. Der erste Amerikaner, der bei zwei Endrunden traf, war Brian McBride – 1998 gegen den Iran sowie 2002 gegen Portugal und Mexiko. Landon Donovan tat es Dempsey kurze Zeit später gleich: Er hatte 2002 in den Partien gegen Polen und Mexiko eingenetzt und traf 2010 gegen Slowenien, Algerien und Ghana.

Rekordbrecher

Die Entscheidung der FIFA, die Endrunde 1994 in den USA austragen zu lassen, war umstritten. Kritiker verwiesen auf die geringen internationalen Erfolge der US-Mannschaft. Dank eines 2:1-Sieges gegen Kolumbien und eines Unentschiedens gegen die Schweiz erreichten die USA das Achtelfinale, in dem sie jedoch gegen den späteren Weltmeister Brasilien unterlagen. Zudem verfolgten 3587538 Zuschauer die Spiele live im Stadion – ein neuer Rekord für WM-Endrunden.

Das kurze Gastspiel des »Team America«

1983 ließ der Fußballverband US Soccer die Nationalmannschaft als »Team America« an der nationalen Liga NASL teilnehmen – allerdings nur eine Spielzeit lang, denn das Experiment fand ein schnelles Ende, als die Mannschaft ans Tabellenende rutschte. Das »Team America« hatte von Anfang an damit zu kämpfen, dass viele seiner besten Spieler lieber für ihre Vereine antraten. Nur selten konnte man eine eingespielte Mannschaft aufs Feld schicken.

Top Ten Länderspiele

1.	Cobi Jones	164
2.	Jeff Agoos	134
3.	Landon Donovan	130
4.	Marcelo Balboa	128
5.	Claudio Reyna	112
6.	Paul Caligiuri	110
7.	Eric Wynalda	106
8.	Kasey Keller	102
9.	Earnie Stewart	101
10.	Tony Meola	100
=	Joe-Max Moore	100

Gaetjens schockt England

Das 1:0 der US-Boys gegen England am 29. Juni 1950 gehört zu den größten Überraschungen in der Geschichte der FIFA WM. Zusammen mit Brasilien galt England als Favorit des Turniers. Die USA hatten dagegen die letzten sieben Spiele verloren und nur zwei Tore geschossen. Joseph »Joe« Gaetjens köpfte in der 37. Minute des Spiels Walter Bahrs Flanke an Torhüter Bert Williams vorbei ins Netz. England gab in diesem Spiel zwar den Ton an, doch US-Torhüter Frank Borghi hielt einen Ball nach dem anderen. Niederlagen gegen Chile und Spanien in den weiteren Gruppenspielen führten danach zum Ausscheiden der USA, doch ihr Sieg gegen England ist noch heute der Höhepunkt der amerikanischen Fußballgeschichte.

Der Rastaman von Galaxy

Mit seinen Dreadlocks erregte Cobi Jones ohnehin schon Aufmerksamkeit, doch seine überfallartigen Flügelläufe machten ihn zu einem der auffälligsten Spieler der WM-Endrunde 1994 in den USA. Jones wurde schließlich auch US-amerikanischer Rekordnationalspieler: Von 1992 bis 2004 brachte er es auf 164 Einsätze für sein Land. Als er 2007 seine Karriere beendete, erklärte sein langjähriger Verein Los Angeles Galaxy, dass die Rückennummer 13, die Jones getragen hatte, fortan nicht mehr vergeben werden würde – es war das erste Mal, dass ein Verein der amerikanischen Profiliga MLS (»Major League Soccer«) einen Spieler auf diese Art und Weise ehrte. Jones war seit Gründung der MLS 1996 bei Galaxy unter Vertrag gewesen und arbeitete später als Co- und Interimstrainer bei seinem Verein.

CONCACAF
ANDERE MANNSCHAFTEN

Mit insgesamt 23 FIFA WM™-Teilnahmen sind Mexiko und die Vereinigten Staaten zweifellos die Fußballgroßmächte der CONCACAF-Region. Von den anderen nord- und zentralamerikanischen Ländern und den Karibikstaaten ist es bislang nur Costa Rica (1990, 2002 und 2006), El Salvador (1970 und 1982) und Honduras (1982 und 2010) gelungen, sich mehr als einmal für eine Endrunde zu qualifizieren.

⚽ Costa Rica kämpft sich durch

Costa Rica ist die nach Mexiko erfolgreichste zentralamerikanische Mannschaft bei WM-Endrunden. Unter der Führung von Stürmerlegende Paulo Wanchope qualifizierte man sich 1990, 2002 und 2006. Beim ersten Anlauf bezwang das Team in der Gruppenphase Schottland und Schweden mit 1:0 bzw. 2:1, bevor man im Achtelfinale mit 1:4 an der Tschechoslowakei scheiterte. 2002 schied Costa Rica nach einem 2:0 gegen China, einem 1:1 gegen die Türkei und einem 2:5 gegen Brasilien als Gruppendritter nach der ersten Runde aus. 2006 war ebenfalls nach der Gruppenphase Schluss. El Salvador war 1970 und 1982 dabei, verlor aber alle sechs Spiele und musste u. a. ein 1:10 gegen Ungarn 1982 hinnehmen. Honduras schied bei zwei Endrunden in der Gruppenphase aus. 1982 erreichte das Team jeweils ein 1:1 gegen Spanien und Nordirland, verlor aber mit 0:1 gegen Jugoslawien. 2010 erzielte es keinen einzigen Treffer; zuerst verlor man gegen Chile und Spanien, dann trennte man sich mit einem torlosen Unentschieden von der Schweiz.

Pavón denkt nicht ans Aufhören

Carlos Pavón – der einzige Nationalspieler von Honduras mit mehr als 100 Länderspielen – erzielte in der Qualifikation zur FIFA WM 2010 sieben Treffer und trug damit entscheidend zum zweiten Einzug seines Landes nach 1982 in eine WM-Endrunde bei. Der Fußballveteran, zu dem Zeitpunkt bereits 36 Jahre alt, stand in Südafrika aber nur 60 Minuten auf dem Platz. Pavón hat bei Vereinen in sieben verschiedenen Ländern gespielt: Honduras, Mexiko, Spanien, Italien, Kolumbien, Guatemala und den USA; bei Los Angeles Galaxy war er neben David Beckham der große Star.

Meister im Warten

In Bezug auf Fortschritte oder gar Erfolge im Weltfußball ist Geduld das Schlüsselwort für viele der kleineren mittelamerikanischen Länder. Auf der Karibikinsel Montserrat, die kaum mehr als 5000 Einwohner hat, finden selten Länderspiele statt, da dort ständig Vulkanausbrüche drohen. Die Mannschaft dieses britischen Überseegebietes hat seit Beginn des neuen Jahrtausends erst 13 Länderspiele absolviert, wobei sie von 2004 bis 2008 nicht ein einziges Mal antrat. Puerto Rico erging es da etwas besser: Nach 14 langen Jahren des Wartens gelang dem Land endlich wieder ein Sieg: Im Januar 2008 schlug es Bermuda mit 2:0, in der Qualifikation zur FIFA WM 2010 kam es sogar bis in die zweite Runde. Die Britischen Jungferninseln wiederum schieden bei dieser Qualifikation aus, obwohl sie keines ihrer Spiele verloren: In der ersten Runde kamen sie gegen die Bahamas im Hin- und Rückspiel auf ein 3:3-Unentschieden, doch aufgrund der Auswärtstorregel kam das Team der Bahamas weiter.

⚽ Costa Rica gewinnt vor leeren Rängen

Die wenigsten Zuschauer eines CONCACAF-Qualifikationsspiels hatte die Partie Costa Rica gegen Panama am 26. März 2005. Das Spiel im Saprissa-Stadion in San José musste gemäß einer FIFA-Anordnung unter Ausschluss der Öffentlichkeit ausgetragen werden, da bei einem 1:2 gegen Mexiko im Februar desselben Jahres Feuerwerkskörper abgebrannt worden waren. In diesem »Geisterspiel« setzte sich Costa Rica dank eines Treffers von Roy Myrie in der ersten Minute der Nachspielzeit mit 2:1 gegen Panama durch.

CONCACAF-Teams in FIFA WM™-Endrunden

Endrundenteilnahmen von Mannschaften der CONCACAF-Region

1.	Mexiko	14
2.	USA	9
3.	Costa Rica	3
4.	El Salvador	2
=	Honduras	2
6.	Haiti	1
=	Jamaika	1
=	Kanada	1
=	Kuba	1
=	Trinidad & Tobago	1

Stolzer Rekord

Der CONCACAF-Verband kann stolz darauf sein, bei allen FIFA WM-Endrunden mindestens mit einer Mannschaft vertreten gewesen zu sein. 1930 waren Mexiko und die USA dabei, die USA kamen sogar bis ins Halbfinale, bevor sie gegen Argentinien ausschieden. Seitdem haben diese zwei Länder die Qualifikationen dominiert. Mexiko nahm an insgesamt 14 Endrunden teil, die USA an neun (darunter an den sechs letzten). In letzter Zeit machen ihnen jedoch andere Länder den Spitzenrang streitig. So nahm Costa Rica 2006 bereits zum dritten Mal an einer Endrunde teil, während Trinidad und Tobago sein Debüt gab. Bei der FIFA WM 2006 war die CONCACAF mit der Rekordzahl von vier Teams vertreten. 2010 nahm außerdem Honduras zum zweiten Mal an einer WM-Endrunde teil.

Die Reggae Boyz kommen

1998 erreichte mit Jamaika erstmals ein Team aus der englischsprachigen Karibik eine FIFA WM-Endrunde. Bei den »Reggae Boyz« wurden mehrere Spieler eingesetzt, die in England unter Vertrag standen. Trotz eines 2:1 gegen Japan mit zwei Toren von Theodore Whitmore kamen sie über die Vorrunde nicht hinaus, da sie zuvor mit 1:3 gegen Kroatien und 0:5 gegen Argentinien verloren hatten.

Unter Brüdern

Honduras war die erste WM-Mannschaft, bei der sage und schreibe drei Brüder gemeinsam antraten: 2010 in Südafrika waren der Verteidiger Johnny Palacios (links), der Mittelfeldspieler Wilson Palacios (rechts) und der Stürmer Jerry Palacios (Mitte) Teil der honduranischen Auswahl. Jerry wurde in letzter Minute nominiert, da Julio César de León verletzungsbedingt ausfiel. Wilson Palacios, der bei Tottenham Hotspur im defensiven Mittelfeld agiert, war wohl der bekannteste und meistgefeierte Spieler der nach 28 Jahren ersten honduranischen WM-Mannschaft. Wie das Team von 1982 kamen aber Reinaldo Ruedas Jungs in ihren drei Spielen weder zu einem Sieg noch überhaupt zu einem Torerfolg. Milton Palacios, ein älterer Bruder der drei WM-Stars, spielte zwar zwischen 2003 und 2006 14-mal als Verteidiger für sein Land, wurde aber nicht für die Endrunde 2010 nominiert.

Kuba zeigt, wie's geht

1938 erreichte mit Kuba erstmals ein Team aus der Karibik ein FIFA WM-Viertelfinale. Das Erstrundenmatch der Kubaner gegen Rumänien endete 3:3 nach Verlängerung. Im Wiederholungsspiel setzten sie sich nach 0:1 Pausenrückstand dank Toren von Hector Socorro und Carlos Oliveira mit 2:1 durch. Im Viertelfinale erlebten sie ein 0:8-Debakel gegen Schweden. Als nächstes Team aus der Karibik kam 1974 Haiti in die Endrunde. Dort gab's jedoch drei Niederlagen: 1:3 gegen Italien, 0:7 gegen Polen und 1:4 gegen Argentinien.

Ein trauriger Tag

2009 trauerten die drei Palacios-Brüder, die 2010 zur WM nach Südafrika fuhren, um ihren jüngsten Bruder Edwin. Er war 2007 entführt worden, eineinhalb Jahre später hatte man seine sterblichen Überreste gefunden. Nachdem Wilson Palacios die traurige Nachricht erhalten hatte, verbrachte er, weil er seine Mannschaftskollegen nicht stören wollte, die ganze Nacht in der Lobby des Hotels, in dem seine Mannschaft Tottenham Hotspur vor einem Samstagsspiel Quartier bezogen hatte. Der Spurs-Trainer Harry Redknapp war sehr überrascht, als er ihn am nächsten Morgen dort vorfand, und sprach ihm seine Anteilnahme aus.

Trinidads erstes Mal

Trinidad und Tobago schaffte es – nach einer Marathon-Qualifikation, bei der es sich schließlich in internationalen Play-offs mit 1:0 und 1:1 gegen Bahrain durchsetzte – 2006 erstmals in eine FIFA WM-Endrunde. Dort spielten die »Socca Warriors« zunächst 0:0 gegen Schweden, unterlagen dann aber England und Paraguay jeweils 0:2.

Honduras feiert

Reinaldo Rueda, dem in Kolumbien geborenen Trainer der Honduraner, wurde die Staatsbürgerschaft seiner sportlichen Wahlheimat angeboten, als er mit der Mannschaft das WM-Ticket gelöst hatte. Für die erfolgreiche Qualifikation durften sich die honduranischen Spieler außerdem in einem offenen Bus feiern lassen, der sie durch die Hauptstadt Tegucigalpa fuhr.

TEIL 2 – FIFA WELTMEISTERSCHAFT™ EWIGE REKORDE

Mit dem Gewinn der FIFA WM 2010 ist Spanien zu einem von insgesamt erst acht Ländern aufgestiegen, die den Titel erringen konnten. Mit fünf WM-Titeln ist nach wie vor Brasilien der Rekordweltmeister. Argentinien und Uruguay sind die beiden anderen Weltmeister aus Südamerika, aus Europa konnten neben Spanien bisher England, Frankreich, Deutschland und Italien den Pokal entgegennehmen.

FIFA WM™ QUALIFIKATIONSRUNDEN

Ozeanische Abenteuer

Nachdem Neuseeland in Ozeanien die Qualifikation für die FIFA WM 2010 erfolgreich absolviert hatte, musste es 11 Monate warten, bis es sich mit Bahrain – dem fünftplatzierten Team aus Asien – in einer Relegationsrunde mit Hin- und Rückspiel um einen Startplatz in Südafrika messen durfte. Die All Whites gewannen die Runde im November 2009 mit insgesamt 1:0 Toren. Ein anderes Land der Ozeanischen Fußball-Konföderation brachte es unter allen Teilnehmern der Qualifikation zur WM 2010 auf die höchste Torausbeute pro Spiel: Die Mannschaft der Salomonen erzielte durchschnittlich 3,8 Treffer pro Spiel, wobei ihr höchster Sieg ein 12:1 gegen Amerikanisch-Samoa war. England nimmt in dieser Statistik mit 3,4 Toren pro Spiel den zweiten Platz ein, doch anders als die glücklosen Salomonen sicherte sich das englische Team noch dazu einen Startplatz in der Endrunde.

T & T muss sich anstrengen

Trinidad und Tobago und Uruguay absolvierten bisher die meisten Spiele, bis sie sich für eine FIFA WM qualifiziert hatten. Trinidad und Tobago musste 20 Partien bestreiten, bis es ins Turnier von 2006 einzog; den Anfang machte es dabei mit zwei Siegen über die Dominikanische Republik. In der dritten Runde errang der Inselstaat in seiner Gruppe den zweiten Platz hinter Mexiko und zog so in die aus sechs Mannschaften bestehende Finalgruppe ein. Dort wurde das Team Vierter und musste nun in die Relegation gegen Bahrain, gegen das es sich durchsetzte. 2010 brachte es Uruguay auch auf 18 Gruppenspiele in der südamerikanischen Zone und zwei Relegationsspiele gegen Costa Rica.

Es wird eng für die VAE

Die Vereinigten Arabischen Emirate schafften es 1990 in die WM, obwohl sie in der Endrunde der Asiatischen Zone nur eines von fünf Spielen gewonnen und dabei ganze sechs Tore geschossen hatten. Nach vier Unentschieden schlugen sie China mit 2:1 und qualifizierten sich so als Zweite hinter Südkorea.

Die FIFA öffnet die WM für die ganze Welt

Seit 1978 erweiterte die FIFA die Teilnehmerzahl der WM-Endrunden zweimal, um den aufstrebenden Fußballnationen in Afrika und Asien mehr Startplätze zu geben. Dieses zunehmende Interesse spiegelt sich auch in der großen Zahl von Mannschaften wider, die an der Qualifikation teilnehmen – für die Endrunde 2010 waren es 204. Der Brasilianer João Havelange, FIFA Präsident von 1974 bis 1998, erweiterte die Teilnehmerzahl zum einen, um für die FIFA wirtschaftliche Vorteile zu erzielen, zum anderen aber auch, um kleineren Ländern eine Chance zu geben. Für die WM 1982 in Spanien wurde die Teilnehmerzahl von 16 auf 24 erhöht. Dabei erhielten Afrika und Asien je einen zusätzlichen Platz, außerdem bekam Ozeanien die Chance, ein Land zum Turnier zu schicken. 1998 wurde die Teilnehmerzahl noch einmal erhöht, in Frankreich traten 32 Länder an. So bekam Afrika fünf Plätze, Asien und Ozeanien zusammen vier und Nord- und Mittelamerika sowie die Karibik drei. Für die WM 2010 in Südafrika waren 13 Startplätze für Europa, vier für Südamerika, fünf (plus einen für die Gastgeber) für Afrika und vier für Asien reserviert. Zusätzlich qualifizierte sich der Sieger eines Ausscheidungsspiels zwischen dem Ersten Ozeaniens und dem Viertplatzierten der asiatischen Zone: Neuseeland setzte sich dabei gegen Bahrain durch und löste das WM-Ticket. Die nord- und zentralamerikanische und karibische Fußballkonföderation CONCACAF erhielt drei Plätze. Der letzte freie Platz wurde zwischen dem fünftplatzierten südamerikanischen und dem viertplatzierten CONCACAF-Land ausgespielt; dabei behielt Uruguay die Oberhand über Costa Rica.

Ägypten bildet die Vorhut

Heute nehmen afrikanische Mannschaften wie Kamerun, Tunesien, Südafrika und Nigeria häufig an FIFA WM-Endrunden teil, doch lange Zeit war Ägypten das einzige afrikanische Land, das sich qualifizieren konnte, erstmals 1934 mit einem 7:1-Heimsieg und einem 4:1-Auswärtssieg gegen Palästina. Als zweites afrikanisches Land trat Marokko 36 Jahre später bei der Endrunde in Mexiko an.

Qualifikationen nach Kontinentalverbänden

1.	Europa	218
2.	Südamerika	74
3.	Nord-/Mittelamerika und die Karibik	35
4.	Afrika	34
5.	Asien	28
6.	Ozeanien	4

Das erste Elfmeterschießen

Das erste Elfmeterschießen in der Geschichte der FIFA WM-Qualifikation fand am 9. Januar 1977 statt: Tunesien gewann nach einem 1:1 mit 4:2 nach Elfmeterschießen gegen Marokko. Auch das erste Spiel in Casablanca war 1:1 ausgegangen. Tunesien konnte sich später für die WM-Endrunde 1978 qualifizieren.

Unbesiegbare Spanier

Es hat schon mehrere Länder gegeben, die es geschafft haben, sich für eine FIFA WM zu qualifizieren, ohne dabei ein einziges Spiel zu verlieren oder mit einem Unentschieden zu beenden. Die spanische Mannschaft, die mühelos durch die Qualifikation für die WM 2010 in Südafrika marschierte, war allerdings die erste, die es dabei auf stolze 10 Siege brachte. Die Niederlande blieben in einer kleineren Gruppe in acht Spielen siegreich. Die Bundesrepublik Deutschland absolvierte ebenfalls alle acht Spiele der Qualifikation zur FIFA WM Spanien 1982 ohne Punktverlust. Brasilien gewann alle seine sechs Qualifikationsspiele zum Turnier von 1970; bei der Endrunde gewann die von Mario Zagallo trainierte Mannschaft dann ebenfalls sämtliche sechs Spiele und wurde Weltmeister.

Mal hier, mal dort

Nachdem die Meisterschaften von 1954 und 1958 in Europa stattgefunden hatten, beschloss die FIFA, sie fortan abwechselnd in Südamerika und Europa auszutragen. Daran hielt man fest, bis 1994 die USA Austragungsort für das Turnier wurden. 2002 fand die WM-Endrunde erstmals in Asien (Japan und Südkorea) statt, und 2010 wurde das Turnier zum ersten Mal in Afrika ausgetragen.

So wuchs die Qualifikationsrunde

Diese Tabelle zeigt, wie viele Länder an den Qualifikationsrunden für die FIFA WM-Endrunden teilnahmen. Einige Länder zogen ihre Anmeldungen vor der ersten Begegnung zurück.

Mannschaften in der Qualifikationsrunde:

Uruguay 1930	-
Italien 1934	32
Frankreich 1938	37
Brasilien 1950	34
Schweiz 1954	45
Schweden 1958	55
Chile 1962	56
England 1966	74
Mexiko 1970	75
Bundesrepublik Deutschland 1974	99
Argentinien 1978	107
Spanien 1982	109
Mexiko 1986	121
Italien 1990	116
USA 1994	147
Frankreich 1998	174
Japan/Südkorea 2002	199
Deutschland 2006	198
Südafrika 2010	206

Hurtado an der Spitze

Der ecuadorianische Abwehrspieler Iván Hurtado nahm an den meisten FIFA WM-Qualifikationsspielen teil. Er bestritt 56 Partien, darunter 16 in der Qualifikation zur WM 2006. Als er im Alter von 17 Jahren und 285 Tagen sein Debüt in der Nationalmannschaft gab, war er Ecuadors jüngster Nationalspieler.

Der schnellste Spielerwechsel

Der schnellste Spielerwechsel in der Geschichte der FIFA WM-Qualifikation ereignete sich am 30. Dezember 1980. Damals wurde der Nordkoreaner Chon Byong Ju beim Spiel gegen Japan in der ersten Minute ausgewechselt.

Kostadinow schockiert Frankreich

Am 17. November 1993 schoss der Bulgare Emil Kostadinow im letzten Spiel der Qualifikationsgruppe 6 eines der dramatischsten Tore in der Geschichte der FIFA WM-Qualifikation und verhinderte damit Frankreichs Teilnahme an der WM 1994. Beim Spielstand von 1:1 in der Nachspielzeit verlor der Franzose David Ginola den Ball, und Kostadinow schoss Bulgarien zum überraschenden Sieg. Die Bulgaren kamen beim Turnier in den USA bis ins Halbfinale, verloren dort jedoch 1:2 gegen Italien.

Palmer schlägt den Pfiff

Karl-Erik Palmérs zweiter Treffer bei Schwedens 3:1 gegen Irland im November 1949 gehört zu den bizarrsten Toren in der Geschichte der FIFA WM-Qualifikation. Die irischen Verteidiger blieben plötzlich stehen, weil sie einen Pfiff gehört hatten, doch Palmer rannte weiter und setzte den Ball ins Netz. Das Tor galt, weil ein Zuschauer gepfiffen hatte, nicht der Schiedsrichter. Mit zwei weiteren Toren vollendete der 19-Jährige schließlich einen Hattrick.

Bwalya – besser spät als nie

Kalusha Bwalya aus Sambia ist der älteste Spieler, der in einem Qualifikationsspiel zur FIFA WM ein Siegtor schoss. Der 41-Jährige wurde am 4. September 2004 gegen Nigeria eingewechselt und traf prompt ins Netz. 20 Jahre zuvor hatte er bei seinem ersten Qualifikationsspiel – ein 3:0 von Sambia gegen Uganda – ebenfalls ein Tor geschossen.

Australiens unglaublicher Torhagel

2001 stellten die Australier in der FIFA WM-Qualifikationsrunde einen Rekord auf, der vermutlich nie gebrochen werden wird: Sie schossen 53 Tore in zwei Tagen.

9. April 2001, Sydney: Australien gegen Tonga 22:0
Australiens Torschützen: Scott Chipperfield 3. und 83. Minute; Damian Mori 13., 23., 40.; John Aloisi 14., 24., 37., 45., 52., 63.; Kevin Muscat (rechts, mit der Trikotnummer 2) 18., 30., 54., 58., 82.; Tony Popovic 67.; Tony Vidmar 74.; David Zdrilic 78., 90.; Archie Thompson 80.; Con Boutsiania 87.

11. April 2001, Sydney: Australien gegen Amerikanisch-Samoa 31:0
Australiens Torschützen: Boutsiania 10., 50., 84. Minute; Thompson 12., 23., 27., 29., 32., 37., 42., 45., 56., 60., 65., 68., 88.; Zdrilic 13., 21., 25., 33., 58., 66., 78., 89.; Vidmar 14., 80.; Popovic 17., 19.; Simon Colosimo 51., 81.; Fausto De Amicis 55.

Thompsons unglaublicher Rekord

Als Australien Amerikanisch-Samoa am 11. April 2001 in Sydney mit 31:0 vernichtend schlug, übertraf Archie Thompson den Rekord des Iraners Bagheri, der sieben Tore in einem Qualifikationsspiel erzielt hatte, haushoch: Thompson traf 13-mal! Auch David Zdrilic übertraf mit acht Toren Bagheri. Bereits zwei Tage zuvor hatte Australien den Torrekord des Iran (17:0) mit einem 22:0 gegen Tonga übertrumpft.

Das schnellste Tor

Als Davide Gualtieri aus San Marino am 17. November 1993 gegen England nach 7 Sekunden ins Netz traf, schoss er damit das schnellste Tor in der Geschichte der FIFA WM-Qualifikation. England gewann später zwar 7:1, konnte sich trotzdem nicht für die Endrunde im Jahr darauf qualifizieren.

Münchner Katastrophe für England

Englands Hoffnungen für die FIFA WM 1958 wurden durch einen Flugzeugabsturz in München am 6. Februar 1958 zerstört, der dem englischen Meister Manchester United verheerenden Schaden zufügte. Drei Spieler, die starben – der linke Verteidiger Roger Byrne, der Linksaußen Duncan Edwards und der Mittelstürmer Tommy Taylor – hatten in den Qualifikationsspielen zuvor herausragende Leistungen für England erbracht. Der 19-jährige Edwards hatte zwei, Taylor sogar acht Tore geschossen. Byrne und Taylor kamen bei dem Absturz sofort ums Leben, Edwards starb 15 Tage später.

Ein richtiger Allrounder

Sir Viv Richards, die Cricket-Legende von den Westindischen Inseln, ist nicht nur in seiner angestammten Sportart, dem »Sommerspiel«, als Allrounder anerkannt. Er wurde zwar in erster Linie dafür berühmt, dass er mit seinem Land zweimal die Cricket-Weltmeisterschaft gewann (1975 und 1979), er hat aber auch Fußball gespielt: Er war Teil der Mannschaft von Antigua und Barbuda, die an der Qualifikation zur FIFA WM 1974 teilnahm. Leider verloren er und sein Team alle Spiele, zu denen sie antraten.

Hattrick-Rekord

Der Ägypter Abdel Hamid Bassiouny erzielte den schnellsten Hattrick aller Zeiten in der Geschichte der Qualifikationsspiele, als sein Land am 13. Juli 2001 8:2 gegen Namibia gewann. In nur 177 Sekunden traf er zwischen der 39. und 42. Minute dreimal ins Netz.

Der Jüngste und der Älteste

Der jüngste Spieler, der je an einem Qualifikationsspiel für eine FIFA WM teilnahm, ist Souleymane Mamam aus Togo, der beim Spiel gegen Sambia 13 Jahre und 310 Tage alt war. Der älteste ist MacDonald Taylor – er spielte am 18. Februar 2004 mit 46 Jahren und 180 Tagen für die Jungferninseln gegen St. Kitts und Nevis.

Daei übertrifft alle

Niemand schoss in WM-Qualifikationsspielen mehr Tore als der Iraner Ali Daei. Mit neun Treffern in den Qualifikationsspielen zur FIFA WM 2006 – auch dies ein Rekord – kam er auf die Gesamtzahl von 30 Toren – neun Tore mehr als der Japaner Kazuyoshi Miura, mit dem er sich bis dahin den Rekord teilen musste. Daei schoss sieben Tore in der Qualifikation für 1994, vier in der für 1998 und zehn in der für 2002.

Horst kommt als Erster ins Spiel

Aufgrund einer Sonderregelung bei der Qualifikation zur WM 1954 (bis zur Halbzeit durfte ein Spieler verletzungsbedingt ausgetauscht werden) war Horst Eckel aus der Bundesrepublik Deutschland der erste Spieler, der bei einem Qualifikationsspiel eingewechselt wurde: Beim 3:0-Sieg der deutschen Mannschaft über das (damals für kurze Zeit eigenständige) Saarland am 11. Oktober 1953 kam er in der 38. Minute für den Fürther Richard Gottinger auf den Platz. Eckel wurde 1954 Weltmeister, während Gottingers Einsatz der erste und gleichzeitig letzte für die deutsche Nationalmannschaft war. Als die Qualifikationsrunde für die WM von 1958 lief, war das Saarland schon in die Bundesrepublik eingegliedert worden.

Die USA lassen sich Zeit

Das späteste aller Qualifikationsspiele fand am 24. Mai 1934 in Rom statt. Damals schlugen die USA Mexiko 4:2 und schnappten sich den letzten Platz bei der FIFA WM. Drei Tage später schieden die Amerikaner durch ein 1:7 gegen Gastgeber Italien in der ersten Runde des Turniers wieder aus.

Italien musste in die Qualifikationsrunde

Italien ist die einzige Gastgebernation, die sich für eine FIFA WM im eigenen Land qualifizieren musste. Die Gastgeber von 1934 sicherten sich ihren Startplatz durch ein 4:0 gegen Griechenland, das auf ein Rückspiel verzichtete. 1938 durften Titelverteidiger und Gastgeber automatisch am Turnier teilnehmen. Erst zur WM 2006 änderte die FIFA diese Regel nochmals – nun ist einzig der Gastgeber automatisch qualifiziert. Da für die afrikanische Zone die zweite Runde der Qualifikation für die WM 2010 gleichzeitig als Qualifikation für die Afrikameisterschaft 2010 in Angola gewertet wurde, nahm Südafrika jedoch trotzdem daran teil.

Die Türkei zieht den Hauptgewinn

Gegen Spanien qualifizierte sich die Türkei als erste Mannschaft durch ein Losverfahren für eine WM-Endrunde. Nachdem ein Entscheidungsspiel in Rom – beide Mannschaften hatten zuvor ihre Heimspiele gewonnen – am 17. März 1954 2:2 endete, entschied ein 14-jähriger Römer namens Luigi Franco Gemma, wer weiterkam. Mit verbundenen Augen zog er das Glückslos für die Türkei. Vielen neutralen Zuschauern wäre jedoch Spanien lieber gewesen.

Erfolgreichste WM-Qualifikationen

Italien	13
Argentinien	12
(Bundesrepublik) Deutschland	12
Mexiko	12
Spanien	12
Brasilien	11
England	11
Belgien	10
Jugoslawien/Serbien	10
Schweden	10
Tschechoslowakei/ Tschechische Republik	9
Ungarn	9

Der »Fußball-Krieg«

Nachdem El Salvador in einem Qualifikationsspiel zur FIFA WM 1970 am 26. Juni 1969 Honduras 3:2 geschlagen hatte, brach zwischen den beiden Staaten Krieg aus. Grenzstreitigkeiten hatten zu Spannungen zwischen den Nachbarn geführt und während des Spiels war es bereits zu Unruhen gekommen. Am 14. Juli marschierte die salvadorianische Armee in Honduras ein.

England dabei, Schottland nicht

England nahm zum ersten Mal 1950 an einer FIFA WM teil. Die Engländer lagen vor Schottland an der Tabellenspitze der britischen Gruppe. Damit hätten sich beide Mannschaften qualifiziert, doch die Schotten weigerten sich, zum Turnier nach Brasilien zu fahren, weil sie nur Zweiter geworden waren. In der Folgezeit schafften es die Schotten achtmal in die Endrunden von WM-Turnieren, kamen jedoch nie über die Gruppenspiele hinaus (Bild: Billy Wright).

Thierrys Gaunerei

Frankreich qualifizierte sich für die FIFA WM 2010 dank eines der umstrittensten Tore der jüngsten Geschichte des internationalen Fußballs. Im Relegations-Rückspiel der Franzosen gegen Irland waren 14 Minuten der Verlängerung verstrichen, als Thierry Henry den Ball eindeutig unter Zuhilfenahme der Hand an William Gallas weiterspielte. Der verwandelte sicher und verschaffte damit seinem Team in der Summe beider Spiele eine entscheidende 2:1-Führung. Nachdem der schwedische Schiedsrichter Martin Hansson den Treffer gegeben hatte, forderte der irische Fußballverband zunächst eine Wiederholung des Spiels und anschließend die Zulassung Irlands als 33. Teilnehmer der Endrunde – beides vergebens.

Wales schleicht sich durch die Hintertür herein

Nur einmal, 1958, nahmen alle vier britischen Mannschaften an einer FIFA WM teil. England, Schottland und Nordirland lagen an der Spitze ihrer Gruppen, doch Wales qualifizierte sich über einen Umweg. Die Waliser waren eigentlich ausgeschieden, bekamen jedoch eine zweite Chance. Israel war in der asiatischen Qualifikationsrunde aus politischen Gründen ohne Gegner geblieben, doch die FIFA ließ die Israelis zu einem Ausscheidungsspiel gegen eine der in ihren Gruppen zweitplatzierten europäischen Mannschaften antreten. Das Los fiel auf Wales, das beide Spiele mit 2:0 gewann.

Italien Spitzenreiter

Italien konnte sich von allen Ländern am häufigsten für WM-Endrunden qualifizieren: 13-mal (1934, 1954, 1962, 1966, 1970, 1974, 1978, 1982, 1994, 1998, 2002, 2006 und 2010). 1938, 1950 und 1986 war Italien als Titelträger automatisch qualifiziert, 1990 war das Land Gastgeber. Nur einmal schieden die Italiener bei der Qualifikationsrunde aus: 1958 wurden sie von Nordirland geschlagen.

Qualifikation unterm Dach

Im Kingdome im amerikanischen Seattle wurde das erste WM-Qualifikationsspiel durchgeführt, das in einer geschlossenen Halle stattfand: Im Oktober 1976 schlugen hier die US-Amerikaner die kanadische Mannschaft mit einem 2:0. Nur ein paar Monate vorher war dieser Bau zum ersten Mal Schauplatz eines Rockkonzertes gewesen: Die Band »Paul McCartney and Wings« war am 10. Juni 1976 in der Halle zu Gast gewesen. Kanada rächte sich an den Vereinigten Staaten mit einem 3:0 bei einem Relegationsspiel, das in Port-au-Prince auf Haiti ausgetragen wurde und das Kanada in die zweite Runde der Qualifikation der CONCACAF-Zone brachte. Doch am Ende scheiterten die Kanadier abermals gegen Mexiko.

Argentiniens langer Boykott

Beinahe 20 Jahre lang boykottierte Argentinien die FIFA WM. 1938 waren die Argentinier Titelträger der Copa América, weigerten sich jedoch, nach Frankreich zu fahren, weil man sie bei der Wahl des Austragungsorts übergangen hatte. Auch gefiel es ihnen nicht, dass sie in der Qualifikationsrunde gegen Brasilien antreten sollten. Auch an den Weltmeisterschaften 1950 und 1954 nahm man nicht teil, nachdem Brasilien zum Austragungsort für das Turnier 1950 gewählt worden war. Erst in der Qualifikationsrunde zur FIFA WM 1958 trat Argentinien wieder an.

FIFA WM™ MANNSCHAFTSREKORDE

Spanien gewinnt

Nachdem Spanien am 11. Juli 2010 in Johannesburg im Soccer-City-Stadion die Niederlande im Endspiel mit 1:0 besiegt hatte, musste seit 1998 zum ersten Mal wieder ein neuer Name in den Pokal eingraviert werden. Die Begegnung war das erste Endspiel seit 32 Jahren, an dem zwei Mannschaften beteiligt waren, die noch nie eine Weltmeisterschaft gewonnen hatten. Die einzigen Endspiele davor, bei denen ebenfalls zwei bis dahin titellose Mannschaften aufeinandertrafen, waren das 3:1 n.V. von Argentinien gegen die Niederlande 1978, der 5:2-Sieg von Brasilien über Schweden 1958, das 3:2 der Bundesrepublik Deutschland gegen Ungarn 1954, Italiens Erfolg gegen die Tschechoslowakei 1934 und natürlich der Sieg von Uruguay gegen Argentinien bei der ersten WM 1930.

Geteilte Tore

Frankreich (1982) und Italien (2006) stellten die meisten unterschiedlichen Torschützen bei einer FIFA WM-Endrunde – nämlich jeweils zehn. Gérard Soler, Bernard Genghini, Michel Platini, Didier Six, Maxime Bossis, Alain Giresse, Dominique Rocheteau, Marius Tresor, René Girard und Alain Couriol trafen für Frankreich ins Netz. Alessandro Del Piero, Alberto Gilardino, Fabio Grosso, Vincenzo Laquinta, Luca Toni, Filipp »Pippo« Inzaghi, Marco Materazzi, Andrea Pirlo, Francesco Totti und Gianluca Zambrotta schossen 2006 die Tore für Italien, das Weltmeister wurde.

Brasilien zeigt Farbe

Die heutige Welt identifiziert Brasiliens Nationalmannschaft mit ihren gelben Trikots und blauen Hosen. Doch bei den ersten vier FIFA Weltmeisterschaften trug die Nationalmannschaft noch weiße Trikots. Als Brasilien bei der WM 1950 Uruguay mit 1:2 unterlag und so den Titel verspielte, veranlasste dieser Schock den nationalen Fußballverband dazu, die Farben zu ändern, um die Erinnerung an die bitterste Niederlage in der Geschichte des brasilianischen Fußballs auszulöschen.

Blau bringt's

Xavi, hier ganz ungewohnt im blauen Auswärtstrikot der Iberer, war eine der Säulen des spanischen WM-Erfolgsteams von 2010. Spanien war seit 1966 das erste Team, das – wie damals England – den Titel im Auswärtstrikot holte.

Italien lässt nichts durch

Italien blieb bei einer FIFA WM-Endrunde über 500 Minuten lang ohne Gegentor – ein absoluter Rekord. 1990 ließ Torhüter Walter Zenga keinen Ball durch, bis Claudio Caniggia im Halbfinale Argentiniens Ausgleichstor erzielte. Doch dieses Abwehrbollwerk brachte Italien zuletzt doch nicht den ersehnten Titelgewinn: Nach einem 4:3 im Elfmeterschießen zog Argentinien ins Finale ein.

Heute Europa, morgen die Welt

Vicente del Bosque, der Teamchef des Weltmeisters von 2010, ist erst der zweite Trainer, der sowohl die WM als auch die UEFA Champions League bzw. den Europapokal der Landesmeister gewinnen konnte. Marcello Lippi gewann 1996 mit Juventus Turin die Champions League und wurde zehn Jahre später mit der italienischen Nationalmannschaft Weltmeister. Vicente del Bosque feierte mit Real Madrid 2000 und 2002 Champions-League-Triumphe, wurde jedoch nach der Saison 2002/2003 gefeuert, weil er mit den Königlichen »nur« Spanischer Meister geworden war.

Ihr schon wieder!

Neben Brasilien und Schweden haben keine zwei Länder bei Weltmeisterschaften häufiger gegeneinander gespielt als Deutschland und Jugoslawien bzw. Serbien: Die Begegnung bei der WM 2010, die Serbien durch ein Tor von Milan Jovanović 1:0 für sich entscheiden konnte, war bereits das siebte Aufeinandertreffen der beiden Nationen. Deutschland gewann 1954, 1958, 1974 und 1990, Jugoslawien siegte 1962, und 1998 trennte man sich Unentschieden. Brasilien und Schweden trafen ebenfalls siebenmal aufeinander, wobei die Schweden keinen Sieg verbuchen konnten. Brasilien gewann 1938, 1950, 1958 und 1990 sowie zweimal 1994, 1978 gab es ein Unentschieden.

Die meisten Teilnahmen am Finale einer FIFA WM™

1.	Brasilien	7
=	BRD/Deutschland	7
3.	Italien	6
4.	Argentinien	4
5.	Niederlande	3
6.	Frankreich	2
=	Tschechoslowakei	2
=	Ungarn	2
=	Uruguay	2
10.	England	1
=	Schweden	1
=	Spanien	1

Brasilien profitiert von Rimets Vision

Jules Rimet, FIFA Präsident von 1921 bis 1954, war die treibende Kraft bei der Geburt der Weltmeisterschaft, die erstmals 1930 ausgetragen wurde. Bei der ersten Endrunde in Uruguay traten nur 13 Mannschaften an. Die lange Seereise ließ die meisten europäischen Mannschaften vor einer Teilnahme zurückschrecken. Nur vier nahmen den Weg auf sich: Belgien, Frankreich, Jugoslawien und Rumänien. Trotzdem war Rimets Traum wahr geworden. Mit insgesamt fünf Siegen ist Brasilien die erfolgreichste Mannschaft in der Turniergeschichte. Das Land gewann mehr Spiele bei den Endrunden (67) als jedes andere, Deutschland hat jetzt jedoch mehr Spiele absolviert (99) als Brasilien (97). Italien wurde bisher viermal, die Bundesrepublik dreimal FIFA Weltmeister. Uruguay und Argentinien, die Finalisten der ersten Endrunde, sicherten sich den Pokal bisher je zweimal. Die drei anderen Weltmeister waren England (1966) und Frankreich (1998), beide bei Endrunden im eigenen Land, sowie Spanien, das 2010 in Südafrika zum ersten Mal den Titel holen konnte.

Warum die britischen Mannschaften draußen blieben

England und Schottland gelten als Mutterländer des Fußballs, doch beide griffen erst in der Qualifikationsrunde zur FIFA WM 1950 ins Geschehen ein. Die vier britischen Fußballverbände – England, Schottland, Wales und Nordirland – stiegen in den 1920ern aus der FIFA aus, weil es Streitigkeiten über Ausfallszahlungen an Amateurspieler gegeben hatte. Erst seit 1946 gehören die britischen Teams wieder dem Weltfußballverband an.

Eintagsfliege

Indonesien, damals noch unter dem Namen Niederländisch-Indien, bestritt ein einziges WM-Spiel: 1938, als das Turnier allein durch K.-o.-Spiele entschieden wurde, verlor das Land am 5. Juni im Achtelfinale 0:6 gegen Ungarn und konnte sich seitdem nicht mehr qualifizieren.

Die meisten Teilnahmen an FIFA Weltmeisterschaften™

1.	Brasilien	19
2.	BRD/Deutschland	17
=	Italien	17
4.	Argentinien	15
5.	Mexiko	14

Enge Kisten

Bis 2010 ist es keinem Land gelungen, fünf WM-Spiele in Serie mit nur einem Tor Unterschied zu gewinnen. Mit ihrem 3:2-Halbfinalsieg über Uruguay schafften das in Südafrika dann der Niederländer Arjen Robben und seine Teamkameraden als Erste. Zuvor hatten die Italiener die Bestmarke gehalten: Sie brachten es bei den Weltmeisterschaften von 1934 und 1938 überspannend zu einer Serie von vier solch knappen Siegen. Die Spanier stellten dann 2010 mit ihrem 1:0-Endspielsieg über die Niederlande den Rekord fünf aufeinanderfolgender Siege mit einem Tor Vorsprung ein – vier ihrer Siege feierten sie dabei in der K.-o.-Phase.

Wegen der WM steht die Welt still

WM-Endrunden sind neben Olympischen Spielen die weltweit größten Sportveranstaltungen. Als 1930 die erste Weltmeisterschaft abgehalten wurde, steckte das Fernsehen noch in den Kinderschuhen. Seither hat sich der Wettbewerb zum populärsten und wichtigsten TV-Sportereignis überhaupt entwickelt. Die Spiele 2006 wurden weltweit von zusammengerechnet 26,3 Milliarden Menschen gesehen, 100 Millionen weniger als bei der Endrunde 2002. Zusätzlich zu den geschätzten 700 Millionen Fußballfans, die das Endspiel weltweit im TV verfolgten, gingen viele weitere Hunderttausend Menschen auf öffentliche Plätze und zu Fanfesten, um dort das Finale auf Großleinwänden zu verfolgen.

Deutschlands Torrekorde

Die Bundesrepublik erzielte 14 Tore in der Vorrunde des Turniers 1954, die höchste Zahl, die je von einem Weltmeister erreicht wurde. Mit insgesamt 25 Toren im selben Jahr stehen sie zudem auf Platz 2, was die Gesamtzahl der in einem Turnier geschossenen Tore betrifft – nur zwei schlechter als Ungarn, das in der Endrunde 1954 27-mal traf und trotzdem das Finale gegen die Deutschen verlor.

Nur einmal in Rot

Als die Engländer 1966 ihren bis heute einzigen großen Titel errangen, waren sie zudem die bislang einzige Mannschaft, die in roten Trikots Weltmeister wurde. Die Spanier hätten es ihnen 2010 gleichtun können, doch sie mussten in ihrem blauen Auswärtstrikot auflaufen, um sich deutlich vom Helloronge der Niederländer abzuheben. Zur Überreichung des Pokals durch den FIFA-Präsidenten Sepp Blatter hatten sich die Spieler jedoch wieder ihre normalen roten Trikots angezogen.

Die wenigsten kassierten Tore

Frankreich (1998), Italien (2006) und Spanien (2010) kassierten die wenigsten Gegentore auf ihren Wegen zum Titelgewinn. Ihre Torhüter ließen jeweils nur zwei Bälle durch. Die Spanier halten jetzt allerdings auch den Rekord, mit den wenigsten erzielten Treffern den Titel errungen zu haben: 2010 trafen sie nur achtmal und liegen damit vor Italien (1938), England (1966) und Brasilien (1994), die sich den Pokal mit jeweils nur elf Toren sicherten.

Sponsoren sorgen für satten Gewinn

Keine WM ist bisher finanziell so lukrativ gewesen wie die von 2010 – die FIFA konnte einen Rekordgewinn von 3,2 Milliarden US-Dollar einsacken. Ein weiterer Allzeitrekord wurde bei der Zahl der Fernsehzuschauer aufgestellt, die das Endspiel verfolgten: Weltweit sahen über 700 Millionen Menschen die Begegnung.

Die wenigsten kassierten Tore in einem Turnier

Schweiz: 0, 2006

Die meisten Tore in einer WM-Endrunde

Ungarn: 27, 1954

Die meisten Siege in einer WM-Endrunde

Brasilien: 7, 2002

Der erfolgreichste Torschütze bei einer WM-Endrunde

Just Fontaine (Frankreich): 13, 1958

Die meisten aufeinanderfolgenden Spiele mit Torerfolgen bei FIFA WM™-Endrunden

18	Brasilien	1930–58
18	BRD/	1934–58
	Deutschland	1986–98
17	Ungarn	1934–62
16	Uruguay	1930–62
15	Brasilien	1978–90
15	Frankreich	1978–86

Platzierungen der Gastgeber bei FIFA WM™-Endrunden

Jahr	Gastgeber	Platzierung
1930	Uruguay	Weltmeister
1934	Italien	Weltmeister
1938	Frankreich	Viertelfinale
1950	Brasilien	Vizeweltmeister
1954	Schweiz	Viertelfinale
1958	Schweden	Vizeweltmeister
1962	Chile	3. Platz
1966	England	Weltmeister
1970	Mexiko	Viertelfinale
1974	Bundesrepublik	Weltmeister
1978	Argentinien	Weltmeister
1982	Spanien	2. Finalrunde
1986	Mexiko	Viertelfinale
1990	Italien	3. Platz
1994	USA	Achtelfinale
1998	Frankreich	Weltmeister
2002	Südkorea	4. Platz
	Japan	Achtelfinale
2006	Deutschland	3. Platz
2010	Südafrika	Gruppenphase

Europa dominiert

Mit seinem WM-Sieg 2010 in Südafrika war Spanien das erste europäische Team, das den Titel außerhalb des eigenen Kontinents geholt hat; und nach dem Triumph der Italiener 2006 ging der Pokal erstmalig hintereinander an zwei verschiedene europäische Nationen. Durch den Triumph der Iberer zog Europa überdies auch bei der Anzahl der Titel an Südamerika vorbei: Seit 1930 gewann Europa insgesamt zehn Titel, während Südamerika bisher neun WM-Erfolge verbuchen konnte.

Der Titelverteidiger fliegt raus

Bei der WM 2002 in Südkorea und Japan lieferte Frankreich die schlechteste Leistung eines Titelverteidigers in der WM-Geschichte ab: Die Franzosen verloren das Eröffnungsspiel gegen den Senegal, spielten 0:0 gegen Uruguay und konnten nach dem 0:1 gegen Dänemark die Koffer packen. Als erster Titelverteidiger schieden die Franzosen damit ohne einen einzigen Treffer aus dem folgenden Turnier aus. 2010 hätte Italien diesen Negativrekord fast eingestellt: Das Land fuhr ebenfalls nach der Gruppenphase ohne einen einzigen Sieg nach Hause, doch hatten die Italiener zweimal Unentschieden gespielt und vier Tore geschossen: Das erste Spiel gegen Paraguay endete 1:1, im zweiten Spiel benötigten sie einen Foulelfmeter, um gegen Neuseeland wenigstens ein weiteres 1:1 zu erreichen, und das dritte Spiel gegen die Slowakei ging 2:3 verloren und bedeutete das WM-Aus für die »Squadra Azzurra«.

Dreimal nix

Die Niederlande, die 2010 von Bert van Marwijk gecoacht wurden, sind das einzige Land, das dreimal ein WM-Finale bestritt, ohne ein einziges Mal den Titel zu holen. Die sechs Siege, die das Team auf seinem Weg ins Endspiel errang, stellen ebenfalls einen Rekord dar: Keine andere Mannschaft errang bei einem WM-Turnier mehr Siege und fuhr dennoch ohne den Pokal heim.

Brasilien gibt den Ton an

Brasilien hält den Rekord für die meisten Siege in einem WM-Turnier: Bei ihrem Titelgewinn 2002 gewannen sie alle sieben Spiele, beginnend mit dem 2:1 gegen die Türkei bis hin zum 2:0 im Finale gegen Deutschland. Bei dieser beispiellosen Siegesserie schossen die Brasilianer 18 Tore und kassierten nur vier.

Heimschwäche

Südafrika war 2010 das erste Gastgeberland, das den Sprung ins Achtelfinale verpasste – obwohl es in den Gruppenspielen (ein Sieg, ein Unentschieden und eine Niederlage) nur hinsichtlich des Torverhältnisses schlechter war als Spanien 1982 oder die USA 1994, die als WM-Gastgeber mit einer ähnlichen Bilanz die Gruppenphase überstanden. Das 0:3 von Südafrika am 16. Juni 2010 gegen Uruguay zählt – gemeinsam mit zwei früheren Partien – zu den höchsten Niederlagen eines WM-Gastgebers: Schweden verlor 1958 das Endspiel gegen Brasilien mit 2:5, Mexiko zog 1970 im Viertelfinale gegen Italien mit 1:4 den Kürzeren.

FIFA WM™ TORE

Netter Gastgeber

Der Treffer, mit dem Siphiwe Tshabalala im Soccer-City-Stadion in Johannesburg beim Eröffnungsspiel der WM 2010 Südafrika gegen Mexiko in Führung brachte, war zugleich das fünfte Eröffnungstor, das einem WM-Gastgeber gelang. Tshabalalas Vorgänger waren: 1950 Ademir für Brasilien beim 4:0 gegen Mexiko, 1958 Agne Simonsson für Schweden beim 3:0 ebenfalls gegen Mexiko, 1974 Paul Breitner für Deutschland beim 1:0 gegen Chile (das war allerdings das zweite Spiel des Turniers, beim Eröffnungsspiel einen Tag zuvor hatten sich Brasilien und Jugoslawien torlos getrennt) sowie 2006 Philipp Lahm für Deutschland beim 4:2 gegen Costa Rica. Der Treffer des Südafrikaners markierte gleichzeitig das vierte Mal, dass Mexiko das erste Tor einer Endrunde kassierte: Vor Tshabalala, Simonsson und Ademir hatte bereits bei der ersten WM in Uruguay 1930 der Franzose Lucien Laurent den Mexikanern einen eingeschenkt – das erste WM-Tor überhaupt.

Die höchsten Torzahlen

Das torreichste Spiel bei einer FIFA WM war das Viertelfinalspiel zwischen Österreich und der Schweiz am 26. Juni 1954. Österreich lag in der 19. Minute 0:3 zurück, setzte dann jedoch zu einer unglaublichen Aufholjagd an und gewann, u. a. auch dank drei Treffern von Mittelstürmer Theodor Wagner, schließlich 7:5. In drei Spielen fielen je elf Tore: Brasilien siegte 1938 6:5 gegen Polen, Ungarn gewann 8:3 gegen die Bundesrepublik in den Gruppenspielen 1954, und Ungarn besiegte in einem Gruppenspiel 1982 El Salvador mit 10:1.

Torknauserer Spanien

Spanien wurde 2010 Weltmeister, obwohl es bei seinem Triumphzug in sieben Spielen nur acht Tore erzielte – weniger als je ein Weltmeister davor; Italien, England und Brasilien hatten den Titel in den Jahren 1934, 1966 und 1994 mit jeweils elf Treffern geholt. Die spanische Mannschaft unter Trainer Vicente del Bosque war auch das erste Team, das alle vier Spiele der K.-o.-Phase mit 1:0 gewann. In zwei von diesen Spielen war David Villa jeweils der Schütze des entscheidenden Treffers.

Großzügige Gegner

Deutschland war das erste Team, das bei einer Weltmeisterschaft von einem Eigentor des Gegners profitierte: Beim 4:2 der Deutschen gegen die Schweiz 1938 versenkte Ernst Lörtscher den Ball im eigenen Kasten. Deutschland hält zusammen mit Italien den Rekord in puncto gegnerische Eigentore: Je vier WM-Treffer wurden den beiden Ländern bisher von ihren Gegnern geschenkt. Mexiko, Bulgarien, die Niederlande, das ehemalige Jugoslawien, Portugal und Südkorea trafen bei einer WM wiederum je zweimal auf der falschen Seite. Das bisher letzte WM-Eigentor ging auf das Konto des Südkoreaners Park Chu-young, der 2010 beim 1:4 seines Teams gegen Argentinien den Ball in die eigenen Maschen lenkte. Drei Tage zuvor hatte in einem anderen Gruppenspiel der Däne Daniel Agger mit einem Eigentor für die 1:0-Führung der Niederlande gesorgt.

Nullnummern

Das 0:0 im Achtelfinale zwischen Paraguay und Japan war das siebte torlose Unentschieden der Endrunde 2010 – der Nullnummern-Rekord wurde damit jedoch nur eingestellt, genauso viele 0:0-Spiele hatte es auch 1962 und 2006 gegeben. Der Siegtreffer von Andrés Iniesta gegen die Niederlande sorgte dafür, dass das Finale von 1994, bei dem Brasilien und Italien aufeinandertrafen, nach wie vor das einzige ist, das auch nach der Verlängerung noch 0:0 stand und durch Elfmeterschießen entschieden werden musste.

Das schnellste Tor

Der Türke Hakan Şükür hält den Rekord für das schnellste Tor in einem WM-Spiel: Im Spiel um den dritten Platz gegen Südkorea landete er 2002 in der elften Spielsekunde einen Treffer. Die Türkei gewann am Ende mit 3:2. Der frühere Rekordhalter war der Tscheche Václav Mǎsek, der 1962 in Mexiko in der 15. Sekunde getroffen hatte.

Die höchsten Siege bei FIFA WM™-Endrunden

Ungarn – El Salvador 10:1 (15. Juni 1982)
Ungarn – Südkorea 9:0 (17. Juni 1954)
Jugoslawien – Zaire 9:0 (18. Juni 1974)
Schweden – Kuba 8:0 (12. Juni 1938)
Uruguay – Bolivien 8:0 (2. Juli 1950)
Deutschland – Saudi-Arabien 8:0 (1. Juni 2002)

Die meisten Tore bei einer FIFA WM™

Tore	Land	Jahr
27	Ungarn	(1954)
25	Bundesrepublik Deutschland	(1954)
23	Frankreich	(1958)
22	Brasilien	(1950)
19	Brasilien	(1970)

Die meisten Tore bei allen FIFA WM™

1.	Brasilien	210
2.	(Bundesrepublik) Deutschland	206
3.	Italien	126
4.	Argentinien	123

Die meisten und die wenigsten Tore

Die höchste Gesamttorzahl bei einem FIFA WM-Turnier liegt bei 171. So viele Bälle landeten 1998 in Frankreich im Netz, auch weil die Teilnehmerzahl auf 32 erhöht worden war und mehr Spiele ausgetragen wurden. Der Rekord an Toren pro Spiel wurde 1954 aufgestellt: 140 Tore in nur 26 Spielen bedeuteten einen Schnitt von 5,38 Toren pro Spiel. Die niedrigste Zahl von Toren pro Spiel wurde 1990 in Italien verzeichnet – 115 Tore in 52 Spielen ergaben einen Schnitt von 2,21. In Südafrika wurden 2010 insgesamt 145 Treffer erzielt – das ergibt einen Schnitt von 2,26 Toren pro Spiel.

Der Jüngste und der Älteste

Pelé wurde mit 17 Jahren und 239 Tagen der jüngste Torschütze einer FIFA WM-Endrunde, als er im Viertelfinale von 1958 Brasilien zum Sieg über Wales traf. Der Kameruner Roger Milla war mit 42 Jahren und 39 Tagen der älteste Torschütze. Er schoss bei Kameruns 1:6 gegen Russland im Turnier 1994 das einzige Tor für sein Land.

Schuhwerk aus Edelmetall

Bei der WM 2010 gab es vier Anwärter für die Auszeichnung mit dem » adidas Goldenen Schuh«, die alle gleich viele Tore erzielt hatten. Nachdem man zuvor beschlossen hatte, neben den erzielten Toren auch die Torvorlagen (»Assists«) mit in die Bewertung einzubeziehen, machte der 20-jährige Thomas Müller aus Deutschland das Rennen vor dem Spanier David Villa, dem Niederländer Wesley Sneijder und dem Uruguayer Diego Forlán. Er hatte wie die anderen drei im Turnier fünf Tore erzielt, doch er brachte es auf die meisten Assists (drei an der Zahl, während die drei anderen Kandidaten nur je eine Torvorbereitung vorweisen konnten). Villa bekam den »Silbernen Schuh«, weil er für seine Treffer und Assists insgesamt weniger Spielminuten auf dem Platz gebraucht hatte (634 Minuten) als der mit dem »Bronzenen Schuh« geehrte Sneijder (652); Diego Forlán ging hier mit 654 Spielminuten leer aus.

Dauerbrenner

Sieben Spieler waren bisher mit einem zeitlichen Abstand von 12 Jahren bei Weltmeisterschaften als Torschützen erfolgreich. Der jüngste Neuzugang in diesem exklusiven Klub ist der Mexikaner Cuauhtémoc Blanco: Zwischen seinem 2010 in Polokwane erfolgreich verwandelten Elfmeter gegen Frankreich und seinem ersten WM-Tor 1998 gegen Belgien liegen genau ein Dutzend Jahre. Die anderen sechs Spieler, die ebenfalls über diesen langen Zeitraum hinweg als WM-Torschützen erfolgreich waren, sind: Pelé aus Brasilien (1958–1970), Uwe Seeler aus Deutschland (1958–1970), Diego Maradona aus Argentinien (1982–1994), Michael Laudrup aus Dänemark (1986–1998), der Schwede Henrik Larsson (1994–2006) sowie Sami al-Dschabir aus Saudi-Arabien (1994–2006).

Eusebio stürmt zum Sieg

Portugals Eusebio war der Star-Stürmer der FIFA WM von 1966. Heute dürfte er gar nicht für Portugal antreten, denn er wurde in Mosambik geboren – damals noch portugiesische Kolonie. Mit neun Toren wurde er Schützenkönig des Turniers. Darunter waren seine zwei Tore beim 3:1 gegen Brasilien, mit dem Portugal den Titelverteidiger nach Hause schickte. Als Portugal im Viertelfinale nach einem 0:3 gegen Nordkorea das Spiel noch drehte und mit 5:3 gewann, traf Eusebio sogar viermal.

WM-Tor Nummer 2200

Arjen Robbens wuchtiger Kopfballtreffer beim 3:2 der Niederlande gegen Uruguay, mit dem er seine Mannschaft im WM-Halbfinale 2010 mit 3:1 in Führung brachte, war das 2200. WM-Tor. Der Treffer von Andrés Iniesta im Endspiel schraubte die Gesamtzahl der bisher erzielten WM-Tore auf 2208 hoch.

Herr Rossi findet das Glück

Vom Bösewicht zum Helden – so sah die FIFA WM von 1982 für Paolo Rossi aus, als er mit Italien Weltmeister wurde. Trainer Enzo Bearzot stellte Rossi auf, obwohl dieser gerade eine zweijährige Sperre wegen angeblicher Spielmanipulationen abgesessen hatte. In den ersten Spielen wurde Rossi kritisiert, weil er angeblich nicht fit genug war – doch in der zweiten Finalrunde traf er dreimal beim 3:2 gegen Brasilien, schoss im Halbfinale beide Tore beim 2:0 gegen Polen und schoss das wichtige erste Tor beim 3:1 im Endspiel gegen die Bundesrepublik.

Torschützenkönige der FIFA WM™ (1930–78)

Maximal 16 Teilnehmer

Jahr	Ort	Torschützenkönig/Land	Tore
1930	Uruguay	**Guillermo Stabile** (Argentinien)	8
1934	Italien	**Oldrich Nejedlý** (Tschechoslowakei)	5
1938	Frankreich	**Leônidas** (Brasilien)	7
1950	Brasilien	**Ademir** (Brasilien)	9
1954	Schweiz	**Sándor Kocsis** (Ungarn)	11
1958	Schweden	**Just Fontaine** (Frankreich)	13
1962	Chile	**Garrincha** (Brasilien)	4
		Vavá (Brasilien)	
		Leonel Sánchez (Chile)	
		Florian Albert (Ungarn)	
		Valentin Iwanow (Sowjetunion)	
		Dražan Jerković (Jugoslawien)	
1966	England	**Eusebio** (Portugal)	9
1970	Mexiko	**Gerd Müller** (BRD)	10
1974	BRD	**Grzegorz Lato** (Polen)	7
1978	Argentinien	**Mario Kempes** (Argentinien)	6

Kempes trumpft auf

In der argentinischen Mannschaft von 1978 war Mario Kempes der einzige Spieler, der bei einem ausländischen Verein unter Vertrag stand. Er spielte beim FC Valencia und war zweimal Torschützenkönig in Spanien. Auch zu Argentiniens Erfolg trug Kempes maßgeblich bei. Nachdem er in 1. Finalrunde kein Tor geschossen hatte, befahl ihm César Luis Menotti, sich den Schnurrbart abzurasieren. In den Gruppenspielen der 2. Finalrunde traf Kempes viermal und schoss zwei Tore im Finale gegen die Niederlande.

Keine Titelgarantie für Torjäger

Torschützenkönig einer FIFA WM zu werden, ist für jeden Stürmer eine große Ehre, doch nur wenige von ihnen wurden mit ihrer Mannschaft auch Weltmeister. Der Argentinier Guillermo Stábile war 1930 der erste dieser glücklosen Torjäger. Er schoss zwar die meisten Tore des Turniers, doch seine Mannschaft verlor das Finale. Die Liste der Torschützenkönige, deren Mannschaften auch das jeweilige Turnier gewannen, ist eher kurz: Garrincha und Vavá (beide 1962), Mario Kempes (1978), Paolo Rossi (1982) und Ronaldo (2002) gewannen den »Goldenen Schuh« und wurden bei der gleichen WM auch Weltmeister. Gerd Müller, der Torschützenkönig 1970, erhielt seine eigentliche Belohnung erst vier Jahre später, als die Bundesrepublik den Weltmeistertitel holte. Andere Torschützenkönige wie Sándor Kocsis (1954), Just Fontaine (1958) und Gary Lineker (1986) errangen nie den Titel. Kocsis trat als Einziger von ihnen in einem Finale an – das 1954 mit Ungarns Niederlage endete. Bei der WM 2010 erzielten vier Spieler je fünf Tore; einer von ihnen – David Villa – wurde auch Weltmeister, doch der »Goldene Schuh« ging an Thomas Müller aus Deutschland.

Stábile beeindruckt

Guillermo Stábile, Torschützenkönig der FIFA WM 1930, hatte vor dem Turnier noch nie für Argentinien gespielt. Mit 25 Jahren gab er sein Debüt gegen Mexiko, als Ersatz für Roberto Cherro, der eine Panikattacke bekommen hatte. Stábile erzielte drei Tore gegen Mexiko, je zwei gegen Chile und die USA und brachte Argentinien so ins Finale. Bei der 2:4-Finalniederlage gegen Uruguay schoss er immerhin ein Tor für sein Land.

Kapitäne als Knipser

Beim Halbfinale der FIFA WM 2010 in Südafrika zwischen Uruguay und den Niederlanden, das die Niederlande für sich entscheiden konnten, waren die Kapitäne beider Mannschaften als Torschützen erfolgreich: Giovanni van Bronckhorst und Diego Forlán. So etwas gab es in der Geschichte des Weltfußballs insgesamt erst viermal.

Hurst schreibt Geschichte

Der Engländer Geoff Hurst ist der erste und bisher einzige Spieler, der in einem Weltmeisterschaftsfinale drei Treffer erzielte – 1966 beim 4:2 nach Verlängerung gegen die Bundesrepublik. Nachdem die Deutschen früh in Führung gegangen waren, glich Hurst zum 1:1 aus. Nach zwei weiteren Treffern ging das Spiel beim Stand von 2:2 in die Verlängerung. Hier landete Hurst den entscheidenden dritten Treffer, das legendäre »Wembley-Tor«, bei dem der Ball von der Querlatte abprallte und knapp hinter der Linie auftraf, wie der sowjetische Linienrichter gesehen zu haben glaubte. Mit seinem dritten Tor in der letzten Spielminute sorgte Hurst für die endgültige Entscheidung.

Die Zehner und der Schuh

Bisher haben bei Weltmeisterschaften nur zwei Spieler mit der legendären Rückennummer 10 den »Goldenen Schuh« verliehen bekommen: 1978 der Argentinier Mario Kempes und acht Jahre später der Engländer Gary Lineker. Der niederländische Zehner Wesley Sneijder lag 2010 gut im Rennen, doch dann wurde er Zweiter hinter dem deutschen Dreizehner Thomas Müller.

Andrés, der Riese

Im Endspiel 2010 wurde Andrés Iniesta (rechts) zum Helden: Sein Tor in der 116. Minute ist in der Geschichte der Weltmeisterschaft der bisher späteste Treffer, der zum Titelgewinn geführt hat (erfolgreiche Versuche in Elfmeterschießen natürlich ausgenommen).

Top Ten der erfolgreichsten Torschützen bei FIFA Weltmeisterschaften™

	Name (Land)	WM	Erzielte Tore
1.	Ronaldo (Brasilien)	1998, 2002, 2006	15
2.	Gerd Müller (BRD)	1970, 1974	14
=	Miroslav Klose (Deutschland)	2002, 2006, 2010	14
4.	Just Fontaine (Frankreich)	1958	13
5.	Pelé (Brasilien)	1958, 1962, 1966, 1970	12
6.	Jürgen Klinsmann (Deutschland)	1990, 1994	11
=	Sándor Kocsis (Ungarn)	1954	11
8.	Gabriel Batistuta (Argentinien)	1994, 1998, 2002	10
	Teófilo Cubillas (Peru)	1970, 1978	10
	Miroslav Klose (Deutschland)	2002, 2006	10
	Grzegorz Lato (Polen)	1974, 1978, 1982	10
	Gary Lineker (England)	1986, 1990	10
	Helmut Rahn (BRD)	1954, 1958	10

Ja, Vater ... äh ... Trainer!

Mit seinem späten Ausgleichstor für die USA im Spiel der Gruppe C gegen Slowenien am 18. Juni 2010, das 2:2 endete, wurde Michael Bradley zum ersten Spieler, der einen Treffer für eine von seinem eigenen Vater (Bob Bradley) trainierte Mannschaft erzielte.

Der große Gonzalo

Mit seinen drei Treffern beim Gruppenspiel gegen Südkorea, das Argentinien 4:1 gewann, beendete Gonzalo Higuaín nach acht Jahren das lange Warten auf einen WM-Hattrick. Die Endrunde 2006 ist bisher die einzige, bei der es keinen Hattrick gab. Higuaíns Dreierpack 2010 war der erste seit 8 Jahren und 7 Tagen: Den bis dahin letzten hatte der Portugiese Pauleta 2002 beim 4:0 seiner Mannschaft gegen Polen erzielt.

Pechvogel Pelé

Ohne sein großes Verletzungspech wäre Pelé wahrscheinlich der WM-Rekordtorschütze aller Zeiten geworden. Aber bei den meisten Spielen der FIFA WM-Endrunden 1962 und 1966 war er zum Zuschauen verdammt. Er erzielte sechs Tore bei Brasiliens Titelgewinn 1958, zwei davon beim 5:2 im Finale gegen Schweden. Auch das 100. WM-Tor der Brasilianer – erzielt beim 4:1 gegen Italien im Finale 1970 – geht auf sein Konto.

Der »Bomber der Nation«

Gerd Müller war der Mann, der oft in wichtigen Spielen traf. Er erzielte 1970 den Siegtreffer im Viertelfinale gegen England, und mit seinen zwei Toren in der Verlängerung gegen Italien hätte er die Deutschen fast ins Finale geschossen. Vier Jahre später sorgte er mit seinem Goldenen Tor gegen Polen für den Finaleinzug der Gastgeber. Dort machte er mit seinem Siegtreffer gegen die Niederlande den Titelgewinn perfekt. Ein weiteres Tor wurde ihm wegen Abseits verwehrt – zu Unrecht, wie die Fernsehwiederholung belegte.

Auf Ronaldo ist Verlass

Ronaldo war ein beständiger Torschütze bei allen drei FIFA WM-Endrunden, bei denen er mitwirkte. 1998, als Brasilien Vizeweltmeister wurde, traf er viermal, 2002, als sein Land Weltmeister wurde, achtmal (darunter beide Treffer im Endspiel gegen Deutschland), und 2006 folgten nochmals drei Treffer. Als er am 27. Juni 2006 beim 3:0 Brasiliens gegen Ghana im Achtelfinale in Dortmund das erste Tor erzielte, krönte er sich damit zum erfolgreichsten Torschützen der WM-Geschichte. Als Teenager stand Ronaldo bereits im Kader der brasilianischen Weltmeistermannschaft von 1994, kam jedoch nicht zum Einsatz.

Klinsmanns Doppelrolle

Jürgen Klinsmann spielte eine wichtige Rolle bei Weltmeisterschaften – als Spieler wie auch als Trainer. Er erzielte drei Tore, als die Bundesrepublik 1990 den Titel holte, fünf – für ein vereinigtes Deutschland – in der Endrunde 1994 und drei weitere 1998. Als Trainer führte er Deutschland bei der WM 2006 bis ins Halbfinale.

Wer schoss den ersten Hattrick?

Lange Jahre galt Argentiniens Guillermo Stábile als der erste Hattrick-Schütze der WM-Geschichte. Er traf dreimal bei Argentiniens 6:3-Sieg über Mexiko am 19. Juli 1930, wurde jedoch nachträglich vom Amerikaner Bert Patenaude überflügelt. Dieser hatte, wie die FIFA im November 2006 offiziell bestätigte, bereits zwei Tage früher – beim 3:0 der USA gegen Paraguay – einen Hattrick erzielt.

Die 73. hat's in sich

Die beiden entscheidenden Tore der Halbfinalbegegnungen fielen zum gleichen Zeitpunkt: Arjen Robben erzielte in der 73. Minute per Kopf für die Niederlande den entscheidenden Treffer gegen Uruguay. Einen Tag später machte Carles Puyol ebenfalls in der 73. Minute und ebenfalls mit dem Kopf das 1:0 gegen Deutschland.

FIFA WM™ EINSÄTZE

Zwei Spieler, der Mexikaner Antonio Carbajal und der Deutsche Lothar Matthäus, nahmen an fünf FIFA Weltmeisterschaften™ teil – ein Rekord. Viele Fußballspieler träumen nur davon, wenigstens einmal bei diesem Turnier der Turniere antreten zu dürfen. Die folgenden Seiten verraten, wer am häufigsten an der wichtigsten Fußballmeisterschaft teilgenommen hat, wer die längste und wer die kürzeste Zeit dabei war und wie viel Zeit zwischen den einzelnen Einsätzen verstrich.

Brandts' kurioser Doppelpack

Der niederländische Verteidiger Ernie Brandts hat als Einziger bei einem FIFA WM-Spiel für beide Mannschaften ein Tor geschossen. 1978 brachte sein Eigentor Italien in der 18. Minute des entscheidenden Gruppenspiels in der 2. Finalrunde in Führung, doch dann erzielte Brandts in der 50. Minute den Ausgleichstreffer für die Niederlande. Arie Haan schoss schließlich das Siegtor, das die Niederlande ins Finale brachte.

Englische WM

Bei der WM 2010 war von allen nationalen Ligen die englische Premier League (darunter Frank Lampard vom FC Chelsea) am stärksten vertreten: Von den 736 Spielern der 32 Mannschaften verdienten 117 ihre Brötchen im englischen Fußball-Oberhaus. Danach folgten die deutsche Bundesliga mit 84, die italienische Serie A mit 80, die spanische Primera División mit 59, die französische Ligue 1 mit 45, die niederländische Eredivisie mit 34 und die japanische J. League mit 25 Profikickern.

Die meisten FIFA WM™-Einsätze

25	Lothar Matthäus (BRD/Deutschland)
23	Paolo Maldini (Italien)
21	Diego Maradona (Argentinien)
	Uwe Seeler (BRD)
	Wladyslaw Zmuda (Polen)

Doppelweltmeister

Die folgenden Spieler holten sich zweimal den Weltmeister-Titel:

Giovanni Ferrari (Italien), 1934, 1938
Giuseppe Meazza (Italien), 1934, 1938
Pelé (Brasilien), 1958, 1970
Didi (Brasilien), 1958, 1962
Djalma Santos (Brasilien), 1958, 1962
Garrincha (Brasilien), 1958, 1962
Gilmar (Brasilien), 1958, 1962
Nílton Santos (Brasilien), 1958, 1962
Vavá (Brasilien), 1958, 1962
Zagallo (Brasilien), 1958, 1962
Zito (Brasilien), 1958, 1962
Cafu (Brasilien), 1994, 2002

Gemischtes Doppel

Franz Beckenbauer und Mário Zagallo sind ein ganz besonderes Duo: Sie wurden als Spieler und Trainer Weltmeister. Der Libero Beckenbauer durfte außerdem seine Mannschaft 1974 im eigenen Land als Kapitän zum Titel führen. Als Trainer brachte er die Deutschen 1986 in Mexiko ins Finale, und vier Jahre später in Italien führte er sie zum Sieg über Argentinien. Seine Spielweise und seine Erfolge brachten ihm den Spitznamen »der Kaiser« ein. Zagallo holte sich als Spieler zwei Titel: Er war Linksaußen, als die Brasilianer 1958 Weltmeister wurden. Drei Monate vor dem Turnier von 1970 löste er João Saldanha als brasilianischer Trainer ab und führte seine Mannschaft in allen sechs Spielen zum Sieg – die Brasilianer schossen insgesamt 19 Tore und fegten im Finale Italien mit 4:1 vom Platz. Als Brasilien sich 1994 zum vierten Mal den Weltmeister-Titel holte, fungierte Zagallo als Technischer Direktor.

Die meisten FIFA WM™-Endrunden

Die folgenden Spieler nahmen an mindestens vier FIFA Weltmeisterschaften teil:

5 **Antonio Carbajal** (Mexiko) 1950, 1954, 1958, 1962, 1966
  Lothar Matthäus (BRD/Deutschland)
    1982, 1986, 1990, 1994, 1998

4 **Djalma Santos** (Brasilien) 1954, 1958, 1962, 1966
  Pelé (Brasilien) 1958, 1962, 1966, 1970
  Uwe Seeler (BRD) 1958, 1962, 1966, 1970
  Karl-Heinz Schnellinger (BRD) 1958, 1962, 1966, 1970
  Gianni Rivera (Italien) 1962, 1966, 1970, 1974
  Pedro Rocha (Uruguay) 1962, 1966, 1970, 1974
  Władysław Żmuda (Polen) 1974, 1978, 1982, 1986
  Giuseppe Bergomi (Italien) 1982, 1986, 1990, 1998
  Diego Maradona (Argentinien) 1982, 1986, 1990, 1994
  Enzo Scifo (Belgien) 1986, 1990, 1994, 1998
  Franky Van der Elst (Belgien) 1986, 1990, 1994, 1998
  Andoni Zubizarreta (Spanien) 1986, 1990, 1994, 1998
  Paolo Maldini (Italien) 1990, 1994, 1998, 2002
  Hong Myung-Bo (Südkorea) 1990, 1994, 1998, 2002
  Cafu (Brasilien) 1994, 1998, 2002, 2006
  Sami al-Dschabir (Saudi-Arabien) 1994, 1998, 2002, 2006
  Denis Caniza (Paraguay) 1998, 2002, 2006, 2010
  Fabio Cannavaro (Italien) 1998, 2002, 2006, 2010
  Thierry Henry (Frankreich) 1998, 2002, 2006, 2010
  Rigobert Song (Kamerun) 1994, 1998, 2002, 2010

Die Barça-Weltmeisterschaft

Der amtierende spanische Meister FC Barcelona hatte 14 Spieler in Südafrika im Einsatz, mehr als jeder andere Verein; acht davon traten für Spanien an, unter ihnen auch die Neuverpflichtung David Villa und der Ersatztorhüter Victor Valdés (der aber nicht zum Einsatz kam). Vom FC Chelsea London und vom FC Liverpool nahmen jeweils 12 Spieler an der Endrunde in Südafrika teil, der FC Bayern München hatte elf Kicker abgestellt.

Doppeltes Pech für zwei Niederländer

Arjen Robben und Mark van Bommel hatten in der Saison 2009/2010 doppelt Pech: Beide verloren sowohl mit Bayern München das Champions-League-Endspiel gegen Inter Mailand als auch mit der niederländischen Nationalmannschaft das WM-Finale gegen Spanien. Doch auch anderen Spieler erging es ähnlich: Oliver Neuville, Bernd Schneider und Carsten Ramelow verloren 2002 mit Bayer 04 Leverkusen gegen Real Madrid und mit Deutschland gegen Brasilien. Thierry Henry zog 2006 mit dem FC Arsenal gegen den FC Barcelona und mit Frankreich gegen Italien den Kürzeren.

Nach der WM ist vor der WM

Der Abwehrspieler Rigobert Song, ein Veteran der kamerunischen Nationalmannschaft, spielte bei der FIFA WM 2010 in Südafrika zwar nur 17 Minuten, doch dadurch wurde er zum ersten afrikanischen Spieler, der bereits an vier WM-Endrunden teilgenommen hat – über einen Zeitraum von 16 Jahren und 9 Tagen absolvierte er neun Partien. Er war 1994, 1998, 2002 und 2010 mit von der Partie – das Turnier von 2006 verpasste er, weil sich Kamerun nicht qualifizieren konnte. Nur drei Spieler können auf eine längere WM-Karriere verweisen: die Mexikaner Antonio Carbajal (16 Jahre und 25 Tage) und Hugo Sánchez (16 Jahre und 17 Tage) sowie Lothar Matthäus aus Deutschland (16 Jahre und 14 Tage). Für die folgenden Spieler war das Turnier von 2010 ebenfalls die vierte Weltmeisterschaft: Fabio Cannavaro aus Italien (mit jetzt insgesamt 18 WM-Spielen), Thierry Henry aus Frankreich (14) und Denis Caniza aus Paraguay (10).

Die meisten FIFA WM™-Einsätze (Top-Elf)

Tor: Cláudio Taffarel (Brasilien, 18 Spiele)
Abwehr: Cafu (Brasilien, 20); Władysław Żmuda (Polen, 21); Fabio Cannavaro (Italien, 18); Paolo Maldini (Italien, 23)
Mittelfeld: Grzegorz Lato (Polen, 20); Lothar Matthäus (BRD/Deutschland, 25); Wolfgang Overath (BRD, 19); Enzo Scifo (Belgien, 17)
Sturm: Diego Maradona (Argentinien, 21); Uwe Seeler (BRD, 21)

Prosinečki trifft für zwei

Robert Prosinečki schoss als einziger FIFA WM-Teilnehmer Tore für verschiedene Länder. Bei der Endrunde 1990 erzielte er beim 4:1 gegen die Vereinigten Arabischen Emirate einen Treffer für Jugoslawien. Acht Jahre später trat er nach dem Zerfall Jugoslawiens für Kroatien an und schoss beim 3:0 gegen Jamaika in der Vorrunde ein Tor. Auch als Kroatien im Spiel um den dritten Platz gegen die Niederlande mit 2:1 gewann, erzielte er einen Treffer.

Die schnellsten Spielerwechsel

Die drei schnellsten Spielerwechsel bei einer FIFA WM fanden alle in der vierten Minute statt. Jedes Mal war der ausgewechselte Spieler so schwer verletzt, dass er für das weitere Turnier ausfiel. 1986 kam Steve Hodge für Bryan Robson bei Englands 0:0 gegen Marokko; 1998 wurde bei Italiens 2:1 gegen Österreich Giuseppe Bergomi für Alessandro Nesta eingewechselt, und bei Englands 2:2 gegen Schweden 2006 musste Michael Owen durch Peter Crouch ersetzt werden.

Keine Happy Ends

Das letzte Spiel der WM 2010 war bereits das zweite Finale in Folge, bei dem ein Fußballer nicht nur sein letztes Länderspiel, sondern auch sein letztes Spiel überhaupt bestritt. Wie Zinedine Zidane 2006 stand auch der niederländische Kapitän Giovanni van Bronckhorst vier Jahre später nicht bis zum Abpfiff auf dem Rasen – anders als der Franzose hatte er jedoch keinen Platzverweis erhalten, sondern war in der 105. Minute ausgewechselt worden. Van Bronckhorst hatte am 7. Juli 2010 beim Halbfinale gegen Uruguay ein sensationelles Weitschusstor erzielt, im Endspiel gegen Spanien zog er jedoch mit seinen niederländischen Kameraden den Kürzeren.

Šimunić – der Mann mit »Gelbsucht«

Der Kroate Josip Šimunić hält gemeinsam mit dem Australier Ray Richards einen kuriosen Rekord: Beide erhielten drei Gelbe Karten in ein und demselben WM-Spiel. Šimunić wurde 2006 gegen Australien vom englischen Schiedsrichter Graham Poll erst nach der dritten des Platzes verwiesen. Als Poll dem Spieler zum zweiten Mal Gelb zeigte, hatte er vergessen, dass er ihn zuvor bereits verwarnt hatte.

Die Spitzen-Kapitäne

Drei Spieler waren bei gleich zwei FIFA Weltmeisterschaftsendspielen Kapitäne ihrer Mannschaft: der Argentinier Diego Maradona, der Brasilianer Dunga und der Deutsche Karl-Heinz Rummenigge. Maradona hielt 1986 den Pokal in Händen, vier Jahre später unterlag sein Team im Endspiel. Dunga war Stürmer der Siegermannschaft von 1994, verlor jedoch 1998 ebenfalls; Rummenigge verlor als Kapitän seiner Mannschaft zweimal, 1982 und 1986. Maradona stand am häufigsten als Mannschaftsführer bei FIFA WM-Spielen auf dem Rasen: 16-mal zwischen 1986 und 1994.

Die schnellsten Roten Karten der FIFA WM™

1. Min.:	José Batista (Uruguay) gegen Schottland, 1986
8. Min.:	Giorgio Ferrini (Italien) gegen Chile, 1962
14. Min.:	Zeze Procopio (Brasilien) gegen Tschechoslowakei, 1938
19. Min.:	Mohammed al-Khlaiwi (Saudi-Arabien) gegen Frankreich, 1998
	Miguel Bossio (Uruguay) gegen Dänemark, 1986
21. Min.:	Gianluca Pagliuca (Italien) gegen Irland, 1994

Die schnellsten Gelben Karten

1. Min.:	Sergei Gorlukowitsch (Russland) gegen Schweden, 1994
	Giampiero Marini (Italien) gegen Polen, 1982
2. Min.:	Jesús Arellano (Mexiko) gegen Italien, 2002
	Henri Camara (Senegal) gegen Uruguay, 2002
	Michael Emenalo (Nigeria) gegen Italien, 1994
	Humberto Suazo (Chile) gegen Schweiz, 2010
	Mark van Bommel (Niederlande) gegen Portugal, 2006

Denilson erhebt sich von der Bank

Der brasilianische Flügelspieler Denilson wurde am häufigsten bei einer Endrunde eingewechselt, nämlich elfmal. 1998 und 2002 nahm er an zwölf Spielen seiner Mannschaft teil, doch nur einmal stand er von Anfang an auf dem Rasen: 1998 gegen Norwegen. Im Finale 1998 wurde er nach der Halbzeit für Leonardo eingewechselt, 2002 kam er in der Nachspielzeit für Ronaldo auf den Platz, als Brasilien Deutschland mit 2:0 schlug.

Von eins bis elf

In der heutigen Zeit, in der Rückennummern nicht mehr an Spielpositionen gebunden sind und meistens beliebig vergeben werden, mögen sich manche Traditionsliebhaber bei der WM 2010 über die Aufstellung von Brasilien gefreut haben: Bei ihren ersten beiden Partien gegen Nordkorea und gegen die Elfenbeinküste trugen die brasilianischen Spieler in der Startformation durchgehend die Zahlen von eins bis elf. Trainer Carlos Dunga schickte jeweils folgende Elf ins Rennen: 1 Júlio César, 2 Maicon, 3 Lúcio, 4 Juan, 5 Felipe Melo, 6 Michel Bastos, 7 Elano, 8 Gilberto Silva, 9 Luís Fabiano, 10 Kaká und 11 Robinho. Die Niederlande taten es den Brasilianern nicht nur bei ihrem Achtelfinalsieg gegen die Slowakei, sondern auch im Endspiel gleich: 1 Maarten Stekelenburg, 2 Gregory van der Wiel, 3 Johnny Heitinga, 4 Joris Mathijsen, 5 Giovanni van Bronckhorst, 6 Mark van Bommel, 7 Dirk Kuijt, 8 Nigel de Jong, 9 Robin van Persie, 10 Wesley Sneijder and 11 Arjen Robben. Beide vollbrachten dieses Kunststück beinahe noch ein drittes Mal, als sie im Viertelfinale aufeinandertrafen, es tanzte nur jeweils ein Spieler mit der Rückennummer 13 aus der Reihe – der Brasilianer Dani Alves spielte anstelle des Siebeners Elano, und der Niederländer André Ooijer vertrat den Vierer Joris Mathijsen (Elano und Mathijsen waren verletzt).

Die jüngsten Spieler in WM-Endspielen

Pelé (Brasilien): 17 Jahre, 249 Tage, 1958
Giuseppe Bergomi (Italien): 18 Jahre, 201 Tage, 1982
Rubén Morán (Uruguay): 19 Jahre, 344 Tage, 1950

Die ältesten Spieler in WM-Endspielen

Dino Zoff (Italien): 40 Jahre, 133 Tage, 1982
Gunnar Gren (Schweden): 37 Jahre, 241 Tage, 1958
Jan Jongbloed (Niederlande): 37 Jahre, 212 Tage, 1974
Nílton Santos (Brasilien): 37 Jahre, 32 Tage, 1962

Puzach – als Erster eingewechselt

Der Russe Anatoli Puzach wurde als erster Spieler in der Geschichte der FIFA WM eingewechselt. Er kam am 31. Mai 1970 nach der Halbzeitpause beim 0:0 der Sowjetunion gegen Mexiko für Wiktor Serebrianikow zum Einsatz. Bei der Endrunde 1970 war es zum ersten Mal erlaubt, Spieler einzuwechseln, jede Mannschaft konnte zwei Wechsel vornehmen. 1998 erhöhte die FIFA diese Zahl auf drei pro Mannschaft.

Caniggia: von der Ersatzbank verwiesen

Der Argentinier Claudio Caniggia erhielt 2002 im Spiel gegen Schweden als erster Spieler eine Rote Karte, obwohl er auf der Bank saß. Caniggia wurde in der Nachspielzeit der ersten Halbzeit von Ali Bujsaim aus den Vereinigten Arabischen Emiraten wegen Schiedsrichterbeleidigung bestraft. Obwohl er bereits verwarnt worden war, protestierte Caniggia weiter, sodass ihm Bujsaim schließlich die Rote Karte zeigte.

Elfmeterkiller

Der Deutsche Harald »Toni« Schumacher und der Argentinier Sergio Goycochea teilen sich den Rekord für die meisten abgewehrten Bälle bei Elfmeterschießen in der WM-Geschichte – nämlich vier. Schumacher gelang dies bei zwei aufeinanderfolgenden Turnieren (1982 und 1986); 1982 entschied er dadurch das Halbfinalspiel gegen Frankreich, 1986 das Viertelfinalspiel gegen Mexiko. Goycochea wehrte seine Elfmeter allesamt 1990 ab, zunächst bei Argentiniens Viertelfinalsieg gegen Jugoslawien, dann beim Halbfinalsieg gegen Italien. Mit vier gehaltenen Schüssen bei Elfmeterentscheidungen in einem einzigen Turnier hält er ebenfalls einen Rekord. Die meisten Bälle bei einem einzelnen Elfmeterschießen hielt der portugiesische Torhüter Ricardo 2006 im Viertelfinale gegen England und schickte den Gegner so nach Hause.

Ungeschlagene Torhüter bei WM-Spielen*

Walter Zenga (Italien)	kassierte 517 Minuten lang kein Tor, 1990
Peter Shilton (England)	502 Minuten, 1986–90
Sepp Maier (BRD)	475 Minuten, 1974–78
Gianluigi Buffon (Italien)	460 Minuten, 2006
Émerson Leão (Brasilien)	458 Minuten, 1978
Gordon Banks (England)	442 Minuten, 1966

* Pascal Zuberbühler kassierte bei der WM 2006 in den ganzen 390 Minuten, die die Schweiz spielte, kein einziges Tor. Der Spanier Iker Casillas blieb 2010 433 Minuten lang ohne Gegentor.

Vier sind draußen

Die höchste Zahl von Spielern, die bei einem FIFA WM-Spiel vom Platz gestellt wurden, ist vier. Im Achtelfinalmatch 2006 in Deutschland verwies der russische Schiedsrichter Valentin Iwanow die Portugiesen Costinha und Deco sowie die Niederländer Khalid Boulahrouz und Gio van Bronckhorst des Platzes.

Marathon-Mann Maldini siegt um Minuten

Der Deutsche Lothar Matthäus hatte zwar die meisten Einsätze bei FIFA Weltmeisterschaften (25), doch der italienische Abwehrspieler Paolo Maldini stand insgesamt länger auf dem Rasen, obwohl er zwei Spiele weniger absolvierte. Maldini spielte 2220 Minuten, Matthäus nur 2052. Dem am nächsten kommen Uwe Seeler (1980 Minuten) und Diego Maradona (1938 Minuten).

FIFA WM™ TORHÜTER

Iker hält noch mal

Iker Casillas aus Spanien ist erst der dritte Torhüter, der zwei WM-Elfer halten konnte (Elfmeterschießen nicht mitgezählt) – und er ist der erste, der diese Glanztaten bei zwei verschiedenen Turnieren vollbrachte. 2002 wehrte er im Achtelfinale gegen die Republik Irland den von Ian Harte in der 63. Minute geschossenen Strafstoß ab; das Spiel stand nach Verlängerung 1:1, Spanien gewann schließlich das Elfmeterschießen mit 3:2. Noch eindrucksvoller war dann, wie Casillas 2010 im Viertelfinale den Elfer des paraguayischen Stürmers Óscar Cardozo abwehrte; Spanien gewann schließlich auch dieses Spiel (1:0). Die beiden anderen Torhüter, die einen solchen Doppelerfolg genießen durften, waren der Pole Jan Tomaszewski 1974 und der US-Amerikaner Brad Friedel 2002.

Bitte im Strafraum bleiben

Der Italiener Gianluca Pagliuca wurde als erster Torhüter bei einem FIFA WM-Spiel des Platzes verwiesen, als er 1994 in der 21. Minute des Gruppenspiels gegen Norwegen einen Ball außerhalb des Strafraums mit der Hand spielte. Obwohl die Italiener dann ihren Spielmacher Roberto Baggio opferten und ihren Ersatztorwart Luca Marchegiani für ihn einwechselten, gewannen sie mit 1:0.

Großer »alter« Mann

Als sich die Italiener 1982 in Spanien den Titel holten, war Dino Zoff der älteste Spieler und Mannschaftskapitän, der je FIFA Weltmeister wurde. Er war damals 40 Jahre und 133 Tage alt. Mit ihm in der Mannschaft spielte Giuseppe Bergomi, 18 Jahre und 201 Tage alt und damit 21 Jahre und 297 Tage jünger als Zoff.

Fünf Sterne für Carbajal

Der Mexikaner Antonio Carbajal ist einer von zwei Spielern, die an fünf FIFA Weltmeisterschaften teilgenommen haben – der andere ist Lothar Matthäus. Carbajal spielte 1950, 1954, 1958, 1962 und 1966 und kassierte die Rekordzahl von 25 Toren bei seinen elf FIFA WM-Einsätzen – ebenso viele, wie Saudi-Arabiens Mohammad Al-Deayea bei zehn Spielen 1994, 1998 und 2002. Al-Deayea gehörte auch 2006 zur saudischen Mannschaft, kam aber nicht zum Einsatz.

Bescheidene Anfänge

Der englische Verein Wigan Athletic, der 2005 ins englische Fußball-Oberhaus aufgestiegen war, stellte bei der WM-Endrunde 2010 in Südafrika zwei Spieler ab, die dort jedoch als Gegner aufeinandertrafen: Richard Kingson trat für Ghana an, Vladimir Stojković für Serbien. Noch kurioser war, dass beide Torhüter sind und den größten Teil der Saison 2009/2010 bei Wigan Athletic auf der Bank saßen, denn Stammtorhüter war der Engländer Chris Kirkland. Kingson ging aus dem Aufeinandertreffen der beiden Torhüter im Gruppenspiel Serbien gegen Ghana als strahlender Sieger hervor: Er hatte beim 1:0-Sieg der Afrikaner seinen Kasten sauber gehalten.

Die Nummer eins mit der Nummer eins

Seit 1994 wird der beste Torhüter einer FIFA WM mit der Lew-Jaschin-Trophäe ausgezeichnet, doch schon seit 1930 wird am Ende einer jeden Meisterschaft auch ein Torhüter ins All-Star-Team des Turniers gewählt. 1998 wurde das All-Star-Team von elf auf 23 Spieler erweitert, sodass nun mehr als ein Torwart aufgenommen werden konnte; 2010 kehrte man allerdings wieder zu elf Spielern zurück. Einige Torhüter kamen zwar ins All-Star-Team, erhielten aber nicht die Lew-Jaschin-Trophäe: José Luis Chilavert (Paraguay, 1998), Rüştü Reçber (Türkei, 2002), Jens Lehmann (Deutschland, 2006) und Ricardo (Portugal, 2006). Die erste Lew-Jaschin-Trophäe ging an den Belgier Michel Preud'homme, obwohl er 1994 nur vier Spiele bestritt und dabei vier Tore kassierte. Seine Mannschaft schied durch ein 2:3 gegen Deutschland im Achtelfinale aus. Der legendäre sowjetische Torhüter Lew Jaschin, nach dem der Preis benannt ist, nahm an den FIFA Weltmeisterschaften von 1958, 1962 und 1966 teil, 1970 war er zweiter Ersatztorwart und Assistent des Mannschaftstrainers. Ins All-Star-Team des Turniers wurde er jedoch nie gewählt. Jaschin kassierte das einzige Tor in der FIFA WM-Geschichte, das direkt durch einen Eckball verwandelt wurde – und zwar vom Kolumbianer Marcos Coll bei einem 4:4-Unentschieden 1962.

Der Titan

Als einziger Torhüter wurde der Deutsche Oliver Kahn zum besten Spieler eines Turniers gewählt. 2002 erhielt der »Titan« diesen Preis, obwohl er Brasiliens 1:0 im Finale mitverschuldet hatte. Im selben Jahr wurde er zum dritten Mal (nach 1999 und 2001) »Welttorhüter des Jahres«.

Ricardo auf dem richtigen Weg

Der Spanier Ricardo Zamora hielt als Erster in einem FIFA WM-Spiel einen Elfmeter, nämlich den des Brasilianers Waldemar de Brito 1934. Spanien gewann daraufhin mit 3:1.

Torhüter-Brüder

Die Brüder Wiktor und Wjatscheslaw Tschanow waren zwei von drei Torhütern in der FIFA WM-Mannschaft der Sowjetunion 1982, doch sie mussten Rinat Dassajew das Feld überlassen. Wiktor, acht Jahre jünger als Wjatscheslaw, stand vier Jahre später bei der FIFA WM von 1986 einmal im Tor und beendete seine aktive Laufbahn nach 21 Länderspielen. Wjatscheslaw musste bis 1984 auf sein erstes und einziges Länderspiel warten.

Anführer auf der hintersten Position

Als Spanien 2010 Weltmeister wurde, war Iker Casillas der dritte Torhüter, der eine Mannschaft als Kapitän zum Titelgewinn führte. Vor ihm gelang das nur den Italienern Giampiero Combi (1934) und Dino Zoff (1982). Casillas war zudem der erste Spieler, der den WM-Pokal entgegennehmen durfte, obwohl seine Mannschaft ihr Auftaktspiel verloren hatte.

Arm dran

Torwart František Plánička brach sich 1938 beim ersten Viertelfinalspiel der Tschechoslowakei gegen Brasilien den Arm, spielte jedoch weiter, obwohl das Spiel in die Verlängerung ging und schließlich 1:1-Unentschieden endete. Es war klar, dass Plánička wegen seiner Verletzung beim Wiederholungsspiel zwei Tage später nicht im Tor stehen konnte. Die Tschechen verloren 1:2 – das erste Spiel war das letzte von 73 Länderspielen des Torhüters.

Die besten Torhüter des Turniers

1930	Enrique Ballestrero (Uruguay)	1978	Ubaldo Fillol (Argentinien)
1934	Ricardo Zamora (Spanien)	1982	Dino Zoff (Italien)
1938	František Plánička (Tschechoslowakei)	1986	Harald Schumacher (BRD)
1950	Roque Máspoli (Uruguay)	1990	Sergio Goycochea (Argentinien)
1954	Gyula Grosics (Ungarn)	1994	Michel Preud'homme (Belgien)
1958	Harry Gregg (Nordirland)	1998	Fabien Barthez (Frankreich)
1962	Viliam Schrojf (Tschechoslowakei)	2002	Oliver Kahn (Deutschland)
1966	Gordon Banks (England)	2006	Gianluigi Buffon (Italien)
1970	Ladislao Mazurkiewicz (Uruguay)	2010	Iker Casillas (Spanien)
1974	Jan Tomaszewski (Polen)		

Der Ram(m)ón-Bock

Argentiniens 6:0 gegen Peru bei der FIFA WM-Endrunde 1978 wurde angezweifelt, da die Gastgeber mit einer Differenz von vier Toren gewinnen mussten, um statt der Erzfeinde aus Brasilien ins Finale einzuziehen – und weil Perus Torhüter Ramón Quiroga gebürtiger Argentinier war. Der betonte jedoch, dass er mit seinen gehaltenen Bällen eine noch deutlichere und peinlichere Niederlage verhindert hätte. Im selben Turnier war Quiroga bereits wegen eines Fouls an Grzegorz Lato verwarnt worden – in der polnischen Hälfte des Spielfelds.

Khune verliert die Nerven

Itumeleng Khune vom Gastgeber Südafrika sah 2010 bei der 0:3-Niederlage seines Teams im Gruppenspiel gegen Uruguay die Rote Karte, war damit aber erst der zweite Torhüter, der bei einer WM vom Platz gestellt wurde. Der Platzverweis war die Strafe für eine Notbremse im Sechzehner gegen Louis Suárez, folgerichtig verhängte der Schiedsrichter auch noch einen Strafstoß gegen Südafrika. Der 22-jährige Khune war beim Eröffnungsspiel gegen Mexiko, das 1:1 endete, einer der besten Spieler der Südafrikaner.

Viele Tore für Mora

Luis Ricardo Guevara Mora hält den traurigen Rekord für die meisten Bälle, die ein Torwart in einem einzigen WM-Spiel aus dem Netz holen musste: Der damals 20-Jährige stand 1982 beim 1:10 seines Landes El Salvador gegen Ungarn im Kasten. Immerhin stellte er in diesem Spiel noch einen zweiten Rekord auf – er war der jüngste Torhüter, der je an einem FIFA WM-Endrundenspiel teilnahm.

Tony kehrt zurück

Der amerikanische Torhüter Tony Meola schied nach der FIFA WM von 1994 aus der Nationalmannschaft aus, weil er statt Fußball lieber American Football spielen wollte. Doch er konnte sich auf dem Footballfeld nicht durchsetzen und kehrte zum Fußball zurück. Für sein Land trat er allerdings erst wieder 1994 an. Nach seinem 100. Länderspiel trat er erneut zurück, hält jedoch immer noch den Rekord, als jüngster Kapitän eine FIFA WM-Mannschaft aufs Feld geführt zu haben: Beim 1:5 gegen die Tschechoslowakei 1990 war er gerade 21 Jahre und 316 Tage alt.

Aller guten Dinge sind drei

Sowohl die Tschechoslowakei als auch Belgien ließen in der FIFA WM-Endrunde 1982 in Spanien alle ihre drei Torhüter antreten: Zdeněk Hruška, Stanislav Seman und Karel Stromsík spielten für die Tschechen, Jean-Marie Pfaff, Theo Custers und Jacques Munaron für die Belgier.

Zum Schluss ein Versöhnungskuss

2010 wurde der »Goldene Handschuh«, den es seit fünf Weltmeisterschaften gibt, zum dritten Mal an den Mann verliehen, der beim frisch gekürten Weltmeister zwischen den Pfosten stand: Der spanische Keeper Iker Casillas wurde als »Bester Torhüter des Turniers in Südafrika« geehrt. Vor ihm konnten der Italiener Gianluigi Buffon (2006) und der Franzose Fabien Barthez (1998) diesen doppelten Triumph feiern. Zur Feier des WM-Sieges gab er seiner Freundin, der Sportreporterin Sara Carbonero, vor laufender Kamera einen leidenschaftlichen Kuss. Möglicherweise war das ein Versöhnungskuss, denn Carbonero hatte Casillas in einem Interview kurz nach der überraschenden 0:1-Auftaktniederlage der Spanier gegen die Schweiz ziemlich in die Mangel genommen.

Die höchsten Torzahlen

1930	70	(3,89 pro Spiel)
1934	70	(4,12 pro Spiel)
1938	84	(4,67 pro Spiel)
1950	88	(4,00 pro Spiel)
1954	140	(5,38 pro Spiel)
1958	126	(3,60 pro Spiel)
1962	89	(2,78 pro Spiel)
1966	89	(2,78 pro Spiel)
1970	95	(2,97 pro Spiel)
1974	97	(2,55 pro Spiel)
1978	102	(2,68 pro Spiel)
1982	146	(2,81 pro Spiel)
1986	132	(2,54 pro Spiel)
1990	115	(2,21 pro Spiel)
1994	141	(2,71 pro Spiel)
1998	171	(2,67 pro Spiel)
2002	161	(2,52 pro Spiel)
2006	147	(2,30 pro Spiel)
2010	145	(2,27 pro Spiel)
Gesamt	**2208**	**(2,86 pro Spiel)**

Das Prinzip »Peter«

Peter Shilton war der älteste Kapitän einer FIFA WM-Mannschaft, als er 1990 beim Spiel um den dritten Platz gegen Italien die Engländer aufs Feld führte: Beim 125. – und letzten – Einsatz für sein Land war er 40 Jahre und 292 Tage alt. Eine 1:2-Niederlage verdarb ihm jedoch den Tag. Schuld daran war unter anderem ein Fehler des Torhüters selbst, der Roberto Baggio Italiens ersten Treffer schenkte. Shilton, geboren in Leicester am 18. September 1949, trat auch bei den Endrunden von 1982 und 1986 für England an. 1986 in Mexiko wurde er Kapitän, nachdem Bryan Robson wegen einer Verletzung und Ray Wilkins wegen einer Sperre ausgefallen waren. Shilton war auch an einem der legendärsten Momente in der Geschichte der Fußballweltmeisterschaften beteiligt, als der Argentinier Maradona gegen ihn das berühmt-berüchtigte Tor mithilfe der »Hand Gottes« erzielte. Shilton ist einer der zwei Torhüter, der am häufigsten (zehn Spiele) bei WM-Runden kein Tor kassierte. Der andere ist der Franzose Fabien Barthez, der diesen Rekord bei den Turnieren 1998, 2002 und 2006 einstellte. Beide bestritten je 17 WM-Spiele für ihr Land.

Wechsel im Kasten

Der erste Torhüter, der bei einer FIFA WM ausgewechselt wurde, war der Rumäne Stere Adamache. Er wurde 1970 in der 27. Minute bei einem 2:3 gegen Brasilien durch Necula Răducanu ersetzt. Rumänien lag zu diesem Zeitpunkt 0:2 zurück.

Schmerzen überspielen

Der Amerikaner Jimmy Douglas ließ als Erster bei einem FIFA WM-Spiel keinen Ball ins Netz, nämlich 1930 bei einem 3:0 gegen Belgien. Im Spiel gegen Paraguay, das mit demselben Ergebnis endete, gelang ihm dies noch einmal, doch Argentinien war einfach zu gut und gewann im Halbfinale mit 6:1 gegen die USA. Douglas verletzte sich in der vierten Spielminute am Knie, musste jedoch weiterspielen, da zu dieser Zeit noch keine Spielerwechsel erlaubt waren.

James der (beinahe) I.

Als sich der englische Nationaltrainer Fabio Capello bei der WM 2010 kurz vor dem Auftaktspiel seines Teams gegen die USA dazu entschied, die Partie mit Robert Green im Tor zu beginnen, sah es so aus, als ob der Ersatzkeeper David James einen Rekord aufstellen würde, um den ihn niemand beneiden dürfte: Er wäre der erste Spieler gewesen, der bei drei WM-Endrunden im Kader stand, aber kein einziges Mal eingesetzt wurde. Sowohl 2002 als auch 2006 hatte James nicht eine Minute spielen dürfen. Dann sorgte Green jedoch mit einem Patzer – er ließ einen Schuss von Clint Dempsey durchrutschen und verschuldete so den Ausgleich der USA zum 1:1-Endstand – dafür, dass James beim zweiten Gruppenspiel der Engländer gegen Algerien das Tor hüten durfte. James stand auch beim dritten Gruppenspiel gegen Slowenien und im Achtelfinale gegen Deutschland im Kasten. Beim Turnier 2010 war er damit nicht nur der älteste eingesetzte Spieler, sondern zugleich der älteste WM-Debütant aller Zeiten: Im Match gegen Algerien, bei dem er den Ball kein einziges Mal aus dem Netz hinter sich fischen musste, war er genau 39 Jahre und 221 Tage alt. Neun Tage später, beim 1:4 seiner Mannschaft gegen die Deutschen, kam er dann zum letzten seiner insgesamt 53 Länderspieleinsätze.

FIFA WM™ TRAINER

Damals Spieler, jetzt Trainer

Bei der WM 2010 konnten acht Nationaltrainer auf eigene WM-Erfahrungen als Spieler zurückgreifen: Dunga (Brasilien), Javier Aguirre (Mexiko), Ricki Herbert (Neuseeland), Morten Olsen (Dänemark), Huh Jung-Moo (Südkorea), Diego Maradona (Argentinien), der ehemalige tschechoslowakische Nationalspieler Vladimír Weiss (Slowakei) sowie der Italiener Fabio Capello, der England coachte. Sowohl Maradona als auch Dunga führten ihre Mannschaften als Kapitäne zum WM-Titel; Maradona und Aguirre hatten bei Endrunden die Rote Karte gesehen: Maradona 1982 bei der Begegnung mit Brasilien, Aguirre vier Jahre später in der Viertelfinalpartie gegen Deutschland.

Juan, der Jungspund

Juan José Tramutola ist der jüngste Trainer in der FIFA WM-Geschichte. Als er Argentinien in der Meisterschaft von 1930 betreute, war er 27 Jahre und 267 Tage alt. Der Italiener Cesare Maldini war bis 2010 der älteste: Als er mit Paraguay 2002 bei der WM antrat, war er 70 Jahre und 131 Tage alt.

Fast ein Dutzend

Luiz Felipe Scolari war als Trainer bei elf WM-Spielen in Folge siegreich – ein schwer zu übertreffender Rekord. Seine Serie begann 2002, als er Brasilien mit sieben Siegen zum Titel führte, und wurde 2006 mit Portugal fortgeführt. Auch das zwölfte Spiel endete mit einem Erfolg – aber Portugals Sieg gegen England im Viertelfinale 2006 wurde durch Elfmeterschießen errungen.

Wo viel Rauch ist …

Die Trainer der beiden Mannschaften, die 1978 im Finale der FIFA WM standen, waren so starke Raucher, dass für sie ein übergroßer Aschenbecher aufgestellt werden musste. Diesen teilten sich der Argentinier César Luis Menotti und Ernst Happel, der österreichische Trainer der Niederlande, friedlich an der Seitenlinie.

Fünf Teams, sechs Endrunden

Bisher hat nur ein einziger Trainer an sechs FIFA Weltmeisterschaften teilgenommen: der Brasilianer Carlos Alberto Parreira. Der Höhepunkt von Parreiras Trainerlaufbahn war Brasiliens vierter FIFA WM-Sieg 1994. Seine zweite Amtszeit als brasilianischer Trainer verlief jedoch weniger erfolgreich: 2006 kam sein Team nicht über das Viertelfinale hinaus. Parreira trainierte außerdem Kuwait (1982), die Vereinigten Arabischen Emirate (1990) und Saudi-Arabien (1998) bei WM-Endrunden. Im April 2008 musste er aus familiären Gründen seinen Job als Trainer von Südafrika niederlegen, Ende 2009 nahm er die Arbeit wieder auf. Einmal wurde Parreira auch mitten in einer WM-Endrunde entlassen: 1998 betreute er Saudi-Arabien in den ersten zwei von drei Spielen: Nach zwei Niederlagen musste er gehen.

König Otto

Otto Rehhagel war nicht nur bei der WM 2010 der älteste Trainer, sondern zugleich der bisher älteste Trainer in der Geschichte der Weltmeisterschaft überhaupt. Als seine Griechen ihr drittes und letztes Gruppenspiel gegen Argentinien 0:2 verloren, war Rehhagel 71 Jahre und 317 Tage alt.

Weltenbummler

Als Trainer Südafrikas bestritt Carlos Alberto Parreira 2010 sein sechstes WM-Turnier und ist damit alleiniger Rekordhalter. Der Serbe Bora Milutinović nahm an fünf Endrunden teil – jedes Mal mit einem anderen Land: Zweimal führte er den jeweiligen Gastgeber ins Turnier. Neben Mexiko (1986) und den USA (1994) trainierte er 1990 Costa Rica, 1998 Nigeria und 2002 China. Jedes Mal kam er mit seiner Mannschaft ins Achtelfinale – nur mit den Chinesen schied er bereits in der Vorrunde aus.

Loyalitätskonflikte

Kein einziges Land gewann bisher mit einem ausländischen Trainer eine FIFA WM, doch einige Trainer mussten bei WM-Spielen gegen ihr Heimatland antreten. Dazu gehört der Brasilianer Didi. Er war 1958 mit seinem Team Weltmeister geworden, doch 1970 verlor seine peruanische Mannschaft mit 2:4 gegen sein Heimatland. Sven-Göran Eriksson saß bei England auf der Bank, als seine Mannschaft 2002 1:1 gegen Schweden spielte. Im selben Jahr triumphierte der Franzose Bruno Metsu mit Senegal im WM-Eröffnungsspiel 1:0 gegen den Titelverteidiger Frankreich. Einen bittersüßen Moment erlebte der frühere jugoslawische Torhüter Blagoje Vidinic: Als Trainer von Zaire brachte er das Land 1974 zu seiner ersten und einzigen FIFA WM, nur um es dann 0:9 gegen Jugoslawien verlieren zu sehen.

Die Trainer der Weltmeister

1930	Alberto Suppici
1934	Vittorio Pozzo
1938	Vittorio Pozzo
1950	Juan López
1954	Sepp Herberger
1958	Vicente Feola
1962	Aymoré Moreira
1966	Alf Ramsey
1970	Mário Zagallo
1974	Helmut Schön
1978	César Luis Menotti
1982	Enzo Bearzot
1986	Carlos Bilardo
1990	Franz Beckenbauer
1994	Carlos Alberto Parreira
1998	Aimé Jacquet
2002	Luiz Felipe Scolari
2006	Marcello Lippi
2010	Vicente del Bosque

Schön glänzt

Der Deutsche Helmut Schön betreute seine Mannschaft bei mehr WM-Spielen als jeder andere Trainer: bei 25 Spielen in den Turnieren 1966, 1970, 1974 und 1978. Außerdem gewann er als Trainer die meisten Spiele mit der Bundesrepublik, nämlich 16, darunter das Finale von 1974 gegen die Niederlande. Der Sieg von 1974 war allerdings schon Schöns dritter Versuch: 1966 hatte er sein Team zum zweiten Platz geführt, 1970 zum dritten. Bevor Schön Bundestrainer wurde, war er Assistent von Sepp Herberger gewesen, dem Weltmeister-Trainer von 1954. Beim ersten WM-Erfolg der Bundesdeutschen hatte Schön noch als Trainer des damals unabhängigen Saarlands gearbeitet. Der Hundefreund Schön, geboren am 15. September 1915 in Dresden, schoss zwischen 1937 und 1941 17 Tore in 16 Länderspielen für Deutschland. 1964 übernahm er Herbergers Job und trainierte die Nationalmannschaft 14 Jahre lang. Als einziger Trainer gewann er sowohl die FIFA WM (1974) als auch die Europameisterschaft (1972).

FIFA WM™ SCHIEDSRICHTER

Langjährige Erfahrung

Der Spanier Juan Gardeazábal Garay war der bisher jüngste Unparteiische einer WM-Endrunde, als er 1958 im Alter von 24 Jahren und 193 Tagen in Schweden das Gruppenspiel Frankreich gegen Paraguay leitete. Er fungierte danach auch noch bei den Weltmeisterschaften von 1962 und 1966 als Schiedsrichter. Der Engländer George Reader war nicht nur der bisher älteste Schiedsrichter, der je ein »quasi« WM-Finale leitete – bei Uruguays Sieg gegen Brasilien im alles entscheidenden letzten Gruppenspiel von 1950 war er 56 Jahre und 236 Tage alt –, sondern zugleich der älteste Schiedsrichter bei einer WM überhaupt. Er starb am 13. Juli 1978, genau 48 Jahre nach dem ersten FIFA WM-Spiel.

Sippenhaft

Zwei Schiedsrichter, die ursprünglich für die Leitung von Spielen der FIFA WM 2010 ausgewählt worden waren, hatten Pech: Ihnen wurde kurz vor Beginn des Turniers abgesagt – aber nicht wegen Fehlern, die sie selbst zu verantworten hatten, sondern wegen ihrer Schiedsrichter-assistenten. Mohamed Benouza aus Algerien und Carlos Amarilla aus Paraguay nahmen beide die schlechte Nachricht vierzehn Tage vor der Eröffnung des Fußballfestes entgegen: Assistenten aus ihren Ländern waren bei einem Fitnesstest der FIFA durchgefallen. Amarilla konnte sich immerhin mit Einsätzen bei der WM-Endrunde 2006 trösten.

Der Herr des Netzes

Der Linienrichter, der angab, dass Geoff Hursts umstrittenes Tor für England in der Verlängerung des FIFA WM-Finales von 1966 tatsächlich ein Tor war, wird oft als Russe bezeichnet. Doch das ist falsch, denn Tofik Bachramow stammte aus Aserbaidschan, war damals also ein sowjetischer Linienrichter. Heute trägt das Nationalstadion von Aserbaidschan in der Hauptstadt Baku seinen Namen.

Doppelpflicht

Nur zwei Unparteiische leiteten sowohl ein FIFA WM-Finale als auch ein Europameisterschaftsendspiel. Der Italiener Sergio Gonella pfiff das FIFA WM-Finale von 1978 zwischen Argentinien und Holland; zwei Jahre zuvor war er Schiedsrichter im EM-Finale zwischen der Bundesrepublik Deutschland und der Tschechoslowakei gewesen. Der Schweizer Gottfried Dienst stand sowohl im FIFA WM-Finale 1966 zwischen England und der Bundesrepublik als auch im ersten Finale der EM 1968 zwischen Italien und Jugoslawien als Schiedsrichter auf dem Platz. Das Wiederholungsspiel pfiff der Spanier José Maria Ortiz de Mendibil.

Eine französische Verbindung

Der Franzose Georges Capdeville pfiff bei Italiens Sieg gegen Ungarn 1938 und war somit der einzige Schiedsrichter eines Finales, das in seinem Heimatland stattfand.

Die Schiedsrichter der WM-Endspiele

Jahr	Schiedsrichter
1930	John »Jean« Langenus (Belgien)
1934	Ivan Eklind (Schweden)
1938	Georges Capdeville (Frankreich)
1950	George Reader (England)
1954	William Ling (England)
1958	Maurice Guigue (Frankreich)
1962	Nikolai Latyschew (UdSSR)
1966	Gottfried Dienst (Schweiz)
1970	Rudi Glöckner (BRD)
1974	John »Jack« Taylor (England)
1978	Sergio Gonella (Italien)
1982	Arnaldo Cézar Coelho (Brasilien)
1986	Romualdo Arppi Filho (Brasilien)
1990	Edgardo Codesal (Mexiko)
1994	Sándor Puhl (Ungarn)
1998	Said Belqola (Marokko)
2002	Pierluigi Collina (Italien)
2006	Horacio Elizondo (Argentinien)
2010	Howard Webb (England)

COUPE DU MONDE 1938

Webb ist überall

Der ehemalige Polizist Howard Webb aus der englischen Grafschaft Yorkshire, der das WM-Endspiel zwischen Spanien und den Niederlanden leitete, war bereits der vierte Engländer, der ein WM-Finale pfiff. Im Turnier hatte er vorher bereits zwei Gruppenspiele und eine Achtelfinalpartie als Unparteiischer absolviert. Zwei Monate zuvor hatte er das Champions-League-Finale zwischen Inter Mailand und Bayern München geleitet und war damit der erste Schiedsrichter, der im gleichen Jahr sowohl das WM- als auch das Europapokal-Finale leitete. Zudem war Webb der erste WM-Schiedsrichterneuling, dem ein Endspiel anvertraut wurde. Mit knapp 39 Jahren (das Match fand drei Tage vor seinem Geburtstag statt) war Webb nach dem Franzosen Georges Capdeville der drittjüngste Schiedsrichter, der je bei einem WM-Finale auf dem Platz stand: Capdeville hatte mit 38 Jahren und 232 Tagen das Endspiel von 1938 gepfiffen. Noch jünger war der Schwede Ivan Eklind, der mit gerade einmal 28 Jahren das Finale von 1934 leitete.

Fleißige Unparteiische

Joël Quiniou und Benito Archundia sind die Schiedsrichter mit den meisten Einsätzen bei FIFA WM-Spielen. Der Franzose Quiniou leitete acht Spiele in den Endrunden von 1986, 1990 und 1994. Im letzten dieser drei Turniere pfiff er als erster Unparteiischer gleich vier Spiele – darunter Italiens Halbfinalsieg gegen Bulgarien. Seitdem leiteten jedoch weitere Schiedsrichter noch mehr Spiele einer Meisterschaft. Der Mexikaner Benito Archundia und der Argentinier Horacio Elizondo leiteten 2006 je fünf Spiele, genauso viele wie der Usbeke Ravshan Ermatov 2010. Elizondo agierte 2006 als erster Unparteiischer im Eröffnungsspiel und im Finale einer WM-Endrunde. Er wurde unvergesslich, als er im Endspiel 2006 Zinédine Zidane nach dessen Kopfstoß gegen Marco Materazzi die Rote Karte zeigte. Zuvor hatte er im Viertelfinale bereits den Engländer Wayne Rooney nach dessen Foul an dem Portugiesen Ricardo Carvalho vom Platz gestellt. Dem Ghanaer Asamoah Gyan zeigte Elizondo im Gruppenspiel gegen Tschechien Gelb, da er einen Elfmeter vorzeitig geschossen hatte. Bei seinem zweiten Versuch zielte Asamoah Gyan daneben. Archundia wurde nach den fünf Partien bei der WM 2006 bei der WM 2010 die Verantwortung für drei Begegnungen übertragen, darunter das Spiel um den dritten Platz zwischen Deutschland und Uruguay.

Bitte auf die Zeit achten!

Der Waliser Schiedsrichter Clive Thomas ließ ein Tor nicht gelten, das bei der FIFA WM 1978 das Siegtor von Brasilien gegen Schweden hätte sein können. Thomas sagte, er hätte die erste Halbzeit Sekunden vor Zicos Kopfball abgepfiffen, und das Spiel endete 1:1. Der israelische Schiedsrichter Abraham Klein dagegen versuchte 1970 beim Spiel zwischen England und Brasilien in Guadalajara mehrmals, das Spiel abzupfeifen, doch keiner der Spieler schien ihn zu hören.

Das Netto-Tor

Der sowjetische Kapitän Igor Netto überzeugte den italienischen Schiedsrichter Cesare Jonni, ein Tor seiner eigenen Mannschaft im Turnier von 1962 nicht gelten zu lassen. Er wies darauf hin, dass Igor Tschislenko eigentlich danebengeschossen hatte – der Ball gelangte durch ein Loch im Netz ins uruguayische Tor. Seine Mannschaft gewann das Gruppenspiel trotzdem 2:1.

Carter und die Roten Karten

Der mexikanische Schiedsrichter Arturo Brizio Carter hat bei WM-Endrunden mehr Platzverweise ausgesprochen als irgendein anderer Schiedsrichter bisher. In den sechs Spielen, die er bei den Turnieren von 1994 und 1998 leitete, zückte er insgesamt siebenmal den roten Karton. Unter seinen »Opfern« befanden sich Gianfranco Zola aus Italien, Ariel Ortega aus Argentinien und der Franzose Zinédine Zidane. Vier dieser Roten Karten hatte er bei dem Turnier von 1994 gezückt – genauso viel wie sein Landsmann Felipe Ramos 2002, der Russe Walentin Iwanow und der Engländer Graham Poll jeweils 2006. Joël Quiniou aus Frankreich sprach bei den Turnieren von 1986, 1990 und 1994 insgesamt fünf Platzverweise aus, eine Zahl, die auch Carlos Batres aus Guatemala erreichte, bei seinen Weltmeisterschaften von 2002 und 2010.

Frühwarnung

Zwei Spieler wurden bereits in der ersten Spielminute verwarnt: der Italiener Giampiero Marini 1982 gegen Polen und der Russe Sergei Gorlukowitsch zwölf Jahre später gegen Schweden. Doch der Uruguayer José Batista stellte alle in den Schatten: In einem Gruppenspiel gegen Schottland bekam er 1986 in der 56. Spielsekunde eine Rote Karte, da er Gordon Strachan übel gefoult hatte. Seine Mannschaft kämpfte ohne ihn weiter, doch es reichte nur zu einem 0:0.

Keine Vorbildfunktion

Der erste Spieler, der bei einer FIFA WM einen Platzverweis erhielt, war der Peruaner Placido Galindo beim 1:3 seines Landes gegen Rumänien im ersten Turnier 1930. Der chilenische Schiedsrichter Alberto Warnken stellte Perus Kapitän wegen einer Prügelei vom Platz.

Wiederholungstäter

Der Franzose Zinédine Zidane und der Brasilianer Cafu, beide Fußball-Weltmeister mit ihren Ländern, halten gemeinsam den Rekord für die meisten erhaltenen Karten bei WM-Endrunden, nämlich sechs. Cafu hielt sich an Gelb, doch Zidane wurde zweimal vom Platz gestellt. Unvergessen bleibt sein Kopfstoß gegen den Italiener Marco Materazzi im Finale von 2006 in Berlin, Zidanes allerletztem Spiel für Frankreich. In einem Gruppenspiel gegen Saudi-Arabien 1998 sah er schon einmal Rot, kehrte jedoch nach seiner Sperre zurück und verhalf Frankreich mit zwei Toren im Finale zum Weltmeister-Titel. Der zweite Akteur, der bei zwei Weltmeisterschaften das Spielfeld verlassen musste, ist der Kameruner Rigobert Song. Als er beim Spiel gegen Brasilien 1994 Rot sah, war er mit 17 Jahren und 358 Tagen der jüngste Übeltäter bei einer FIFA WM. 1998 musste er in einem Spiel gegen Chile nochmals vorzeitig gehen.

Vorzeitig zum Duschen

Zu den Spielern, die sich bei der FIFA WM 2010 blitzschnell Verwarnungen und Platzverweise einhandelten, zählt der algerische Stürmer Abdelkader Ghezzal: Beim Spiel gegen die Slowakei sah er schon eine Minute nach seiner Einwechslung die Gelbe Karte, 15 Minuten später bekam er die zweite und musste den Platz verlassen. Bei der Partie gegen Frankreich brachte es der junge uruguayische Spielmacher Nicolás Lodero nach seiner Einwechslung nur auf 16 Spielminuten, dann wurde gegen ihn der erste Platzverweis des Turniers ausgesprochen: Zuerst wurde er wegen Ballwegschlagens verwarnt, dann sah er Gelb-Rot für ein Foul gegen Bacary Sagna. Die geringste Zeitspanne zwischen zwei Verwarnungen ließ allerdings der ehemalige Weltfußballer des Jahres und brasilianische Superstar Kaká verstreichen: Gegen die Elfenbeinküste sah er in der 85. Minute die Gelbe Karte. Nur drei Minuten später kassierte er die zweite Verwarnung und durfte vorzeitig zum Duschen gehen.

Die Karten bedeckt halten

Nur in einer Gruppe gab es bei einer WM-Endrunde keine einzige Verwarnung – in der Gruppe 4 von 1970 mit der Bundesrepublik Deutschland, Peru, Bulgarien und Marokko. Die FIFA WM von 2006 in Deutschland war dagegen am farbenfreudigsten: In 64 Spielen gab es 28 Rote und 345 Gelbe Karten.

1930	1
1934	1
1938	4
1950	0
1954	3
1958	3
1962	6
1966	5
1970	0
1974	5
1978	3
1982	5
1986	8
1990	16
1994	15
1998	22
2002	17
2006	28
2010	17

Gipfel in Gelb

Vor den 13 Gelben Karten, die im Endspiel 2010 gezeigt wurden, gab es in den 18 Endspielen davor insgesamt 40 Verwarnungen (im Durchschnitt 2,2 pro Endspiel). Mit den 14 Kartons, die der Unparteiische Howard Webb 2010 verteilte (13 Gelbe und eine Gelb-Rote), übertraf er den bisherigen Rekordhalter Romualdo Arppi Filho um 8 Karten: Der hatte im Endspiel von 1986 Argentinien viermal und der Bundesrepublik Deutschland zweimal Gelb gezeigt.

Nur eine einzige Chance

Indien stieg aus der FIFA WM von 1950 wieder aus, da einige Spieler barfuß antreten wollten und die FIFA darauf bestand, dass alle Spieler Schuhe tragen müssten. Seitdem konnte sich das Land nie mehr für eine Endrunde qualifizieren.

Die Mauer verlassen

Der Verteidiger Llunga Mwepu (Zaire) wurde verwarnt, als er während der WM-Endrunde 1974 bei einem brasilianischen Freistoß aus der Mauer rannte und den Ball wegkickte. Llungas Unschuldsbeteuerungen stießen beim rumänischen Schiedsrichter Nicolae Rainea auf taube Ohren.

Der gute und der schlechte Sohn

Der Kameruner André Kana-Biyik wurde 1990 in Italien zweimal gesperrt. Im Eröffnungsspiel gegen Argentinien wurde er vom Platz gestellt – sechs Minuten bevor sein Bruder François Omam-Biyik das einzige Tor des Spiels schoss. Die zweite Sperre setzte es nach jeweils einer Gelben Karte im letzten Gruppenspiel gegen die Sowjetunion und beim Achtelfinalsieg über Kolumbien.

Samba-Kicker gehen vorzeitig duschen

Die Rote Karte, die Felipe Melo bei der 1:2-Viertelfinalniederlage der Brasilianer gegen die Niederlande für seinen Nachtritt gegen Arjen Robben erhielt, bedeutet, dass für Brasilien jetzt mehr WM-Platzverweise zu Buche stehen als für jedes andere Land – einer mehr als für Argentinien. Melos war bereits der 11. Zuckerhut-Kicker, der vorzeitig vom Platz musste; den zehnten roten Karton hatte zuvor Kaká beim 3:1 gegen die Elfenbeinküste gesehen. Melo wäre fast als der erste Spieler in die Geschichte eingegangen, der in ein und demselben WM-Spiel sowohl ein Eigentor fabriziert als auch einen Platzverweis erhalten hat, doch das Ausgleichstor der Niederländer zum 1:1 wurde später Wesley Sneijder zugeschrieben.

Die Fairness hat gesiegt

Die FIFA-Offiziellen durften sich nach der WM 2010 in Südafrika darüber freuen, dass in puncto Fairness gegenüber dem Turnier von 2006 in Deutschland eine erhebliche Verbesserung eingetreten war. Nicht nur gab es statt 28 nur noch 17 Platzverweise, auch bei den Verletzungen, die durch Fouls verursacht wurden, war ein Rückgang von 40 auf 16 Prozent zu verzeichnen. 260-mal wurde 2010 die Gelbe Karte gezeigt (2006 hatte es noch die Rekordzahl von 345 Verwarnungen gegeben), darunter acht Gelb-Rote Karten. Drei dieser acht Gelbsünder (Aleksandar Luković aus Serbien, Kaká aus Brasilien und Johnny Heitinga aus den Niederlanden) bekamen jeweils auch in einem anderen Spiel noch eine Verwarnung.

Mit dem Ellbogen

Der italienische Abwehrspieler Mauro Tassotti wurde 1994 für die noch nie dagewesene Zahl von acht Länderspielen gesperrt, da er dem Spanier Luis Enrique den Ellbogen ins Gesicht gerammt hatte. Der ungarische Schiedsrichter Sándor Puhl hatte dieses Foul übersehen, und Spanien verlor das Viertelfinalspiel der WM mit 1:2; die Verärgerung der Iberer wuchs ins Unermessliche, als Puhl anschließend auch noch das Finale pfeifen durfte.

FIFA WM™ ZUSCHAUER

Geplante Fassungsvermögen

Wenn die Planungen realisiert werden und jeder Platz besetzt sein sollte, werden bei den nächsten drei Weltmeisterschaften in Brasilien (2014), Russland (2018) und Katar (2022) 76 525 Zuschauer im Maracaná-Stadion in Rio de Janeiro, 89 318 Zuschauer im Olympiastadion Luschniki in Moskau und 86 250 im Lusail Iconic Stadium in Lusail die jeweiligen Endspiele verfolgen. Die kleinsten Fassungsvermögen bei den nächsten Turnieren werden folgende Wettkampfstätten bieten: 2014 die Arena da Baixada in Curitiba mit 41 375 Plätzen, 2018 das Stadion Rostow am Don mit 43 702 Plätzen und 2022 das neue Qatar University Stadium in Doha mit 43 520 Plätzen. Die aktuellen FIFA-Regularien setzen verpflichtend voraus, dass ein WM-taugliches Stadion mindestens 40 000 Zuschauern Platz bieten muss.

300 sind doch auch schon was

Die geringste Zuschauerzahl bei einer FIFA WM-Endrunde waren die 300 Fans, die 1930 bei Rumäniens 3:1 gegen Peru zusahen. Wenigstens hatten die Spieler im Estadio Pocitos von Montevideo genug Bewegungsfreiheit. Nur einen Tag zuvor hatten zehnmal so viele Menschen Frankreichs 4:1-Sieg gegen Mexiko gesehen.

Südafrikanischer Erfolg

Die 64 Spiele der FIFA WM 2010 in Südafrika, die in 10 verschiedenen Stadien stattfanden, wurden von insgesamt 3 178 856 Zuschauern live verfolgt – das ist nach den Endrunden in den USA 1994 und Deutschland 2006 die dritthöchste Zuschauerzahl der WM-Geschichte. Der Durchschnitt pro Spiel lag bei 49 670 Zuschauern, und obwohl es etliche Diskussionen über leere Sitzreihen bei einigen Partien gab, freuten sich die Organisatoren über eine Auslastung der Plätze zu 92,9 Prozent.

Eine Heimat für den Fußball

Das Fassungsvermögen des Soccer-City-Stadions in Johannesburg, der Vorzeigearena Südafrikas bei der FIFA WM 2010, wurde von 78 000 auf 84 490 erhöht; das Design des renovierten Stadions, das auch »Kalebasse« genannt wird, beruht auf traditioneller afrikanischer Töpferkunst. Im Soccer-City-Stadion fanden das Eröffnungs- und das Endspiel statt, zudem vier Gruppenspiele, ein Achtelfinal- und ein Viertelfinalspiel.

Gleichberechtigung

Nur in zwei Stadien kämpften sowohl Männer als auch Frauen um den Sieg in einem Fußball-WM-Finale. Im Rose Bowl Stadium im kalifornischen Pasadena wurde das Finale der Herren-WM 1994 ausgetragen, in dem Brasilien Italien schlug. Fünf Jahre später besiegte dort die Frauenmannschaft der USA im 3. WM-Finale vor 90 185 Zuschauern die Chinesinnen mit 5:4 im Elfmeterschießen. Zwischen dem Herren-Finale von 1958 und dem Frauen-Finale von 1995 im Stockholmer Råsunda-Stadion waren 37 Jahren verstrichen – allerdings tragen die Damen auch erst seit 1991 Weltmeisterschaften aus. Die Zuschauer in Pasadena bekamen für ihr Geld viel geboten: Beide Spiele gingen in die Verlängerung und wurden schließlich durch Elfmeterschießen entschieden.

Zuschauerzahlen der FIFA WM™-Endspiele

Jahr	Zuschauer	Stadion	Stadt
1930	93 000	Estadio Centenario	Montevideo
1934	45 000	Stadio Nazionale del PNF	Rom
1938	60 000	Stade Olympique de Colombes	Paris
1950	170 000	Estádio do Maracanã	Rio de Janeiro
1954	60 000	Wankdorf-Stadion	Bern
1958	51 800	Råsundastadion	Solna
1962	68 679	Estadio Nacional de Chile	Santiago de Chile
1966	98 000	Wembley Stadium	London
1970	107 412	Estadio Azteca	Mexiko-Stadt
1974	75 200	Olympiastadion München	München
1978	71 483	Estadio Monumental Antonio Vespucio Liberti	Buenos Aires
1982	90 000	Estadio Santiago Bernabéu	Madrid
1986	114 600	Estadio Azteca	Mexiko-Stadt
1990	73 603	Stadio Olimpico	Rom
1994	94 194	Rose Bowl Stadium	Pasadena
1998	80 000	Stade de France	Paris
2002	69 029	International Stadium Yokohama	Yokohama
2006	69 000	Olympiastadion Berlin	Berlin
2010	84 490	Soccer City Stadium	Johannesburg

Gesamtzuschauerzahlen der Turniere

Jahr	Zuschauer	Durchschnitt
1930	434 500	24 139
1934	358 000	21 059
1938	376 000	20 889
1950	1 043 000	47 432
1954	889 500	34 212
1958	919 580	26 274
1962	899 074	28 096
1966	1 635 000	51 094
1970	1 603 975	50 124
1974	1 768 152	46 530
1978	1 546 151	40 688
1982	2 109 723	40 572
1986	2 393 331	46 026
1990	2 516 348	48 391
1994	3 587 538	68 991
1998	2 785 100	43 517
2002	2 705 197	42 269
2006	3 359 439	52 491
2010	3 178 856	49 670
Gesamt	34 108 964	44 182

Fanfeste sind der Hit

Nachdem sich die Fanfeste, die bei der WM 2006 in Deutschland eingeführt wurden und in den Innenstädten neben einer Großleinwand u. a. auch Essens- und Getränkestände bieten, als eine Erfolgsgeschichte erwiesen hatten, veranstaltete man sie auch 2010 wieder – und zwar nicht nur in verschiedenen südafrikanischen Städten wie Durban, sondern überall auf der Welt, so z. B. auch in Rio de Janeiro, in Rom, Paris und in Sydney. Während der 64 WM-Partien besuchten insgesamt 6 151 823 Menschen die Fanfeste, 2 634 018 in Südafrika und 3 517 805 im Rest der Welt. In Berlin kam die größte Menschenmenge zusammen: 350 000 Menschen verfolgten auf der Fanmeile das Halbfinale Deutschland gegen Spanien.

Nebensache Fußball

Als Wales im Entscheidungsspiel der Vorrundengruppe 3 1958 in Schweden gegen Ungarn antrat, fanden sich nur 2823 Zuschauer im Stockholmer Rasunda-Stadion ein. Beim ersten Spiel hatten noch 15 000 Menschen zugesehen, doch die Fans boykottierten das weitaus wichtigere Match, um dem am Vortag hingerichteten ungarischen Politiker Imre Nagy, dem Führer des Aufstands von 1956, Tribut zu zollen.

Totenstille im Maracanã

Den Zuschauerrekord bei einem FIFA WM-Spiel konnte das entscheidende Gruppenspiel der Finalrunde 1950 im Maracanã-Stadion in Rio de Janeiro für sich verbuchen, doch niemand weiß genau, wie viele Menschen wirklich damals dabei waren. Die offizielle Zahl wird mit 174 000 angegeben, doch Schätzungen zufolge könnten bis zu 210 000 Menschen die traumatische Niederlage des Gastgebers Brasilien gegen Uruguay gesehen haben. Beim Abpfiff war die Spannung im Stadion so groß, dass dem Kapitän der Siegermannschaft, Obdulio Varela, die Trophäe nicht auf traditionelle Weise überreicht wurde – man drückte sie ihm nur ein paar Mal kurz in die Hände. FIFA Präsident Jules Rimet beschrieb die bedrückende Stille des Publikums als »morbid, kaum noch zu ertragen«. Uruguays Spieler verbarrikadierten sich mehrere Stunden lang in ihrer Kabine, ehe sie sich wieder herauswagten. Egal, wie viele Zuschauer es nun waren – sie waren auf jeden Fall die letzten, die Brasilien in Weiß spielen sahen. Die Unglücksfarbe wurde verbannt – die Brasilianer spielen seitdem in ihren weltberühmten gelben Trikots und blauen Hosen.

FIFA WM™ STADIEN & GASTGEBER

Berlin ruft

Berlin, einige Jahre später wieder Hauptstadt eines vereinten Deutschlands, war 1974 noch eine geteilte Stadt, deshalb wurden hier bei der FIFA WM nur drei Gruppenspiele ausgetragen. Die überraschende Niederlage der Gastgeber gegen die DDR fand dagegen in Hamburg statt. Bei den Vorbereitungen auf das Turnier von 2006 fanden Arbeiter 2002 eine Bombe aus dem Zweiten Weltkrieg unter den Sitzen des Berliner Olympiastadions. Deutschland hatte sich neben Brasilien um die Ausrichtung des Turniers von 1942 beworben, doch durch den Zweiten Weltkrieg fand nach 1938 erst wieder 1950 eine WM statt.

Zwillingsgipfel

Fünf Stadien durften sowohl das Finale einer FIFA WM als auch Olympische Sommerspiele austragen: das Olympiastadion in Berlin (Olympia 1936, FIFA WM 2006), das Wembley-Stadion in London (Olympia 1948, FIFA WM 1966), das Stadio Olimpico in Rom (Olympia 1960, FIFA WM 1990), das Azteca in Mexiko-Stadt (Olympia 1968, FIFA WM 1970 und 1986) und das Münchner Olympiastadion (Olympia 1972, FIFA WM 1974). Im Rose Bowl Stadium im kalifornischen Pasadena fand sowohl das Finale der FIFA WM von 1994 als auch das Fußballturnier der Olympischen Spiele 1984 statt, doch nicht die wichtigen Leichtathletik-Wettbewerbe der Spiele.

Olympische Namen

Die Ränge im Stadion, in dem das Eröffnungsspiel der FIFA WM von 1930 stattfand, trugen die Namen großer Fußballerfolge Uruguays: Colombes, nach dem Austragungsort der Olympischen Spiele 1924 in Paris; Amsterdam, nach dem Ort, an dem Uruguay vier Jahre später seinen Titel verteidigte, und Montevideo, obwohl es noch 14 Tage dauern würde, bis sich die Gastgebermannschaft in ihrer eigenen Hauptstadt ihren ersten FIFA Weltmeister-Titel holen sollte.

Rios Mario

Die meisten Menschen kennen Brasiliens größtes Stadion als Maracanã, denn so heißen ein Stadtviertel in Rio und ein nahe gelegener Fluss. Doch seit Mitte der 1960er heißt das Stadion offiziell »Estadio Jornalista Mário Filho« nach einem brasilianischen Journalisten, der sich für den Bau des Stadions eingesetzt hatte.

Im Osten viel Neues

Als die FIFA im Dezember 2010 entschied, welche Länder die WM-Endrunden von 2018 und 2022 austragen werden, wurde zweimal Geschichte geschrieben: Für 2018 bekam Russland vor Spanien/Portugal, Belgien/Niederlande und England den Zuschlag – damit wird zum ersten Mal eine WM in Osteuropa stattfinden. 2022 wird das Turnier – auch das eine Premiere – im Nahen Osten ausgetragen werden: Katar machte das Rennen vor den USA, Japan, Südkorea und Australien.

Rettung durch Mexiko

Mexiko war für die FIFA WM 1986 nicht die erste Wahl gewesen, doch als Kolumbien 1982 aus finanziellen Gründen absagte, sprang das Land ein und zog sich auch nicht zurück, obwohl es 1985 von einem Erdbeben heimgesucht wurde, dem rund 10 000 Menschen zum Opfer fielen – die Stadien blieben jedoch unversehrt. Auch die FIFA setzte auf Mexiko, und so wurde das Aztekenstadion das erste Stadion, in dem Finalspiele von zwei FIFA Weltmeisterschaften stattfanden – und Mexiko das erste Land, das zwei FIFA Weltmeisterschaften ausrichtete. Das Aztekenstadion wurde 1960 aus 100 000 Tonnen Beton errichtet, viermal so viel, wie für das alte Wembley-Stadion gebraucht wurde.

Die Architekten haben das Sagen

Die Stadien in Südafrika weisen markante architektonische Gestaltungselemente auf: Die nach außen gerichteten Tragpfeiler des Mbombela-Stadions in Nelspruit sehen z. B. aus wie Giraffen, das Moses-Mabhida-Stadion in Durban wird von einem 350 Meter langen Stahlbogen überspannt, auf dem eine Seilbahn entlangfährt, und das Nelson-Mandela-Bay-Stadion in Port Elizabeth hat eine Dachkonstruktion aus blattähnlichen Elementen.

Sneijder haut auf die Pauke

Alle Spieler, die bei der FIFA WM 2010 zum »Man of the Match« gewählt wurden, durften ein echt und unverwechselbar südafrikanisches Souvenir mit nach Hause nehmen. Die Trophäe für diese von Budweiser gesponserte Auszeichnung wurde von dem südafrikanischen Designer Jonathan Fundudis gestaltet, der sich dabei von der Form einer traditionellen afrikanischen Trommel, der »Djembé«, inspirieren ließ. Der niederländische Spielmacher Wesley Sneijder holte vier der vergebenen Auszeichnungen – so viele wie kein anderer. Der Japaner Keisuke Honda, der Portugiese Cristiano Ronaldo, der Uruguayer Diego Forlán und der Spanier Andrés Iniesta erhielten den Preis je dreimal. Eine seiner drei Auszeichnungen bekam Iniesta als bester Spieler des Finales.

Erfolglose Bewerbungen

1930:	Ungarn, Italien, Niederlande, Spanien, Schweden
1934:	Schweden
1938:	Argentinien, Deutsches Reich
1950:	keine
1954:	keine
1958:	keine
1962:	Argentinien, Bundesrepublik Deutschland
1966:	Spanien, Bundesrepublik Deutschland
1970:	Argentinien
1974:	Spanien
1978:	Mexiko
1982:	Bundesrepublik Deutschland
1986:	Kolumbien*, Kanada, USA
1990:	England, Griechenland, UdSSR
1994:	Brasilien, Marokko
1998:	Marokko, Schweiz
2002:	Mexiko
2006:	Brasilien, England, Marokko, Südafrika
2010:	Ägypten, Marokko, Tunesien/Libyen
2014:	keine
2018:	England, Belgien/Niederlande, Spanien/Portugal
2022:	Australien, Japan, Südkorea, USA

* Kolumbien gewann die Bewerbung für 1986, sagte jedoch später wieder ab.

Nicht nur Fußball

Nicht alle Stadien der FIFA WM 2010 sind komplett neu erbaut worden. Einige von ihnen waren altmodische Kästen, in denen bis dahin hauptsächlich Rugby gespielt wurde und die man dann so aufgemöbelt hat, dass sie den Anforderungen des modernen Fußballs genügten – so z. B. das Ellis-Park-Stadion in Johannesburg und das Loftus-Versfeld-Stadion in Pretoria. In der Arena von Pretoria tragen normalerweise die Blue Bulls, eine populäre Rugby-Mannschaft, ihre Heimspiele aus, obwohl sie vor der FIFA WM 2010 auch ein Spiel im Soccer-City-Stadion von Johannesburg absolvierten. Dort fand im August 2010 außerdem ein Rugby-Länderspiel zwischen den südafrikanischen »Springboks« und den neuseeländischen »All Blacks« statt.

Die meisten Stadien

Keine andere FIFA WM mit nur einem Gastgeber wurde in so vielen Stadien ausgetragen wie die in Spanien 1982. In 14 Stadien wurde damals gespielt. 2002 wurde zwar in 20 Stadien gespielt, doch davon lagen zehn in Japan und zehn in Südkorea.

FIFA WM™ ELFMETERSCHIESSEN

Elfmeterschießen bei FIFA Weltmeisterschaften™

Jahr	Turnierphase	Gegner/Stand nach 120 Minuten	Sieger	Endstand
1982	Halbfinale	BRD – Frankreich/3:3	BRD	5:4
1986	Viertelfinale	BRD – Mexiko/0:0	BRD	4:1
1986	Viertelfinale	Frankreich – Brasilien/1:1	Frankreich	4:3
1986	Viertelfinale	Belgien – Spanien/1:1	Belgien	5:4
1990	Achtelfinale	Irland – Rumänien/0:0	Irland	5:4
1990	Viertelfinale	Argentinien – Jugoslawien/0:0	Argentinien	3:2
1990	Halbfinale	Argentinien – Italien/1:1	Argentinien	4:3
1990	Halbfinale	BRD – England/1:1	BRD	4:3
1994	Achtelfinale	Bulgarien – Mexiko/1:1	Bulgarien	3:1
1994	Viertelfinale	Schweden – Rumänien/2:2	Schweden	5:4
1994	Finale	Brasilien – Italien/0:0	Brasilien	3:2
1998	Achtelfinale	Argentinien – England/2:2	Argentinien	4:3
1998	Viertelfinale	Frankreich – Italien/0:0	Frankreich	4:3
1998	Halbfinale	Brasilien – Niederlande/1:1	Brasilien	4:2
2002	Achtelfinale	Spanien – Irland/1:1	Spanien	3:2
2002	Viertelfinale	Südkorea – Spanien/0:0	Südkorea	5:3
2006	Achtelfinale	Ukraine – Schweiz/0:0	Ukraine	3:0
2006	Viertelfinale	Deutschland – Argentinien/1:1	Deutschland	4:2
2006	Viertelfinale	Portugal – England/0:0	Portugal	3:1
2006	Finale	Italien – Frankreich/1:1	Italien	5:3
2010	Achtelfinale	Paraguay – Japan/0:0	Paraguay	5:3
2010	Viertelfinale	Uruguay – Ghana/1:1	Uruguay	4:2

Aller guten Dinge sind fünf

Mit dem 5:3 i.E., mit dem Paraguay bei der FIFA WM 2010 im Viertelfinale nach einem 0:0 nach Verlängerung Japan schließlich besiegte, war die Mannschaft aus Südamerika bereits das siebte Land, das bei einem WM-Elfmeterschießen fünf Versuche verwandelte. Zuvor war das 1982 Deutschland gegen Frankreich, 1986 Belgien gegen Spanien, 1990 Irland gegen Rumänien, 1994 Schweden gegen Rumänien, 2002 Südkorea gegen Spanien und 2006 Italien im Finale gegen Frankreich gelungen. Deutschland und Schweden leisteten sich bei ihren Elfmeterschießen allerdings je einen Fehlversuch und benötigten sechs Elfmeter bis zum Triumph.

Wer zuerst schießt, gewinnt

Die Siege von Paraguay über Japan und von Diego Forláns Uruguayern über Ghana waren das sechste und siebte Elfmeterschießen in Folge, bei dem die Mannschaft gewann, die den ersten Strafstoß schoss. Die letzte Mannschaft, die vor dieser Serie als zweite antrat und gewann, war Spanien bei der WM 2002 gegen Irland.

Asamoah im Tal der Tränen

Der ghanaische Stürmer Asamoah Gyan ist der einzige Spieler, der bisher bei Weltmeisterschaften schon zwei reguläre Elfmeter verschossen hat. 2006 setzte er im Gruppenspiel gegen Tschechien den Ball gegen den Pfosten. 2010 traf er im Viertelfinale gegen Uruguay in der 121. Minute nur die Latte; dies war gleichzeitig auch die letzte Aktion des Matches. Der Uruguayer Luis Suárez hatte den Strafstoß verursacht, indem er einen Schuss von Gyan auf der Torlinie mit der Hand abwehrte. Ohne diese unsportliche Aktion wäre der Ball sicher ins Netz gegangen und Ghana hätte 2:1 gewonnen und sich als erste Mannschaft aus Afrika für ein WM-Halbfinale qualifiziert. Trotzdem schritt Gyan beim Elfmeterschießen als erster Spieler für Ghana zum Punkt – und verwandelte. Ghana verlor das Elfmeterschießen dennoch mit 2:4.

Die Franzosen und das Elfmeterschießen

Zum ersten Elfmeterschießen einer FIFA WM-Endrunde kam es in Sevilla 1982 im Halbfinale zwischen der BRD und Frankreich, bei dem die Franzosen Didier Six und Maxime Bossis (rechts) vergaben. Beide Länder trafen im Halbfinale vier Jahre später erneut aufeinander – diesmal setzten sich die Deutschen aber in der regulären Spielzeit mit 2:0 durch. Die meisten Elfmeterschießen – jeweils vier – wurden jedoch während der Endrunden 1990 und 2006 ausgetragen. 1990 gingen beide Halbfinalpartien ins Elfmeterschießen, während 2006 zum zweiten Mal nach 1994 ein Finale vom Elfmeterpunkt entschieden wurde. Dabei sorgte der Lattenschuss von Frankreichs Pechvogel Trezeguet für den 5:3-Endstand zugunsten Italiens.

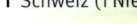

Elfmeterschießen nach Ländern

4 BRD/Deutschland (4 Siege)	2 Rumänien (2 Niederlagen)
4 Argentinien (3 Siege, 1 Niederlage)	1 Belgien (1 Sieg)
4 Frankreich (2 Siege, 2 Niederlagen)	1 Bulgarien (1 Sieg)
4 Italien (1 Sieg, 3 Niederlagen)	1 Jugoslawien (1 Sieg)
3 Brasilien (2 Siege, 1 Niederlage)	1 Paraguay (1 Sieg)
3 Spanien (1 Sieg, 2 Niederlagen)	1 Portugal (1 Sieg)
3 England (3 Niederlagen)	1 Schweden (1 Sieg)
2 Irland (1 Sieg, 1 Niederlage)	1 Südkorea (1 Sieg)
2 Mexiko (2 Niederlagen)	1 Ukraine (1 Sieg)
	1 Uruguay (1 Sieg)
	1 Ghana (1 Niederlage)
	1 Japan (1 Niederlage)
	1 Niederlande (1 Niederlage)
	1 Schweiz (1 Niederlage)

Kurioses Viertelfinale

Nur zwei Minuten und drei Sekunden lagen zwischen den beiden Elfmetern, die der Schiedsrichter Carlos Batres aus Guatemala 2010 beim Viertelfinale zwischen Paraguay und Spanien im Ellis-Park-Stadion von Johannesburg verhängte – ein neuer WM-Rekord. Den ersten Strafstoß erhielt Paraguay zugesprochen, den zweiten Spanien – und beide wurden abgewehrt. Zunächst wurde der paraguayische Stürmer Óscar Cardozo von Gerard Piqué im Strafraum am Arm festgehalten. Den fälligen Elfmeter schoss Cardozo selbst, doch Iker Casillas wehrte ab. Praktisch im Gegenzug wurde David Villa von Antolin Alcaraz im Sechzehner der Paraguayer zu Fall gebracht. Xabi Alonso verwandelte sicher, doch ordnete Batres eine Wiederholung an, weil spanische Spieler zu früh in den Sechzehner gelaufen waren. Paraguays Torhüter Justo Villar parierte Alonsos zweiten Versuch. Die Spanier hatten vor der WM 2010 alle 14 Elfmeter bei Endrunden verwandelt, doch in Südafrika klappte es gar nicht: Zwölf Tage vor Alonso hatte schon David Villa gegen Honduras einen Strafstoß versiebt.

Deutsche Tüchtigkeit

Deutschland hat alle vier seiner Elfmeterschießen bei einer WM gewonnen – mehr als jedes andere Team. Die Siegesserie begann im Halbfinale 1982 gegen Frankreich, in dem Torhüter Toni Schumacher zum Matchwinner wurde – obwohl er nach einem bösen Foul an Frankreichs Patrick Battiston Glück hatte, überhaupt noch auf dem Platz zu stehen. Auch 1990 erreichte Deutschland das Finale dank eines gewonnenen Elfmeterschießens – dieses Mal gegen England, das im EM-Halbfinale 1996 ein weiteres Mal im Elfmeterschießen gegen Deutschland das Nachsehen hatte. Im Viertelfinale der FIFA WM 2006 gegen Argentinien erwiesen sich die Deutschen abermals als die besseren Schützen vom Elfmeterpunkt. Torhüter Jens Lehmann nahm dabei einen »Spickzettel« mit möglichen Elfmetervarianten der Argentinier zu Hilfe, die Chefscout Urs Siegenthaler auf einen Hotelnotizblock gekritzelt hatte. Nur ein einziges Mal – im EM-Finale 1976 gegen die Tschechoslowakei – zog Deutschland bei einem Elfmeterschießen in einem großen Turnier den Kürzeren. Aus dieser Erfahrung hat man offensichtlich gelernt, denn seitdem ging keines mehr verloren.

Die erfolgreichsten »Elfmetertöter«

Argentiniens Ersatztorhüter Sergio Goycochea stellte einen neuen Rekord auf, als er bei der FIFA WM 1990 gleich vier Strafstöße in zwei Elfmeterschießen eines Turniers hielt. Ein Kunststück, das auch Toni Schumacher – allerdings in zwei Endrunden (1982 und 1986) – gelang. Ricardo (Portugal), der beim Viertelfinalsieg seines Teams über England gleich drei Elfer in nur einem einzigen Elfmeterschießen entschärfte, wurde dadurch zum portugiesischen Nationalhelden.

Fehlschüsse im Elfmeterschießen

Argentinien: Diego Maradona (1990), Pedro Troglio (1990), Hernán Crespo (1998), Roberto Ayala (2006), Esteban Cambiasso (2006)
Brasilien: Sócrates (1986), Júlio César (1986), Márcio Santos (1994)
Bulgarien: Krassimir Balakow (1994)
BRD/Deutschland: Uli Stielike (1982)
England: Stuart Pearce (1990), Chris Waddle (1990), Paul Ince (1998), David Batty (1998), Frank Lampard (2006), Steven Gerrard (2006), Jamie Carragher (2006)
Frankreich: Didier Six (1982), Maxime Bossis (1982), Michel Platini (1986), Bixente Lizarazu (1998), David Trezeguet (2006)
Ghana: John Mensah (2010), Dominic Adiyiah (2010)
Irland: Matt Holland (2002), David Connolly (2002), Kevin Kilbane (2002)
Italien: Roberto Donadoni (1990), Aldo Serena (1990), Franco Baresi (1994), Daniele Massaro (1994), Roberto Baggio (1994), Demetrio Albertini (1998), Luigi Di Biagio (1998)
Japan: Yūichi Komano (2010)
Jugoslawien: Dragan Stojković (1990), Dragoljub Brnović (1990), Faruk Hadžibegić (1990)
Mexiko: Fernando Quirarte (1986), Raúl Servin (1986), Alberto Garcia Aspe (1994), Marcelino Bernal (1994), Jorge Rodriguez (1994)
Niederlande: Phillip Cocu (1998), Ronald de Boer (1998)
Portugal: Hugo Viana (2006), Petit (2006)
Rumänien: Daniel Timofte (1990), Dan Petrescu (1994), Miodrag Belodedici (1994)
Schweden: Håkan Mild (1994)
Schweiz: Marco Streller (2006), Tranquillo Barnetta (2006), Ricardo Cabanas (2006)
Spanien: Eloy (1986), Juanfran (2002), Juan Carlos Valerón (2002), Joaquin (2002)
Ukraine: Andrij Schewtschenko (2006)
Uruguay: Maximiliano Pereira (2010)

TEIL 3 –
UEFA EUROPAMEISTERSCHAFT

DIE UEFA Fußballeuropameisterschaft hat sich von einem kuriosen kleinen Turnier, an dem anfangs nur vier Mannschaften teilnahmen und das von einigen führenden Nationen mitleidig belächelt wurde, zur wahrscheinlich drittgrößten Sportveranstaltung der Welt gemausert, nur noch übertroffen von Olympischen Spielen und der FIFA WM. Die Europäische Fußball-Union UEFA wurde 1954 während der Fußballweltmeisterschaft in der Schweiz mit dem Ziel gegründet, eine Meisterschaft für europäische Teams aufzubauen. Viele Staaten – wie z. B. Italien, Deutschland und England – waren nicht bereit, am Debüt-Turnier, das 1958 startete, teilzunehmen, da ihre nationalen Fußballkomitees organisatorische Probleme und eine Überlastung der Spieler fürchteten. Die erste Finalrunde, für die sich schließlich vier Länder qualifiziert hatten, fand 1960 in Frankreich statt. Die Sowjetunion holte den ersten Titel mit einem 2:1 n. V. gegen Jugoslawien im Finale, das im alten Prinzenparkstadion von Paris ausgetragen wurde.

Europa hat sich seitdem stark verändert. Während die Mitgliederzahl der UEFA sich weit mehr als verdoppelt hat, existieren die Sowjetunion und Jugoslawien nicht mehr. Die Sowjetunion erreichte auch beim zweiten Turnier 1964 das Endspiel, verlor aber ihre Krone im Finale im Estadio Bernabéu in Madrid an die spanischen Gastgeber. Luis Suárez, damals bei Inter Mailand unter Vertrag, machte das Spiel und war außerdem der erste Fußballer, der sowohl die Europameisterschaft als auch den Europacup der Landesmeister im selben Jahr gewann.

In den ersten Jahren der Wettkämpfe basierte die Qualifikation auf einem einfachen K.-o.-Prinzip mit Hin- und Rückspielen, später wurden die Endrundenteilnehmer in Gruppen ermittelt. 1980 spielten erstmals acht Nationen in der Endrunde, die Bundesrepublik konnte den Pokal zum zweiten Mal nach 1972 holen. 1996 baute das wiedervereinte Deutschland seinen Rekord auf drei Titel aus, als es die Tschechische Republik im Wembley-Stadion in London in der Nachspielzeit mit dem Golden Goal von Oliver Bierhoff schlug. Zu dieser Zeit waren die Finalrunden bereits auf 16 Mannschaften erweitert worden.

Es war ein Novum, als Belgien und die Niederlande zum ersten Mal eine EURO gemeinsam ausrichteten. Dies wiederholte sich 2008 mit Österreich und der Schweiz als Gastgebern. In diesem Jahr gewann Spanien seinen ersten bedeutenden internationalen Pokal seit der Europameisterschaft 1964; das Siegtor erzielte Fernando Torres.

Die EM-Maskottchen Slavek (links) und Slavko (rechts) sollen mit ihrem Lächeln bei der UEFA Fußballeuropameisterschaft 2012 für Fröhlichkeit sorgen. Sie tragen die Heimtrikots der Ausrichternationen Polen und Ukraine.

UEFA EURO 2012 VORSCHAU

2012 wird die UEFA Europameisterschaft zum ersten Mal im ehemaligen Ostblock stattfinden: Polen und die Ukraine werden das Turnier gemeinsam ausrichten. Die beiden Länder sind automatisch für die Teilnahme qualifiziert und werden ihre Gruppenspiele jeweils im eigenen Land absolvieren. Es wird acht Austragungsorte geben, vier in Polen und vier in der Ukraine. Das Eröffnungsspiel findet am 8. Juni 2012 in Warschau statt, das Endspiel am 1. Juli 2012 in Kiew. Dass ein Gastgeber die Europameisterschaft im eigenen Land auch gewinnen konnte, liegt allerdings schon fast 30 Jahre zurück – zuletzt gelang dies Frankreich 1984.

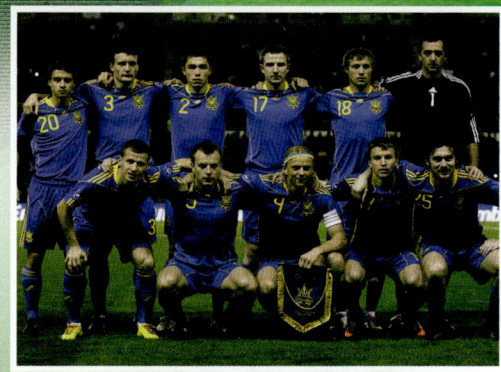

Die Spielorte

Polen und die Ukraine haben eine gemeinsame Grenze. Unten auf der Karte sind die acht Städte eingetragen, in denen die Europameisterschaft 2012 ausgetragen wird. Posen (Poznań) und Donezk sind ungefähr 1600 Kilometer voneinander entfernt.

Ukraine

Kiew Olympiastadion Kiew (63 195 Sitzplätze)
Donezk Donbas Arena (50 055 Sitzplätze)
Charkiw (Charkow) Metalist Stadium (38 500 Sitzplätze)
Lemberg (Lwiw) Lemberg-Stadion (30 000 Sitzplätze)

Karte

Danzig (Gdańsk)
Posen (Poznań)
Warschau (Warszawa)
Breslau (Wrocław)
Lemberg (Lwiw)
Kiew
Charkiw (Charkow)
Donezk

Polen

Warschau (Warszawa) Nationalstadion (53 224 Sitzplätze)
Posen (Poznań) Städtisches Stadion (42 004 Sitzplätze)
Danzig (Gdańsk) PGE Arena Gdańsk (40 818 Sitzplätze)
Breslau (Wrocław) Städtisches Stadion (40 610 Sitzplätze)

Städte der Zukunft

Für die Austragung der EM-Begegnungen wurden in jedem Gastgeberland vier Städte ausgewählt: Warschau (Warszawa), Danzig (Gdańsk), Posen (Poznań) und Breslau (Wrocław) in Polen sowie Kiew, Lemberg (Lwiw), Donezk und Charkiw (Charkow) in der Ukraine. In sechs von diesen Städten – Warschau, Danzig, Breslau, Kiew, Lemberg und Donezk – werden gerade neue Stadien errichtet. Die Spielstätten in Posen und Charkiw werden einer grundlegenden Renovierung unterzogen.

Die Welt schaut zu

Der europäische Fußballverband UEFA rechnet damit, dass ca. 1,4 Millionen Fans – und zwar nicht nur aus Europa, sondern aus allen Teilen der Welt – zur EURO 2012 in die beiden Gastgeberländer strömen werden. Das Endspiel werden vermutlich 69 000 Zuschauer im ausverkauften Kiewer Stadion und viele Millionen Menschen in über 200 Ländern auf der ganzen Welt anschauen. Die Zuschauerzahl wird möglicherweise noch höher liegen als die 287 Millionen Menschen, die Zeuge waren, als Spanien das Endspiel der UEFA EURO 2008 mit 1:0 gegen Deutschland gewann.

Verheißungsvoller Osten

Weder Polen noch die Ukraine haben bisher bei der EM nennenswerte Erfolge erzielt. Polen schaffte es 2008 zum ersten Mal überhaupt, sich für eine Endrunde (in Österreich und der Schweiz) zu qualifizieren, kam jedoch nicht über die Gruppenphase hinaus. Die Ukraine konnte sich noch nie als eigenständiger Staat für die EM qualifizieren, denn sie war bis 1991 eine Teilrepublik der UdSSR. Diese gewann das Debüt-Turnier von 1960 und verlor die Endspiele von 1964, 1972 und 1988.

EM-Punks

Das offizielle Motto der UEFA EURO 2012 lautet: »Gemeinsam Geschichte schreiben«. Die beiden offiziellen EM-Maskottchen mit der Punkfrisur wurden auf die Namen Slavek (links) und Slavko (rechts) getauft.

Brüderlich geteilt

Die Ausrichtung der EURO durch Polen und die Ukraine war das Ergebnis eines Bewerbungsverfahrens, bei dem Italien, Kroatien/Ungarn, die Türkei und Griechenland als Bewerber auf der Strecke blieben.

Dreimal acht

Die Anzahl der Stadien in den beiden Ländern (8) deckt sich mit der Anzahl an Spielstätten, die bei den von zwei Ländern ausgerichteten Europameisterschaften 2000 (Belgien und die Niederlande) und 2008 (Österreich und Schweiz) genutzt wurden. Nur 2004 in Portugal wurde in mehr Stadien (10) gespielt.

Spanische Fantasien

Nachdem Spanien die EM 2008 gewonnen hat und 2010 Weltmeister wurde, geht das Land voraussichtlich als klarer Favorit in das Turnier von 2012 – Wetten auf eine erfolgreiche Titelverteidigung dürften ziemlich aussichtsreich sein. Dies gilt umso mehr, als Starkicker wie David Silva, Fernando Torres und Andrés Iniesta dann immer noch unter 30 Jahre alt sein werden. Allerdings ist damit zu rechnen, dass Konkurrenten bei der Titelvergabe ein Wörtchen mitreden wollen – zum Beispiel Deutschland unter der Leitung von Jogi Löw, das bei der FIFA WM 2010 dank unbekümmerter Nachwuchsstars wie Mesut Özil oder Thomas Müller Dritter wurde. Auch die Niederlande, die den Spaniern in Südafrika im Endspiel unterlagen, sowie ein verjüngtes französisches Team mit seinem neuen Trainer Laurent Blanc werden zu beachten sein. Nach der WM haben weitere europäische Spitzenteams ihre Trainerstellen mit Blick auf die UEFA EURO 2012 neu besetzt – u. a. die Italiener mit Cesare Prandelli, die Portugiesen mit Paulo Bento oder die Russen mit dem Niederländer Dick Advocaat.

UEFA EM-QUALIFIKATION

Die Qualifikation für die UEFA Fußballeuropameisterschaft hat sich in den letzten Jahren zu einem Wettbewerb riesigen Ausmaßes entwickelt. Neben Gastgeber Österreich und Schweiz wollten 50 weitere Länder zur UEFA EURO 2008. Wie sich die Zeiten doch geändert haben: 1960 wurde der 16. Achtelfinalist unter 17 Bewerbern durch ein in Hin- und Rückspiel ausgetragenes Qualifikationsmatch ermittelt. Für die EM 1964, bei der die Teilnehmer in der Vorrunde jeweils in einem Heim- und einem Auswärtsspiel gegeneinander antraten, gab es keine Qualifikation. Die erste »richtige« Qualifikation (mit acht Gruppen zu vier und einer Gruppe zu drei Teams) wurde vor der EM 1968 ausgetragen. In den 1990er-Jahren, als nach dem Zusammenbruch der UdSSR und Jugoslawiens zahlreiche neue Verbände der UEFA beitraten, erhöhte sich die Zahl der an der Qualifikation teilnehmenden Länder erneut.

Schneller Wandel

Zu Beginn der Qualifikation zur UEFA EURO 2012 waren Jogi Löw (Deutschland) und Slaven Bilić (Kroatien) die einzigen Trainer der acht Viertelfinalisten des Turniers von 2008, die noch die gleiche Mannschaft leiteten. Luis Aragonés (Spanien), Marco van Basten (Niederlande), Luiz Felipe Scolari (Portugal) und Roberto Donadoni (Italien) schieden nach der EM von 2008 alle aus dem Amt. Fatih Terim (Türkei) trat im Oktober 2009 zurück; sein Nachfolger war Guus Hiddink, der 2008 Russland trainiert hatte.

Erstes EM-Qualifikationsspiel in Irland

Beim ersten Qualifikationsspiel in der Geschichte der UEFA Fußballeuropameisterschaft am 5. April 1959 in Dublin setzte sich Irland mit 2:0 gegen die Tschechoslowakei durch. Damals mussten aus insgesamt 17 Bewerbern die 16 Teilnehmer der Achtelfinalspiele ermittelt werden. Nachdem die Tschechen das Rückspiel am 10. Mai in Bratislava mit 4:0 für sich entschieden, zogen sie mit einem Gesamtergebnis von 4:2 in die Endrunde ein.

EM-Ticket dank besserer Tordifferenz

Obwohl Deutschland mit einem 0:1 gegen Nordirland am 11. November 1983 in Hamburg seine erste Heimniederlage in der EM-Qualifikation kassierte, reichte ein 2:1 gegen Albanien vier Tage später in Saarbrücken, um sich im Kampf um die Endrundenteilnahme dank besserer Tordifferenz gegen Nordirland durchzusetzen.

Briten machen Qualifikation unter sich aus

Die vier britischen Teams nutzten die British Home Championships 1966/67 und 1967/68 als Qualifikationsgruppe für die Endrunde 1968. Weltmeister England setzte sich durch. Auf eigenen Wunsch werden die britischen Teams seitdem einzeln in die Qualifikationsgruppen gelost.

Deutsche mit 13 Treffern vorn

Deutschlands 13:0-Sieg am 6. September 2006 in San Marino – mit Toren von Lukas Podolski (4), Miroslav Klose (2), Bastian Schweinsteiger (2), Thomas Hitzlsperger (2), Michael Ballack, Manuel Friedrich und Bernd Schneider – markierte den höchsten Sieg der EM-Qualifikationsgeschichte. Bis dahin hatte Spanien mit einem 12:1-Erfolg über Malta (1983) die Rangliste angeführt.

Turbulenter Start

Zu den sensationellsten Ergebnissen der Qualifikationsspiele zur UEFA EURO 2012 zählen bislang die 0:1-Heimniederlage von Frankreich gegen Weißrussland und das 4:4 zwischen Portugal und Zypern, bei dem Andreas Avraam in der 87. Minute das Ausgleichstor für die Zyprioten erzielte. England erreichte unter Trainer Fabio Capello im Wembley-Stadion gegen Montenegro, das zu Beginn als das schwächste der fünf Teams in Gruppe G galt, nur ein torloses Unentschieden.

Deutschlands legendäre »Wembley-Elf«

Die wohl beste Mannschaft, die je für Deutschland auflief, machte am 29. April 1972 im Wembley-Stadion mit einem 3:1-Erfolg über England im Hinspiel des Viertelfinales der EM auf sich aufmerksam. Die Tore für die »Wembley-Elf« erzielten Uli Hoeneß, Günter Netzer und Gerd Müller. Später setzten sich Sepp Maier, Horst-Dieter Höttges, Georg Schwarzenbeck, Franz Beckenbauer, Paul Breitner, Jürgen Grabowski, Herbert Wimmer, Günter Netzer, Uli Hoeneß, Siggi Held und Gerd Müller mit 3:0 gegen die Sowjetunion im Finale durch und holten den EM-Titel nach Deutschland. Acht dieser Spieler standen auch beim Gewinn der FIFA WM 1974 gegen die Niederlande auf dem Platz.

EM-Endrunden-Teilnahmen

10	BRD/Deutschland
9	Sowjetunion/GUS/Russland
8	Niederlande
	Spanien
7	Tschechien/CSSR
	Dänemark
	England
	Frankreich
	Italien
5	Portugal
	Jugoslawien
4	Belgien
	Rumänien
	Schweden
3	Kroatien
	Griechenland
	Schweiz
	Türkei
2	Bulgarien
	Ungarn
	Schottland
1	Österreich
	Lettland
	Norwegen
	Polen
	Irland
	Slowenien

Pančev muss zu Hause bleiben

Der Jugoslawe Darko Pančev war mit insgesamt 10 Treffern Torschützenkönig der Qualifikation für die EM 1992. Jugoslawien führte die Qualifikationsgruppe 4 an, wurde jedoch aufgrund des Bosnienkriegs nicht für die Endrunde zugelassen, und Pančev durfte sein Können nicht zeigen. Nach dem Zerfall Jugoslawiens wurde er zum Top-Spieler der neuen Nationalelf Mazedoniens.

Der Kampf der Fußballzwerge

Die beiden Zwergstaaten Andorra und San Marino warten bis heute auf ihren ersten Sieg in einem EM-Qualifikationsspiel. Andorra hat – mit einer Tordifferenz von 6:88 – alle seiner 30 Spiele verloren. Auch San Marino konnte – bei einer Tordifferenz von 6:200 – bislang keines seiner 46 Spiele gewinnen.

Healy mit Quali-Torrekord

Mit 13 Treffern in der Qualifikation für die UEFA EURO 2008 setzte der nordirische Stürmer David Healy (Trikotnummer 9, geboren am 5. August 1979) eine neue Bestmarke. Unter anderem hatte er jeweils einen Hattrick gegen Spanien und Liechtenstein erzielt. Damit überflügelte Healy Kroatiens Davor Šuker, der in der Quali zur UEFA EURO 1996 12 Treffer markiert hatte. Mit elf im Vorfeld der Endrunde 1964 erzielten Treffern folgt der Däne Ole Madsen, auch wenn Qualifikationsgruppen erst zwei Jahre später eingeführt wurden.

Serbische Störenfriede

Das Aufeinandertreffen von Serbien und Italien, das am 12. Oktober 2010 im Rahmen der Qualifikation zur UEFA EURO 2012 in der Gruppe C stattfand, wurde nach nur sechs Minuten abgebrochen: Serbische »Fans« hatten im Stadio Comunale Luigi Ferraris von Genua für Ausschreitungen gesorgt. Das Spiel wurde später von der UEFA mit 3:0 für Italien gewertet.

Niederlande meistern erste Relegation

Das allererste Relegationsspiel im Rahmen einer EM-Qualifikation wurde am 13. Dezember 1995 in Liverpool im Stadion an der Anfield Road ausgetragen. Die Niederlande setzten sich dank zweier Tore von Patrick Kluivert mit 2:0 gegen Irland durch und lösten ihr EM-Ticket.

UEFA EM-MANNSCHAFTSREKORDE

 Portugal verschenkt Heimvorteil

2004 schaffte es mit Portugal erstmals seit 20 Jahren wieder ein Gastgeber, ins Finale einzuziehen. Gleichzeitig war Portugal das erste Gastgeberland, das ein Finale nicht gewinnen konnte. Das Spiel am 4. Juli 2004 in Lissabon endete 1:0 für Griechenland. Zuvor waren Frankreich (1984) und Spanien (1964) Europameister im eigenen Land geworden.

 Drei Rote Karten bei Tschechen-Sieg

Mit drei Platzverweisen ging der 3:1-Halbfinalsieg der Tschechoslowakei über die Niederlande am 16. Juni 1976 in Zagreb in die Annalen ein. Als Erster musste der Tscheche Jaroslav Pollák nach seiner zweiten Gelben Karte für ein Foul an Johan Neeskens vom Platz. Der sah in der 76. Minute wegen Nachtretens gegen Zdeněk Nehoda selbst Rot. Sechs Minuten vor Ende der Verlängerung, als Nehoda gerade den tschechischen Führungstreffer erzielt hatte, flog mit Wim van Hanegem wegen Meckerns auch noch der zweite Niederländer vom Platz.

 Dänischer Sensationserfolg

Die Dänen hatte bei der UEFA EURO 1992 wirklich niemand auf der Rechnung. Als Zweite ihrer Qualifikationsgruppe hinter Jugoslawien wären sie eigentlich nicht einmal qualifiziert gewesen. Nachdem Jugoslawien jedoch wegen des Balkankriegs ausgeschlossen wurde, fand man sich unverhofft im Feld der letzten acht wieder. Torhüter Peter Schmeichel wurde zum Helden – erst beim Elfmeterschießen im Halbfinale gegen die Oranje-Elf und erneut im Endspiel gegen Deutschland, das Dänemark durch Tore von John Jensen und Kim Vilfort mit 2:0 für sich entschied.

 Deutschland top

Seit der ersten UEFA Fußballeuropameisterschaft vor 50 Jahren ist die EM nach der Weltmeisterschaft zum wichtigsten internationalen Fußballturnier geworden. Nur 17 Teams nahmen an der EM 1960 teil, als die Sowjetunion Europameister wurde. Bei der EM 2008 kämpften 50 Teams um einen Startplatz neben den Gastgebern Österreich und Schweiz. Deutschland (bzw. die frühere Bundesrepublik) ist der erfolgreichste EM-Teilnehmer aller Zeiten, obwohl man die ersten beiden Turniere ausließ und 1968 die Qualifikation fürs Viertelfinale verpasste. Dreimal holten die Deutschen den Titel und drei weitere Male wurden sie Vize-Europameister. Frankreich und Spanien holten jeweils zwei Titel. Dänemark (1992) und Griechenland (2004) waren die großen Überraschungssieger der Turniere. Demgegenüber konnten andere große Fußballnationen den Erwartungen nicht gerecht werden. Italien errang nur bei der EM im eigenen Land den Titel – während England nie das Finale erreichte. Der größte Erfolg der Three Lions war ein dritter Rang bei der EM 1968.

 Domenghini rettet Italien

Das wohl umstrittenste Tor in einem EM-Finale fiel am 8. Juni 1968. Gastgeber Italien lag zehn Minuten vor Spielende mit 0:1 gegen Jugoslawien zurück. Während die Jugoslawen noch mit der Errichtung ihrer Mauer beschäftigt waren, schlenzte Angelo Domenghini einen Freistoß an Torhüter Ilja Pantelic vorbei ins Netz. Ausgleich. Jugoslawien protestierte, aber das Tor wurde gegeben. Zwei Tage später gewann Italien durch Tore von Gigi Riva und Pietro Anastasi das einzige Wiederholungsspiel einer EM-Endrunde mit 2:0.

 Frankreichs Durchmarsch

Frankreich ist seit Erweiterung der Endrunde auf mehr als vier Mannschaften das einzige Team, das – 1984 im eigenen Land – alle Endrundenspiele gewinnen konnte. Dabei ging keines ihrer Spiele ins Elfmeterschießen. Die Franzosen bezwangen Dänemark 1:0, Belgien 5:0 und Jugoslawien 3:2 in der Vorrunde, Portugal 3:2 nach Verlängerung im Halbfinale und Spanien 2:0 im Finale.

 Längstes Elfmeterschießen

Zum längsten Elfmeterschießen in einer EM-Endrunde kam es am 21. Juni 1980 in Neapel im Spiel um Platz drei beim Stand von 1:1 nach Verlängerung zwischen Gastgeber Italien und der Tschechoslowakei. Nach jeweils acht verwandelten Elfmetern hielt der tschechische Torhüter Jaroslav Netolička den Schuss von Fulvio Collovati, der nächste Treffer der Osteuropäer sorgte für den 9:8-Endstand.

Frankreich stürmt ohne Stürmer

Mit 14 Toren bei der EM 1984 hält Frankreich bis heute den Rekord für die meisten erzielten Treffer in einer Endrunde. Doch nur ein einziges davon ging auf das Konto eines ausgewiesenen Stürmers – Bruno Bellone, der beim 2:0-Finalsieg über Spanien den Endstand markierte. Frankreichs Regisseur und Kapitän, Michel Platini, war dabei am torgefährlichsten und schoss unglaubliche neun Tore in fünf Spielen. Unter anderem erzielte er Hattricks gegen Belgien und Dänemark und den Last-Minute-Siegtreffer in der Verlängerung des Halbfinales gegen Portugal. Die Mittelfeldspieler Alain Giresse und Luis Fernández sprangen beim 5:0-Sieg über Belgien ein. Abwehrspieler Jean-François Domergue brachte Frankreich im Halbfinale gegen Portugal in Führung und traf erneut in der Verlängerung, als Portugal nach einem Treffer von Jordão 2:1 vorn lag.

Deutschland mit dem höchsten Finalsieg

Der deutlichste Finalsieg gelang der BRD bei ihrem 3:0 im Finale gegen die Sowjetunion 1972. Gerd Müller traf zum 1:0 in der 27. Minute. Mittelfeldspieler Herbert Wimmer erzielte in der 52. Minute den zweiten Treffer für die Deutschen, bevor Müller sechs Minuten später die russische Schlappe perfekt machte. Die letzten vier Finalbegegnungen (1996, 2000, 2004 und 2008) wurden jeweils mit nur einem Tor Unterschied entschieden.

Teams mit den meisten Toren bei einer EM

1960: Jugoslawien 6
1964: Spanien, Sowjetunion, Ungarn 4
1968: Italien 4
1972: BRD 5
1976: BRD 6
1980: BRD 6
1984: Frankreich 14
1988: Niederlande 8
1992: Deutschland 7
1996: Deutschland 10
2000: Frankreich, Niederlande 13
2004: Tschechien 9
2008: Spanien 12

Höchste Endrunden-Siege

Niederlande – Jugoslawien 6:1, 2000
Frankreich – Belgien 5:0, 1984
Dänemark – Jugoslawien 5:0, 1984
Schweden – Bulgarien 5:0, 2004

Spanien weigert sich, gegen die Sowjets anzutreten

Politische Rivalitäten verhinderten 1960 die geplante Viertelfinalpartie zwischen Spanien und der Sowjetunion. Der Diktator General Franco untersagte der spanischen Elf, in die kommunistische Sowjetunion zu reisen, ließ aber auch die Sowjetkicker nicht nach Spanien einreisen. Das Spiel wurde wegen Nichtantretens der Spanier als kampflos gewonnen für die Sowjetunion gewertet. Vier Jahre später machte Franco einen Rückzieher und erlaubte den Sowjets die Einreise für die Endrunde. Es blieb ihm jedoch erspart, ihnen den Pokal überreichen zu müssen, da sich Spanien im Finale mit 2:1 gegen die Sowjetunion durchsetzte.

Per Münzentscheid zum Titel

Bei der EM 1968 im eigenen Land erreichte der spätere Europameister Italien das Finale nur dank eines Münzentscheids. Die Halbfinalpartie am 5. Juni 1968 in Neapel gegen die Sowjetunion war das einzige Spiel einer EM-Endrunde, das auf diese Weise entschieden wurde. Beim Stand von 0:0 nach Verlängerung traf der sowjetische Kapitän Albert Schesternjow die falsche Wahl, sodass Italien ins Finale einzog und dort Jugoslawien bezwang.

UEFA EM-Titel

3   BRD/Deutschland
    (1972, 1980, 1996)

2   Frankreich (1984, 2000)
    Spanien (1964, 2008)

1   Sowjetunion (1960)
    Tschechoslowakei (1976)
    Italien (1968)
    Niederlande (1988)
    Dänemark (1992)
    Griechenland (2004)

Griechenland mit dem richtigen Timing

Im Halbfinale der UEFA EURO 2004 erzielte Griechenland das einzige Silver Goal der EM-Geschichte. Nach der Silver-Goal-Regel gewann die Mannschaft, die nach der ersten Hälfte der Verlängerung in Führung lag. Mit perfektem Timing köpfte Traianos Dellas Griechenland zwei Sekunden vor Ende der ersten Hälfte der Verlängerung zum Sieg über Tschechien. Die Silver-Goal-Regelung wurde vor der UEFA EURO 2008 wieder abgeschafft. Seitdem werden die Spiele in den K.-o.-Runden wieder mithilfe regulärer Verlängerung und Elfmeterschießen entschieden.

UEFA EM-SPIELERREKORDE

Shearers Tore machen England stark

Alan Shearer ist der einzige Engländer, der jemals Torschützenkönig einer EM wurde – mit 5 Treffern bei der UEFA EURO 1996, bei der England im Halbfinale gegen
Deutschland im Elfmeterschießen ausschied. Er traf in der Gruppenphase gegen
die Schweiz, Schottland und die Niederlande (2) und erzielte im Halbfinale
gegen Deutschland in der dritten Minute den Führungstreffer. Mit zwei weiteren Toren bei der UEFA EURO 2000 belegt Shearer hinter Michel Platini
den zweiten Rang auf der Ewigen Torschützenliste der EM.

Ricardo, der Elfmeterheld

Portugals Torhüter Ricardo wurde im Elfmeterschießen des
Viertelfinales gegen England am 24. Juni 2004 in Lissabon zum Helden – dieses war nötig geworden,
nachdem die Verlängerung mit 2:2 zu Ende
gegangen war. Beim Stand von 5:5 hielt Ricardo den Versuch des Engländers Da-
rius Vassell, um anschließend den
nächsten Elfmeter seines Teams
selbst zu verwandeln
und die Three Lions
nach Hause zu
schicken.

Van Basten Topstürmer der Niederländer

Marco van Basten war der Toptorjäger der UEFA EURO
1988. Er erzielte einen Hattrick beim 3:1 der Elftal gegen
England und den Last-Minute-Siegtreffer im Halbfinale
gegen den Gastgeber Deutschland. Sein Treffer beim
2:0 seines Teams gegen die Sowjetunion gilt bis heute
als eines der schönsten je in einem EM-Endspiel erzielten
Tore. Nach einer Flanke von Arnold Mühren zog van Basten spektakulär volley ab und versenkte den Ball vorbei
am Keeper Rinat Dassajew zum 2:0.

Der jüngste Torschütze der EM-Geschichte

Der jüngste Torschütze, der in einer EM-
Endrunde traf, war der Schweizer Mittelfeldspieler Johan Vonlanthen. Bei seinem
Treffer beim 1:3 der Schweiz gegen Frankreich am 21. Juni 2004 war er 18 Jahre
und 141 Tage alt. Damit brach er den erst
vier Tage früher aufgestellten Rekord des
englischen Stürmers Wayne Rooney. Der
war bei seinem Führungstreffer gegen die
Schweiz 18 Jahre und 229 Tage alt.

Der Treffer von Anatoli Iljin

Mit seinem Treffer in der 4. Minute des Spiels
UdSSR – Ungarn am 29. September 1958
erzielte Anatoli Iljin das erste Tor der UEFA
Fußballeuropameisterschafts-Geschichte im
eigentlichen Sinn – im Achtelfinale der Qualifikationsrunde. 100 572 Zuschauer sahen im
Moskauer Lenin-Stadion den 3:1-Sieg der Sowjetunion, die anschließend auch den ersten
EM-Titel im Jahr 1960 gewann.

Kiritschenko erzielt schnellstes EM-Tor

Das schnellste Tor der EM-Geschichte erzielte der russische Stürmer
Dimitri Kiritschenko am 20. Juni
2004. Mit seinem Treffer nur 68 Sekunden nach Anpfiff brachte er sein
Team gegen Griechenland in Führung. Russland gewann 2:1, aber der
Gegner zog ins Viertelfinale ein und
wurde am Ende sensationell Europameister. Das schnellste Tor in einem
Finale schoss der Spanier Jesús
Pereda, als er seiner Mannschaft im
Endspiel der EM 1964 in der 6. Minute den Weg zum 2:1-Erfolg über die
Sowjetunion ebnete.

Rekordtorschützen aller EM-Endrunden

1. **Michel Platini (Frankreich)** 9
2. **Alan Shearer (England)** 7
3. **Nuno Gomes (Portugal)**
   Thierry Henry (Frankreich)
   Patrick Kluivert (Niederlande)
   Ruud van Nistelrooy (Niederlande) 6
4. **Milan Baroš (Tschechien)**
   Jürgen Klinsmann
   (Bundesrepublik Deutschland)
   Marco van Basten (Niederlande)
   Zinédine Zidane (Frankreich) 5

Bierhoff erzielt erstes Golden Goal

Mit seinem Siegtreffer im Finale der EM 96 gegen Tschechien am 30. Juni 1996 im Wembley-Stadion erzielte Oliver Bierhoff das erste Golden Goal der EM-Geschichte. Nach der Golden-Goal-Regel hatte die Mannschaft, die in der Verlängerung das erste Tor erzielte, das Spiel gewonnen. Bierhoff traf in der 95. Spielminute mit einem vom tschechischen Verteidiger Michal Hornák abgefälschten Fernschuss, der Torhüter Petr Kouba durch die Finger glitt.

Ponedelniks besonderer Montag

Stürmer Wiktor Ponedelnik sorgte erst für den 2:1-Siegtreffer der UdSSR im EM-Finale am 10. Juli 1960 gegen Jugoslawien und anschließend für Schlagzeilen in den sowjetischen Medien. Anstoß in Paris war um 22.00 Uhr Moskauer Zeit am Sonntag. Als Ponedelnik, zu Deutsch »Montag«, in der Verlängerung traf, war es in Moskau bereits Montag. Und so erschienen alle Zeitungen mit der Schlagzeile »Montag trifft am Montag«.

Platinis unglaublicher Rekord

Michel Platini war »der« Spieler der EM-Endrunde 1984 und erreichte einen bis heute gültigen Rekord. Frankreichs herausragender offensiver Mittelfeldspieler und Kapitän erzielte beim Titelgewinn seines Teams im eigenen Land insgesamt neun Treffer. Platinis Serie begann mit dem französischen Siegtreffer gegen Dänemark, es folgte ein Hattrick beim 5:0 gegen Belgien, und beim 3:2 gegen Jugoslawien traf er erneut dreimal. Seinen spektakulärsten Auftritt hatte er, als er sich in der letzten Minute der Verlängerung des Halbfinales gegen Portugal den Ball schnappte und sein Land zum Sieg schoss. Auch im Finale ebnete er den Weg zum 2:0-Erfolg über Spanien: Ein von ihm getretener Freistoß rutschte Torhüter Luis Arconada durch die Hände und eierte zum 1:0 ins Tor. 24 Jahre später lud Platini, inzwischen UEFA-Präsident, Arconada zum Finale der EM 2008 in Wien ein, der diesmal Spanien siegen sah.

Der älteste Torschütze

Der älteste Torschütze der EM-Geschichte ist Ivica Vastić, der in Kroatien geboren wurde und für Österreich spielte. Er war 38 Jahre und 257 Tage alt, als er bei der UEFA EURO 2008 im Gruppenspiel der Alpenrepublik gegen Polen per Foulelfmeter in der 93. Minute zum 1:1 ausglich.

EM-Torschützenkönige

1960:	2	François Heutte (Frankreich)
		Milan Galić (Jugoslawien)
		Valentin Iwanow (Sowjetunion)
		Dražan Jerković (Jugoslawien)
		Slawa Metreweli (Sowjetunion)
		Wiktor Ponedelnik (Sowjetunion)
1964:	2	Ferenc Bene (Ungarn)
		Dezsõ Novák (Ungarn)
		Jesús María Pereda (Spanien)
1968:	2	Dragan Džajić (Jugoslawien)
1972:	4	Gerd Müller (BRD)
1976:	4	Dieter Müller (BRD)
1980:	3	Klaus Allofs (BRD)
1984:	9	Michel Platini (Frankreich)
1988:	5	Marco van Basten (Niederlande)
1992:	3	Dennis Bergkamp (Niederlande)
		Tomas Brolin (Schweden)
		Henrik Larsen (Dänemark)
		Karlheinz Riedle (Deutschland)
1996:	5	Alan Shearer (England)
2000:	5	Patrick Kluivert (Niederlande)
		Savo Milošević (Jugoslawien)
2004:	5	Milan Baroš (Tschechien)
2008:	4	David Villa (Spanien)

Matthäus' lange Karriere

Die Karriere von Lothar Matthäus überspannt die Phase des Wachstums der Europameisterschaft. Zwischen 1980 und 2000 nahm er an vier Endrunden teil. Er verpasste die EM 92 verletzungsbedingt und die EM 96, nachdem er sich mit Trainer Berti Vogts und Kapitän Jürgen Klinsmann überworfen hatte. Sein Debüt in der Nationalelf gab er bei der EM 1980 am 14. Juni in Neapel als 19-jähriger Einwechselspieler für Bernard Dietz beim 3:2 der DFB-Auswahl gegen die Niederlande. Bei diesem Turnier wurde erstmals eine Endrunde mit zwei Gruppen à vier Teams ausgetragen, statt wie früher nur die Halbfinalpartien; die Gruppenzweiten spielten dann um den dritten Platz, die Sieger bestritten das Finale. Sein letztes EM-Spiel bestritt Matthäus für das wiedervereinte Deutschland bei der 0:3-Niederlage gegen Portugal in der Vorrunde der EM 2000. Zu diesem Zeitpunkt war Matthäus bereits 39 Jahre alt und die EM-Endrunde startete mit inzwischen 16 Teams in vier Gruppen. Obwohl bei vier Endrunden im Aufgebot, machte er insgesamt nur 11 Spiele. Jedoch entwickelte sich während seiner langen Karriere das EM-Turnier – nach der Fußballweltmeisterschaft – zum zweitgrößten internationalen Wettbewerb.

Es bleibt in der Familie

Vier Brüderpaare waren bei der EM 2000 dabei: Gary und Phil Neville (England), Frank und Ronald de Boer (Niederlande), Daniel und Patrik Andersson (Schweden), Emile und Mbo Mpenza, die zwei Belgier kongolesischer Abstammung.

Beckenbauers Hundertstes endet mit bitterer Niederlage

Seinen 100. Einsatz für die deutsche Nationalelf feierte Franz Beckenbauer ausgerechnet im Finale der EM 1976 gegen die Tschechoslowakei, das mit einer bitteren Niederlage im Elfmeterschießen endete. Bis zu seinem Rücktritt aus der Nationalmannschaft lief Beckenbauer anschließend nur noch dreimal für die DFB-Auswahl auf.

Portugal-Trio mit längster Sperre

Die längsten Sperren der EM-Geschichte wurden gegen drei portugiesische Spieler nach deren Halbfinal-Aus gegen Frankreich bei der EM 2000 verhängt. Die Portugiesen waren über den Strafstoß, den Zinédine Zidane zum Golden Goal verwandelte, dermaßen empört, dass sie Schiedsrichter Günter Benkö und seinen Assistenten Igor Sramka bedrängten und beschimpften. In der Folge wurden drei der Portugiesen (Abel Xavier, Nuno Gomes und Paulo Bento) wegen »körperlicher und verbaler Bedrohung« der Spielleiter hart bestraft: Abel Xavier (Nr. 14) wurde für neun Monate gesperrt, Nuno Gomes, der noch Rot gesehen hatte, für acht, Paulo Bento für sechs.

Das verdorbene Jubiläum

Mit 125 Länderspieleinsätzen führt Torhüter Peter Shilton die Liste der englischen Rekordnationalspieler an. Sein 100. Spiel am 15. Juni 1988 in Düsseldorf wird er wohl nie vergessen – allerdings aus einem wenig erfreulichen Grund. In dieser Partie, dem zweiten Gruppenspiel der Engländer bei der UEFA EURO 1988, schenkte ihm Marco van Basten einen lupenreinen Hattrick ein und sorgte im Alleingang für den 3:1-Erfolg der Oranjes.

Spieler mit den meisten Endrunden-Teilnahmen

Sechs Spieler haben an vier Endrunden teilgenommen:

Lothar Matthäus (Bundesrepublik/Deutschland)	1980, 1984, 1988, 2000
Peter Schmeichel (Dänemark)	1988, 1992, 1996, 2000
Aaron Winter (Niederlande)	1988, 1992, 1996, 2000
Lilian Thuram (Frankreich)	1996, 2000, 2004, 2008
Edwin van der Sar (Niederlande)	1996, 2000, 2004, 2008
Alessandro Del Piero (Italien)	1996, 2000, 2004, 2008

Erster englischer Platzverweis

Mittelfeldspieler Alan Mullery war der erste englische National-spieler überhaupt, der in einem Länderspiel des Feldes verwie-sen wurde. Er sah am 5. Juni 1968 in der 89. Minute bei der englischen EM-Halbfinalnieder-lage gegen Jugoslawien Rot für ein Foul an Dobrivoje Trivić; drei Minuten zuvor war der jugosla-wische Siegtreffer durch Dragan Džajić gefallen war. Es war das 424. offizielle Länderspiel der englischen Nationalmannschaft.

Die ersten Roten Kar-ten nach langer Zeit

Nach dem Platzverweis des Franzosen Yvon Le Roux im Finale der EM 1984 folgten zwei Endrunden ohne Feldver-weis. Damit war es in dem von vielen Fouls geprägten Spiel der Gruppe B zwischen Spanien und Bulgarien am 9. Juni 1996 in Leeds vorbei. Der itali-enische Schiedsrichter Piero Ceccarini schickte erst den Bulgaren Petar Hub-tschew vom Platz, weil der José Luis Caminero von den Füßen geholt hatte, und dann für sein har-tes Einsteigen gegen Radostin Kischischew auch noch den Spani-er Juan Antonio Pizzi.

Scifo, das Küken unter den Kickern

Der jüngste Spieler, der je ein EM-Endrundenspiel bestritt, war der belgi-sche Mittelfeldspieler Enzo Scifo. Bei seinem ersten Einsatz, dem 2:0-Sieg Belgiens über Jugoslawien am 13. Juni 1984, war er 18 Jahre und 115 Tage alt. Er stand in allen drei Gruppenspielen auf dem Platz.

Hagis Reise endet mit Rot

Rumäniens Fußball-Legende Gheorghe Hagi bestritt das letzte seiner 125 Länderspiele während der UEFA EURO 2000 beim 0:2 Rumäniens im Vier-telfinale gegen Italien am 24. Juni 2000. Seine internationale Karriere sollte jedoch traurig enden: In der 59. Minute muss-te er mit Gelb-Rot vom Platz. Zuvor hatte Hagi bereits gegen Deutschland und Portugal je-weils eine Gelbe Karte erhalten und deshalb schon beim 3:2 seines Teams im letzten Grup-penspiel gegen England auf der Tribüne Platz nehmen müssen.

Aragones – der »Älteste« Meister-Trainer

Der Trainer der spanischen Elf von 2008, Luis Arago-nes, ist der älteste Coach, der je ein Europameister-Team betreute. Als sich Spanien im Finale am 29. Juni 2008 mit 1:0 gegen Deutschland durchsetzte, stand Aragones 29 Tage vor seinem 70. Geburtstag. Das war sein letztes Spiel als Trainer der spanischen Nationalmannschaft, die er nach der EM 2004 über-nommen hatte.

Vater und Sohn

Die tschechischen Abwehrspieler Miros-lav und Michal Kadlec sind das einzige Vater-Sohn-Paar, das bei Endrunden spielte. Miroslav (geb. am 22. Juni 1964 in Uherské Hradiště) führte Tschechien bei der EM 1996 in England als Kapitän ins Finale (1:2 gegen Deutschland). Er verwandelte auch den entscheidenden Strafstoß des Elfmeterschießens im Halbfinale gegen Frankreich. Michal (geb. am 13. Dezember 1984 in Vyškov) gab sein EM-Debüt, als er am 15. Juni 2008 beim Spiel der Gruppe A gegen die Türkei in der 80. Minute für Jaros-lav Plašil eingewechselt wurde.

Matthäus – ältester Endrunden-Teilnehmer

Der älteste Spieler, der je bei einer Partie der UEFA Fußballeuropameister-schaft auf dem Platz stand, war Lothar Matthäus. Beim 0:3 der DFB-Auswahl gegen Portugal am 20. Juni 2000 war er 39 Jahre und 91 Tage alt.

Spieler mit den meisten Einsätzen bei EM-Endrunden

16	Edwin van der Sar	(Niederlande)
	Lilian Thuram	(Frankreich)
14	Luis Figo	(Portugal)
	Nuno Gomes	(Portugal)
	Karel Poborský	(Tschechien)
	Zinédine Zidane	(Frankreich)

Suárez mit erstem Double

Dem Spanier Luis Suárez gelang es als erstem Spieler, in einer Saison sowohl Eu-ropameister zu werden als auch den Eu-ropapokal der Landesmeister zu erringen. Am 21. Juni 1964 gewann er mit Spanien das EM-Finale gegen die Sowjetunion (2:1). Bereits am 27. Mai hatte er mit Inter Mailand im Endspiel des Europapokals Real Madrid mit 3:1 bezwungen. 1988 gab es vier niederländische Spieler, die sowohl im Europapokal-Finale als auch im Endspiel der UEFA EURO 1988 in Mün-chen erfolgreich waren: Hans van Breuke-len, Ronald Koeman, Berry van Aerle und Gerald Vanenburg besiegten mit dem PSV Eindhoven Benfica Lissabon und mit der Nationalmannschaft die UdSSR. Nicolas Anelka gewann die Champions League 2000 mit Real Madrid und war auch im französischen Aufgebot, als Frankreich 2000 Europameister wurde, er im Finale aber nur auf der Bank saß.

UEFA EM – NOCH MEHR REKORDE

Die UEFA EURO 2008 im Zeitalter des Internets

Das Internet wurde während der UEFA EURO 2008 zu einem der meistgenutzten Informationskanäle. Mehr als 105 Millionen Besucher aus über 200 Ländern informierten sich auf der Website zur EM www.euro2008.com. Die meisten Seitenaufrufe – rund 15 Prozent – erfolgten aus Großbritannien. Die höchste Zahl von Seitenaufrufen an einem einzigen Tag lag bei 4,9 Millionen.

Trikots mit Namen

Bei der EM 1992 trugen die Spieler erstmals Trikots, auf deren Rückseite auch ihr Name aufgedruckt war. Bis dahin konnten die Spieler lediglich anhand ihrer Nummer identifiziert werden.

EM 2012 auf dem Weg

Die EM 2012 wird – erstmals mit 16 Teams – in Polen und der Ukraine ausgetragen. Das Eröffnungsspiel findet im polnischen Nationalstadion in Warschau, das Endspiel in der Ukraine im Olympiastadion von Kiew statt. Weitere polnische Austragungsorte sind Danzig (Gdańsk), Posen (Poznań) und Breslau (Wrocław). Die Spiele in der Ukraine finden außerdem in Lemberg (Lwiw), Charkiw und Donezk statt.

Spanien mit neuem TV-Rekord

Beim spanischen Sieg über Deutschland im Finale der UEFA EURO 2008 erzielte das spanische Fernsehen eine Rekord-Einschaltquote. Das Spiel wurde in mehr als 14 Millionen Haushalten gesehen, und Hunderttausende weitere Zuschauer verfolgten den Triumph auf riesigen Leinwänden auf öffentlichen Plätzen und in Parks. Das Finale wurde live in 231 Länder übertragen.

Italien zweimaliger Gastgeber

Italien war das erste Land, das zweimal Gastgeber einer EM-Endrunde war (1968 und 1980). Die Ausrichtung der EM 1968 wurde zu Ehren des 60-jährigen Bestehens des italienischen Fußballverbands nach Italien vergeben. Auch Belgien war bereits zweimal Gastgeber: 1972 allein und im Jahre 2000 gemeinsam mit den Niederlanden.

Englischer Schiedsrichter pfeift Premiere

Der englische Referee Arthur Ellis leitete das allererste EM-Finale zwischen der Sowjetunion und Jugoslawien 1960. Vier Jahre zuvor hatte Ellis bereits das allererste Finale des Europapokals der Landesmeister zwischen Real Madrid und Stade Reims gepfiffen. Nach dem Ende seiner Fußballkarriere war er für England als Schiedsrichter in der europaweit ausgestrahlten Spielshow »Spiel ohne Grenzen« tätig.

Griechen schenken Albanien Sieg

Als die Griechen in der ersten Runde der EM 1964 gegen Albanien antreten sollten, zogen sie ihre Teilnahme umgehend zurück und schenkten Albanien einen mit 3:0 Toren gewerteten Sieg. Die beiden Länder befanden sich formal seit 1940 im Kriegszustand, den die griechische Regierung – trotz der Wiederaufnahme von diplomatischen Beziehungen im Jahre 1971 – erst 1987 offiziell aufhob.

EM-Gastgeberländer

Jahr	Land
1960	Frankreich
1964	Spanien
1968	Italien
1972	Belgien
1976	Jugoslawien
1980	Italien
1984	Frankreich
1988	BRD
1992	Schweden
1996	England
2000	Niederlande und Belgien
2004	Portugal
2008	Österreich und Schweiz

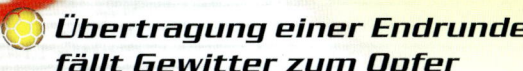

Ein Turnier – zwei Gastgeber

Die Endrunde der UEFA Fußball-europameisterschaft 2000 wurde erstmals in zwei Ländern ausgetragen – in Belgien und den Niederlanden. Das Eröffnungsspiel am 10. Juni zwischen Belgien und Schweden (2:1) fand in Brüssel statt, das Endspiel am 2. Juli in Rotterdam. Eine Fortsetzung fand der Trend zur »dualen« Ausrichtung bei der UEFA EURO 2008 in Österreich und der Schweiz. Die erste EM-Partie am 7. Juni zwischen Co-Gastgeber Schweiz und Tschechien (0:1) fand in Basel statt, das Endspiel wurde am 29. Juni in Wien ausgetragen.

Übertragung einer Endrunde fällt Gewitter zum Opfer

Bei der UEFA EURO 2008 sahen viele Fernsehzuschauer beim dramatischen 3:2-Halbfinalsieg Deutschlands über die Türkei plötzlich in die Röhre. Durch ein Gewitter mit Sturmböen über der Sendezentrale in Wien kam es zu einem minutenlangen Bild- und Tonausfall. Die Fernsehzuschauer sahen weder Miroslav Kloses Führungstreffer zum 2:1 noch den Ausgleich durch Semih Şentürk. Die Störung wurde gerade rechtzeitig zu Philipp Lahms Siegtreffer in der Nachspielzeit behoben.

Rekord-Kulisse im Bernabéu-Stadion

Die meisten Zuschauer in einem Finale der UEFA Fußball-europameisterschaft verzeichnete die Partie Spanien – Sowjetunion im Bernabéu-Stadion in Madrid am 21. Juni 1964. 120 000 sahen den 2:1-Erfolg Spaniens.

Top Ten der EM-Endrunden-Teilnehmer

Mannschaft	Spiele	S	U	N	Tore
1. BRD/Deutschland	38	19	10	9	55:39
2. Niederlande	32	17	8	7	55:32
3. Frankreich	28	14	7	7	46:34
4. Spanien	30	13	9	8	38:31
5. Portugal	23	12	4	7	34:22
6. Italien	27	11	12	4	27:18
7. Tschechoslowakei/Tschechien	25	11	5	9	36:32
8. Sowjetunion/GUS/Russland	27	11	5	11	31:36
9. England	23	7	7	9	31:28
10. Dänemark	24	6	6	12	26:38

Der Goldraub

In dem englischen Kultfilm mit Michael Caine (Originaltitel »The Italian Job«) nutzt eine britische Gangsterbande das Finale der EM 1968 in Rom, um in Turin einen spektakulären Goldraub auszuführen. Der Film kam am 2. Juni 1969 in die englischen Kinos.

EM wird zum Großereignis

Die UEFA Fußballeuropameisterschaft findet eine größere Resonanz in den Medien als jedes andere internationale Fußballturnier, abgesehen von der FIFA WM. Früher wurde die Endrunde mit vier Teams innerhalb weniger Tage ausgespielt. Heute treten 16 Mannschaften an und die UEFA EURO ist zu einem dreiwöchigen Großereignis geworden. 2016 dauert die Party sogar noch länger, denn das Turnier wird erstmals mit 24 Teams durchgeführt. Ohne Zweifel werden die TV-Zuschauerzahlen alle Rekorde brechen. Gleichzeitig werden aber neue Medien wie das Internet eine immer wichtigere Rolle in der Berichterstattung spielen.

Die Niederländer zieht's ins Wasser

Die Elftal beging seinen Triumph bei der EM 1988 auf eher ungewöhnliche Weise. Das Team fuhr auf einem Kahn durch die Kanäle von Amsterdam. Mehr als eine Million Menschen winkten ihnen begeistert zu – und viele der in den Kanälen vor Anker liegenden Hausboote wurden durch tanzende Fans beschädigt.

TEIL 4 – COPA AMÉRICA

DAS FLIEGEN als Reisemöglichkeit hatte in den letzten 50 Jahren einen revolutionären Effekt auf alle internationalen Sportwettkämpfe. Dabei hatten die Probleme, mit denen man organisatorisch in der ersten Hälfte des 20. Jahrhunderts zu kämpfen hatte, durchaus auch positive Auswirkungen.

Die Gründungsmitglieder der FIFA 1904 waren ausschließlich Europäer. Auch wenn die südamerikanischen Staaten wie Brasilien, Argentinien und Uruguay nicht zögerten, sich für die Mitgliedschaft anzumelden, waren die Gelegenheiten, gegen ihre europäischen »Cousins« zu spielen, selten.

Europäische »Gelegenheitsteams«, in der Regel Vereine, unternahmen hin und wieder Reisen nach Südamerika, doch die langen, zeitraubenden Schiffspassagen unterbrachen den Fluss der Turniere und Trainingsvorbereitungen. Aus diesem Grund konnten an der ersten FIFA Weltmeisterschaft 1930 in Uruguay nur vier europäische Nationalmannschaften teilnehmen.

Die Südamerikaner mussten daher ihre eigenen internationalen Meisterschaften ausrichten. Sie riefen 1916 die Campeonato Sudamericano ins Leben, die sich heute Copa América nennt.

Die damaligen Kommunikationskanäle waren mit den heutigen nicht vergleichbar, die gesamte Organisation der Spiele war höchst kompliziert, sodass rückwirkend viele der ersten Meisterschaften als inoffiziell eingestuft wurden.

Weitere Probleme entstanden bei der Ausarbeitung der Spielpläne. Häufig konnten die Länder die Verfügbarkeit ihrer besten Spieler nicht sicherstellen, die bei Vereinen in Europa unter Vertrag standen.

Das Thema der »Spielerflucht« stellte in den späten 50er-Jahren besonders für Argentinien ein großes Problem dar. Die Argentinier holten sich 1957 den südamerikanischen Titel und wurden als die Favoriten für den Sieg bei der FIFA WM im folgenden Jahr gehandelt.

Als es aber so weit war, hatten sie ihr komplettes mitreißendes Stürmer-Trio Humberto Maschio, Antonio Valentín Angelillo und Enrique Omar Sívori an italienische Vereine verloren. Um das Problem »Club gegen Land« zu lösen, beschloss die FIFA die Einführung eines einheitlichen internationalen Spielplans, der die besondere Bedeutung der Copa América berücksichtigte.

Die leidenschaftlichen südamerikanischen Fußballfans verwandeln Wettkampfstätten wie das Estadio Monumental (El Monumental) in Buenos Aires, in dem das Endspiel der Copa América 2011 ausgetragen wurde, in lärmende, bunte Hexenkessel.

Kleiner Napoleon

Mit 31 Gegentoren bei sechs Niederlagen in sechs Spielen kassierte Torhüter Napoleon Medina mit Ecuador 1942 mehr Treffer während eines einzigen Turniers als jedes andere Team. Beim Turnier drei Jahre später gelang es Ecuador bei einem torlosen Unentschieden gegen Bolivien wenigstens einmal, den Kasten sauber zu halten. Ecuador kassierte in seinen fünf weiteren Partien aber immer noch 27 Tore.

Kollektiver Torrausch

Bei seinem Gewinn der Copa América 1997 konnte Brasilien auf die Rekordzahl von zehn Torschützen bauen: Ronaldo (5 Tore), Leonardo und Romário (jeweils 3), Denilson, Djalminha und Edmundo (jeweils 2) und Aldair, Dunga, Flávio Conceição und Zé Roberto mit jeweils einem Treffer.

Gewinner der Copa América

Jahr	Ergebnis
1910	(inoffiziell) Argentinien (Ligamodus)
1916	Uruguay (Ligamodus)
1917	Uruguay (Ligamodus)
1919	Brasilien – Uruguay 1:0
1920	Uruguay (Ligamodus)
1921	Argentinien (Ligamodus)
1922	Brasilien – Paraguay 3:1
1923	Uruguay (Ligamodus)
1924	Uruguay (Ligamodus)
1925	Argentinien (Ligamodus)
1926	Uruguay (Ligamodus)
1927	Argentinien (Ligamodus)
1929	Argentinien (Ligamodus)
1935	Uruguay (Ligamodus)
1937	Argentinien – Brasilien 2:0
1939	Peru (Ligamodus)
1941	Argentinien (Ligamodus)
1942	Uruguay (Ligamodus)
1945	Argentinien (Ligamodus)
1946	Argentinien (Ligamodus)
1947	Argentinien (Ligamodus)
1949	Brasilien – Paraguay 7:0
1953	Paraguay – Brasilien 3:2
1955	Argentinien (Ligamodus)
1956	Uruguay (Ligamodus)
1957	Argentinien (Ligamodus)
1959	Uruguay (Ligamodus)
1963	Bolivien (Ligamodus)
1967	Uruguay (Ligamodus)
1975	Peru – Kolumbien 4:1 (nach Hin- und Rückspiel + Entscheidungsspiel)
1979	Paraguay – Chile 3:1 (nach Hin- und Rückspiel + Entscheidungsspiel)
1983	Uruguay – Brasilien 3:1 (nach Hin- und Rückspiel)
1987	Uruguay – Chile 1:0
1989	Brasilien (Ligamodus)
1991	Argentinien (Ligamodus)
1993	Argentinien – Mexiko 2:1
1995	Uruguay – Brasilien 5:3 n.E. (1:1 n.V.)
1997	Brasilien – Bolivien 3:1
1999	Brasilien – Uruguay 3:0
2001	Kolumbien – Mexiko 1:0
2004	Brasilien – Argentinien 4:2 n.E. (2:2 n.V.)
2007	Brasilien – Argentinien 3:0

Austragungsrechte nach Ländern

Land		
Argentinien	8	(1916, 1921, 1925 ,1929, 1937, 1946, 1959, 1987)
Uruguay	7	(1917, 1923, 1924, 1942, 1956, 1967, 1995)
Chile	6	(1920, 1926, 1941, 1945, 1955, 1991)
Peru	6	(1927, 1935, 1939, 1953, 1957, 2004)
Brasilien	4	(1919, 1922, 1949, 1989)
Ecuador	3	(1947, 1959, 1993)
Bolivien	2	(1963, 1997)
Kolumbien	1	(2001)
Paraguay	1	(1999)
Venezuela	1	(2007)

Hängepartie

Das längste Spiel in der Geschichte der Copa América war das Entscheidungsspiel 1919 zwischen den punktgleichen Mannschaften Brasiliens und Uruguays. Es dauerte 150 Minuten – reguläre 90 Minuten plus vier Verlängerungen von je 15 Minuten.

Wie alles begann

Die erste Campeonato Sudamericano (Südamerika-Meisterschaft für Nationalmannschaften), wie sie damals noch hieß, fand im Rahmen der Feierlichkeiten zum 100-jährigen Bestehen des Landes vom 2.–17. Juli 1916 in Argentinien statt. Sieger des Turniers war Uruguay, dem im letzten Spiel ein Unentschieden gegen Argentinien reichte. Der Anfang war alles andere als vielversprechend. Die Begegnung vom 16. Juli musste beim Stand vom 0:0 abgebrochen werden, weil Fans das Spielfeld stürmten und die Holztribünen in Brand setzten. Das Spiel wurde am nächsten Tag in einem anderen Stadion fortgesetzt, blieb jedoch erneut torlos. Aber am Ende wurde Uruguay als Gruppensieger zum ersten Meister gekürt. Isabelino Gradín wurde zum Torschützenkönig. Eine Woche nach Turnierbeginn, am 9. Juli 1916, wurde im Rahmen der Veranstaltung der südamerikanische Fußballverband CONMEBOL gegründet.

Auswechseln will gelernt sein

Bei der Copa América 1953 wurde die Partie Peru – Paraguay zugunsten von Peru gewertet, weil der Gegner eine Auswechslung mehr als erlaubt vornehmen wollte. Der Möchtegern-Einwechselspieler Milner Ayala trat in seiner Empörung nach dem englischen Schiedsrichter Richard Maddison und wurde für drei Jahre gesperrt. Paraguay verblieb indessen im Turnier und setzte sich im Entscheidungsspiel gegen Brasilien durch – ohne den Sünder Ayala natürlich.

Rotationsprinzip

1975 wurde die Campeonato Sudamericano de Selecciones in Copa América umbenannt. Bis einschließlich 1983 wurde die Meisterschaft nun zunächst ohne festen Austragungsort und somit ohne Gastgeberland ausgetragen. Dann entschied man sich in der CONMEBOL, die Ausrichtung nach dem Rotationsprinzip an die zehn Mitgliedsverbände zu vergeben. Der erste Rotationszyklus endete 2007 mit Austragung des Pokals in Venezuela, sodass Argentinien im Jahre 2011 zum neunten Mal Gastgeber sein wird.

Altehrwürdige Veranstaltung

Die Copa América – das älteste heute noch ausgetragene internationale Fußballturnier – wurde 1916 von den Mitgliedsländern Argentinien, Bolivien, Brasilien, Chile, Kolumbien, Ecuador, Paraguay, Peru, Uruguay und Venezuela ins Leben gerufen. 1910 wurde eine inoffizielle Südamerika-Meisterschaft durchgeführt, die Argentinien durch einen 4:1-Sieg im Entscheidungsspiel gegen Uruguay gewann.

Gefallene Engel

Das Sturmtrio Humberto Maschio, Omar Sívori und Antonio Valentín Angelillo, das 1957 mit Argentinien die Copa América gewann, wurde unter dem Namen »die Engel mit den schmutzigen Gesichtern« bekannt. In jedem der sechs Spiele, die Argentinien bestritt, traf mindestens einer von ihnen. Maschio wurde Torschützenkönig des Turniers. Die überzeugendste Leistung des Turniers bot Argentinien bei seinem 8:2-Auftaktsieg über Kolumbien, bei dem man innerhalb der ersten 25 Minuten bereits vier Tore und einen vergebenen Elfmeter verbuchte. Darbietungen wie diese machten Argentinien und nicht den späteren Gewinner Brasilien zum heißesten Anwärter auf den WM-Titel im folgenden Jahr. Bis dahin waren jedoch Maschio, Sívori und Angelillo von italienischen Klubs nach Europa gelockt worden – woraufhin sich der argentinische Verband weigerte, sie zur FIFA WM nach Schweden mitzunehmen. Sívori und Maschio schafften es schließlich wenigstens zur Weltmeisterschaft 1962. Dort liefen sie allerdings – zum großen Ärger in der alten Heimat – nicht im hellblau-weiß gestreiften Dress Argentiniens, sondern im tiefblauen Trikot ihrer neuen Heimat Italien auf.

Kolumbianer räumen ab

2001 konnte Kolumbien zum ersten und bislang einzigen Mal den Pokal gewinnen – und kassierte dabei als einziges Team in der Copa-América-Geschichte in einem Turnier kein einziges Gegentor. Selbst erzielte man elf Tore, allein sechs davon durch den Torschützenkönig des Turniers, Víctor Aristazábal. Für die Null sorgte Torhüter Óscar Córdoba, der zuvor lange Zeit Ersatztorhüter hinter der exzentrischen Nr. 1 der Kolumbianer, René Higuita, gewesen war. Nur einen Monat zuvor hatte Córdoba mit seinem argentinischen Verein Boca Juniors auch die südamerikanische Klubmeisterschaft, die Copa Libertadores, gewonnen.

Moreno vor, noch ein Tor!

Auf das Konto Argentiniens geht nicht nur der höchste Sieg der Copa-América-Geschichte, sondern auch das torreichste Spiel des Pokals: In der Partie gegen Ecuador im Jahre 1942 stand es am Ende 12:0. José Manuel Moreno erzielte fünf Treffer in diesem Spiel, und darunter auch das 500. Tor der Südamerika-Meisterschaft. Gemeinsam mit seinem Teamkollegen Herminio Masantonio wurde der am 3. August 1916 in Buenos Aires geborene Moreno mit insgesamt sieben Treffern zum Torschützenkönig des Turniers. Beide hatten am Ende ihrer internationalen Karriere jeweils 19 Tore für ihr Land erzielt. Während Moreno dazu 34 Länderspiele benötigte, reichten Masantonio ganze 21. Beim Kantersieg gegen Ecuador hatte Masantonio viermal getroffen.

Bekannte Gesichter

Uruguay war der häufigste Teilnehmer (40), gefolgt von Argentinien (38), Chile (35), Paraguay (33), Brasilien (32) und Peru (28). Am häufigsten ausgerichtet hat die Copa América Argentinien – neunmal, gefolgt von Uruguay (siebenmal) und Chile (sechsmal).

COPA AMÉRICA
SPIELERREKORDE

Froschkönig

Mit insgesamt 34 Spielen bei Teilnahmen in den Jahren 1941, 1942, 1945, 1947, 1949 und 1953 hält der chilenische Torhüter Sergio Livingstone den Rekord für die meisten Einsätze im Rahmen der Copa América. Der »Frosch«, wie man ihn auch nannte, wurde 1941 – als erster Torhüter überhaupt – zum besten Spieler des Turniers gewählt. Der am 26. März 1920 in Santiago geborene Livingstone verbrachte fast sein gesamtes Fußballerleben – bis auf eine Saison beim argentinischen Racing Club Avellaneda (1943/44) – in seiner Heimat Chile. Er brachte es zwischen 1941 und 1954 auf insgesamt 52 Länderspiele und wurde nach seiner aktiven Karriere ein beliebter Fernsehjournalist und Kommentator.

Chile im Pech

Das erste Eigentor in der Geschichte der Copa América unterlief dem Chilenen Luis García, der damit den 1:0-Sieg Argentiniens in der zweiten Ausgabe des Turniers 1917 besiegelte. Damit nicht genug, blieb Garcías Eigentor der einzige chilenische Treffer im gesamten Turnier – ein erster Negativrekord in der Meisterschaftsgeschichte.

Verhaltene Freude

Das allererste Tor der Copa América erzielte der Uruguayer José Piendibene im Jahre 1916 beim 4:0-Erfolg seiner Mannschaft über Chile. In Jubelstürme ist er darüber jedoch nicht ausgebrochen. Bekannt für sein Fairplay, versagte sich Piendibene jegliche Geste der Freude, um seine Gegner nicht zu verletzen.

Die meisten Einsätze

Sergio Livingstone (Chile)	34
Zizinho (Brasilien)	33
Leonel Álvarez (Kolumbien)	27
Carlos Valderrama (Kolumbien)	27
Álex Aguinaga (Ecuador)	25
Cláudio Taffarel (Brasilien)	25
Teodoro Fernández (Peru)	24
Angel Romano (Uruguay)	23
Djalma Santos (Brasilien)	22
Claudio Suárez (Mexiko)	22

Rekordtorschützen der Copa América

1.	Norberto Méndez (Argentinien)	17
=	Zizinho (Brasilien)	17
3.	Teodoro Fernández (Peru)	15
=	Severino Varela (Uruguay)	15
5.	Ademir (Brasilien)	13
=	Jair da Rosa Pinto (Brasilien)	13
=	Gabriel Batistuta (Argentinien)	13
=	José Manuel Moreno (Argentinien)	13
=	Héctor Scarone (Uruguay)	13

Nichts leichter als das

Uruguays Pedro Petrone (1923 und 1924) und Argentiniens Gabriel Batistuta (1991 und 1995) sind die einzigen beiden Torjäger, denen es gelang, gleich zweimal Torschützenkönig der Copa América zu werden. Batistuta von den Boca Juniors machte sein erstes Spiel für Argentinien nur wenige Tage vor Beginn der Copa América 1991. Durch seine überzeugenden Leistungen im Turnier machte Argentiniens Rekordtorschütze europäische Vereine auf sich aufmerksam.

Aguinaga im Langzeiteinsatz

Als Ecuadors Álex Aguinaga im ersten Spiel seines Teams bei der Copa América 2004 gegen Uruguay auflief, war er der zweite Spieler, der an acht Copa-América-Meisterschaften teilgenommen hatte. Vor ihm hatte das nur die uruguayische Stürmerlegende Ángel Romano geschafft. Der am 7. Juni 1969 in Ibarra geborene Mittelfeldspieler brachte es auf insgesamt 109 Länderspieleinsätze, bei denen er 23 Tore erzielte – vier davon in seinen 23 Spielen bei der Copa América. Zu Beginn lief alles prächtig für ihn bei der Copa: Bei seinen ersten Turnieren 1987 und 1989 blieb Ecuador immerhin in vier von sechs Spielen ungeschlagen, schied aber trotzdem in den Vorrunden aus. Seine letzten sieben Spiele bei den Turnieren waren jedoch allesamt Niederlagen.

Anfang wie Ende

Kolumbiens Spielmacher Carlos Valderrama und der defensive Mittelfeldspieler Leonel Álvarez standen in allen 27 Spielen ihres Teams während der Copa-América-Turniere von 1987 bis 1995 – darunter zehn Siege, zehn Unentschieden, sieben Niederlagen – auf dem Platz und wurden 1987, 1993 und 1995 jeweils Dritter. Dabei erzielte Valderrama genau zwei Tore – eins bei seinem ersten Auftritt, einem 2:0-Erfolg über Bolivien 1987, und eins bei seinem letzten Spiel, als man acht Jahre später die USA mit 4:1 abfertigte.

Stammgast

Mit 22 Einsätzen in fünf Turnieren (1993 – 2004) ist der Mexikaner Claudio Suárez der nicht-südamerikanische Spieler mit den meisten Spielen bei der Copa América. Suárez, der Feldspieler mit den meisten Länderspieleinsätzen weltweit, war Stammspieler während der Copa América 1993, als Mexiko ins Finale einzog. Bei der zweiten Vizemeisterschaft Mexikos 2001 pausierte er jedoch, um sich für die entscheidenden FIFA WM-Qualifikationsspiele zu schonen, und brach sich dann unmittelbar vor der FIFA WM 2002 das Bein.

Die fantastischen fünf

Vier Spieler erzielten jeweils fünf Tore in einem Spiel der Copa América: Héctor Scarone bei Uruguays 6:0-Sieg über Bolivien 1926, Juan Marvezzi bei Argentiniens 6:1-Sieg über Ecuador 1941, José Manuel Moreno bei Argentiniens 12:0 gegen Ecuador 1942 und Evaristo de Macedo beim brasilianischen 9:0-Erfolg über Kolumbien 1957.

Zizinhos Trauma

Brasiliens Stürmer Zizinho führt gemeinsam mit dem Argentinier Norberto Méndez die ewige Torschützenliste der Copa América an. Beide trafen insgesamt 17-mal, Zizinho in sechs Turnieren und Méndez in dreien, darunter auch in den Jahren 1945 und 1946, in denen beide Torjäger an der Copa teilnahmen. Méndez wurde einmal Torschützenkönig und brachte es auf zwei zweite Plätze in der Torschützenliste. In allen drei Fällen gewann er mit seinem Team die Meisterschaft. Zizinho konnte indessen Brasilien nur einmal zum Titel schießen – 1949. Pelés großes Idol war bei der FIFA WM 1950 im eigenen Land zwar Brasiliens überragender Spieler, doch er litt zeit seines Lebens unter der überraschenden Niederlage gegen Uruguay im letzten Gruppenspiel der Finalrunde, die Brasilien den WM-Titel kostete. Weil er immer wieder gefragt wurde, wie Brasilien denn dieses Spiel bloß verlieren konnte, stellte er jedes Jahr am 16. Juli, dem Jahrestag der bitteren Schmach, sein Telefon aus. An der FIFA WM 1958 nahm er nicht teil, weil anstatt seiner ein 17-jähriges Stürmertalent ins brasilianische Aufgebot berufen wurde – sein großer Fan aus Kindertagen, Pelé. Im folgenden Jahr wurde Pelé zum ersten und einzigen Mal mit acht Toren Torschützenkönig der Copa América.

COPA AMÉRICA
NOCH MEHR REKORDE

Erfolgreiche Fremde

Nur zwei ausländische Trainer konnten die Copa América bislang gewinnen – der brasilianische Coach Danilo Alvim mit Bolivien (1963) und der Engländer Jack Greenwell mit Peru (1939). Alvim, der das Turnier 1949 bereits als Innenverteidiger mit Brasilien gewonnen hatte, begnügte sich nicht damit, Bolivien zu seinem ersten und einzigen Erfolg bei der Copa América zu führen, er fügte zudem seinem Heimatland im letzten Spiel des Turniers eine bittere 5:4-Niederlage zu.

Heimstärke

Uruguay hält den einmaligen Rekord, in 38 Copa-América-Spielen auf heimischem Boden ungeschlagen zu sein. Insgesamt holte man 31 Siege und sieben Unentschieden. Das letzte Spiel der Copa 1995 in Uruguay gegen Brasilien war sowohl ein Unentschieden als auch ein Sieg: Nachdem die Partie 1:1 endete, setzte sich Uruaguy mit 5:3 im Elfmeterschießen durch und wurde Südamerikameister. Dabei hielt Fernando Álvez Túlios den entscheidenden Strafstoß.

Gastmannschaften

1993	Mexiko (2. Platz), USA
1995	Mexiko, USA (4. Platz)
1997	Costa Rica, Mexiko
1999	Japan, Mexiko (3. Platz)
2001	Costa Rica, Honduras (3. Platz), Mexiko (2. Platz)
2004	Costa Rica, Mexiko
2007	Mexiko (3. Platz), USA

Multitasking

Argentiniens Guillermo Stábile hält den Rekord für die meisten Copa-América-Siege als Trainer. Mit seinem Land holte er nicht weniger als sechs Titel – 1941, 1945, 1946, 1947, 1955 und 1957. Keinem anderen Trainer ist es gelungen, den Pokal mehr als zweimal zu gewinnen. Stábile saß von 1939 bis 1960 auf der argentinischen Trainerbank, nachdem er das Amt im Alter von nur 33 Jahren übernommen hatte. Er betreute Argentinien bei 123 Spielen, gewann 83 davon und fand immer noch Zeit, während seiner Amtszeit nebenher Vereinsmannschaften zu trainieren. Im ersten Jahr als Nationaltrainer war er weiterhin auch als Coach von Red Star Paris tätig, anschließend übernahm er für neun Jahre die Trainerposition bei dem argentinischen Verein CA Huracán (Buenos Aires), bevor er von 1949 bis 1960 beim Lokalrivalen Racing Club Avellaneda anheuerte. 1949 gewann Stábile zwar nicht die Copa América mit Argentinien, dafür holte er jedoch in diesem Jahr mit Racing Club die erste von drei argentinischen Meisterschaften in Folge.

Anhaltende Klasse

Der Kapitän von Uruguays Weltmeistermannschaft von 1930, José Nasazzi, wurde als bislang Einziger bei zwei Copa-América-Turnieren zum besten Spieler des Turniers gewählt. Beeindruckend ist vor allem, dass zwischen den beiden Auszeichnungen 1923 und 1935 12 Jahre lagen. Er gewann den Pokal 1923, 1924, 1926 und 1935 und holte als Kapitän mit Uruguay Gold bei den Olympischen Spielen 1924 und 1928 sowie bei der FIFA WM 1930.

Eins null geht immer

Das häufigste Ergebnis in der Geschichte der Copa América lautet 1:0. Nicht weniger als 106 Begegnungen endeten so – zuletzt, als Javier Mascherano mit seinem ersten Tor für Argentinien in der Gruppenphase 2007 Paraguay nach Hause schickte.

Wenn Punkte Preise brächten

Würde man für jeden im Rahmen einer Copa América errungenen Sieg drei Punkte und für jedes Unentschieden einen Punkt vergeben, läge Argentinien mit 2,1 Punkten pro Spiel an der Spitze der ewigen Rangliste, gefolgt von Brasilien mit 1,89 und Uruguay mit 1,82 Punkten pro Spiel. Das einzige Land, das noch keinen einzigen Sieg bei der Copa América feiern konnte, ist Japan, das bei seiner bislang einzigen Teilnahme im Jahr 1999 keines seiner drei Spiele gewinnen konnte.

Gute Gastgeber

Am häufigsten ausgerichtet hat die Copa América Argentinien (neunmal), gefolgt von Uruguay (siebenmal) sowie Chile und Peru (je sechsmal). Der bislang letzte Gastgeber war Venezuela, das im Jahr 2007 erstmals ein ganzes Turnier ausrichtete.

Der allererste Platzverweis

Nach 21 Jahren war es so weit: Mit Uruguays Juan Emilio Píriz wurde 1937 beim Spiel Urugay – Chile erstmals in der Geschichte der Copa América ein Spieler des Feldes verwiesen – der erste von 170 Platzverweisen bis heute. 127 Spieler bekamen die Rote Karte gezeigt, nachdem die FIFA 1970 das Kartensystem für Schiedsrichter einführte.

Rote Karten

Auch wenn in der WM-Statistik Brasilien die Rangliste der Länder mit den meisten Roten Karten anführt, gebührt diese zweifelhafte Ehre hinsichtlich der Copa América Uruguay: Spieler dieses Landes wurden insgesamt 30-mal vom Platz geschickt, gefolgt von Argentinien und Peru mit jeweils 22 Platzverweisen, Brasilien (19), Venezuela (18), Chile (15), Bolivien und Paraguay (jeweils 11), Kolumbien, Ecuador und Mexiko (jeweils 9) und Honduras und Japan mit jeweils einem Platzverweis. Einzig Costa Rica und die USA haben bislang alle ihre Spiele in der Copa América von Anfang bis Ende mit 11 Mann bestritten.

Gewinn der Copa América als Trainer

6 x Guillermo Stábile (Argentinien 1941, 1945, 1946, 1947, 1955, 1957)

2 Alfio Basile (Argentinien 1991, 1993)
   Juan Carlos Corazzo (Uruguay 1959, 1967)
   Ernesto Figoli (Uruguay 1920, 1926)

1 Jorge Pacheco und Alfredo Foglino (Uruguay 1916)
   Ramón Platero (Uruguay 1917)
   Pedro Calomino (Argentinien 1921)
   Laís (Brasilien 1922)
   Leonardo De Lucca (Uruguay 1923)
   Ernesto Meliante (Uruguay 1924)
   Américo Tesoriere (Argentinien 1925)
   José Lago Millón (Argentinien 1927)
   Francisco Olazar (Argentinien 1929)
   Raúl V. Blanco (Uruguay 1935)
   Manuel Seoane (Argentinien 1937)
   Jack Greenwell (Peru 1939)
   Pedro Cea (Uruguay 1942)
   Flavio Costa (Brasilien 1949)
   Manuel Fleitas Solich (Paraguay 1953)
   Hugo Bagnulo (Uruguay 1956)
   Victorio Spinetto (Argentinien 1959)
   Danilo Alvim (Bolivien 1963)
   Marcos Calderón (Peru 1975)
   Ranulfo Miranda (Paraguay 1979)
   Omar Borrás (Uruguay 1983)
   Roberto Fleitas (Uruguay 1987)
   Sebastião Lazaroni (Brasilien 1989)
   Héctor Núñez (Uruguay 1995)
   Mario Zagallo (Brasilien 1997)
   Wanderlei Luxemburgo (Brasilien 1999)
   Francisco Maturana (Kolumbien 2001)
   Carlos Alberto Parreira (Brasilien 2004)
   Dunga (Brasilien 2007)

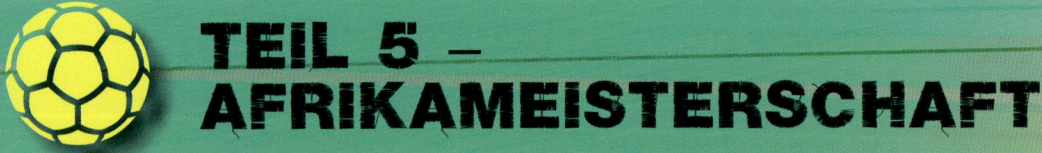

TEIL 5 –
AFRIKAMEISTERSCHAFT

DER FÜR DEN AFRIKANISCHEN KONTINENT verantwortliche Fußball-verband CAF (englisch »Confederation of African Football« bzw. französisch »Confédération Africaine de Foot-ball«) ist drei Jahre jünger als der europäische Fußballverband UEFA, seinen Kontinentalwettbewerb, die Afrikameisterschaft, gibt es aber schon länger als die Europameisterschaft. Der Verband wurde am 7. Februar 1957 ins Leben gerufen, und die erste Afrikameisterschaft begann nur drei Tage später.

Der Titelgewinn von Ägypten in diesem ersten Turnier war richtungsweisend: Die »Pharaonen« halten bisher den Rekord mit insgesamt sieben gewonnenen Afrikameisterschaften. Das Turnier hat sich seither jedoch sehr verändert und große Fortschritte gemacht.

1957 nahmen nur drei Nationen teil (Südafrika wurde wegen der Apartheidspolitik ausgeschlossen), für das nächste Turnier 2012 wollen sich jedoch 45 Länder für einen der 14 Startplätze qualifizieren; Äquatorialguinea und Gabun sind als Gastgeber automatisch startberechtigt. In der Vergangenheit sind vermehrt Forderungen laut geworden, das Turnier zur Jahresmitte hin zu verschieben, um zu verhindern, dass es mit dem europäischen Ligabetrieb kollidiert; denn viele afrikanische Stars stehen dort unter Vertrag.

Bei der Afrikameisterschaft hat es bisher mehr unterschiedliche Titelgewinner gegeben als bei jedem anderen Kontinentalturnier: Bis heute konnten sich 13 Nationen die Krone des afrikanischen Fußballs sichern – neben dem Sudan, Algerien und der Demokratischen Republik Kongo, den drei größten Ländern Afrikas, gehörten dazu auch mittelgroße Länder wie Kamerun, Marokko, die Elfenbeinküste und Ghana, das schon früh Maßstäbe setzte. Die Bedeutung der Afrikameisterschaft wurde noch erhöht, als die zweite Runde der Qualifikation zur WM 2010 in Südafrika gleichzeitig als Qualifikation für die Afrikameisterschaft 2010 in Angola gewertet wurde.

Anders als andere afrikanische Nationen konnte Ägypten bei Endrunden der FIFA WM noch keine spektakulären Erfolge erzielen. Doch das nordafrikanische Land spielt eine herausragende Rolle bei der Afrikameisterschaft: 2010 holte es den Titel bereits zum siebten Mal.

AFRIKAMEISTERSCHAFT MANNSCHAFTSREKORDE

Härtetest

Die längsten Elfmeterschießen in der Geschichte des internationalen Fußballs hat beide die Elfenbeinküste gewonnen. Sie schlug bei der Afrikameisterschaft 1992 im Finale Ghana mit 11:10 (bei 24 Elfmetern) und gewann bei der Afrikameisterschaft 2006 im Viertelfinale gegen Kamerun 12:11 (bei ebenfalls 24 Strafstößen).

Ghana schon wieder

Ghana, dessen Mannschaft die »Black Stars« genannt wird, ist das erste Land, das viermal hintereinander den Einzug ins Finale der Afrikameisterschaft schaffte; 1963 und 1965 holte es den Pokal, 1968 und 1970 wurde es Zweiter. Insgesamt standen die Ghanaer schon in acht Endspielen – nur Ägypten hat es bisher auf genauso viele Endspielteilnahmen gebracht. Die beiden Länder sind bisher auch jeweils viermal Gastgeber des Turniers gewesen.

Herrschaft der Pharaonen

Ägypten beherrscht die Rekordstatistiken der Afrikameisterschaft. Nach ihrem ersten Titelgewinn im Jahr 1957 wurden die Pharaonen noch weitere sechsmal Afrikameister, öfter als jedes andere Land. Mit seinen letzten Erfolgen bei den Turnieren 2006, 2008 und 2010 ist Ägypten zudem das einzige Land, das den Pokal dreimal hintereinander holen konnte. Auch die Anzahl der erfolgreichen Qualifikationen des nordafrikanischen Landes für die Endrunden ist Rekord: Schon bei 22 Turnieren ging Ägypten an den Start und absolvierte insgesamt 84 Begegnungen – 10 mehr als Nigeria, das in dieser Statistik auf dem zweiten Platz liegt. Ägypten hat bisher insgesamt 45 Afrikameisterschaftssiege einfahren können, dahinter folgen Nigeria mit 39, Ghana mit 37 und Kamerun mit 36 Siegen.

Revanche nach sechs Jahren

Der Treffer von Hocine Achiou in der 86. Minute bescherte Algerien beim Turnier 2004 nicht nur einen wichtigen 2:1-Sieg im Gruppenspiel über seinen alten Rivalen Ägypten, sondern besiegelte gleichzeitig die bis heute letzte Niederlage der Pharaonen bei einer Afrikameisterschaft. Danach blieb Ägypten in 19 aufeinanderfolgenden Spielen ungeschlagen und stellte damit einen weiteren Rekord auf. Teil dieser Serie war neben den gewonnenen Afrikameisterschaftsendspielen von 2006, 2008 und 2010 auch das 4:0 gegen Algerien im Halbfinale des Turniers von 2010 – ein Match, das die Algerier nach drei Platzverweisen mit nur 8 Spielern beendeten.

Bafana Bafana

Bei Afrikameisterschaften waren bisher bei elf Turnieren die Gastgeberländer erfolgreich – u. a. gewannen Ägypten und Ghana den Titel jeweils drei- bzw. zweimal im eigenen Land. Der überraschendste Erfolg eines Gastgebers war aber wahrscheinlich der von Südafrika beim Turnier von 1996: Erst vier Jahre zuvor war das Land in Folge einer schrittweisen Auflösung der Apartheid in den internationalen Fußball zurückgekehrt – am 7. Juli 1992 hatte ihm ein in der 82. Minute durch Theophilus »Doctor« Khumalo verwandelter Strafstoß einen Sieg über Kamerun beschert. Im Februar 1996 erzielte der eingewechselte Mark Williams beim Endspielsieg Südafrikas über Tunesien beide Treffer. Neil Tovey konnte anschließend – als erster weißer Spieler überhaupt – im Soccer-City-Stadion in Johannesburg den Pokal in die Höhe recken, der ihm vom damaligen südafrikanischen Präsidenten Nelson Mandela überreicht wurde. Ursprünglich war Südafrika gar nicht als Gastgeber vorgesehen gewesen, sondern nur für Kenia eingesprungen: Dem Land war die Ausrichtung entzogen worden, nachdem es mit dem Bau neuer Stadien in Verzug geraten war.

Unglückliche Verlierer

Fünf Länder nahmen an Afrikameisterschaften teil, ohne dabei je ein Spiel gewinnen zu können. Mauritius und Tansania blieben jeweils dreimal, Namibia sechsmal, Benin siebenmal und Mosambik sogar zehnmal bei Afrikameisterschaftspartien sieglos. Die Demokratische Republik Kongo (das frühere Zaire) wiederum hat mehr Afrikacupspiele verloren als irgendein anderes Land – sie hat es bisher auf 25 Niederlagen in 56 Spielen gebracht und liegt in dieser Statistik vor der Elfenbeinküste (24/68) und Ägypten (24/84).

Die Debütanten vom Äquator

Äquatorialguinea wird 2012 zum ersten Mal an einer Afrikameisterschaft teilnehmen – weil das Land gemeinsam mit Gabun das Turnier ausrichtet, ist es automatisch qualifiziert. Aus eigener Kraft konnte sich Äquatorialguinea noch nie für eine Endrunde qualifizieren, und auch bei Gabun reichte es bisher nur zu vier Teilnahmen. Das Turnier von 2012 wird erst das zweite sein, das von zwei Gastgebern gemeinsam veranstaltet wird. Libyen darf das von 2014 auf 2013 vorgezogene übernächste Turnier ausrichten und damit zum zweiten Mal Gastgeber sein; künftig wird die Afrikameisterschaft in ungeraden Jahren ausgetragen, damit sie nicht mehr mit einer WM- oder EM-Endrunde zusammenfällt. Sollte es bei der Organisation der Turniere von 2012 oder 2013 Probleme geben, steht in beiden Fällen Nigeria als Ersatzausrichter bereit.

Schämt euch!

Den peinlichsten Crash in der Geschichte der Afrikameisterschaft hat wohl Angola hingelegt: Beim Turnier 2010 im eigenen Land verschenkten die Angolaner im Eröffnungsspiel gegen Mali, das im Estádio 11 de Novembro in der Hauptstand Luanda ausgetragen wurde, eine 4:0-Führung. Besonders pikant dabei ist, dass sie diese Führung sogar noch bis elf Minuten vor Spielende behauptet hatten. Die Partie endete schließlich 4:4 unentschieden, wobei die Treffer drei und vier für Mali durch Seydou Keita vom FC Barcelona und Mustapha Yatabaré von US Boulogne (Frankreich) schon weit in der Nachspielzeit fielen. Mali schied in der Gruppenphase aus, während für Angola im Viertelfinale Endstation war.

Gewonnene Afrikameisterschaften

7 **Ägypten/Vereinigte Arabische Republik**
  (1957, 1959, 1986, 1998, 2006, 2008, 2010)
4 **Ghana (1963, 1965, 1978, 1982)**
  Kamerun (1984, 1988, 2000, 2002)
2 **Demokratische Republik Kongo/Zaire (1968, 1974)**
  Nigeria (1980, 1994)
1 **Algerien (1990)**
  Äthiopien (1962)
  Elfenbeinküste (1992)
  Marokko (1976)
  Südafrika (1996)
  Sudan (1970)
  Tunesien (2004)
  Volksrepublik Kongo (1972)

Turnierteilnahmen

22 **Ägypten/Vereinigte Arabische Republik**
19 **Elfenbeinküste**
18 **Ghana**
17 **Kamerun, Nigeria**
15 **Demokratische Republik Kongo/Zaire**
14 **Algerien, Sambia, Tunesien**
13 **Marokko**
10 **Senegal**
8 **Äthiopien, Guinea, Südafrika**
7 **Burkina Faso/Obervolta, Sudan**
6 **Angola, Mali, Republik Kongo/**
  Volksrepublik Kongo, Togo
5 **Gabun, Kenia, Uganda**
4 **Mosambik**
3 **Benin, Malawi**
2 **Liberia, Libyen, Namibia, Sierra Leone, Simbabwe**
1 **Mauritius, Ruanda, Tansania**

Modepunkte

Kamerun wurden sechs Punkte in der FIFA WM-Qualifikationsrunde abgezogen, weil die Spieler bei der Afrikameisterschaft 2004 verbotenerweise in einem einteiligen Dress gespielt hatten. Im Berufungsverfahren bekamen die Kameruner die Punkte aber wieder zugesprochen.

AFRIKAMEISTERSCHAFT REKORDE EINZELSPIELER

🌸 Frühstart

Chiva Star N'Zigou aus Gabun ist bislang der jüngste Spieler, der je an einer Afrikameisterschaft teilgenommen hat: Als er im Januar 2000 gegen Südafrika auflief, war er gerade einmal 16 Jahre und 91 Tage alt. Gabun verlor die Partie mit 1:3 und wurde schließlich sieglos Tabellenletzter seiner Vorrundengruppe.

⚽ Prügel von Pokou

Laurent Pokou von der Elfenbeinküste stellte beim Turnier von 1970 im Sudan einen besonderen Rekord auf: Er erzielte fünf Tore in einem einzigen Afrikameisterschaftsspiel! Dieser Streich gelang ihm gegen die Äthiopier, die von der Elfenbeinküste eine deftige 1:6-Klatsche verpasst bekamen. Pokou wurde wie schon beim Turnier 1968 in Äthiopien (mit sechs Treffern) Torschützenkönig – doch beide Male wurde es nichts mit dem Titelgewinn. Mit insgesamt 14 Toren aus zwei Afrikameisterschaften blieb er jedoch bis 2008 Rekordtorschütze des Kontinentalturniers – erst dann wurde er von Kameruns Superstar Samuel Eto'o überholt.

🌼 Neunschwänzige Peitsche

Die meisten Tore bei einer Afrikameisterschaft erzielte Zaires Stürmer Mulamba Ndaye: Beim Turniersieg seiner Mannschaft 1974 traf er insgesamt neunmal. Drei Monate später trat das Team bei der WM in Deutschland an und verlor gegen Jugoslawien 0:9.

🔵 Vertraute Gesichter

Kein Spieler nahm öfter an Afrikameisterschaften teil als Rigobert Song aus Kamerun – insgesamt achtmal stand er im Kader seines Landes (1996, 1998, 2000, 2002, 2004, 2006, 2008 und 2010). Seine 35 Spiele in Serie, die er bei Turnieren bestritt, sind ebenfalls ein ungebrochener Rekord. 2000 und 2002 wurde er Afrikameister, und 2008 führte er als Kapitän Kamerun ins Endspiel – allerdings sorgte in diesem Match ein Fehler von ihm mit dafür, dass Ägypten den Siegtreffer erzielen konnte. Alain Gouaméné, Torhüter der Elfenbeinküste, nahm von 1988 bis 2000 an insgesamt sieben Turnieren teil.

🔴 Torschützenkönige der Afrikameisterschaften

Jahr	Spieler	Tore
1957	Mohamed Diab El-Attar (Ägypten)	5
1959	Mahmoud El-Gohary (Ägypten)	3
1962	Abdelfatah Badawi (Ägypten) Mengistu Worku (Äthiopien)	3
1963	Hassan El-Shazly (Ägypten)	6
1965	Ben Acheampong (Ghana) Osei Kofi (Ghana) Eustache Manglé (Elfenbeinküste)	3
1968	Laurent Pokou (Elfenbeinküste)	6
1970	Laurent Pokou (Elfenbeinküste)	8
1972	Salif Keïta (Mali)	5
1974	Mulamba Ndaye (Zaire)	9
1976	Keita Aliou Mamadou »N'Jo Léa« (Guinea)	4
1978	Opoku Afriyie (Ghana) Segun Odegbami (Nigeria) Philip Omondi (Uganda)	3
1980	Khaled Al Abyad Labied (Marokko) Segun Odegbami (Nigeria)	3
1982	George Alhassan (Ghana)	4
1984	Taher Abouzaid (Ägypten)	4
1986	Roger Milla (Kamerun)	4
1988	Gamal Abdelhamid (Ägypten) Lakhdar Belloumi (Algerien) Roger Milla (Kamerun) Abdoulaye Traoré (Elfenbeinküste)	2
1990	Djamel Menad (Algerien)	4
1992	Rashidi Yekini (Nigeria)	4
1994	Rashidi Yekini (Nigeria)	5
1996	Kalusha Bwalya (Sambia)	5
1998	Hossam Hassan (Ägypten) Benni McCarthy (Südafrika)	7
2000	Shaun Bartlett (Südafrika)	5
2002	Julius Aghahowa (Nigeria) Patrick M'Boma (Kamerun) René Salomon Olembé (Kamerun)	5
2004	Frédéric Kanouté (Mali) Patrick M'Boma (Kamerun) Youssef Mokhtari (Marokko) Jay-Jay Okocha (Nigeria) Francileudo Santos (Tunesien)	4
2006	Samuel Eto'o (Kamerun)	5
2008	Samuel Eto'o (Kamerun)	5
2010	Mohamed »Gedo« Nagy (Ägypten)	5

Torjäger Rashidi

Rashidi Yekini führt die ewige Torschützenliste Nigerias mit 37 Toren in 70 Spielen von 1984 bis 1998 an. Sein wichtigstes Tor war das 1:0 gegen Bulgarien bei der FIFA WM 1994, Nigerias erstes Tor bei einem WM-Turnier. Nigeria wurde Gruppensieger und schied im Achtelfinale gegen Italien aus. Yekini war auch Torschützenkönig des Turniers, als Nigeria 1994 zum zweiten Mal nach 1980 die Afrikameisterschaft gewann.

Hassan hat's drauf

Ahmed Hassan ist der erste Spieler, der mit seinem Land viermal im Finale einer Afrikameisterschaft stand und viermal den Titel errang (1998, 2006, 2008, 2010). Im Viertelfinale des Turniers von 2010 gegen Kamerun absolvierte er sein 170. Länderspiel und stellte damit einen neuen ägyptischen Rekord auf. In diesem Spiel erzielte Hassan drei Treffer: Einmal bugsierte er den Ball in die eigenen Maschen, und zweimal überwand er den kamerunischen Torhüter Carlos Kameni – wobei aber wohl einmal das Leder die Torlinie nicht vollständig überquert hatte.

Eröffnungstor

Das erste Tor bei einer Afrikameisterschaft fiel 1957 in Khartoum: Beim 2:1 der Ägypter gegen Gastgeber Sudan im Halbfinale des Turniers verwandelte der Ägypter Raafat Ateya in der 21. Minute einen Strafstoß. Doch danach setzte sich sein Mannschaftskollege Mohammed Diab El-Attar in Szene: Er schoss nicht nur das zweite Tor der Ägypter in dieser Partie, sondern auch alle vier Tore im Endspiel gegen Äthiopien.

Pech gehabt

Der Torhüter Thomas N'Kono nahm mit Kamerun an den FIFA WM-Turnieren 1982 und 1990 teil. Kurz vor Anpfiff des Halbfinalspiels bei der Afrikameisterschaft 2002 gegen Mali wurde er verhaftet. Der Torwarttrainer des Teams hatte angeblich mit schwarzer Magie Einfluss auf das Spiel nehmen wollen. Kamerun gewann dennoch mit 3:0 und schlug Senegal im folgenden Finale mit 3:2 im Elfmeterschießen.

Rekordtorschützen der Afrikameisterschaft

1.	Samuel Eto'o (Kamerun)	18
2.	Laurent Pokou (Elfenbeinküste)	14
3.	Rashidi Yekini (Nigeria)	13
4.	Hassan El-Shazly (Ägypten)	12
5.	Hossam Hassan (Ägypten)	11
=	Patrick M'Boma (Kamerun)	11
7.	Kalusha Bwalya (Sambia)	10
=	Mulamba Ndaye (Zaire)	10
=	Francileudo Santos (Tunesien)	10
=	Joël Tiéhi (Elfenbeinküste)	10
=	Mengistu Worku (Äthiopien)	10

Superstar

Samuel Eto'o aus Kamerun, der sein Länderspieldebüt einen Tag vor seinem 16. Geburtstag gab – in Costa Rica am 9. März 1997 –, ist der Rekordtorschütze der Afrikameisterschaft. Er gewann mit Kamerun 2000 und 2002 die Afrikameisterschaft und überflügelte 2008 Laurent Pokou, der bis dahin die Rekordtorschützenliste mit 14 Treffern angeführt hatte: Beim Turnier von 2010 erhöhte der Stürmer, der jetzt bei Inter Mailand spielt und davor schon für Real Madrid und den FC Barcelona tätig war, seinen Rekord auf nun insgesamt 18 Tore. 2005 wurde Samuel Eto'o als zweiter Spieler nach dem Ghanaer Abédi »Pelé« Ayew zum dritten Mal in Folge zu »Afrikas Fußballer des Jahres« gewählt. Er hat auch schon mit Kamerun olympisches Gold geholt (2000 in Sydney) und dreimal die UEFA Champions League gewonnen: 2006 und 2009 mit Barcelona (wo er jeweils im Endspiel als Torschütze erfolgreich war) und 2010 mit Inter Mailand.

AFRIKAMEISTERSCHAFT NOCH MEHR REKORDE

Endspiele der Afrikameisterschaft

1957	(Gastgeber: Sudan) Ägypten – Äthiopien 4:0
1959	(Vereinigte Arabische Republik) Vereinigte Arabische Republik – Sudan 2:1 (Vereinigte Arabische Republik dadurch Erster der Abschlusstabelle)
1962	(Äthiopien) Äthiopien – Vereinigte Arabische Republik 4:2 n.V.
1963	(Ghana) Ghana – Sudan 3:0
1965	(Tunesien) Ghana – Tunesien 3:2 n.V.
1968	(Äthiopien) Demokratische Republik Kongo – Ghana 1:0
1970	(Sudan) Sudan – Ghana 1:0
1972	(Kamerun) Volksrepublik Kongo – Mali 3:2
1974	(Ägypten) Zaire – Sambia 2:2, 2:0 im Wiederholungsspiel
1976	(Äthiopien) Marokko – Guinea 1:1 (Marokko dadurch Erster der Abschlusstabelle der zweiten Gruppenphase)
1978	(Ghana) Ghana – Uganda 2:0
1980	(Nigeria) Nigeria – Algerien 3:0
1982	(Libyen) Ghana – Libyen 1:1 n.V., 7:6 i.E.
1984	(Elfenbeinküste) Kamerun – Nigeria 3:1
1986	(Ägypten) Ägypten – Kamerun 0:0 n.V., 5:4 i.E.
1988	(Marokko) Kamerun – Nigeria 1:0
1990	(Algerien) Algerien – Nigeria 1:0
1992	(Senegal) Elfenbeinküste – Ghana 0:0 n.V., 11:10 i.E.
1994	(Tunesien) Nigeria – Sambia 2:1
1996	(Südafrika) Südafrika – Tunesien 2:0
1998	(Burkina Faso) Ägypten – Südafrika 2:0
2000	(Ghana und Nigeria) Kamerun – Nigeria 2:2 n.V., 4:3 i.E.
2002	(Mali) Kamerun – Senegal 0:0 n.V., 3:2 i.E.
2004	(Tunesien) Tunesien – Marokko 2:1
2006	(Ägypten) Ägypten – Elfenbeinküste 0:0 n.V., 4:2 i.E.
2008	(Ghana) Ägypten – Kamerun 1:0
2010	(Angola) Ägypten – Ghana 1:0

Zeit zu gehen?

Es war gut nachvollziehbar, dass der frühere jugoslawische Nationalspieler Vahid Halilhodžić bestürzt und verärgert reagierte, als die Elfenbeinküste ihn als Trainer nach einem 2:3 gegen Algerien im Viertelfinale der Afrikameisterschaft 2010 feuerte: Seine Mannschaft war erst in der Verlängerung aus dem Turnier ausgeschieden. Doch obwohl dies in 24 Partien unter seiner Ägide die einzige Niederlage des Teams war, wurde er im Vorfeld der FIFA WM 2010 durch Sven-Göran Eriksson ersetzt; die Elfenbeinküste wurde dennoch in ihrer schweren Vorrundengruppe hinter Brasilien und Portugal nur Dritter. In der kurzen Zeitspanne zwischen Afrika- und Weltmeisterschaften wurde schon öfter Trainer afrikanischer Mannschaften entlassen, darunter Henri Michel 2002 von den Tunesiern und Shaibu Amodu 2002 und 2010 von den Nigerianern.

Im Abseits

Bei der ersten Afrikameisterschaft 1957, für die nur vier Mannschaften gemeldet waren, wurde Südafrika ausgeschlossen, weil das Land sich weigerte, mit Spielern aller Hautfarben anzutreten.

Von wegen Opa …

Der Held der Ägypter bei der Afrikameisterschaft 2010 war Mohamed Nagy, besser bekannt unter seinem Spitznamen »Gedo«, was so viel wie »Großvater« heißt. Er schoss im Finale gegen Ghana das einzige Tor des Spiels, das gleichzeitig sein fünfter Turniertreffer war und ihm den »Goldenen Schuh« einbrachte. Kurioserweise kam er bei allen sechs Partien der Ägypter erst als Einwechselspieler zum Zuge und stand insgesamt nur 135 Minuten auf dem Platz. Gedo, am 3. Oktober 1984 in Damanhur geboren, hatte erst fünf Wochen vor dem Finale in einem Freundschaftsspiel gegen Malawi sein Länderspieldebüt gegeben und vor Turnierbeginn lediglich bei einer weiteren Partie der Ägypter (ebenfalls einem Freundschaftsspiel) mitgewirkt.

Togo trägt Trauer

Togos Nationalmannschaft wurde kurz vor Beginn der Afrikameisterschaft 2010 Opfer einer Tragödie: Drei Tage vor ihrem ersten Spiel wurde das Team bei seiner Anreise im Mannschaftsbus von militanten Angolanern beschossen. Dabei kamen drei Menschen ums Leben: der Co-Trainer, der Pressesprecher und der Busfahrer. Die Mannschaft kehrte auf Anordnung der togolesischen Regierung für eine dreitägige Staatstrauer nach Togo zurück und wurde dann vom afrikanischen Fußballverband für das laufende Turnier gesperrt, weil sie nicht zu ihrem ersten Spiel gegen Ghana angetreten war. Später wurde Togo auch noch für die Meisterschaften von 2012 und 2013 gesperrt, doch diese Entscheidung wurde im Mai 2010 rückgängig gemacht.

Keinen Bock mehr

Bei Spielen von Nigeria gegen Tunesien kann es leicht passieren, dass die Partie vorzeitig zu Ende ist! Bei der Afrikameisterschaft 1978 wurde Nigeria der dritte Platz zugesprochen, nachdem die tunesische Mannschaft in der 42. Minute des Spiels um Platz 3 beim Stand von 1:1 den Platz verlassen hatte. Sie protestierte damit gegen Entscheidungen des Schiedsrichters, erreichte jedoch nur, dass das Spiel 2:0 für Nigeria gewertet wurde. Kurioserweise hatten die Nigerianer ebenfalls schon einmal bei einem Aufeinandertreffen beider Mannschaften vorzeitig aufgegeben: Am 10. Dezember 1961 trafen sie in einem Qualifikationsrückspiel für das Turnier von 1962 aufeinander. Die Nigerianer schmissen hin, als die Tunesier in der 65. Minute den Ausgleich erzielten. Zur Strafe wurde das Spiel mit 2:0 für Tunesien gewertet, das so den Vergleich mit insgesamt 3:2 Toren in Hin- und Rückspiel gewann.

Auf dem Rasen und auf der Trainerbank

Der Ägypter Mahmoud El-Gohary ist bisher der einzige Sportler, der die Afrikameisterschaft als Spieler und Trainer gewonnen hat: Mit 20 Jahren errang er 1959 den Pokal und war zugleich auch Torschützenkönig des Turniers; 39 Jahre später führte er die Ägypter als Trainer zu ihrem damals vierten Titel. Insgesamt war El-Gohary bereits viermal ägyptischer Nationaltrainer und führte die Mannschaft 1990 zur WM-Endrunde in Italien. Erfolgreichster Coach Ägyptens ist Hassan Shehata, der das Land zu den Titelgewinnen 2006, 2008 und 2010 führte; während seiner aktiven Zeit war der Stürmer mit Ägypten bei den Turnieren von 1974 und 1980 Dritter bzw. Vierter geworden. Charles Gyamfi, der von 1950 bis 1961 für Ghana spielte, teilt sich mit Shehata den Rekord von drei Titelgewinnen als Trainer: Er führte die Ghanaer 1963, 1965 und 1982 zu ihren Titelgewinnen.

Sudan auf Sendung

Die Afrikameisterschaft 1970 im Sudan war die erste, die im Fernsehen übertragen wurde. Mit Ghana erreichte erstmals eine Mannschaft zum vierten Mal hintereinander das Finale, verlor aber gegen den Gastgeber mit 0:1.

Trainer der Afrikameister der letzten Jahre

Jahr	Trainer
1988	Claude Le Roy (Kamerun)
1990	Abdelhamid Kermali (Algerien)
1992	Yeo Martial (Elfenbeinküste)
1994	Clemens Westerhof (Nigeria)
1996	Clive Barker (Südafrika)
1998	Mahmoud El-Gohary (Ägypten)
2000	Pierre Lechantre (Kamerun)
2002	Winfried Schäfer (Kamerun)
2004	Roger Lemerre (Tunesien)
2006	Hassan Shehata (Ägypten)
2008	Hassan Shehata (Ägypten)
2010	Hassan Shehata (Ägypten)

Motivationshilfe

Im Dezember 1980 drohte Liberias Diktator Samuel Doe den Spielern der Nationalmannschaft seines Landes an, sie ins Gefängnis zu werfen, falls sie ein Afrikameisterschafts-Qualifikationsspiel gegen Gambia verlören – diese Begegnung zählte gleichzeitig als WM-Qualifikationsspiel. Die Spieler entgingen mit einem torlosen Unentschieden dieser Bestrafung – allerdings konnten sich beide Länder weder für die Afrikameisterschaft von 1982 noch die Weltmeisterschaft des gleichen Jahres qualifizieren.

Nichts war's mit dem Triple

Beim Endspiel der Afrikameisterschaft von 2006 verwandelte der ägyptische Spielmacher Mohamed Abo Treka im Elfmeterschießen den entscheidenden Strafstoß gegen die Elfenbeinküste und 2008 erzielte er das 1:0-Siegtor im Finale gegen Kamerun – doch 2010 musste er dem Turnier aufgrund einer Verletzung fernbleiben und verpasste so sein persönliches Triple. Abo Treka, am 7. November 1978 in Gizeh geboren, hat einen Universitätsabschluss in Philosophie. Seine Vollstreckerqualitäten und seine fröhliche Art haben ihm den Spitznamen »der lächelnde Killer« eingebracht.

Ab in die Vitrine

Da Ägypten 2010 den Afrikameisterschaftspokal nach dem dritten Titelgewinn in Folge behalten durfte, wird 2012 um eine neue Trophäe gespielt werden. Dieser Pokal wird bereits die vierte Ausführung des Meisterschaftspreises sein – das erste Modell durfte Ghana 1978 behalten, nachdem es den Wettbewerb zum dritten Mal gewonnen hatte. Das zweite Modell wanderte dann 2000 in die Vitrine von Kamerun, nachdem das Land den Titel ebenfalls dreimal errungen hatte.

TEIL 6 –
ANDERE FIFA TURNIERE

FUSSBALL dreht sich nicht nur um die berühmtesten Superstars, sondern weltweit spielt eine riesige Zahl von fußballbegeisterten Amateuren in Vereinen.

Die Kontinentalverbände organisieren eigene internationale Meisterschaften für Spieler aller Altersklassen, Kinder und Jugendliche in aller Welt träumen von einer internationalen Karriere und trainieren fleißig für die Verwirklichung dieses Traums. Auch zwecks Nachwuchsförderung führte die FIFA 1977 die »World Youth Championship« ein, eine Junioren-Weltmeisterschaft, besser bekannt unter dem Namen »U-20-Weltmeisterschaft«. Die erste Endrunde fand in Tunesien statt, die Sowjetunion schlug Mexiko im Finale. 1985 kam die FIFA U17-Weltmeisterschaft hinzu. Gleichzeitig wurde das Fußballturnier der Olympischen Spiele in ein U23-Turnier umgewandelt, zunächst mit der Ausnahme, dass in der Endrunde drei Spieler älter als 23 sein durften.

Die Einrichtung dieser Veranstaltungen durch den Weltfußballverband ermutigte auch die Kontinentalverbände, ihrerseits entsprechende Turniere auszurichten, damit ihre Mannschaften sich für die Spiele auf der großen Bühne qualifizieren konnten. Eine Flut von herausragenden Spielern sorgte bereits in Spielen der unteren Altersgruppen erstmals für Schlagzeilen. Der berühmteste von all diesen Spielern war der Argentinier Diego Maradona, der 1979 Argentinien im Endspiel gegen die Sowjetunion zum U-20-Titel führte. Sieben Jahre später, bei der FIFA WM 1986 in Mexiko, war er der Superstar des Turniers und wurde als Mannschaftskapitän mit Argentinien Weltmeister.

Dem stetig wachsenden Interesse am Fußball wurde auch mit der Einführung der FIFA-Klub-Weltmeisterschaft im Jahr 2000 Rechnung getragen. Und lange schon ist das Spiel keine reine Männersache mehr – der Frauenfußball wird immer beliebter; seit 1991 küren auch die Frauen alle vier Jahre das weltbeste Team in großen Turnieren.

Inter Mailand krönte das für den Verein äußerst erfolgreiche Jahr 2010 mit dem Gewinn der FIFA Klub-Weltmeisterschaft. Der Verein, der auch den italienischen Pokal holte, war somit gleichzeitig Pokalsieger auf nationaler (Coppa Italia), europäischer (UEFA Champions League) und internationaler Ebene (FIFA Klub-WM).

FIFA U-20-WELTMEISTERSCHAFT

Die FIFA U-20-Weltmeisterschaft, ein Wettbewerb für Spieler unter 20 Jahren, hat einige der ganz großen Namen im Fußball hervorgebracht. Der Wettbewerb, bis 2005 unter dem Namen »FIFA Junioren-Weltmeisterschaft« bekannt, wurde erstmals 1977 in Tunesien ausgetragen. Mit insgesamt sechs Titelgewinnen ist Argentinien das erfolgreichste Team des im Zweijahresrhythmus ausgetragenen Turniers.

Volle Stadien

Bei der FIFA U-20-WM 2009 gab es einen neuen Zuschauerrekord, und diese Zuschauermassen bekamen mehr Tore geboten als jemals zuvor bei einer FIFA U-20-Weltmeisterschaft. In fünf ägyptischen Städten verfolgten in sieben Stadien insgesamt 1 295 586 Fußballfans 52 Partien, jedes Spiel wurde also von durchschnittlich 24 915 Zuschauern gesehen. Damit wurde der Rekord übertroffen, der zwei Jahre zuvor bei dem Turnier in Kanada mit 1 195 299 Zuschauern erreicht worden war – allerdings liegt der Rekord beim Zuschauerdurchschnitt immer noch bei 36 099 Zuschauern, der sich aus den 32 Partien des Turniers von 1983 in Mexiko ergab. Beim Turnier 2009 fielen insgesamt 167 Tore – zwei mehr als 12 Jahre zuvor in Malaysia; der Tordurchschnitt pro Spiel lag bei 3,21 Toren und damit etwas höher als der von Malaysia, der 3,17 Tore betrug. Vor allem die bedauernswerten Kicker aus Tahiti sorgten dafür, dass der Durchschnitt auf hohem Niveau blieb: In Ägypten ließen sie in ihren drei Gruppenspielen 21 Gegentore zu, schossen selbst jedoch kein einziges Tor.

Super Ersatz

Den ersten FIFA U-20-Weltmeistertitel im Jahr 1977 konnte sich die UdSSR sichern, die sich im Finale gegen Gastgeber Mexiko mit 9:8 im Elfmeterschießen (2:2 n.V.) durchsetzte. Dabei wurde Ersatztorhüter Juri Sivuha, der erst in der Verlängerung eingewechselt worden war, zum umjubelten Helden. Dies war das einzige Mal, dass die Sowjetunion die WM gewinnen konnte. Immerhin wurde der sowjetische Stürmerstar Oleg Salenko, Gewinner des »Goldenen Schuhs« bei der FIFA WM 1994 (für Russland), bei der U-20-WM 1989 Torschützenkönig. Mit ebenfalls insgesamt fünf Toren wurde mit Sergei Scherbakow zwei Jahre später erneut ein sowjetischer Spieler erfolgreichster Torschütze. Dessen Fußballerkarriere verlief jedoch weniger erfolgreich: Er lief zwar zweimal für die Ukraine auf, ist jedoch seit einem Verkehrsunfall an den Rollstuhl gefesselt.

Dominator Dominic

Im Endspiel von 2009 landete Ghana einen Überraschungserfolg über Brasilien und war damit das erste afrikanische Land, dass den U-20-WM-Pokal errang, obwohl man nach einer Roten Karte gegen Daniel Addo 83 der 120 Spielminuten zu zehnt bestreiten musste. Das Spiel endete nach der Verlängerung torlos und wurde durch Elfmeterschießen entschieden. Das Endspiel war eine von nur zwei Partien, bei denen der Ghanaer Dominic Adiyiah keinen Treffer erzielen konnte. Am Ende des Turniers war er mit acht Treffern dessen Torschützenkönig und erhielt außerdem als bester Spieler der U-20-WM den »Goldenen Ball«. Unmittelbar darauf wechselte er zum AC Mailand. Der Silberne Ball wurde an den Brasilianer Alex Teixeira verliehen, obwohl es in der Sudden-Death-Phase des Elfmeterschießens sein Schuss war, den der ghanaische Torhüter abwehrte und der damit seinem Team zum Triumph verhalf.

Die Löwen von Lissabon

1991 konnte sich mit Portugal erstmals ein Gastgeberland den WM-Titel sichern. Dabei vertraten Spieler wie Luís Figo, Rui Costa, João Pinto, Abel Xavier und Jorge Costa die Farben ihres Landes – Spieler, die später als die »goldene Generation« Portugals bezeichnet wurden. Trainer der portugiesischen Weltmeistermannschaft war Carlos Queiroz, der später auch zweimal das portugiesische A-Team übernehmen sollte. Dazwischen war er u. a. bei Real Madrid und als Co-Trainer bei Manchester United tätig. Das Endspiel gegen Brasilien, das Portugal im Elfmeterschießen für sich entscheiden konnte, fand im berühmten Estádio da Luz des Hauptstadtklubs Benfica Lissabon statt. Im Jahr 2001 konnte Argentinien als zweites Land den Pokal im eigenen Land gewinnen.

Nachsitzen

Ursprünglich sollte Nigeria die U-20-WM 1995 ausrichten, wurde jedoch aufgrund von Bedenken hinsichtlich der Einhaltung von Menschenrechten durch Katar ersetzt – und durfte dann nicht einmal am Turnier teilnehmen. Später wurde das Land schließlich zum Gastgeber der U-20-WM 1999 gewählt. Die FIFA U-20-WM 2011 wird in Kolumbien stattfinden.

Saviola, der Heilsbringer

Mit 11 Toren in sieben Spielen hat der Argentinier Javier Saviola bei der U-20-WM 2001 mehr Tore bei einem einzelnen Turnier erzielt als jeder andere Spieler. Dabei machte er den 3:0-Finalerfolg seines Teams gegen Ghana im Alleingang perfekt. Der am 11. Dezember 1981 in Buenos Aires geborene Stürmer spielte zu diesem Zeitpunkt für den argentinischen Verein River Plate, wechselte jedoch bald nach der WM für umgerechnet 38 Millionen Euro zum FC Barcelona, bevor er später bei dessen Erzrivalen Real Madrid anheuerte. Mit 22 Jahren wurde Saviola als jüngster Spieler in die im März 2004 von Pelé erstellte »FIFA 100«-Liste der 125 besten noch lebenden Fußballer aufgenommen.

Herausragende Kapitäne

Zwei Spieler konnten bisher sowohl die U-20-WM als auch die FIFA WM für A-Nationalmannschaften als Mannschaftskapitäne gewinnen: der Brasilianer Dunga (1983 und 1994) und Argentiniens Diego Maradona (1979 und 1986). Eigentlich hatte man damit gerechnet, dass Maradona schon bei der FIFA WM 1978 bei den »Großen« mitspielen würde, aber er wurde nicht in den Kader berufen. Dafür stellte er sein Können bei der U-20-WM 1979 in Japan unter Beweis, wo er zum besten Spieler des Turniers gewählt wurde.

U-20-WM-Gastgeber und -Endspielergebnisse

Jahr	Ergebnis
1977	(Gastgeber: Tunesien) UdSSR – Mexiko 9:8 i.E. (2:2 n.V.)
1979	(Japan) Argentinien – UdSSR 3:1
1981	(Australien) Bundesrepublik – Katar 4:0
1983	(Mexiko) Brasilien – Argentinien 1:0
1985	(UdSSR) Brasilien – Spanien 1:0 (n.V.)
1987	(Chile) Jugoslawien – Bundesrepublik Deutschland 5:4 i.E. (1:1 n.V.)
1989	(Saudi-Arabien) Portugal – Nigeria 2:0
1991	(Portugal) Portugal – Brasilien 4:2 i.E. (0:0 n.V.)
1993	(Australien) Brasilien – Ghana 2:1
1995	(Katar) Argentinien – Brasilien 2:0
1997	(Malaysia) Argentinien – Uruguay 2:1
1999	(Nigeria) Spanien – Japan 4:0
2001	(Argentinien) Argentinien – Ghana 3:0
2003	(Vereinigte Arabische Emirate) Brasilien – Spanien 1:0
2005	(Niederlande) Argentinien – Nigeria 2:1
2007	(Kanada) Argentinien – Tschechien 2:1
2009	(Ägypten) Ghana – Brasilien 4:3 i.E. (0:0 n.V.)

Ein aufgehender Stern

Der Superstar der argentinischen Mannschaft bei der FIFA U-20-WM 2005 war Lionel Messi, und das nicht nur, weil er beide Tore seines Teams – jeweils vom Elfmeterpunkt – im Endspiel erzielte. Ihm gelang der ultimative Hattrick, indem er mit dem »Goldenen Schuh« als Torschützenkönig sowie dem »Goldenen Ball« als bester Spieler des Turniers ausgezeichnet wurde und zudem Kapitän der Weltmeistermannschaft war. Dieses Kunststück wiederholte zwei Jahre später sein Landsmann Sergio Agüero, der im Finale gegen Tschechien den Ausgleichstreffer erzielte, ehe Teamkollege Mauro Zárate den späten 2:1-Siegtreffer markierte. Drei weitere Spieler gewannen ebenfalls den »Goldenen Schuh« wie auch den »Goldenen Ball« bei einer U-20-WM: der Brasilianer Geovani (1983), der Argentinier Javier Saviola (2001) und der Ghanaer Dominic Adiyiah (2009).

FIFA U-20-WM-Torschützenkönige

Jahr	Spieler
1977	Guina (Brasilien) 4
1979	Ramón Díaz (Argentinien) 8
1981	Ralf Loose (Bundesrepublik Deutschland), Roland Wohlfarth (Bundesrepublik Deutschland), Taher Amer (Ägypten), Mark Koussas (Argentinien) 4
1983	Geovani (Brasilien) 6
1985	Gerson (Brasilien), Balalo (Brasilien), Muller (Brasilien), Alberto García Aspe (Mexiko), Monday Odiaka (Nigeria), Fernando Gomez (Spanien), Sebastian Losada (Spanien) 3
1987	Marcel Witeczek (Bundesrepublik Deutschland) 7
1989	Oleg Salenko (UdSSR) 5
1991	Sergej Scherbakow (UdSSR) 5
1993	Ante Milicic (Australien), Adriano (Brasilien), Gian (Brasilien), Henry Zambrano (Kolumbien), Vicente Nieto (Mexiko), Chris Faklaris (USA) 3
1995	Joseba Etxeberria (Spanien) 7
1997	Adailton (Brasilien) 10
1999	Mahamadou Dissa (Mali), Pablo Couñago (Spanien) 5
2001	Javier Saviola (Argentinien) 11
2003	Fernando Cavenaghi (Argentinien), Dudu (Brasilien), Daisuke Sakata (Japan), Eddie Johnson (USA) 4
2005	Lionel Messi (Argentinien) 6
2007	Sergio Agüero (Argentinien) 7
2009	Dominic Adiyiah (Ghana) 8

Sechserpack

Mit insgesamt sechs Titeln ist Argentinien Rekordtitelträger der FIFA U-20-WM. Brasilien konnte bislang viermal gewinnen, Portugal zweimal, und Deutschland, Spanien, die Sowjetunion, Jugoslawien und Ghana waren jeweils einmal erfolgreich. Ein einziges Mal nur ging Argentinien in einem Finale nicht als Sieger vom Platz: Das war 1983 gegen den Erzrivalen Brasilien, als Geovani das einzige Tor des Spiels erzielte.

FIFA U-17-WELTMEISTERSCHAFT

Erstmals 1985 in China als U-16-Weltmeisterschaft durchgeführt, wurde die Altersgrenze für die WM 1991 von 16 auf 17 angehoben. Seit 2007 wird der Wettbewerb als FIFA U-17-Weltmeisterschaft (»Football U-17 World Championship«) durchgeführt. Die letzte U-17-WM wurde 2009 vom damaligen Titelverteidiger Nigeria ausgerichtet, das mit je drei Weltmeistertiteln gemeinsam mit Brasilien erfolgreichstes Team des Wettbewerbs ist.

Wer bekommt den Schuh?

Sani Emmanuel, Star der Nigerianer bei ihrem Durchmarsch ins Finale der U-17-WM 2009, konnte sich damit rühmen, gleichzeitig Torschützenkönig und bester Spieler des Turniers zu sein. Für seine spielerische Leistung wurde ihm zwar der »Goldene Ball« verliehen, doch trotz seiner fünf erzielten Treffer musste er sich mit dem »Silbernen Schuh« begnügen – der »Goldene Schuh« ging an den Spanier Borja, der es auf einen Assist mehr gebracht hatte. Sebastián Gallegos aus Uruguay und der Schweizer Haris Seferović schossen während des Turniers ebenfalls insgesamt je fünf Tore. Juri Nikoforow erzielte beim Turnier von 1987 in Kanada für die Sowjetunion fünf Tore, darunter eines im Endspiel gegen Nigeria, aus dem seine Mannschaft schließlich nach dem Elfmeterschießen als Sieger hervorging. Den »Goldenen Schuh« verlieh die FIFA jedoch an Moussa Traoré von der Elfenbeinküste – er hatte zwar ebenfalls »nur« fünf Treffer erzielt, aber die Elfenbeinküste hatte insgesamt weniger Tore (9) geschossen als die Sowjetunion (21), sodass Traorés Tore mehr Gewicht hatten.

Tore en masse

Neben Cesc Fàbregas ist der Franzose Florent Sinama-Pongolle der einzige Spieler, der in ein und demselben Turnier sowohl mit dem »Goldenen Ball« als auch mit dem »Goldenen Schuh« ausgezeichnet wurde. Mit seinen neun Toren bei der FIFA WM 2001 ist er Rekordtorschütze. Unter anderem erzielte er in zwei Vorrundenspielen jeweils drei Treffer. Anders als Fàbregas beendete Sinama-Pongolle auch das Finale als Sieger. Den Rekord für das Team mit den meisten Toren hält Spanien, das 1997 auf seinem Weg zum dritten Platz 22-mal zuschlug.

Auf den Spuren der Großen

Das Finale der Endrunde 2007 wurde erstmals in einem ehemaligen Weltmeisterschaftsstadion ausgetragen – dem Seoul World Cup Stadion mit über 65 000 Plätzen, das für die WM 2002 in Japan und Südkorea gebaut worden war. Das Spiel wurde von 36 125 Zuschauern gesehen – eine Rekordzahl in der Geschichte des Turniers. 2007 nahmen auch erstmals 24 Teams (statt bisher 16) teil. Den Titel sicherte sich Nigeria, nachdem Spanien seine ersten drei Elfmeter im Elfmeterschießen vergab.

Flieg, Adler, flieg

Mit dem Sieg bei der allerersten FIFA U-16-WM 1985 (ab 1991 als U-17-WM durchgeführt) gewann die nigerianische Juniorennationalmannschaft, »Goldene Adlerjungen« genannt, als erstes afrikanisches Team ein FIFA Turnier. Den ersten Treffer im Endspiel gegen die Bundesrepublik Deutschland erzielte der nigerianische Stürmer Jonathan Akpoborie, der später in der Bundesliga unter anderem für den VfB Stuttgart und den VfL Wolfsburg auf Torjagd ging.

Vom Helden zum Bösewicht

In den letzten Minuten des spanischen Siegs gegen Ghana im Halbfinale der FIFA U-17-WM 2007 wurde Bojan Krkíc vom FC Barcelona erst zum gefeierten Helden und dann zum Bösewicht der Nation, als er zunächst vier Minuten vor dem Ende der Verlängerung den Siegtreffer erzielte und dann unmittelbar vor dem Abpfiff mit Gelb-Rot vom Platz musste. Damit fehlte er seiner Mannschaft im Finale, wo Spanien Nigeria im Elfmeterschießen unterlag.

Goldene Ausbeute

Der Deutsche Marcel Witeczek war als bislang einziger Spieler Torschützenkönig sowohl bei einer FIFA U-17- als auch bei einer U-20-WM. Der gebürtige Pole erzielte acht Tore bei der U-17-WM 1985 und zwei Jahre später traf er siebenmal bei der U-20-WM 1987. Ähnlich erfolgreich war nur der Brasilianer Adriano Gerlin da Silva (nicht zu verwechseln mit dem aus der brasilianischen A-Nationalmannschaft und vom italienischen Klub Inter Mailand bekannten Namensvetter Adriano Leite Ribeiro). Er wurde bei der FIFA U-17-WM 1991 mit vier Treffern Torschützenkönig und bei der U-20-WM 1993 zum besten Spieler gekürt.

Sagenhafter Fàbregas

Spaniens Cesc Fàbregas ist es als einem von insgesamt nur zwei Spielern gelungen, bei derselben FIFA U-17-WM sowohl den »Goldenen Schuh« für den erfolgreichsten Torschützen als auch den »Goldenen Ball« für den besten Spieler zu gewinnen – und zwar beim Turnier 2003, bei dem er fünf Tore erzielte; allerdings ging das Endspiel 0:1 gegen Brasilien verloren. Gemeinsam mit seinem Mannschaftskameraden David Silva wurde er 2008 mit der spanischen A-Nationalelf Europameister. Einen Monat nach der WM 2003 verließ Fàbregas seinen Verein FC Barcelona in Richtung Arsenal London und wurde dort später Kapitän. Bei der U-17-EM 2004 wurde der am 4. Mai 1987 in Arenys de Mar geborene Fàbregas erneut zum besten Spieler gekürt und hatte im Finale erneut das Nachsehen.

FIFA U-17-WM-Torschützenkönige

Jahr	Spieler	Tore
1985	Marcel Witeczek (Bundesrepublik)	8
1987	Moussa Traoré (Elfenbeinküste)	5
	Juri Nikoforow (UdSSR)	5
1989	Khaled Jasem (Bahrain)	3
	Fode Camara (Guinea)	3
	Gil (Portugal)	3
	Tulipa (Portugal)	3
	Khalid Al-Roaihi (Saudi-Arabien)	3
1991	Adriano Gerlin da Silva (Brasilien)	4
1993	Wilson Oruma (Nigeria)	6
1995	Daniel Allsopp (Australien)	5
	Mohamed Al-Kathiri (Oman)	5
1997	David Rodriguez-Fraile (Spanien)	7
1999	Ishmael Addo (Ghana)	7
2001	Florent Sinama-Pongolle (Frankreich)	9
2003	Carlos Hidalgo (Kolumbien)	5
	Manuel Curto (Portugal)	5
	Cesc Fàbregas (Spanien)	5
2005	Carlos Vela (Mexiko)	5
2007	Macauley Chrisantus (Nigeria)	7
2009	Borja (Spanien)	5
	Sani Emmanuel (Nigeria)	5
	Sebastián Gallegos (Uruguay)	5
	Haris Seferović (Schweiz)	5

Italien springt in die Bresche

Die U-17-WM 1991 sollte ursprünglich in Ecuador stattfinden. Aufgrund eines Cholera-Ausbruchs im Land sprang jedoch Italien kurzfristig als Ausrichter ein. Allerdings wurde in wesentlich kleineren Stadien gespielt als jenen, die im Jahr zuvor Schauplätze der WM der A-Nationalmannschaften gewesen waren. 1991 wurde das Turnier erstmals nicht mehr als U-16-, sondern als U-17-WM durchgeführt.

Allzeit präsente Amerikaner

Brasilien und Nigeria mögen mit jeweils drei WM-Titeln die erfolgreichsten Nationen bei FIFA U-17-Weltmeisterschaften sein. Aber das einzige Land, das an allen 12 Endrunden teilnahm, sind die USA, die mit ihrem 4. Rang 1999 ihr bestes Ergebnis errangen.

Sensationssieger Schweiz

Die Schweiz, die an dem Wettbewerb überhaupt zum ersten Mal teilnahm, war der Überraschungssieger des Turniers von 2009. Mit ihrem 1:0-Finalsieg über den Favoriten Nigeria, der ihnen dank eines Tores von Haris Seferović gelang, verhinderten die Eidgenossen, dass den Afrikanern als zweitem Land nach Brasilien die Titelverteidigung gelang. Dem Schweizer Benjamin Siegrist wurde der »Goldene Handschuh« als bestem Torhüter verliehen: In sieben Spielen musste er nur viermal hinter sich greifen. Die Vorbereitungen der Nigerianer auf das Turnier waren von einem Skandal überschattet gewesen: Es hatte sich herausgestellt, dass 15 der westafrikanischen Kicker bereits die Altersgrenze überschritten hatten und daher aus dem Kader genommen werden mussten.

U-17-WM-Gastgeber und -Endspielergebnisse

(Gastgeberland)

1985 (China) Nigeria – BRD 2:0

1987 (Kanada) UdSSR – Nigeria 4:2 i.E. (1:1 n.V.)

1989 (Schottland) Saudi-Arabien – Schottland 5:4 i.E. (2:2 n.V.)

1991 (Italien) Ghana – Spanien 1:0

1993 (Japan) Nigeria – Ghana 2:1

1995 (Ecuador) Ghana – Brasilien 3:2

1997 (Ägypten) Brasilien – Ghana 2:1

1999 (Neuseeland) Brasilien – Australien 8:7 i.E. (0:0 n.V.)

2001 (Trinidad und Tobago) Frankreich – Nigeria 3:0

2003 (Finnland) Brasilien – Spanien 1:0

2005 (Peru) Mexiko – Brasilien 3:0

2007 (Südkorea) Nigeria – Spanien 3:0 i.E. (0:0 n.V.)

2009 (Nigeria) Schweiz – Nigeria 1:0

FIFA KONFÖDERATIONEN-POKAL

Der FIFA Konföderationen-Pokal wurde über die Jahre hin in unterschiedlicher Form ausgetragen. 1992 und 1995 fand das Turnier in Saudi-Arabien mit einigen der amtierenden kontinentalen Meister statt. Von 1997 bis 2003 wurde der Pokal alle zwei Jahre ausgespielt. Im heutigen Modus – die Mannschaften treffen sich im Vier-Jahres-Rhythmus im Land des künftigen WM-Gastgebers – wurde der Konföderationen-Pokal, auch kurz Confed-Cup genannt, erstmals 2005 in Deutschland ausgetragen. Als »Meisterschaft der Meister« wird er überall auf der Welt begeistert gefeiert.

FIFA Konföderationen-Pokal-Rekordtorschützen

1.	Cuauhtémoc Blanco (Mexiko)	9
=	Ronaldinho (Brasilien)	9
3.	Romário (Brasilien)	7
=	Adriano (Brasilien)	7
5.	Marzouq Al-Otaibi (Saudi-Arabien)	6
6.	Alex (Brasilien)	5
=	John Aloisi (Australien)	5
=	Luís Fabiano (Brasilien)	5
=	Vladimír Šmicer (Tschechien)	5
=	Robert Pirès (Frankreich)	5

Fabianos Fünferpack

Mit dem Sieg über die USA im Endspiel von 2009 gelang es Brasilien als erstem Land, den FIFA Konföderationen-Pokal zum dritten Mal zu gewinnen (bereits 1997 und 2005 hatten die Südamerikaner den Titel geholt). Dabei machten sich die Brasilianer aber selbst das Leben schwerer als nötig: Nachdem sie einen 0:2-Rückstand aufgeholt hatten, gelang ihnen erst mit einem späten Tor ihres Kapitäns und Innenverteidigers Lúcio das entscheidende 3:2. Die beiden Tore zum Ausgleich erzielte der Stürmer Luís Fabiano, der mit fünf Treffern Torschützenkönig des Turniers wurde. Sein Mannschaftskollege Kaká wurde zum besten Spieler des Turniers gewählt, vor Luís Fabiano und dem Amerikaner Clint Dempsey.

FIFA Konföderationen-Pokal-Torschützenkönige

1992	Gabriel Batistuta (Argentinien), Bruce Murray (USA) 2
1995	Luis García (Mexiko) 3
1997	Romário (Brasilien) 7
1999	Ronaldinho (Brasilien), Cuauhtémoc Blanco (Mexiko), Marzouq Al-Otaibi (Saudi-Arabien) 6
2001	Shaun Murphy (Australien), Éric Carrière (Frankreich), Robert Pirès (Frankreich), Patrick Vieira (Frankreich), Sylvain Wiltord (Frankreich), Takayuki Suzuki (Japan), Hwang Sun-Hong (Südkorea) 2
2003	Thierry Henry (Frankreich) 4
2005	Adriano (Brasilien) 5
2009	Luís Fabiano (Brasilien) 5

Eines Königs würdig

Vor der Umbenennung in FIFA Konföderationen-Pokal fand das Turnier unter dem Namen »König-Fahd-Pokal« in Saudi-Arabien statt. Zur Teilnahme eingeladen waren die jeweils amtierenden Meister der Kontinentalverbände. Der amtierende Copa-América-Meister Argentinien erreichte bei beiden Turnieren das Finale. 1992 bezwangen sie Gastgeber Saudi-Arabien durch Tore von Leonardo Rodríguez, Claudio Caniggia und Diego Simeone. In diesem Jahr nahmen nur vier Teams teil, neben Argentinien und Saudi-Arabien noch die USA als »CONCACAF Gold Cup«-Gewinner und die Elfenbeinküste als Afrikameister. Weltmeister Deutschland und Europameister Niederlande nahmen nicht teil. 1995 traten sechs Teams an. Gewinner war Europameister Dänemark, der sich im Endspiel in Riad durch Tore von Michael Laudrup und Peter Rasmussen gegen Argentinien durchsetzte.

Dreifach gekrönt

Zwei Ländern ist ein lupenreiner Titel-Hattrick gelungen: Brasilien – als amtierender Weltmeister – gewann den Confed-Cup im Dezember 1997 genau sechs Monate, nachdem man sich auch die Südamerikameisterschaft geholt hatte. Mit seinem Golden-Goal-Siegtreffer im Finale des Confed-Cups 2001 machte Patrick Vieira seinerseits den Titel-Hattrick für Frankreich perfekt, das nach der FIFA WM 1998 auch die EM 2000 gewonnen hatte.

Andere Ballsportarten

2009 musste Südafrika seine Spielplanung abändern, als in Port Elizabeth die Bauarbeiten am Nelson-Mandela-Bay-Stadion in Verzug gerieten: Die Partien wurden auf das Ellis-Park-Stadion in Johannesburg, das Loftus-Versfeld-Stadion in Pretoria, das Free-State-Stadion in Bloemfontein und das Royal-Bafokeng-Stadion in Rustenburg neu verteilt. In diesen Spielstätten wurden im Juni auch Rugby-Partien der British and Irish Lions Tour durch Südafrika ausgetragen; zwischen den Rugby- und den Fußballspielen im selben Stadion lag jedoch ein zeitlicher Abstand von mindestens neun Tagen.

Doppelter Hattrick

Der Brasilianer Romário hält den Rekord für die meisten erzielten Tore im Verlauf eines Turniers des Konföderationen-Pokals. Mit sieben Toren in fünf Spielen trug er 1997 zum ersten Pokalgewinn der Seleção bei. Drei seiner Tore erzielte er beim 6:0-Finalsieg der Brasilianer über Australien. Aber damit stand er nicht allein: Auch sein Sturmpartner Ronaldo steuerte drei Treffer bei und machte damit das halbe Dutzend voll.

Ungerecht verteilt

Sowohl Saudi-Arabiens Marzouq Al-Otaibi als auch Brasiliens Ronaldinho trugen sich bei der Halbfinalpartie 1999 in die Liste der Torschützen ein. Das Spiel endete 8:2 für Brasilien und ist bis heute das torreichste Spiel in der Geschichte des Confed-Cups. Aber während Ronaldinho drei Tore erzielte, waren Al-Otaibi nur deren zwei vergönnt – in einer Partie, in der es nach einer halben Stunde noch 2:2 unentschieden stand.

Die Mattscheiben bleiben dunkel

Über den Last-Minute-Sieg der Brasilianer über die Ägypter beim Turnier von 2009 gab es hitzige Debatten. Das 4:3 kam aufgrund eines durch Kaká verwandelten Strafstoßes in der Nachspielzeit zustande. Der Schiedsrichter hatte zunächst nicht auf Handspiel durch den ägyptischen Verteidiger Ahmed Al-Muhammadi erkannt, sondern einen Eckstoß gepfiffen. Dann änderte er seine Meinung, zeigte auf den Elfmeterpunkt und gab Al-Muhammadi die Rote Karte. Die Ägypter behaupteten, dass der Sinneswandel des Schiedsrichters auf Informationen zurückzuführen sei, die er durch Videowiederholungen der Spielsituation erhalten hatte. FIFA-Präsident Sepp Blatter kündigte daraufhin an, dass zukünftig keine TV-Monitore mehr am Spielfeldrand postiert werden dürften.

Gemeinsame Trauer

Der Confed-Cup 2003 wurde überschattet durch den tragischen Tod des 28-jährigen Kameruner Mittelfeldspielers Marc-Vivien Foé, der in der 73. Minute der Halbfinalpartie gegen Kolumbien, aus der Kamerun als Sieger hervorging, in Lyon mit einem Herzanfall zusammenbrach. Thierry Henry widmete ihm seinen Golden-Goal-Siegtreffer im Endspiel gegen Kamerun, da Foé einen Großteil seiner Vereinskarriere in der französischen Ligue 1 gespielt hatte. Als der Pokal im Stade de France in Paris überreicht wurde, hielten ihn beide Mannschaftskapitäne gemeinsam hoch – Marcel Desailly für Frankreich und Rigobert Song für Kamerun.

Clint rettet den Amerikanern den Tag

Beim überraschenden Durchmarsch der USA ins Endspiel von 2009 trafen sie im Halbfinale auf Spanien und sorgten für eine Sensation, mit der sie zugleich zwei lange Serien des Europameisters von 2008 beendeten. Vor der Partie hatten die Spanier mit 15 Länderspielsiegen in Folge einen neuen Rekord aufgestellt; außerdem hatten sie schon seit 35 Spielen nicht mehr verloren – auf die gleiche Zahl hatte es bis dahin nur Brasilien gebracht. Die Hoffnung auf das 36. Spiel ohne Niederlage wurde durch die Tore des US-Stürmers Jozy Altidore und des Flügelflitzers Clint Dempsey zerstört. Mit diesem 2:0 zogen die Amerikaner zum ersten Mal in ein FIFA Senioren-Finalspiel der Herren ein.

FIFA Konföderationen-Pokal

Gastgeber und Endspielergebnisse

1997	(Gastgeberland: Saudi-Arabien) Brasilien – Argentinien 6:0
1999	(Mexiko) Mexiko – Brasilien 4:3
2001	(Südkorea und Japan) Frankreich – Japan 1:0
2003	(Frankreich) Frankreich – Kamerun 1:0 nach Golden Goal
2005	(Deutschland) Brasilien – Argentinien 4:1
2009	(Südafrika) Brasilien – USA 3:2

FIFA KLUB-WM

Die im Jahr 2000 erstmals ausgetragene FIFA Klub-Weltmeisterschaft ersetzte 2005 den alten »Weltpokal«, der erstmals 1960 zwischen den Siegern des Europapokals der Landesmeister bzw. später der Champions League und der Copa Libertadores ausgetragen wurde; bei der Erstauflage siegte Real Madrid mit 0:0 und 5:1 gegen Peñarol Montevideo. Bei der Klub-WM treten die Siegerklubs aller sechs Kontinentalverbände der FIFA gegeneinander an.

Ein Inter bleibt auf der Strecke

Viele erwarteten bei der FIFA Klub-Weltmeisterschaft 2010, die in den Vereinigten Arabischen Emiraten ausgetragen wurde, dass Inter Mailand und SC Internacional das Endspiel bestreiten würden, doch der brasilianische Verein (der auch oft »Inter« genannt wird) schied im Halbfinale aus. Eine solche Enttäuschung blieb Inter Mailand erspart: Die Italiener schlugen in ihrer Halbfinalbegegnung Seongnam Ilhwa Chunma aus Südkorea 3:0. Im Finale bezwangen sie das Team von Tout Puissant Mazembe aus der Demokratischen Republik Kongo ebenfalls mit 3:0 – der bisher deutlichste Sieg, mit dem ein Klub-WM-Endspiel entschieden wurde. Torschützen gegen Mazembe waren Goran Pandev, Samuel Eto'o (der auch zum besten Spieler des Turniers gewählt wurde) und Jonathan Biabiany. Die Klub-Weltmeisterschaft war bereits der fünfte Titel, den Inter Mailand 2010 holte. Dennoch musste Trainer Rafael Benítez fünf Tage später seinen Posten räumen, nach nur einem halben Jahr im Amt.

Weltpokalsieger bis 2004 nach Ländern

9	Argentinien
7	Italien
6	Brasilien, Uruguay
4	Spanien
3	(Bundesrepublik) Deutschland, Niederlande
2	Portugal
1	England, Paraguay, Jugoslawien

Magische sieben Spiele

Trotz der Niederlage von Al-Ahly Kairo gegen Adelaide United im Spiel um Platz 5 bei der Klub-WM 2008 war das Spiel für vier der ägyptischen Spieler ein ganz besonderes: Für Wael Gomaa, Mohamed Aboutrika, Shady Mohamed (oben rechts) und Hossam Ashour war es ihr siebter Einsatz in einer Klub-WM. Damit überflügelten sie den alten Rekord des brasilianischen Torhüters Dida, der mit den Corinthians São Paulo (2000) und dem AC Mailand (2007) insgesamt sechs Klub-WM-Spiele absolviert hatte.

Sechs auf einen Streich

Mit dem Triumph in der FIFA Klub-WM wurde Barcelona zum ersten Verein, der sechs Titel innerhalb eines Kalenderjahres holte: FIFA Klub-Weltmeisterschaft, UEFA Champions League, UEFA Super Cup und das spanische Triple aus Meisterschaft, Pokal und Supercup. Damit konnten die Katalanen ihrer Sammlung eine Trophäe mehr hinzufügen als der FC Liverpool 2001 der seinigen: Das von Gerald Houllier betreute Team hatte damals in England den Pokal, die Meisterschaft und den Charity Shield Cup sowie den UEFA Cup und den UEFA Super Cup errungen.

Die VAE sind okay

Das Turnier von 2009 war die erste FIFA Klub-WM, die außerhalb von Japan stattfand – in Abu Dhabi, einem Emirat der Vereinigten Arabischen Emirate (VAE), wo ein Jahr später auch die nächste Ausgabe ausgetragen wurde. Mit zwei Stadien schulterte man jeweils die Aufgabe: dem Al-Jazira-Mohammed-Bin-Zayed-Stadion sowie dem Zayed-Sports-City-Stadion, wo jeweils das Endspiel ausgetragen wurde. Bei der Vergabe der Ausrichtung des Turniers von 2010 machten die VAE das Rennen vor Australien und Japan, 2011 und 2012 wird die Veranstaltung jedoch wieder nach Japan zurückkehren.

Regeländerungen und ein neuer Modus

Von 1960 bis 1968 wurde der Weltpokal noch nach dem alten Punktesystem ausgetragen, demzufolge man für einen Sieg zwei und ein Unentschieden einen Punkt bekam; Sieger war nur die Mannschaft, die nach Punkten vorne lag, also nach einem Sieg im Hinspiel mindestens ein Unentschieden im Rückspiel erreichte. Ansonsten gab es ein Entscheidungsspiel auf neutralem Platz, selbst wenn eine Mannschaft einmal mit 5:0 gewann und einmal 0:1 verlor. Auch die Regel, dass bei Punkt- und Torgleichheit aus zwei Spielen die Mannschaft gewinnt, die mehr Auswärtstore erzielt hat, gab es damals nicht.

Torreigen

Manchester Uniteds 5:3 über Gamba Osaka im Halbfinale der Klub-WM 2008 war das torreichste Spiel in der Geschichte des Wettbewerbs, einschließlich des alten Weltpokals – die Partie verdrängte damit die Begegnung Benfica Lissabon gegen den FC Santos, bei der Pelés FC 1962 mit 5:2 die Oberhand behielt, auf Rang 2 der ewigen Torrekordliste. Noch erstaunlicher ist, dass sechs der acht Tore in der Partie ManU gegen Gamba in den letzten 16 Minuten sowie in der Nachspielzeit fielen. ManU führte mit 2:0, als in der 74. Minute ein wahrer Torreigen einsetzte, darunter auch zwei Treffer durch den eingewechselten Wayne Rooney. Manchester United gelang es überdies als erstem Team seit der Umgestaltung des Wettbewerbs, fünf Tore in einem Spiel zu erzielen.

Rivalen mit langem Atem

Vorgänger der FIFA Klub-Weltmeisterschaft war der Weltpokal (engl. Intercontinental Cup), den man inoffiziell als European-South America-Cup bezeichnete. Dieser Wettbewerb wurde ausschließlich zwischen Mannschaften aus Europa und Südamerika ausgetragen, zwischen dem Sieger der Copa Libertadores und dem Europapokalsieger der Landesmeister bzw. dem Champions-League-Gewinner (ab der Saison 1992/93). Beim ersten Vergleich 1960 trafen Real Madrid und Peñarol Montevideo aufeinander. Nach einem torlosen Unentschieden in der Hauptstadt Uruguays triumphierte Real mit 5:1 im Rückspiel in Madrid. Drei Tore fielen bereits in den ersten acht Minuten des Spiels, zwei davon erzielte Ferenc Puskás. Real und Peñarol sind zwei von insgesamt fünf Klubs, die insgesamt drei Weltpokal-Erfolge feierten. Die anderen sind die Boca Juniors (Argentinien), Nacional Montevideo (Uruguay) und der AC Mailand (Italien). Der AC gewann 2007 auch die FIFA Klub-Weltmeisterschaft; zählt man die Erfolge in beiden Wettbewerben zusammen, ist der Verein damit alleiniger Rekordhalter – und der FC São Paulo aus Brasilien hätte sich mit dem Erfolg 2005 in die Liste der Dreifachsieger in interkontinentalen Vergleichen eingereiht.

Erfolg in Etappen

Die FIFA Klub-Weltmeisterschaft, bei der Vertreter aller sechs Kontinentalverbände den Titelträger ermitteln, wurde zunächst von brasilianischen Mannschaften dominiert. Die ersten Weltmeister hießen Corinthians São Paulo (2000), FC São Paulo (2005) und SC Internacional Porto Alegre (2006). Der AC Mailand brach 2007 die brasilianische Vorherrschaft, Mannschaftskapitän Paolo Maldini konnte als erster Europäer die Trophäe hochhalten. Zwischen 1989 und 2003 hatten er und Alessandro Costacurta mit ihrem Verein fünfmal um den alten Weltpokal gekämpft und ihn 1989 und 1990 auch gewonnen.

Siegestänzchen nach kongolesischer Art

Zum ersten Mal in der Geschichte des Weltpokals und der FIFA Klub-WM Stand 2010 eine afrikanische Mannschaft im Endspiel. Tout Puissant Mazembe aus der Demokratischen Republik Kongo schlug im Halbfinale SC Internacional, den brasilianischen Copa-Libertatores-Sieger von 2010, mit 2:0. Internacional hatte die FIFA Klub-WM bereits 2006 gewonnen und war so der erste Klub-WM-Titelträger, der zum zweiten Mal an dem Wettbewerb teilnehmen konnte. Mazembe landete einen Überraschungscoup, obwohl das Team ohne seinen Stürmerstar und Mannschaftskapitän Trésor Mputu Mabi auskommen musste – der verbüßte eine einjährige Sperre, weil er im Mai 2010 gegen einen Schiedsrichter tätlich geworden war. Der Torhüter Muteba Kidiaba gegen Internacional der Mann des Spiels und feierte den Erfolg, indem er auf dem Hinterteil über das Spielfeld hopste.

FIFA Klub-Weltmeisterschaftsendspiele

Jahr	Endspiel
2000	**Corinthians São Paulo (Brasilien) – Vasco da Gama (Brasilien) 0:0 n.V.** (Corinthians gewinnen 4:3 im Elfmeterschießen)
2005	**FC São Paulo (Brasilien) – FC Liverpool (England) 1:0**
2006	**SC Internacional (Brasilien) – FC Barcelona (Spanien) 1:0**
2007	**AC Mailand (Italien) – Boca Juniors (Argentinien) 4:2**
2008	**Manchester United (England) – Liga de Quito (Ecuador) 1:0**
2009	**FC Barcelona (Spanien) – Estudiantes de La Plata (Argentinien) 2:1 n.V.**
2010	**Inter Mailand (Italien) – Tout Puissant Mazembe (Demokratische Republik Kongo) 3:0**

Weltpokalsieger 1960–2004

3 Siege: Real Madrid, Spanien (1960, 1998, 2002); Peñarol Montevideo, Uruguay (1961, 1966, 1982); AC Mailand, Italien (1969, 1989, 1990); Nacional Montevideo, Uruguay (1971, 1988, 1988); Boca Juniors, Argentinien (1977, 2000, 2003).

2 Siege: FC Santos, Brasilien (1962, 1963); Inter Mailand, Italien (1964, 1965); Ajax Amsterdam, Niederlande (1972, 1995); Independiente Buenos Aires, Argentinien (1973, 1984); Bayern München, Bundesrepublik Deutschland/Deutschland (1976, 2001); Juventus Turin, Italien (1985, 1996); FC Porto, Portugal (1987, 2004); FC São Paulo, Brasilien (1992, 1993).

1 Sieg: Racing Club Avellaneda, Argentinien (1967); Estudiantes de la Plata, Argentinien (1968); Feyenoord Rotterdam, Niederlande (1970); Atlético Madrid, Spanien (1974); Olimpia Asuncion, Paraguay (1979); Flamengo Rio de Janeiro, Brasilien (1981); Gremio Porto Alegre, Brasilien (1983); CA River Plate, Argentinien (1986); FK Roter Stern Belgrad, Jugoslawien (1991); CA Vélez Sarsfield, Argentinien (1994); Borussia Dortmund, Deutschland (1997); Manchester United, England (1999).

OLYMPISCHES FUSSBALL-TURNIER DER MÄNNER

Obwohl bereits bei den Olympischen Spielen im Jahr 1900 in Paris im Programm, wurde das olympische Fußballturnier erst bei den Spielen 1908 in London als offizieller Wettbewerb von der FIFA anerkannt. Bis 1984 streng nach dem olympischen Amateurgedanken ausgespielt, wurden nun erstmals auch Profifußballer für das Turnier zugelassen. Seitdem bietet das Turnier jungen, aufstrebenden Stars die Möglichkeit, ein Fußballturnier im Rampenlicht der Weltöffentlichkeit zu erleben und Erfahrungen von unschätzbarem Wert zu sammeln.

Die Tschechoslowaken dampfen ab

Zum Eklat kam es bei den Olympischen Spielen 1920, als zum ersten und einzigen Mal das Endspiel im Rahmen eines großen Turniers abgebrochen wurde, weil eine Mannschaft den Platz verließ. Das tschechoslowakische Team ging aus Protest gegen die Entscheidungen des englischen Schiedsrichters John Lewis – darunter der Platzverweis des tschechischen Spielers Karel Steiner – kurz vor der Halbzeit geschlossen vom Spielfeld. Belgien wurde zum Sieger erklärt (2:0 in Führung). Im Spiel um Silber setzte sich Spanien mit 3:1 gegen die Niederlande durch.

Endspiele des olympischen Fußballturniers

1896 Kein Spiel
1900 (Paris, Frankreich) Gold: Upton Park FC (GB), Silber: USFSA-Auswahl (Frankreich), Bronze: Université Libre de Bruxelles (Belgien) (nur zwei Spiele im Rahmen der Weltausstellung)
1904 (St. Louis, USA)
Gold: Galt FC (Kanada), Silber: Christian Brothers College (USA), Bronze: St. Rose Parish (USA) (nur fünf Spiele im Rahmen der Ausstellung gespielt)
1908 (London, England) Großbritannien – Dänemark 2:0 (Bronze: Niederlande)
1912 (Stockholm, Schweden) Großbritannien – Dänemark 4:2 (Bronze: Niederlande)
1916 Kein Spiel
1920 (Antwerpen, Belgien) Belgien – Tschechoslowakei 2:0 (Silber: Spanien, Bronze: Niederlande)
1924 (Paris, Frankreich) Uruguay – Schweiz 3:0 (Bronze: Schweden)
1928 (Amsterdam, Niederlande) Uruguay – Argentinien 1:1; Uruguay – Argentinien 2:1 (Bronze: Italien)
1932 Kein Spiel
1936 (Berlin, Deutschland) Italien – Österreich 2:1 n.V. (Bronze: Norwegen)
1940 Kein Spiel
1944 Kein Spiel
1948 (London, England) Schweden – Jugoslawien 3:1 (Bronze: Dänemark)
1952 (Helsinki, Finnland) Ungarn – Jugoslawien 2:0 (Bronze: Schweden)
1956 (Melbourne, Australien) UdSSR – Jugoslawien 1:0 (Bronze: Bulgarien)
1960 (Rom, Italien) Jugoslawien – Dänemark 3:1 (Bronze: Ungarn)
1964 (Tokio, Japan) Ungarn – Tschechoslowakei 2:1 (Bronze: BRD)
1968 (Mexiko-Stadt, Mexiko) Ungarn – Bulgarien 4:1 (Bronze: Japan)
1972 (München, BRD) Polen – Ungarn 2:1 (Bronze: UdSSR/DDR)
1976 (Montreal, Kanada) DDR – Polen 3:1 (Bronze: UdSSR)
1980 (Moskau, UdSSR) Tschechoslowakei – DDR 1:0 (Bronze: UdSSR)
1984 (Los Angeles, USA) Frankreich – Brasilien 2:0 (Bronze: Jugoslawien)
1988 (Seoul, Südkorea) UdSSR – Brasilien 2:1 (Bronze: BRD)
1992 (Barcelona, Spanien) Spanien – Polen 3:2 (Bronze: Ghana)
1996 (Atlanta, USA) Nigeria – Argentinien 3:2 (Bronze: Brasilien)
2000 (Sydney, Australien) Kamerun – Spanien 5:3 i.E. (2:2 n.V.) (Bronze: Chile)
2004 (Athen, Griechenland) Argentinien – Paraguay 1:0 (Bronze: Italien)
2008 (Peking, China) Argentinien – Nigeria 1:0 (Bronze: Brasilien)

Auf nach Barcelona

2000 schossen die späteren Mannschaftskameraden bei Barcelona, Samuel Eto'o und Xavi, Elfmeter für gegnerische Mannschaften. Damals traten Kamerun und Spanien nämlich im ersten olympischen Finale, das durch Elfmeterschießen entschieden wurde, gegeneinander an. Ivan Amaya vergab als einziger Schütze, und so holte sich Kamerun Gold.

Nachträgliche Medaillen

Bei den ersten Olympischen Sommerspielen der Neuzeit 1896 in Athen war Fußball nicht im Programm, und die Begegnungen der Olympischen Sommerspiele 1900 und 1904 wurden von der FIFA nicht offiziell anerkannt. Obwohl in diesen Jahren keine Medaillengewinner ermittelt wurden, hat das Internationale Olympische Komitee nachträglich die Platzierungen bzw. die Medaillenränge der teilnehmenden Länder in seine Annalen und Statistiken aufgenommen.

Ostblock-Spiele

Von 1948 bis 1980, als Profifußballer nicht teilnehmen durften, dominierten osteuropäische Länder das olympische Fußballturnier. Von 27 Medaillen in dieser Zeit gingen allein 23 an Teams aus dem Ostblock. Als einziges Land westlich des Eisernen Vorhangs gelang es Schweden 1948, die Goldmedaille zu ergattern. Schweden war es auch, das vier Jahre später Bronze holte, bevor sich Dänemark 1960 und Japan 1968 die Silber- bzw. die Bronzemedaille sichern konnten. Die Bronzemedaille für das gesamtdeutsche Team 1964 wurde von einer DDR-Mannschaft gewonnen, die sich zuvor gegen eine bundesdeutsche Amateurauswahl qualifiziert hatte.

Auf Trab gebracht

Mit zwei Goldmedaillen 1924 und 1928 bei nur zwei Teilnahmen könnte Uruguays Erfolgsbilanz bei olympischen Fußballturnieren perfekter nicht sein. Diese beiden Turniere galten quasi als Weltmeisterschaften und trugen mit dazu bei, dass die FIFA 1930 die erste WM veranstaltete. Auch diesen Titel holte sich Uruguay, das mit José Nasazzi, José Andrade und Héctor Scarone (rechts) drei Goldmedaillengewinner von 1924 und 1928 im Kader hatte. Uruguays Siegermannschaft von 1924 gilt als Erfinder der Ehrenrunde.

Weite Wege

Olympische Fußballspiele finden oft außerhalb der Olympiastädte, mitunter sogar in großer Entfernung von diesen statt – einige der Partien im Rahmen der Olympischen Sommerspiele London 2012 werden nicht nur in einer anderen Stadt, sondern sogar in einem anderen »Land« ausgetragen. Neben dem Old Trafford in Manchester, dem St. James' Park in Newcastle upon Tyne und dem City of Coventry Stadium zählen auch das Millenium Stadium im walisischen Cardiff sowie der Hampden Park im schottischen Glasgow zu den Austragungsstätten. Im Mittelpunkt des Interesses wird aber natürlich zwangsläufig das Londoner Wembley-Stadion stehen, wo das Endspiel steigt. Die größten Entfernungen mussten Fußballer bei den Olympischen Spielen 1984 in Los Angeles zurücklegen, wo zwei der Stadien – das Navy-Marine Corps Memorial Stadium in Annapolis, Maryland, und das Harvard Stadium in Boston, Massachusetts – mehr als 3200 Kilometer entfernt lagen. Auch bei den Spielen in Atlanta 1996 wurde nicht eine einzige Minute Fußball in Atlanta selbst gespielt. Das am nächsten gelegene Stadion befand sich im »nur« 105 Kilometer entfernten Athens, Georgia; dort wurde das Endspiel um die Goldmedaille ausgetragen.

Afrikanische Ambitionen

Mit dem Gewinn der Bronzemedaille bei den Olympischen Spielen 1992 gelang es Ghana als erstem afrikanischem Land, eine Medaille bei einem olympischen Fußballturnier zu erringen. Nigeria feierte vier Jahre später sogar einen noch größeren Triumph: Durch ein Tor von Emmanuel Amunike in der Nachspielzeit gegen Argentinien holten die Adler Gold. Dies galt allgemein als riesige Überraschung – insbesondere, weil 1996 in Atlanta einige Mannschaften mit künftigen Weltstars antraten, wie die Brasilianer Ronaldo, Rivaldo und Roberto Carlos, die Argentinier Hernán Crespo und Roberto Ayala, die Italiener Fabio Cannavaro, Alessandro Nest und Gianluigi Buffon sowie die Franzosen Patrick Vieira (rechts), Sylvain Wiltord und Robert Pirès. Nicht wenige spätere Welt- und Europameister haben auch bei Olympia für ihr Land gespielt, darunter zum Beispiel Frankreichs Michel Platini und Patrick Battiston (Montreal 1976), der Deutsche Andreas Brehme und der Brasilianer Dunga (Los Angeles 1984), die Brasilianer Taffarel, Bebeto und Romário und der Deutsche Jürgen Klinsmann (Seoul 1988), der Italiener Gianluca Zambrotta und die Spanier Xavi, Carles Puyol und Joan Capdevila (Sydney 2000) sowie die Italiener Daniele De Rossi, Andrea Pirlo und Alberto Gilardino (Athen 2004).

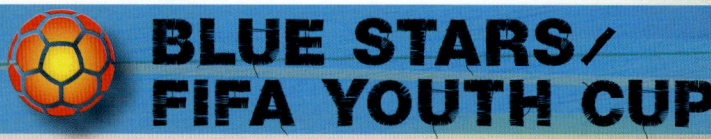

BLUE STARS/ FIFA YOUTH CUP

Seit 1939 wird der Blue Stars/FIFA Youth Cup jährlich vom Züricher Verein FC Blue Stars ausgetragen; seit 1991 steht er unter der Schirmherrschaft der FIFA. Er ist das wichtigste Fußball-Jugendturnier, bei dem zahlreiche Mannschaften aus aller Welt antreten. Viele berühmte Fußballer – von Bobby Charlton bis David Beckham – sammelten bei diesem Turnier ihre ersten internationalen Erfahrungen.

Barça betritt die Bühne

Erst 1988 nahm mit dem FC Barcelona zum ersten Mal eine spanische Mannschaft am Wettbewerb teil. Zum Team gehörten auch der rechte Abwehrspieler Albert Ferrer und der Mittelfeldspieler Josep Guardiola, die 1992 ihrer Mannschaft zum ersten Sieg im Europapokal der Landesmeister verhalfen.

Blatters Herzblut

Lange bevor Sepp Blatter 1998 zum FIFA Präsidenten gewählt wurde, war er ein begeisterter Amateurfußballer, der in den frühen 1950ern im Blue-Stars-Turnier als Mittelstürmer für den Schweizer Verein FC Sierre antrat. Heute ist er Ehrenmitglied des FC Blue Stars.

Gar nicht so verkehrt

Zwischen 2006 und 2009 gewannen drei Schweizer Vereine: Nach den Grasshoppers (2006) und dem FC Zürich (2008) siegte 2009 der FC Basel im Endspiel gegen Grasshoppers mit 1:0. Der Basler Mittelfeldspieler Pascal Schürpf wurde zum besten Feldspieler des Turniers gewählt. Das einzige Tor des Endspiels wurde von Xherdan Shaqiri erzielt.

Recht so, FC Porto!

Der FC Porto war 2011 der erste Verein aus Portugal, der den Blue-Stars-Pokal holte – kurz nachdem die erste Mannschaft des Vereins das Triple aus portugiesischer Meisterschaft, portugiesischem Pokal und dem Triumph in der UEFA Europa League errungen hatte. Die Jungs schlugen im Endspiel den FC Zürich mit 3:0 im Elfmeterschießen, nachdem es nach der regulären Spielzeit 0:0 gestanden hatte. Das Finale wurde zum zweiten Mal hintereinander so entschieden. Der FC Zürich hatte ein Jahr zuvor schon das Endspiel gegen die Boca Juniors aus Argentinien auf die gleiche Weise verloren.

Brasilianisches Glück

Erst 1999 gewann zum ersten Mal ein nicht-europäischer Verein das Turnier: Die Brasilianer vom FC São Paulo schlugen den FC Zürich im Elfmeterschießen im Züricher Letzigrund-Stadion. Im folgenden Jahr konnte die Mannschaft ihren Titel verteidigen.

Blue-Stars-Siege

Manchester United 18
(1954, 1957, 1959, 1960, 1961, 1962, 1965, 1966, 1968, 1969, 1975, 1976, 1978, 1979, 1981, 1982, 2004, 2005)
Grasshoppers Zürich 6
(1939, 1956, 1971, 1987, 1998, 2006)
FC Barcelona 3
(1993, 1994, 1995)
FC Zürich 3
(1946, 1949, 2008)
FC Young Fellows Zürich 3
(1941, 1942, 1953)
AC Mailand 2
(1958, 1977)
Arsenal London 2
(1963, 1964)
AS Rom 2
(1980, 2003)
FK Austria Wien 2
(1947, 1948)
FC São Paulo 2
(1999, 2000)
Spartak Moskau 2
(1991, 1992)
FC Basel 1
(2009)
Boca Juniors 1
(2010)
FC Porto 1
(2011)

BLUE STARS/ FIFA YOUTH CUP 2011

FIFA FUTSAL-WELTMEISTERSCHAFT

Futsal – eine Variante des Hallenfußballs mit fünf Spielern auf jeder Seite – entstand in den 1930ern in Südamerika und wurde in den letzten Jahren bei Zuschauern und Spielern immer beliebter. Die erste FIFA Futsal-WM wurde 1989 in den Niederlanden ausgetragen, seit 1992 findet sie alle vier Jahre statt. Zwei Mannschaften beherrschten seitdem das Turnier: Spanien (zwei Siege) und Brasilien (vier).

Manoel I.

Mit 43 Toren in 32 Spielen darf sich der Brasilianer Manoel Tobias als erfolgreichster Torschütze der FIFA Futsal-WM bezeichnen. Tobias, am 19. April 1971 in Salgueiro geboren, trat in den Turnieren von 1992, 1996, 2000 und 2004 für sein Land an und stand nach der regulären Spielzeit nur einmal auf der Seite der Verlierer. Bei den Turnieren von 1996 und 2000 wurde er als bester Spieler und Torschützenkönig geehrt.

Kubas Embargo

Die Kubaner halten einen traurigen Rekord: den für die wenigsten erzielten Tore in einem Turnier. Bei der WM 2000 gelang ihnen nur ein Treffer in drei Spielen. Dafür kassierten sie 20 Tore bei Niederlagen gegen Iran, Argentinien und den späteren Sieger Spanien.

Sieg im Namen des Samba

In einem Spiel, das zu einem großen Teil auf schnellen und sicheren Pässen und flinker Beinarbeit beruht, brillieren natürlich die Brasilianer. Das gilt auch für Futsal, einer 40-minütigen Fußball-Variante, die mit fünf Spielern pro Mannschaft in der Halle gespielt wird. Seit die FIFA 1989 ihre Futsal-WM ins Leben rief, holten sich die Brasilianer in vier von sechs Turnieren den Titel. 2000 wurden sie Zweite nach Spanien, vier Jahre später Dritte hinter Spanien und Italien. In jedem Turnier erzielten die Brasilianer die meisten Tore; 2000 trafen sie 78-mal in acht Spielen, was einen sagenhaften Schnitt von 9,3 Toren pro Spiel ergab – ein Rekord der Meisterschaften. Ihren höchsten Sieg bei einer FIFA Futsal-WM fuhren sie 2000 ein, als sie Guatemala mit 29:2 vom Platz fegten, doch ihre höchste Anzahl an Toren erzielten sie im Oktober 2006 in einem Länderspiel gegen Osttimor: 76:0 – ein Gesamtrekord für diese Sportart. Brasiliens allererstes Spiel bei einer FIFA Futsal-WM endete jedoch seltsamerweise mit einer Niederlage. 1989 verlor das Land in den Gruppenspielen 2:3 gegen Ungarn.

Schichtwechsel

2004 wurde ein Halbfinale durch Sechsmeterschießen entschieden und Brasilien verlor gegen Spanien. Doch vier Jahre später drehten die Brasilianer den Spieß um: Als Gastgeber gewann Brasilien das erste Finale in der Turniergeschichte, das in die Verlängerung ging und dann durch Strafstöße entschieden wurde. Der Held dieses Kampfes war Brasiliens Ersatztorwart Franklin. Trotzdem wurde Tiago – der Mann, für den Franklin am Ende der Verlängerung eingewechselt worden war – zum besten Torhüter des Turniers gewählt.

Finalspiele (und Gastgeber) der FIFA Futsal-WM

1989	(Gastgeber: Niederlande) Brasilien – Niederlande 2:1	
1992	(Hongkong) Brasilien – USA 4:1	
1996	(Spanien) Brasilien – Spanien 6:4	
2000	(Guatemala) Spanien – Brasilien 4:3	
2004	(Taiwan) Spanien – Italien 2:1	
2008	(Brasilien) Brasilien – Spanien 2:2 (Brasilien gewinnt mit 4:3 im Sechsmeterschießen)	

Neun ist genug

Der Russe Pula schnappte Falcão zwar den Preis für die meisten Tore 2008 vor der Nase weg (mit 16 zu 15 Toren), doch der Brasilianer, der vier Jahre zuvor bereits den »Goldenen Ball« und den »Goldenen Schuh« gewonnen hatte, wurde zum Spieler des Turniers gewählt. Von Pulas 16 Toren im Turnier von 2008 fielen neun in einem einzigen Spiel, als die Salomonen mit 31:2 vernichtend geschlagen wurden – ein Rekord für die FIFA Futsal-WM.

FIFA BEACHSOCCER-WM

Eine weitere Variante des Spiels mit Wurzeln in Südamerika ist Beachsoccer – eine hyper-dynamische, actionreiche, wie fürs Fernsehen gemachte torreiche Variante des Fußballs, deren Beliebtheit in den letzten Jahren in die Höhe schnellte. Zum ersten Mal wurde die FIFA Beachsoccer-WM 1995 in ihrer spirituellen Heimat, an der Copacabana in Rio de Janeiro, ausgetragen. Nach dem Turnier von 2009 soll die WM alle zwei Jahre stattfinden.

König Eric

Der Fußballer, Schauspieler und Freizeit-Philosoph Éric Cantona war Trainer der französischen Siegermannschaft bei der FIFA Beachsoccer-WM 2005. Dieses Turnier war das erste, das unter der Schirmherrschaft der FIFA ausgetragen wurde, vorher hieß der Wettbewerb einfach nur Beachsoccer-Weltmeisterschaft. Der ehemalige Stürmer von Manchester United stand selbst jedoch nur kurz auf dem Sand und schoss in diesem Turnier nur ein einziges Tor, bei einem 7:4 gegen Spanien im Viertelfinale.

Finalspiele der FIFA Beachsoccer-WM

1995 (Strand und Stadt/Land: Copacabana, Rio de Janeiro/Brasilien) Brasilien – USA 8:1
1996 (Copacabana) Brasilien 3 – Uruguay 3:0
1997 (Copacabana) Brasilien 5 – Uruguay 5:2
1998 (Copacabana) Brasilien 9 – Frankreich 9:2
1999 (Copacabana) Brasilien – Frankreich 5:2
2000 (Marina da Gloria, Rio de Janeiro) Brasilien – Peru 6:2
2001 (Costa do Sauípe, Rio de Janeiro) Portugal 9 – Frankreich 9:3
2002 (Vitória/Brasilien) Brasilien- Portugal 6:5
2003 (Copacabana) Brasilien – Spanien 8:2
2004 (Copacabana) Brasilien 6 – Spanien 6:4
2005 (Copacabana) Frankreich – Portugal 3:3 (Frankreich siegt 1:0 nach Strafstoßschießen)
2006 (Copacabana) Brasilien – Uruguay 4:1
2007 (Copacabana) Brasilien – Mexiko 8:2
2008 (Plage du Pardo, Marseille/Frankreich) Brasilien – Italien 5:3
2009 (Jumeirah, Dubai/Vereinigte Arabische Emirate) Brasilien – Schweiz 10:5

Madjer legt los

2006 erzielte der in Angola geborene portugiesische Star Madjer einen Torrekord des Turniers: 21-mal traf er ins Netz und wurde damit zum fünften Mal Torschützenkönig der Beachsoccer-WM. Mit seinen sieben Toren, die er 2009 im Spiel gegen Uruguay erzielte, brach er einen Rekord, den er 2006 selbst aufgestellt hatte: In der Partie gegen Kamerun hatte er damals 6-mal getroffen.

Torhagel

Im Turnier von 2003 fielen die meisten Tore: 150 in 16 Matches, also im Schnitt 9,4 Tore pro Spiel. Zwei Jahre zuvor war der Durchschnitt am geringsten gewesen: 7,2 Tore im Schnitt bei 144 Toren in 20 Spielen.

Die Wahl fällt auf Frankreich

An den Stränden von Marseille in Südfrankreich wurde 2008 zum ersten Mal ein Turnier außerhalb von Brasilien ausgetragen. 2009 fand die Endrunde in Dubai statt. Zukünftig soll das Turnier nicht mehr jährlich, sondern nur noch alle zwei Jahre abgehalten werden; die nächste Beachsoccer-WM fand demgemäß 2011 statt.

Festgehalten

Der Brasilianer Paulo Sérgio wurde bei den ersten vier FIFA Beachsoccer-Weltmeisterschaften zum besten Torhüter gewählt. Die weiteren Preisträger waren Pedro Crespo (Portugal, 1999), Kato (Japan, 2000), Pascal Olmeta (Frankreich, 2001), Vilard Normcharoen (Thailand, 2002), Robertinho (Brasilien, 2003) sowie Roberto Valeiro (Spanien, 2004). 2005, 2006 und 2007 wurde kein bester Torhüter gewählt. Seit 2008 erhält der beste Torwart den »Goldenen Handschuh«: Diesen haben 2008 Roberto Valeiro (Spanien) und 2009 Mão (Brasilien) bekommen.

Immer dabei

Brasilien und Uruguay sind die beiden einzigen Länder, die an allen bisherigen 15 Turnieren teilgenommen haben – allerdings mit höchst unterschiedlichem Erfolg: Während die Brasilianer die Beachsoccer-WM schon 13-mal gewonnen haben, warten die Uruguayer noch auf ihren ersten Titel. Sie wurden dreimal Zweiter: 1996, 1997 und 2006 verloren sie jeweils das Endspiel gegen Brasilien. 14 der 38 Nationen, die bereits an dem Wettbewerb teilgenommen haben, kommen zwar aus Europa, der Kontinent hat bisher jedoch nur zwei Titelgewinner hervorgebracht: Portugal im Jahr 2001 und Frankreich im Jahr 2005. Asien (mit Australien) stellte bisher sieben Teilnehmer, Südamerika sechs, Nord- und Mittelamerika fünf, Afrika ebenfalls fünf und Ozeanien einen.

FIFA INTERACTIVE WORLD CUP

Der EA SPORTS FIFA Interactive World Cup, das größte Fußball-Videospiel-Turnier, wurde im Jahr 2004 zum ersten Mal veranstaltet. Spieler aus der ganzen Welt traten auf dem virtuellen Spielfeld des »FIWC 2005« gegeneinander an. Das Debütturnier präsentierte ein Finale mit acht Spielern in Zürich. Der Gewinner wurde mit einer Reise zur FIFA Gala des Weltfußballs in Amsterdam belohnt. Inzwischen sind am FIWC über 50 Länder beteiligt; 2011 versuchten über 860 000 Spieler, sich für das Finale zu qualifizieren. Das Große Finale des FIWC 2011 fand im amerikanischen Las Vegas statt; die 24 Teilnehmer kämpften auf »EA SPORTSTM FIFA 11« an ihren PlayStation®3-Geräten um den Pokal – und konnten während der Wettkampfpausen auch schon einen ersten Blick auf »EA SPORTSTM FIFA 12« werfen.

Wie man sich qualifiziert

Beim FIWC 2011 wurden sechs Online-Qualifikationsphasen durchgeführt, mit denen insgesamt zwölf der 24 Finalteilnehmer ermittelt wurden (sechsmal die jeweils zwei besten). Weitere zehn Teilnehmer zogen über zehn Live-Qualifikationsturniere in das Große Finale ein. Der Titelverteidiger Nenad Stojkovic war automatisch gesetzt, der 24. und letzte Startplatz wurde bei einem letzten Qualifikationsturnier am Vorabend des Großen Finales vergeben.

FIWC-Neulinge

13 der 24 Teilnehmer des Großen Finales hatten sich zum ersten Mal für die Endrunde qualifiziert, darunter der 15-jährige Ägypter Ramy Dergham sowie der 25-jährige Mohammed Almalki aus Saudi-Arabien, der erst kurz davor mit dem Computer-Fußballspielen angefangen hatte.

870 000 erreicht, Zähler läuft noch

Fast 870 000 Spieler nahmen 2011 am »Online«-Turnier FIFA Interactive World Cup teil, 95 000 mehr als 2010 und insgesamt 355 000 mehr als 2009.

Große Champions

In der Geschichte des FIFA Interactive World Cup hat es bisher sieben große Champions gegeben, wobei der bisher letzte gleichzeitig auch der jüngste ist. Der erste war der Brasilianer Thiago Carrico de Azevado, der das Premierenturnier 2004 in der Schweiz gewann. Chris Bullard aus England holte sich den zweiten FIWC-Titel, nachdem er das Teilnehmerfeld in London hinter sich gelassen hatte. 2006 gewann der damals 17-jährige Niederländer Andries Smit ein Heimspiel, als er das Feld der Finalisten in Amsterdam weit übertraf. Der Spanier Alfonso Ramos gewann danach den 2008 in Berlin veranstalteten FIWC und der Franzose Bruce Grannec errang den Titel 2009 in Barcelona. Ebenfalls in Barcelona erkämpfte sich im Mai 2010 der amerikanische Gamer Nenad Stojkovicden Pokal des Turniers von 2010. Im Juni 2011 wurde schließlich Francisco Cruz in Los Angeles der erste Champion aus Portugal – er war gleichzeitig auch der bisher jüngste Sieger: Mit 16 Jahren war er noch ein Jahr jünger als Smit 2006. Cruz, der zwei Jahre davor schon Dritter geworden war, besiegte Javier Muñoz aus Kolumbien im finalen Schlagabtausch mit 4:1.

International besetzt

Beim Großen Finale des FIFA Interactive World Cup 2011 waren insgesamt 14 Nationen aus allen Kontinentalverbänden der FIFA außer Ozeanien vertreten: Je drei Teilnehmer kamen aus Spanien und England, je zwei aus Portugal, den USA, Brasilien und Kolumbien und je einer aus Dänemark, Frankreich, Deutschland, Polen, Russland, Australien, Mexiko, Saudi-Arabien und Ägypten. 2010 waren insgesamt 22 verschiedene Nationen beim Großen Finale des FIWC vertreten gewesen.

Die Blauen gegen die Königlichen

Obwohl er Fan des FC Porto ist, trat Francisco Cruz beim FIWC 2011 als »Chelsea London« an, während sein Gegner Javier Muñoz aus Kolumbien, den er im Endspiel besiegte, als »Real Madrid« um den Titel kämpfte.

TEIL 7 – FRAUENFUSSBALL

29 MILLIONEN FRAUEN AUF DER WELT spielen Fußball – eine Zahl, die sich in den letzten zehn Jahren mehr als verdoppelt hat. Die Statistiken belegen vielleicht besser als alles andere, wie erfolgreich es im Fußball gelungen ist, Vorurteile aus längst vergangenen Zeiten zu verabschieden – mit mehr Erfolg als in vielen anderen Sportarten.

Internationale Frauenwettkämpfe im Fußball sind attraktiv für die Massen geworden – die zunehmende Begeisterung der Fans hat stark zur Bildung nationaler Ligen im Frauenfußball beigetragen und weltweit neue nationale Wettbewerbe ins Leben gerufen. Die Anfänge des organisierten Frauenfußballs liegen in England in den frühen Jahren des letzten Jahrhunderts; der britische Fußballverband schloss die Frauen aber 1921 aus.

Daraufhin gründete sich ein unabhängiger Frauenfußballverband, der einen eigenen Pokal ausspielte. In den letzten Jahrzehnten wurden in zahlreichen Ländern parallel Frauen-Fußballligen gegründet. Das zunehmende Interesse führte schließlich in den frühen 1980er-Jahren zur ersten offiziellen Fußball-Europameisterschaft der Frauen;1991 fand in China die erste FIFA Frauen-Weltmeisterschaft statt, die von den USA gewonnen wurde; in den Folgejahren dominierte das amerikanische Team den internationalen Fußball. Das Endspiel des Turniers 1999 in den USA lockte eine Rekordzahl von 90 185 Zuschauern ins Rose Bowl in Pasadena; die USA besiegten die Chinesinnen im Elfmeterschießen und gewannen zum zweiten Mal den Titel. Die USA hatten ihre Vormachtstellung bereits 1996 unterstrichen, als sie bei der olympischen Premiere des Frauenfußballs Gold holten. Nach einer Silbermedaille 2000 holten die USA bei den Spielen in Athen und Peking zwei weitere Goldmedaillen. 2008 wurde in Neuseeland erstmals eine U-17-Fußball-Weltmeisterschaft der Frauen ausgetragen – der Sieger des Turniers hieß Nordkorea, vor den USA und Deutschland. Dieses Land ist auch im Frauenfußball längst eine feste Größe geworden: Mit dem zweiten Titelgewinn 2007 zogen die Deutschen mit den USA gleich und konnten als erste Mannschaft ihren Titel verteidigen.

Der Traum vom Triple bei der Heim-WM 2011 endete für die Deutschen im Viertelfinale gegen die Japanerinnen, die schließlich auch sensationell den Titel gewannen und mit ihrem Finalsieg gegen die USA auch deren dritten Triumph verhinderten. Deutschland bleibt dennoch eine Macht im Frauenfußball: Bei Europameisterschaften hat das Team sieben Titel errungen, wobei die letzten fünf Turniere in Folge gewonnen wurden. In den USA schlug ein erster Versuch, eine professionelle Frauenliga zu etablieren, fehl. 2009 glückte es dann: Profi-Klubs aus den USA nahmen einige der besten Fußballerinnen der Welt unter Vertrag, so die Brasilianerin Marta und die Engländerin Kelly Smith. England hat im April 2011 mit der »FA Women's Super League« seine erste semi-professionelle Frauenliga eingeführt.

FIFA U-20-Frauen-Weltmeisterschaft Deutschland 2010: Stürmerin Svenja Huth (mit Stirnband) und ihre Teamkolleginnen feiern in Bielefeld mit der Trophäe den Titelgewinn, nachdem sie im Endspiel Nigeria mit 2:0 geschlagen haben.

FIFA FRAUEN-WELTMEISTERSCHAFT™

Die erste FIFA Frauen-WM wurde 1991 mit 12 teilnehmenden Teams in China ausgetragen. 1999 wurde die Teilnehmerzahl auf 16 erweitert, die beiden Ersten der vier Gruppen erreichen das Viertelfinale. Dieser Modus galt auch bei der bislang letzten Austragung des Turniers 2011 in Deutschland, bei der überraschend die Japanerinnen den Titel gewannen. Es gibt Überlegungen, die Teilnehmerzahl der Endrunde auf 24 zu erhöhen.

Elfmeter-Drama

Das Finale von 1999 zwischen den USA und China war bis 2011 das einzige, das durch Elfmeterschießen entschieden wurde. Beteiligt war beide Male das Team der USA. Bei der Heim WM 1999 triumphierten die US-Girls gegen China, das auch schon am ersten Elfmeterschießen in der Turniergeschichte beteiligt war, als die Chinesinnen 1995 im Viertelfinale Schweden nach einem 1:1 n. V. mit 4:3 im Elfmeterschießen besiegten. 2011 hingegen scheiterten die Amerikanerinnen mit 1:3 gegen Japan, nachdem das Spiel nach Verlängerung 2:2 unentschieden endete.

Havelanges Traum wird wahr

Die Etablierung einer FIFA Frauen-WM ging auf die Initiative des ehemaligen FIFA Präsidenten João Havelange zurück. Anfangs noch als ein Experiment betrachtet, brachte spätestens die erfolgreiche Endrunde 1999 in den USA den endgültigen Durchbruch. Seitdem zieht der Frauenfußball regelmäßig große Zuschauermengen an und die großen Turniere werden weltweit im Fernsehen übertragen. Bei den ersten Weltmeisterschaften gaben die USA und Norwegen – Länder, in denen Frauenfußball besonders beliebt ist – den Ton an. Die Amerikanerinnen gewannen die Premiere und wurden nach einem dritten Platz 1995 im eigenen Land erneut Weltmeister; Titelträger 1995 war Norwegen. Im neuen Jahrtausend hatte bislang Deutschland das Sagen – mit Titelgewinnen 2003 und 2007. Doch auch Brasilien, 1999 auf Platz 3 und 2007 Vizeweltmeisterinnen, und China sind ernst zu nehmende Konkurrentinnen und belegen, dass sich der Frauenfußball auf allen Kontinenten etabliert hat.

Die USA stehen an der Spitze

Die USA haben bisher die meisten Spiele in der Geschichte der FIFA Frauen-WM bestritten, nämlich 36. Mit 29 haben sie auch die meisten gewonnen. Viermal spielten sie unentschieden, dreimal verloren sie. Mit 32 Spielen, 23 Siegen, drei Unentschieden und sechs Niederlagen steht Deutschland auf Platz 2 der ewigen WM-Tabelle, gefolgt von den Norwegerinnen mit 31 Spielen, von denen sie 20 gewannen, zweimal unentschieden spielten und neun verloren.

Endspiele der FIFA Frauen-WM

Jahr	Ort	Sieger	Zweite	Ergebnis
1991	Guangzhou	USA –	Norwegen	2:1
1995	Stockholm	Norwegen –	Deutschland	2:0
1999	Pasadena	USA –	China	0:0
	(5:4 im Elfmeterschießen)			
2003	Larson	Deutschland –	Schweden	2:1 (n.V.)
2007	Shanghai	Deutschland –	Brasilien	2:0
2011	Frankfurt a.M.	Japan –	USA	2:2 n. V.,
	(3:1 im Elfmeterschießen)			

Spiele um den dritten Platz

Jahr	Ort	Sieger	Verlierer	Ergebnis
1991	Guangzhou	Schweden –	Deutschland	4:0
1995	Gävle	USA –	China	2:0
1999	Los Angeles	Brasilien –	Norwegen	0:0
	(5:4 im Elfmeterschießen)			
2003	Carson	USA –	Kanada	3:1
2007	Shanghai	USA –	Norwegen	4:1
2011	Sinsheim	Schweden –	Frankreich	2:1

Die USA feiern ihren ersten Titel

1991 holten sich die Amerikanerinnen nicht nur den Titel bei der ersten FIFA Frauen-WM, sondern sie gewannen als erste amerikanische Fußballmannschaft überhaupt einen internationalen Titel. Die beste Leistung der amerikanischen Männer war das Erreichen des WM-Halbfinales in Uruguay 1930, doch sie verloren ihr Spiel mit 1:6 gegen Argentinien.

Wiederholungstäterinnen

Vier Mitglieder der amerikanischen Weltmeistermannschaft von 1991 waren auch 1999 dabei, als die USA im Elfmeterschießen gegen China gewannen: Mia Hamm, Michelle Akers, Kristine Lilly und Julie Foudy.

Immer die gleichen Sieger

Sechs deutsche Spielerinnen standen 2003 und 2007 in den erfolgreichen Endspielteams: Kerstin Stegemann (links), Birgit Prinz, Renate Lingor, Ariane Hingst und Kerstin Garefrekes liefen beide Male gleich zu Beginn auf, Martina Müller wurde beide Male eingewechselt.

Australien und Ghana: rote Rekorde

Nur zwei Mannschaften erhielten bislang mehr als eine Rote Karte: Die Australierinnen Sonia Gegenhuber 1995 beim 0:5 gegen Dänemark, und Alice Ferguson 1999 bereits in der zweiten Spielminute des mit 1:3 gegen China verlorenen Gruppenspiels. Ghana kassierte seine beiden Platzverweise im Turnier von 1999: Barikisu Tettey-Quao bekam eine Rote Karte beim 1:1 gegen Australien, Regina Ansah bei der 0:7-Niederlage gegen China.

Die Deutschen verteidigen ihren Titel

2007 konnten die Deutschen als erste Mannschaft erfolgreich ihren FIFA Frauen-WM-Titel verteidigen – der Traum vom Triple bei der Heim-WM 2011 endete jedoch im Viertelfinale gegen den späteren Weltmeister Japan. 2007 stellten die Deutschen einen weiteren Rekord auf: Im gesamten Turnier – in sechs Spielen bzw. 540 Minuten lang – kassierten sie kein einziges Tor. Damit übertraf Torhüterin Nadine Angerer die Bestleistung bei den Männern: Bei der WM 1990 hatte der italienische Torwart Walter Zenga 517 Minuten lang seinen Kasten sauber gehalten.

Das Finale von L.A. schlägt alle

Das Turnier von 1999 in den USA brach alle Zuschauerrekorde. Insgesamt sahen knapp 1 200 000 Menschen die 32 Spiele. Das Finale zwischen den Gastgebern und China in der Rose Bowl von Pasadena am 10. Juli sahen 90 185 Fans – ein absoluter Rekord für ein Frauenspiel. Am selben Tag fand in Los Angeles das Spiel um den dritten Platz zwischen Brasilien und Norwegen statt.

Die besten Mannschaften

Land	Siege	2. Platz	3. Platz
USA	2	1	3
Deutschland	2	1	–
Norwegen	1	1	–
Japan	1	–	–
Brasilien	–	1	1
Schweden	–	1	2
China	–	1	–

Die meisten Tore in einem Turnier

1991:	USA	25
1995:	Norwegen	23
1999:	China	19
2003:	Deutschland	25
2007:	Deutschland	21
2011:	USA	13

Die meisten Tore insgesamt

1.	USA	98
2.	Deutschland	91
3.	Norwegen	77
4.	Brasilien	55
5.	Schweden	54

Das erste Spiel

Das erste Spiel der FIFA Frauen-WM überhaupt war der 4:0-Sieg der Gastgeber China gegen Norwegen am 16. November 1991 in Guangzhou vor 65 000 Zuschauern.

Acht sind immer dabei

Acht Mannschaften nahmen an allen fünf Turnieren teil: die USA, Deutschland, Norwegen, Brasilien, China, Japan, Nigeria und Schweden.

Die längste Siegesserie

Die Norwegerinnen – Weltmeisterinnen 1995 – halten den Rekord für die meisten Siege in Folge, nämlich zehn. Ihre Serie begann am 6. Juni 1995 mit einem 8:0 gegen Nigeria und dauerte bis zum 30. Juni 1999, als sie Schweden 3:1 im Viertelfinale besiegten. Doch im Halbfinale war am 4. Juli Schluss – die Norwegerinnen unterlagen den späteren Vizeweltmeisterinnen aus China mit 0:5.

China: ungeschlagen nach Hause

China war 1999 die erste Mannschaft, die ohne den Pokal nach Hause zurückkehrte, obwohl sie kein einziges Spiel verloren hatte. Die Chinesinnen gewannen ihre Gruppenspiele gegen Schweden (2:1), Ghana (7:0) und Australien (3:1). Im Viertelfinale schlugen sie Russland 2:0 und im Halbfinale Norwegen 5:0, doch im Finale verloren sie nach einem 0:0 im Elfmeterschießen gegen die USA.

15 für Norwegen

Die Norwegerinnen halten auch den Rekord für die meisten Spiele in Folge, bei denen sie mindestens ein Tor erzielten. Diese Serie begann mit einem 4:0 gegen Neuseeland am 19. November 1991 und endete mit einem 3:1 gegen Schweden im Viertelfinale am 30. Juni 1999 – im nächsten Spiel blieben sie torlos und unterlagen China mit einem deftigen 0:5.

Die wenigsten Zuschauer

Die geringste Zuschauerzahl bei einem Endrundspiel gab es am 8. Juni 1995. Nur 350 Menschen sahen das 3:3 zwischen Kanada und Nigeria in Helsingborg.

Die Weltmeister treffen elfmal

Den höchsten Sieg der Turniergeschichte erzielte Deutschland bei seinem 11:0 gegen Argentinien am 10. September 2007 in Shanghai. Die argentinische Torhüterin Vanina Correa schlug in der zwölften Minute einen Eckball von Melanie Behringer in ihr eigenes Tor. Birgit Prinz und Sandra Smisek erzielten je einen Hattrick, die anderen Tore für Deutschland kamen von Renate Lingor (2), Melanie Behringer und Kerstin Garefrekes.

Lilly erzielt einen Rekord nach dem anderen

Kristine Lilly ist die einzige Spielerin, die in allen fünf bisherigen Turnieren angetreten ist. Sie bestritt die Rekordzahl von 340 Spielen für die USA und schoss 129 Tore. Sie ist auch die älteste Torschützin der Turniergeschichte: Als sie am 22. September 2007 bei Amerikas 3:0 gegen England in Tianjin den Ball im Netz versenkte, war sie 36 Jahre und 62 Tage alt.

Die schnellsten Roten und Gelben Karten

Den Rekord für die schnellste Rote Karte hält die Australierin Alicia Ferguson, die am 26. Juni 1999 in der zweiten Spielminute beim 1:3 gegen China des Platzes verwiesen wurde. Die Nordkoreanerin Ri Hyang Ok bekam am 20. Juni 1999 in Los Angeles die schnellste Gelbe Karte bei einem WM-Turnier: in der ersten Minute beim 1:2 gegen Nigeria.

Das schnellste Tor

Die Schwedin Lena Videkull schoss das schnellste Tor der WM-Geschichte, als sie am 19. November 1991 beim 8:0 gegen Japan in Foshan nach 30 Sekunden ins Netz traf. Die Kanadierin Melissa Tancredi war die Zweitschnellste: Am 20. September 2007 schoss sie beim 2:2 gegen Australien in Chengdu nach 37 Sekunden ein Tor.

Nordby hält lange durch

Norwegens Torhüterin Bente Nordby war zwar wie Kristine Lilly bei allen fünf FIFA Frauen-Weltmeisterschaften dabei, doch kam sie 1991 nicht zum Einsatz. Vier Jahre später kassierte sie nur ein Tor in sechs Spielen und wurde mit Norwegen Weltmeister. Nach 172 Länderspielen zog sie sich im Januar 2008 aus der Nationalmannschaft zurück.

Akers gibt das Maß vor

Die amerikanische Stürmerin Michelle Akers (geboren in Santa Clara am 1. Februar 1966) hält den Rekord für die meisten in einem Turnier erzielten Tore, nämlich zehn im Jahre 1991. Und sie hat auch bislang die meisten Tore in einem Spiel erzielt: Beim 7:0 der USA gegen Taiwan beim Viertelfinalspiel in Foshan am 24. November 1991 traf sie fünfmal. Im Finale gegen Norwegen schließlich schoss Akers beide Tore, auch den Siegtreffer zum 2:1 in der 78. Spielminute. Von der FIFA wurde sie 2000 zur »Spielerin des [20.] Jahrhunderts« gewählt.

Die schnellsten Spielerwechsel

Die beiden schnellsten Wechsel der Turniergeschichte erfolgten jeweils nach sechs Minuten. Am 21. November 1991 wurde beim 2:0 Taiwans gegen Nigeria in Jiangmen die Feldspielerin Hsiu-Mei Liu durch die Ersatztorhüterin Li-Chyng Hgong ersetzt, weil die eigentliche Torhüterin Hiu-Fang Lin einen Platzverweis erhalten hatte. Therese Lundin kam bei Schwedens 2:0 gegen Ghana in Chicago am 26. Juni 1999 ebenfalls nach sechs Minuten für die verletzte Hanna Ljungberg ins Spiel.

Danilova, die jüngste Torschützin

Die jüngste Torschützin des Turniers ist die Russin Elena Danilova. Als sie am 2. Oktober 2003 im Viertelfinale gegen Deutschland das einzige Tor ihres Landes schoss, war sie 16 Jahre und 96 Tage alt. Die Deutschen gewannen trotzdem deutlich mit 7:1.

Morace erzielt den ersten Hattrick

Die Italienerin Carolina Morace erzielte den ersten Hattrick der Turniergeschichte. Bei Italiens 5:0 in einem Gruppenspiel gegen Taiwan am 17. November 1991 schoss sie die letzten drei Tore.

Neue Stars beherrschen das Turnier

In der FIFA Frauen-WM geben immer wieder großartige Spielerinnen den Ton an. Die amerikanischen Angriffsspielerinnen Michelle Akers und Carin Jennings waren 1991 die Stars des ersten Turniers. Vier Jahre später führten die Spielmacherin Hege Riise (rechts) und die Torschützenkönigin Ann-Kristin Aarønes Norwegen zum Titel. Mia Hamm stand auf dem Höhepunkt ihrer Karriere, als die USA 1999 zum zweiten Mal triumphierten. In diesem Turnier machte auch Sun Wen, die beste chinesische Spielerin aller Zeiten, nachhaltig auf sich aufmerksam: Sie wurde Torschützenkönigin und – gemeinsam mit der Brasilianerin Sissi – Spielerin des Turniers. Als Deutschland 2003 zum ersten Mal Weltmeister wurde, war Birgit Prinz die beste Torjägerin und wurde zur (alleinigen) Spielerin der Endrunde gewählt. Die brasilianische Stürmerin Marta tat es der Deutschen 2007 gleich, obwohl sie im Finale auf der Verliererseite stand. Seit die Auszeichnung »Weltfußballerin des Jahres« 2001 eingeführt wurde, erhielten ihn nur Hamm, Prinz und Marta. Hamm bekam den Preis 2001 und 2002, Prinz 2003, 2004 und 2005. Marta wurde 2006, 2007, 2008, 2009 und 2010 diese Ehre zuteil.

Die meisten Turniere

5   **Kristine Lilly** (USA – 1991, 1995, 1999, 2003, 2007)
    Birgit Prinz (Deutschland – 1995, 1999, 2003, 2007, 2011)
    Homare Sawa (Japan – 1995, 1999, 2003, 2007, 2011)
    Formiga (Brasilien – 1995, 1999, 2003, 2007, 2011)
4   **Bente Nordby** (Norwegen – 1995, 1999, 2003, 2007)
    Joy Fawcett (USA – 1991, 1995, 1999, 2003)
    Julie Foudy (USA – 1991, 1995, 1999, 2003)
    Mia Hamm (USA – 1991, 1995, 1999, 2003)
    Hege Riise (Norwegen – 1991, 1995, 1999, 2003)
    Sun Wen (China – 1991, 1995, 1999, 2003)
    Bettina Wiegmann (Deutschland – 1991, 1995, 1999, 2003)
    Katia (Brasilien – 1995, 1999, 2003, 2007)
    Tania (Brasilien – 1995, 1999, 2003, 2007)
    Sandra Minnert (Deutschland – 1995, 1999, 2003, 2007)
    Ariane Hingst (Deutschland – 1999, 2003, 2007, 2011)
    Sandra Smisek (Deutschland – 1995, 1999, 2003, 2007)
    Maureen Mmadu (Nigeria – 1995, 1999, 2003, 2007)
    Stella Mbachu (Nigeria – 1999, 2003, 2007, 2011)
    Andrea Neil (Kanada – 1995, 1999, 2003, 2007)
    Cheryl Salisbury (Australien – 1995, 1999, 2003, 2007)
    Briana Scurry (USA – 1995, 1999, 2003, 2007)
    Chris Rampone (USA – 1999, 2003, 2007, 2011)

FIFA Frauenfußball-WM Beste Spielerin des Turniers

Jahr	Ort	Preisträgerin
1991	China	Carin Jennings (USA)
1995	Schweden	Hege Riise (Norwegen)
1999	USA	Sun Wen (China)
2003	USA	Birgit Prinz (Deutschland)
2007	China	Marta (Brasilien)
2011	Deutschland	Homare Sawa (Japan)

FIFA Frauen-WM Torschützenkönigin

1991	Michelle Akers (USA)	10
1995	Ann-Kristin Aarønes (Norwegen)	6
1999	Sissi (Brasilien)	7
2003	Birgit Prinz (Deutschland)	7
2007	Marta (Brasilien)	7
2011	Homare Sawa (Japan)	5

Die meisten Tore bei Endrunden

1.	Birgit Prinz (Deutschland)	14
=	Marta (Brasilien)	
3.	Abby Wambach (USA)	13
4.	Michelle Akers (USA)	12
5.	Sun Wen (China)	11
=	Bettina Wiegmann (Deutschland)	
7.	Ann Kristin Aarønes (Norwegen)	10
=	Heidi Mohr (Deutschland)	
9.	Linda Medalen (Norwegen)	9
=	Hege Riise (Norwegen)	
=	Abby Wambach (USA)	

Kapitäninnen der Sieger-Mannschaft bei FIFA Frauen-WM-Endrunden

1991	April Heinrichs (USA)
1995	Heidi Store (Norwegen)
1999	Carla Overbeck (USA)
2003	Bettina Wiegmann (Deutschland)
2007	Birgit Prinz (Deutschland)
2011	Homare Sawa (Japan)

Die meisten Spiele

30	Kristine Lilly (USA)
24	Julie Foudy (USA)
	Birgit Prinz (Deutschland)
23	Mia Hamm (USA)
22	Bente Nordby (Norwegen)
	Hege Riise (Norwegen)
	Bettina Wiegmann (Deutschland)

Sun schockt die Männer

1999 wurde Sun Wen aus Shanghai aufgrund ihrer Leistungen während der FIFA Frauen-WM 1999 als erste Frau für den Preis des »Asiatischen Fußballers des Jahres« nominiert. Drei Jahre später gewann sie eine Internetabstimmung der FIFA und wurde zur »Beste Fußballerin des 20. Jahrhunderts«.

Prinz greift nach den Sternen

2007 stand Birgit Prinz als erste Spielerin zum dritten Mal im Finale einer FIFA Frauen-WM. Sie war auch die jüngste Spielerin, die je an einem Finale der FIFA Frauen-WM teilnahm, denn die deutsche Stürmerin war gerade 17 Jahre und 336 Tage alt, als sie 1995 beim 0:2 gegen Norwegen auf dem Platz stand. Ihre Mannschaftskameradin Sandra Smisek war allerdings auch nur wenige Monate älter. Die älteste Final-Teilnehmerin war die Schwedin Kristin Bengtsson, die 33 Jahre und 273 Tage alt war, als ihre Mannschaft 2003 gegen Deutschland verlor.

Marta trauert im Finale

Die Brasilianerin Marta war zwar der Star des Turniers von 2007, doch sie war untröstlich, als Deutschlands Torhüterin Nadine Angerer im Finale ihren Elfmeter hielt. Es hätte der Ausgleichstreffer sein können, doch Deutschland gewann schließlich mit 2:0.

Der erste Platzverweis

Die taiwanesische Torhüterin Hiu-Fang Lin erhielt den ersten Platzverweis der Turniergeschichte. Am 21. November 1991 bekam sie in der sechsten Minute bei Taiwans 2:0-Sieg gegen Nigeria in Jiangmen die Rote Karte.

ANDERE FIFA FRAUENTURNIERE

Prinz trifft immer

Die deutsche Stürmerin Birgit Prinz traf als Einzige bei allen vier olympischen Turnieren ins Netz. Zusammen mit der Brasilianerin Cristiane erzielte sie mit zehn Treffern auch die meisten Tore in der Addition der Turniere; es folgen zwei Brasilianerinnen: Pretinha (8) und Marta (6).

Frauen-Endspiele der Olympischen Spiele

Jahr	Ort	Sieger	Zweite	Ergebnis
1996	Atlanta	USA –	China	2:1
2000	Sydney	Norwegen –	USA	3:2
	(Norwegen gewann durch ein Golden Goal)			
2004	Athen	USA –	Brasilien	2:1 (n.V.)
2008	Peking	USA –	Brasilien	1:0 (n.V.)

Spiel um den dritten Platz

Jahr	Ort	Sieger	Verlierer	Ergebnis
1996	Atlanta	Norwegen –	Brasilien	2:0
2000	Sydney	Deutschland	Brasilien	2:0
2004	Athen	Deutschland	Schweden	1:0
2008	Peking	Deutschland	Japan	2:0

Medaillen

Land	Gold	Silber	Bronze
USA	3	1	–
Norwegen	1	–	1
Brasilien	–	2	–
China	–	1	–
Deutschland	–	–	3

Die meisten Tore bei Olympia

1996:	Norwegen	12
2000:	USA	9
2004:	Brasilien	15
2008:	USA	12

Torschützenköniginnen der olympischen Turniere

1996:	Ann-Kristin Aarønes (Norwegen), Linda Medalen (Norwegen), Pretinha (Brasilien)	4
2000:	Sun Wen (China)	4
2004:	Cristiane (Brasilien), Birgit Prinz (Deutschland)	5
2008:	Cristiane (Brasilien)	5

Cristianes doppelter Dreier

Die Brasilianerin Cristiane erzielte als einzige Spielerin zwei Hattricks in der Geschichte der olympischen FIFA Turniere. 2004 traf sie beim 7:0 gegen Griechenland dreimal ins Netz, vier Jahre später gelang ihr dies noch einmal bei einem 3:1 gegen Nigeria in Peking. Außer ihr erzielte nur noch Birgit Prinz einen Hattrick – und legte 2004 gegen China noch ein Tor obendrauf.

Glückliche Gastgeber und ungewisse Gäste

Deutschland war 2010 der erste Gastgeber der FIFA U-20-Frauen-WM, der das Turnier im eigenen Land gewinnen konnte: Im Endspiel in Bielefeld besiegten die deutschen U-20-Frauen die nigerianische Auswahl mit 2:0. Mit diesem Titelgewinn zog Deutschland auch mit den USA gleich: Beide Nationen konnten die U-20-Frauen-WM bisher je zweimal gewinnen. Der Gastgeber war automatisch für die Teilnahme qualifiziert, während der spätere Endspielgegner Nigeria vor dem Turnier noch nicht einmal sicher wusste, ob er überhaupt teilnehmen würde. Das Land war im Juni 2010 von allen internationalen Fußballwettbewerben ausgeschlossen worden, nachdem der nigerianische Staatspräsident Goodluck Jonathan der Herren-Nationalmannschaft aus Ärger über deren frühes Ausscheiden bei der FIFA WM 2010 in Südafrika für die Dauer von zwei Jahren alle Spiele untersagt hatte. Jonathan lenkte schnell ein und die FIFA-Sperre wurde am 5. Juli – neun Tage vor dem ersten Spiel der nigerianischen U-20-Frauen – wieder aufgehoben.

Höchster Sieg für Deutschland

Die Deutschen errangen den höchsten Sieg in einem olympischen Frauenfußballturnier: Am 11. August 2004 schlugen sie China mit 8:0 – dank vier Toren von Birgit Prinz. Die anderen Tore schossen Pia Wunderlich, Renate Lingor, Conny Pohlers und Martina Müller.

Die Ältesten und die Jüngsten

Die älteste Spielerin bei einem olympischen Fußballturnier war die brasilianische Torhüterin Meg, als sie am 1. August 1996 im Alter von 40 Jahren und 212 Tagen am Spiel um den dritten Platz gegen Norwegen teilnahm. Auch die jüngste war eine Brasilianerin: Daniela gab am 13. September 2000 im Alter von 16 Jahren und 244 Tagen in einem Spiel gegen Schweden ihr olympisches Debüt.

Goldenes Triple

Die Südkoreanerin Yeo Min-ji wurde bei der FIFA U-17-Frauen-WM 2010 nicht nur Weltmeisterin, sondern heimste zusätzlich auch noch als beste Spielerin den Goldenen Ball und als Torschützenkönigin den Goldenen Schuh ein. 2008 waren diese Ehrungen an Spielerinnen gegangen, die mit ihren Teams nicht einmal ins Endspiel gekommen waren: Der Goldene Ball ging an die Japanerin Mana Iwabuchi, der Goldene Schuhe an Dzsenifer Marozsán, die sechs Treffer für die am Ende drittplatzierten Deutschen erzielt hatte.

Erst der Norden, dann der Süden

Zwei Jahre, nachdem Nordkorea die erste Auflage der FIFA U-17-Frauen-WM gewonnen hatte, konnten in Trinidad und Tobago die Nachbarinnen aus Südkorea den Pokal in Empfang nehmen. Das Endspiel gegen Japan musste durch ein Elfmeterschießen entschieden werden. Die Südkoreanerinnen waren nach einem 0:3 gegen Deutschland in ihrem letzten Gruppenspiel wieder in das Turnier zurückgekommen. Die deutschen Mädchen, die in drei Gruppenspielen 22 Tore geschossen hatten, scheiterten im Viertelfinale mit 0:1 an Nordkorea.

Die Goldgräberinnen

Seit das olympische Frauenfußball-Turnier 1996 in Atlanta eingeführt wurde, geben die USA den Ton an. Sie gewannen dreimal Gold, einmal Silber. Zunächst waren Norwegen und China ihre gefährlichsten Herausforderer, doch bei den letzten beiden Olympischen Spielen (2004 und 2008) betraten mit Brasilien und den zweifachen Weltmeisterinnen Deutschland neue Rivalen die Bühne. Das Turnier gewann sehr schnell an Beliebtheit und sorgte 2008 in Peking für Zuschauerrekorde. Zusätzlich führte die FIFA zwei weltweite Wettkämpfe für Jugendmannschaften ein. Die FIFA U-20-Frauen-WM wurde 2000 zum ersten Mal ausgetragen, 2008 folgte dann das erste U-17-Turnier – und hier trat ein neuer Herausforderer auf die Bühne des Weltfußballs der Frauen: Nordkorea.

FIFA U-20-Frauen-WM Endspiele

Jahr	Ort	Sieger	Zweite	Ergebnis
2002	Edmonton	USA –	Kanada	1:0 (n.V.)
2004	Bangkok	Deutschland–	Chile	2:0
2006	Moskau	Nordkorea –	China	5:0
2008	Santiago	USA –	Nordkorea	2:1
2010	Bielefeld	Deutschland –	Nigeria	2:0

Torschützenköniginnen

2002	Christine Sinclair (Kanada)	10
2004	Brittany Timko (Kanada)	7
2006	Ma Xiaoxu (China),	
	Kim Song Hui (Nordkorea)	5
2008	Sydney Leroux (USA)	5
2010	Alexandra Popp (Deutschland)	10

FIFA U-17-Frauen-WM Endspiele

Jahr	Ort	Sieger	Zweite	Ergebnis
2008	Auckland	Nordkorea –	USA	2:1 (n.V.)
2010	Port of Spain	Südkorea –	Japan	3:3 (n.V.)

(Südkorea gewann 5:4 im Elfmeterschießen.)

Torschützenköniginnen

2008	Dzsenifer Marozsán (Deutschland)	6
2010	Yeo Min-ji (Südkorea)	8

Frontenwechsel

Sydney Leroux bestritt 2010 ihre zweite FIFA U-20-Frauen-WM für die USA – aber insgesamt hat sie schon an drei Ausgaben des Wettbewerbs teilgenommen. Beim Turnier von 2004 – damals hieß die Veranstaltung noch »FIFA U-19-Frauen-WM« – bestritt sie als 14-Jährige zwei Partien für Kanada, danach wechselte sie die Staatsangehörigkeit. 2008 wurde sie mit fünf Treffern Torschützenkönigin; unter anderem erzielte sie auch das Führungstor der USA im Endspiel gegen Südkorea, das ihre Mannschaft schließlich mit 2:1 gewann. Auch 2010 traf sie fünfmal, doch das reichte zur Verteidigung des Goldenen Schuhs nicht aus.

Sinclair trifft fünfmal

Christine Sinclair aus Kanada und Alexandra Popp aus Deutschland teilen sich den Rekord für die meisten Treffer bei einer FIFA U-20-Frauen-WM. Beide wurden mit je 10 Treffern Torschützenkönigin: Sinclair 2002, Popp 2010. Sinclair hat auch die bisher meisten Treffer in einem Spiel geschossen: Beim 6:2-Viertelfinalsieg der Kanadierinnen gegen England netzte sie am 25. August 2002 in Edmonton fünfmal ein. Alexandra Popp ist wiederum die einzige Spielerin, der es bisher gelang, in allen sechs Turnierpartien ihres Landes zu treffen. Sinclair und Popp sind zudem die einzigen, die jeweils als beste Spielerin des Turniers den Goldenen Ball und als Torschützenkönigin den Goldenen Schuh verliehen bekamen.

Kim erzielt den einzigen Hattrick

Die Nordkoreanerin Kim Song Hui erzielte bei Nordkoreas 5:0-Sieg im Endspiel des Turniers gegen China am 3. September 2006 den bisher einzigen Hattrick in einem Finale der FIFA U-20-Frauen-WM.

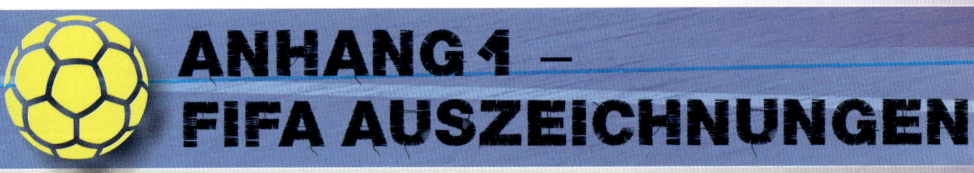

ANHANG 1 – FIFA AUSZEICHNUNGEN

EINES der wichtigsten gesellschaftlichen Ereignisse in der Fußballwelt ist die Gala, bei der die FIFA jährlich die besten internationalen fußballerischen Leistungen der vergangenen zwölf Monate ehrt.

Die jüngste Veranstaltung im Januar 2011 stellte einen kompletten Neustart des Events dar: In Johannesburg war während der FIFA WM 2010 angekündigt worden, dass die Ehrungen »Weltfußballer des Jahres« und »Goldener Ball« miteinander verschmolzen werden sollten. Der Goldene Ball (»Ballon d'Or«) wurde seit 1956 von der in Paris erscheinenden Fußball-Fachzeitschrift »France Football« organisiert und der Geehrte trug bis 2010 den Titel »Europas Fußballer des Jahres«. Beide Ehrungen wurden nun zusammengeführt und die Gala heißt nun »FIFA Ballon d'Or«. Doch in einem Punkt hat sich nichts geändert – die Preisträger sind die gleichen geblieben: Lionel Messi, der für Argentinien und den FC Barcelona spielt und 2010 als »Weltfußballer des Jahres 2009« geehrt wurde, war auch bei der ersten Preisvergabe der neuen Ära siegreich. Auch bei den Frauen siegte die Beständigkeit: Marta aus Brasilien wurde zum fünften Mal in Folge als beste Fußballspielerin der Welt geehrt.

Im Januar 2011 wurden zum ersten Mal auch Preise für Trainer vergeben: »FIFA Trainer des Jahres (Männer)« wurde José Mourinho, der 2010 mit Inter Mailand das Triple aus Champions-League-Pokal, italienischer Meisterschaft und italienischem Pokal geholt hatte. Der Titel »FIFA Trainer des Jahres (Frauen)« ging an Silvia Neid, die Betreuerin der deutschen Frauen-Nationalmannschaft.

Außerdem erhielt der türkische Nationalspieler Hamit Altıntop den »FIFA Puskás-Preis«, mit dem der Spieler ausgezeichnet wird, der das schönste Tor des Jahres erzielt hat. Diese Ehrung wurde zum zweiten Mal vergeben. Altıntop bekam den Preis für einen Weitschusstreffer, den er im Rahmen der EM-Qualifikation 2012 beim Spiel der Türkei gegen Kasachstan erzielt hatte. Überreicht wurde ihm die Auszeichnung von jenem Torwart, den er bei diesem Treffer überwunden hatte: Andrei Sidelnikow.

Bei der Gala wurde auch die »FIFA Fairplay-Auszeichnung« vergeben. Sie ging an die U-17-Frauen-Nationalmannschaft von Haiti, die trotz des verheerenden Erdbebens im Januar 2010 zwei Monate danach an der CONCACAF-Qualifikation für die FIFA U-17-Frauen-Weltmeisterschaft 2010 teilgenommen hatte.

Schließlich verlieh Sepp Blatter noch den »FIFA Presidential Award«. Passend zu dem Jahr, in dem zum ersten Mal eine WM in Afrika stattgefunden hatte, ging dieser Preis an den südafrikanischen Erzbischof und Friedensnobelpreisträger Desmond Tutu.

FIFA BALLON D'OR 2010

Lionel Messi

Es gibt wohl kaum jemanden, der daran zweifelt, dass Lionel Messi momentan der beste Fußballer der Welt ist – was auch eindrucksvoll dadurch bestätigt wurde, dass er im Januar 2011 zum zweiten Mal hintereinander den Titel »Weltfußballer des Jahres« zugesprochen bekam. Der kleine Argentinier ist seit Ronaldinho der erste Spieler, der diesen Preis zweimal hintereinander bekommen hat: Der Brasilianer, früher Mannschaftskollege von Messi, wurde 2004 und 2005 zum Weltfußballer gewählt. Messi ist zudem der erste Fußballer seit Johan Cruyff, der in einem WM-Jahr als bester Spieler gefeiert wird, obwohl er nicht den Titel gewann – Cruyff unterlag 1974 mit der niederländischen Nationalmannschaft im WM-Finale gegen Deutschland.

Einige Fußballexperten meinten, dass Messi bei der WM 2010 zu wenig für Argentinien geleistet hätte, doch obwohl er im Turnier keinen einzigen Treffer erzielen konnte, war er doch der bei Weitem beste Spieler der Argentinier. Seine außergewöhnlichen – und außergewöhnlich konstanten – Leistungen für den spanischen Fußballriesen FC Barcelona sicherten ihm die Ehrung als Weltfußballer des Jahres, knapp vor seinen Mannschaftskollegen Andrés Iniesta und Xavi, die auf dem zweiten bzw. dritten Platz landeten. Dieses goldene Trio hatte mit Barcelona 2010 zum zweiten Mal hintereinander die spanische Meisterschaft geholt, wobei die Katalanen am Ende der Spielzeit mit 99 Punkten einen neuen spanischen Rekord aufstellten. Messi errang 2010 auch den Goldenen Schuh der UEFA (34 Tore und 68 Scorer-Punkte), und in der Champions-League-Saison 2009/2010 konnte kein anderer Spieler seine acht Treffer überbieten, auch wenn der Titelverteidiger im CL-Halbfinale in der Addition beider Spiele knapp mit 2:3 gegen Inter Mailand unterlag.

Wohl für immer unvergesslich bleiben wird das CL-Viertelfinal-Rückspiel am Abend des 6. April 2010, als Messi praktisch im Alleingang den FC Arsenal demontierte und seine Mannschaft ins Halbfinale brachte: Er erzielte beim 4:1 seiner Mannschaft sämtliche Treffer für Barcelona.

Die Wahl Lionel Messis zum Weltfußballer des Jahres 2010 war die elfte Ehrung für einen Spieler aus der spanischen Primera División und die achte für einen Star des FC Barcelona. Bei der Wahl 2009 hatte Messi beispiellos unangefochten an der Spitze gelegen: Mit 1079 Punkten lag er meilenweit vor dem abgeschlagenen Cristiano Ronaldo, der es auf nur 352 Punkte brachte. 2010 fiel das Ergebnis weit enger aus: Messi wurde mit 22,65 Prozent der Stimmen Erster, dahinter folgten Iniesta mit 17,47 Prozent und Xavi mit 16,46 Prozent.

Zu diesem Zeitpunkt sah Messis Erfolgsbilanz mit Barcelona bereits wie folgt aus: vier spanische Meistertitel, fünf spanische Pokalsiege, zwei UEFA Champions-League-Titel und obendrein noch ein UEFA Super-Cup-Sieg sowie ein FIFA Klub-WM-Titel. Inzwischen konnte Messi mit dem FC Barcelona eine weitere Meisterschaft und seinen dritten Champions-League-Titel feiern, zu dem er mit der Rekordzahl von 12 Treffern maßgeblich beigetragen hat. 2008 holte Messi mit Argentinien auch Gold beim olympischen Fußballturnier, nachdem er drei Jahre zuvor die U-20-WM gewonnen hatte, bei der er auch Torschützenkönig und bester Spieler gewesen war. Nicht schlecht für einen Spieler, der gerade erst einmal 24 Jahre alt ist.

Gewinner

Jahr	Gewinner
1991	Lothar Matthäus (Deutschland)
1992	Marco van Basten (Niederlande)
1993	Roberto Baggio (Italien)
1994	Romário (Brasilien)
1995	George Weah (Liberia)
1996	Ronaldo (Brasilien)
1997	Ronaldo (Brasilien)
1998	Zinédine Zidane (Frankreich)
1999	Rivaldo (Brasilien)
2000	Zinédine Zidane (Frankreich)
2001	Luís Figo (Portugal)
2002	Ronaldo (Brasilien)
2003	Zinédine Zidane (Frankreich)
2004	Ronaldinho (Brasilien)
2005	Ronaldinho (Brasilien)
2006	Fabio Cannavaro (Italien)
2007	Kaká (Brasilien)
2008	Cristiano Ronaldo (Portugal)
2009	Lionel Messi (Argentinien)
2010	Lionel Messi (Argentinien)

FIFA WELTFUSSBALLERIN DES JAHRES 2010

Marta

Die brasilianische Ausnahmespielerin Marta wurde 2010 erneut zur FIFA Weltfußballerin des Jahres gewählt – zum fünften Mal in Folge seit 2006; schon in den beiden Jahren vor ihrer ersten Ehrung war sie Dritte bzw. Zweite gewesen. Sie gilt nun unangefochten als eine der besten Fußballerinnen aller Zeiten – wenn nicht gar als die beste Spielerin überhaupt.

Geboren wurde sie am 19. Februar 1986 als Marta Vieira da Silva. Mit ihren Mannschaften errang sie mehrere Titel, erhielt aber vor allem diverse hochwertige persönliche Auszeichnungen. So bekam sie den »Goldenen Ball« als beste Spielerin und den »Goldenen Schuh« als Torschützenkönigin (sieben Treffer) bei der FIFA Frauen-WM 2007. Mit Brasilien holte sie bei den Olympischen Spielen 2004 und 2008 in Athen bzw. Peking Silber, siegte zweimal bei den Panamerikanischen Spielen und wurde bei der FIFA U-19-Frauen-WM 2004 – sie schoss im Turnier sechs Tore – zur besten Spielerin gewählt.

Marta stammt aus Dois Riachos im brasilianischen Bundesstaat Alagoas, doch im Alter von 14 Jahren führte sie ihre Fußballbegabung 1900 Kilometer nach Süden: nach Rio de Janeiro, wo sie Trainer und Spielerinnen der Mannschaften von Vasco da Gama und São Martins mit ihrem Angriffstalent verblüffte. 2004 wechselte sie zum schwedischen Verein Umeå IK, mit dem sie viermal schwedische Meisterin und einmal UEFA-Pokal-Siegerin wurde, bevor sie dann zu Los Angeles Sol ging. Seit Anfang 2009 spielt sie mit diesem Verein in der neuen Frauen-Profiliga der USA. Noch im gleichen Jahr wurde sie an den brasilianischen Verein FC Santos ausgeliehen, dessen Frauenmannschaft sie sowohl in der Copa Libertadores als auch im brasilianischen Pokal (Copa do Brasil) zum Titel führte.

2010 schwamm Marta weiter auf der Welle des Erfolgs. Sie kehrte in die USA zurück und holte mit dem FC Gold Pride die WPS-Meisterschaft, wobei sie gleichzeitig auch Torschützenkönigin der Liga (»Women's Professional Soccer«) wurde und als beste Spielerin ausgezeichnet wurde. Bei der Südamerikanischen Frauen-Fußballmeisterschaft (»Sudamericano Femenino«), die im November 2010 in Ecuador ausgetragen wurde, schoss sie neun Tore in den sieben Spielen, die die Brasilianerinnen auf dem Weg zum Titel bestritten. Mit diesem Turniersieg qualifizierte sich die brasilianische Frauen-Fußballnationalmannschaft für die FIFA Frauen-Weltmeisterschaft 2011 in Deutschland.

Gewinnerinnen

2001	Mia Hamm (USA)
2002	Mia Hamm (USA)
2003	Birgit Prinz (Deutschland)
2004	Birgit Prinz (Deutschland)
2005	Birgit Prinz (Deutschland)
2006	Marta (Brasilien)
2007	Marta (Brasilien)
2008	Marta (Brasilien)
2009	Marta (Brasilien)
2010	Marta (Brasilien)

ANDERE FIFA AUSZEICHNUNGEN

Neben der Auszeichnung als FIFA Weltfußballer und -fußballerin des Jahres und turnierspezifischen Ehrungen für den besten Spieler, Torschützenkönig und den besten Torhüter vergibt die FIFA bei ihrer Gala am Ende eines jeden Jahres noch weitere Preise: den Presidential Award, die Fairplay-Auszeichnung und einen Entwicklungspreis. Außerdem ehrt sie den Aufsteiger sowie die Mannschaft des Jahres.

1991
Fairplay-Auszeichnung:
Real Federación Española de Fútbol (Spanischer Fußballverband), Jorginho (Brasilien)

1992
Fairplay-Auszeichnung:
Union Royale Belge des Societes de Football Association (Belgischer Fußballverband)

1993
Fairplay-Auszeichnung:
Nándor Hidegkuti (Ungarn)*, Football Association of Zambia (Sambischer Fußballverband)
Mannschaft des Jahres:
Deutschland
Aufsteiger des Jahres:
Kolumbien

1994
Mannschaft des Jahres:
Brasilien
Aufsteiger des Jahres:
Kroatien

1995
Fairplay-Auszeichnung:
Jacques Glassmann (Frankreich)
Mannschaft des Jahres:
Brasilien
Aufsteiger des Jahres:
Jamaika

1996
Fairplay-Auszeichnung:
George Weah (Liberia)
Mannschaft des Jahres: Brasilien
Aufsteiger des Jahres: Südafrika

1997
Fairplay-Auszeichnung:
Irische Zuschauer beim FIFA WM-Qualifikationsspiel gegen Belgien, Jozef Zovinec (slowakischer Amateurfußballer), Julie Foudy (USA)
Mannschaft des Jahres: Brasilien
Aufsteiger des Jahres:
Jugoslawien

1998
Fairplay-Auszeichnung:
Die Nationalverbände von Iran, USA und Nordirland
Mannschaft des Jahres:
Brasilien
Aufsteiger des Jahres:
Kroatien

1999
Fairplay-Auszeichnung:
Fußballgemeinde Neuseeland
Mannschaft des Jahres:
Brasilien
Aufsteiger des Jahres:
Slowenien

2000
Fairplay-Auszeichnung:
Lucas Radebe (Südafrika)
Mannschaft des Jahres:
Niederlande
Aufsteiger des Jahres:
Nigeria

2001
Presidential Award:
Marvin Lee (Trinidad)*
Fairplay-Auszeichnung:
Paolo Di Canio (Italien)
Mannschaft des Jahres:
Honduras
Aufsteiger des Jahres:
Costa Rica

*posthum ausgezeichnet

2002
Presidential Award:
Parminder Nagra (England)
Fairplay-Auszeichnung: Fußballgemeinden von Japan und Südkorea
Mannschaft des Jahres:
Brasilien
Aufsteiger des Jahres:
Senegal

2003
Presidential Award:
Irakische Fußballgemeinde
Fairplay-Auszeichnung:
Fans von Glasgow Celtic FC (Schottland)
Mannschaft des Jahres:
Brasilien
Aufsteiger des Jahres: Bahrain

2004
Presidential Award: Haiti
Fairplay-Auszeichnung:
Confederação Brasileira de Futebol
(Brasilianischer Fußballverband)
Mannschaft des Jahres:
Brasilien
Aufsteiger des Jahres:
Volksrepublik China
Interaktiver FIFA Weltfußballer:
Thiago Carrico de Azevedo (Brasilien)

2005
Presidential Award: Anders Frisk
(Schweden)
Fairplay-Auszeichnung:
Fußballgemeinde von Iquitos (Peru)
Mannschaft des Jahres:
Brasilien
Aufsteiger des Jahres: Ghana
Interaktiver FIFA Weltfußballer:
Chris Bullard (England)

2006
Presidential Award:
Giacinto Facchetti (Italien)*
Fairplay-Auszeichnung:
Fans bei der FIFA WM 2006
Mannschaft des Jahres:
Brasilien
Aufsteiger des Jahres: Italien
Interaktiver FIFA Weltfußballer:
Andries Smit (Niederlande)

2007
Presidential Award:
Pelé (Brasilien)
Fairplay-Auszeichnung:
FC Barcelona (Spanien)
Mannschaft des Jahres:
Argentinien
Aufsteiger des Jahres:
Mosambik

2008
Presidential Award:
Frauenfußball (der Mannschaft der
USA überreicht)
Fairplay-Auszeichnung:
Armenien, Türkei
Entwicklungspreis:
Palästina
Interaktiver FIFA Weltfußballer:
Alfonso Ramos (Spanien)
Mannschaft des Jahres:
Spanien
Aufsteiger des Jahres:
Spanien

2009
Presidential Award:
Königin Rania von Jordanien
(Co-Vorsitzende von 1Goal:
Bildung für alle!)
Fairplay-Auszeichnung:
Sir Bobby Robson (England)*
Entwicklungspreis:
Chinesischer Fußballverband
Interaktiver FIFA Weltfußballer:
Bruce Grannec (Frankreich)
**FIFA Puskás-Preis
(schönstes Tor):**
Cristiano Ronaldo (Manchester United gegen FC Porto)
Mannschaft des Jahres:
Spanien

2010
Trainer des Jahres (Männer):
José Mourinho (Inter Mailand,
danach Real Madrid)
Trainer des Jahres (Frauen):
Silvia Neid (deutsche
Frauen-Nationalmannschaft)
FIFA Puskás-Preis (schönstes Tor):
Hamit Altıntop (Türkei gegen
Kasachstan)
Presidential Award:
Erzbischof Desmond Tutu, Südafrika
Fairplay-Auszeichnung:
U-17-Frauen-Nationalmannschaft von
Haiti

**FIFA/FIFpro World XI
(beste elf Spieler des Jahres):**
Iker Casillas (Spanien)
Maicon (Brasilien)
Lúcio (Brasilien)
Gerard Piqué (Spanien)
Carles Puyol (Spanien)
Wesley Sneijder (Niederlande)
Xavi (Spanien)
Andrés Iniesta (Spanien)
Lionel Messi (Argentinien)
David Villa (Spanien)
Cristiano Ronaldo (Portugal)

Anmerkung: Die FIFA Fairplay-Auszeichnung wurde 1987 eingeführt. Bevor sie in die jährliche Gala aufgenommen wurde, waren die Preisträger:
1987: Fans von Dundee United FC
(Schottland)
1988: Frank Ordenewitz
(Deutschland), die Zuschauer des
olympischen Fußballturniers in Seoul
1989: Zuschauer von Trinidad
und Tobago
1990: Gary Lineker (England)

*posthum verliehen

ANHANG 2 – FIFA/COCA-COLA-WELTRANGLISTE 2011

Spanien hat schon dreimal den ersten Platz der FIFA/Coca-Cola-Weltrangliste erobert und ihn nach dem Triumph bei der FIFA WM 2010 nicht mehr abgegeben. Bei der Berechnung der Weltrangliste werden die Ergebnisse zurückliegender Spiele von Jahr zu Jahr abgewertet, wobei überhaupt nur die Partien der letzten vier Jahre berücksichtigt werden. Manchmal sind eigenartige Sprünge zu beobachten – im November 2008 schnellte z. B. Israel auf den 15. Platz hoch, obwohl sich das Land zuletzt weder für eine WM- noch für eine EM-Endrunde qualifizieren konnte.

Spanien setzte sich nach dem Gewinn der FIFA WM 2010 an die Spitze der Weltrangliste. Der Europameister war das erste Land, das sein Auftaktspiel bei einer Weltmeisterschaft verlor und trotzdem noch den Titel holte.

FIFA/COCA-COLA-WELTRANGLISTE 2011

Spanien hat schon dreimal den ersten Platz der FIFA/Coca-Cola-Weltrangliste erobert und ihn nach dem Triumph bei der FIFA WM 2010 nicht mehr abgegeben. Bei der Berechnung der Weltrangliste werden die Ergebnisse zurückliegender Spiele von Jahr zu Jahr abgewertet, wobei überhaupt nur die Partien der letzten vier Jahre berücksichtigt werden. Manchmal sind eigenartige Sprünge zu beobachten – im November 2008 schnellte z. B. Israel auf den 15. Platz hoch, obwohl sich das Land zuletzt weder für eine WM- noch für eine EM-Endrunde qualifizieren konnte.

Rangliste (Mai 2011)

Platz	Land	Punkte		Platz	Land	Punkte		Platz	Land	Punkte
1.	Spanien	1857		36.	Ägypten	676		71.	Polen	449
2.	Niederlande	1702		37.	Belgien	654		72.	Malawi	446
3.	Brasilien	1425		38.	Südafrika	653		73.	Marokko	445
4.	Deutschland	1413		39.	Nigeria	637		74.	Österreich	443
5.	Argentinien	1267		40.	Senegal	613		75.	Estland	440
6.	England	1163		41.	Algerien	609		76.	Kanada	439
7.	Uruguay	1094		42.	Rumänien	607		77.	China VR	438
8.	Portugal	1052		43.	Honduras	603		=	Lettland	438
9.	Italien	1019		44.	Burkina Faso	600		79.	Kap Verde	421
10.	Kroatien	991		45.	Bosnien-Herzegowina	594		80.	Benin	418
11.	Norwegen	987		46.	Bulgarien	592		81.	Kuba	416
12.	Griechenland	985		47.	Litauen	577		=	Finnland	416
13.	Chile	967		48.	Iran	575		83.	Usbekistan	403
14.	Japan	961		49.	Kamerun	572		84.	Uganda	402
15.	Ghana	918		50.	Kolumbien	564		85.	EJR Mazedonien	398
16.	Serbien	907		=	Albanien	564		86.	Moldawien	394
17.	Slowenien	903		52.	Ungarn	559		87.	El Salvador	391
18.	Russland	896		53.	Belarus	557		88.	Saudiarabien	386
19.	Frankreich	883		54.	Peru	548		89.	Irak	383
20.	Australien	876		55.	Jamaika	546		=	Sambia	383
21.	Elfenbeinküste	867		56.	Costa Rica	541		=	Zypern	383
22.	USA	855		57.	Georgien	536		92.	Katar	380
23.	Paraguay	847		58.	Libyen	534		93.	Jordanien	378
24.	Montenegro	820		59.	Gabun	529		94.	Mosambik	358
25.	Schweiz	819		60.	Neuseeland	528		95.	Trinidad und Tobago	353
26.	Slowakei	809		61.	Tunesien	527		96.	Haiti	348
27.	Dänemark	808		62.	Armenien	524		97.	Bahrain	338
28.	Mexiko	802		=	Guinea	524		98.	Grenada	337
28.	Schweden	802		64.	Ecuador	523		99.	Niger	335
30.	Türkei	795		65.	Nordirland	520		100.	Antigua und Barbuda	322
31.	Korea Republik	754		66.	Schottland	517		101.	Kuwait	320
32.	Tschechische Republik	722		67.	Panama	493		102.	Bolivien	312
33.	Israel	709		68.	Venezuela	489		103.	Gambia	308
34.	Republik Irland	681		69.	Botsuana	479		104.	Syrien	295
35.	Ukraine	678		70.	Mali	451		=	Sudan	295

Links: Der Torhüter Gianluigi Buffon ist seit geraumer Zeit eine tragende Säule der italienischen Nationalmannschaft. Er trug maßgeblich dazu bei, dass die Italiener nicht nur die FIFA WM 2006 gewannen, sondern auch fast das ganze darauffolgende Jahr die Weltrangliste anführten. Seither hat sich Italien immer unter den ersten Fünf gehalten, nur im Oktober 2010 ist es einmal auf seine bisher schlechteste Platzierung (Platz 16) abgerutscht.

Rechts: Mit Siegen über Österreich und Aserbaidschan sorgten Marouane Fellaini und seine Nationalmannschaftskollegen dafür, dass Belgien von März 2011 auf April 2011 in der Weltrangliste um 25 Plätze nach oben auf den 37. Rang kletterte. Es ist wohl reiner Zufall, dass die Belgier über die 19 Jahre gesehen, seit es die FIFA-Weltrangliste gibt, auf eine durchschnittliche Platzierung von ebenfalls 37 kommen.

Platz	Land	Punkte
=	Angola	295
107.	Oman	294
108.	Aserbaidschan	288
109.	Togo	285
110.	Guayana	284
111.	Vereinigte Arabische Emirate	273
112.	Suriname	267
113.	Zentralafrikanische Republik	263
114.	Wales	258
115.	Korea DVR	255
116.	Island	254
117.	Tansania	252
118.	Sierra Leone	246
119.	St. Kitts und Nevis	245
120.	Thailand	242
121.	Kongo	232
122.	Ruanda	228
123.	Kenia	227
124.	Guatemala	222
125.	Luxemburg	221
126.	Kongo DR	219
=	Simbabwe	219
128.	Äthiopien	218
129.	Jemen	203
130.	Indonesien	200
131.	Dominica	193
132.	Barbados	180
=	Puerto Rico	180
134.	Vietnam	172
135.	Tadschikistan	171
136.	Färöer	168
=	Guinea-Bissau	168
138.	Madagaskar	164
139.	Kasachstan	151

Platz	Land	Punkte
140.	Namibia	150
141.	Turkmenistan	149
142.	Äquatorial-Guinea	146
143.	Malaysia	144
144.	Singapur	140
145.	Indien	139
146.	Hongkong	138
147.	Nepal	135
148.	Malediven	133
149.	Tschad	127
=	Burundi	127
151.	Neukaledonien	123
152.	Curacao	121
153.	St.Vincent und die Grenadinen	116
=	Liechtenstein	116
155.	Fidschi	103
156.	Philippinen	96
157.	Liberia	93
158.	Cayman-Inseln	90
159.	Swasiland	89
160.	Chinese Taipei	86
161.	Malta	84
162.	Bermuda	80
163.	Bangladesch	79
164.	Afghanistan	77
165.	Vanuatu	76
166.	Nicaragua	75
167.	Myanmar	74
168.	Pakistan	72
169.	Sri Lanka	70
=	Kirgisistan	70
171.	Palästina	67
172.	Belize	66
=	Dominikanische Republik	66

Platz	Land	Punkte
174.	Laos	57
=	Tahiti	57
176.	Kambodscha	56
=	Lesotho	56
178.	Libanon	51
179.	Mongolei	48
180.	Mauretanien	45
181.	Eritrea	42
182.	Salomon-Inseln	40
183.	Britische Jungferninseln	38
184.	Macau	32
185.	St. Lucia	31
186.	Samoa	26
187.	Somalia	23
188.	Komoren	19
189.	Mauritius	18
190.	Tonga	17
=	Cook-Inseln	17
192.	Dschibuti	15
193.	Turks-und Caicos-Inseln	13
194.	Seychellen	11
195.	Guam	10
196.	Bhutan	9
=	Bahamas	9
=	Brunei Darussalam	9
199.	Aruba	7
200.	Osttimor	3
=	Amerikanische Jungferninseln	3
202.	Andorra	0
=	San Marino	0
=	Anguilla	0
=	Montserrat	0
=	Amerikanisch-Samoa	0
=	Papua-Neuguinea	0

BILDNACHWEIS

Abkürzungen: O = Oben, U = Unten, L = Links, R = Rechts, M = Mitte

Action Images: /Matthew Childs: 230UL; /Paul Childs: 233; /Lee Smith: 185R

Getty Images: 48UL, 157O, 197U; /2010 FIFA World Cup Organising Committee: 183L; /2010 Qatar 2022: 182R; /AFP: 53M, 83M, 93UR, 115OL, 115UL, 159UR, 167L, 178UR, 194UR, 199R, 206UL, 208L; /Odd Andersen/AFP: 33R; /Mladen Antonov/AFP: 96UR, 200OR; /Rodrigo Arangua/AFP: 110R; /Brian Bahr: 146OR; /Dennis Barnard/Fox Photos: 105OL; /Lars Baron: 36L, 59R, 105U, 169U; /Juan Barreto/AFP: 112M; /Robyn Beck/AFP: 66UR, 177OR; /Sandra Behne/Bongarts: 132UL; /Fethi Belaid/AFP: 119UR, 121M, 121UL; /Bentley Archive/Popperfoto: 76M, 77UL, 165UR; /Jefferson Bernardes/AFP: 116-117; /Gunnar Berning/Bongarts: 173UL; /Monirul Bhuiyan/AFP: 150-151, 185U; /Bongarts: 36UL, 163UL, 247R; /Shaun Botterill: 10-11, 65UL, 72M, 76OR, 81O, 115OR, 124OR, 132L, 158L, 173OR, 185OR, 196UR, 215OL, 247OR; /Shaun Botterill/FIFA: 13UR, 56R, 166L, 176UR; /Cris Bouroncle/AFP: 220O; /Gabriel Bouys/AFP: 42U, 172M; /Clive Brunskill: 109R; /Simon Bruty: 78U; /Martin Bureau/AFP: 230R; /Eric Cabanis/AFP: 154R; /Jose Cabezas/AFP: 152OR; /David Cannon: 18UL, 31OL, 72UR, 104UL, 141OR; /Nico Casamassima/AFP: 178UL; /Ron Case/Keystone: 125U; /Mario Castillo/Jam Media/LatinContent: 144UR; /Massimo Cebrelli: 82OR; /Central Press: 75UL; /Central Press/Hulton Archive: 60UR; /Andre Chaco/FotoArena/LatinContent: 181UL; /Graham Chadwick: 92UR; /Robert Cianflone: 28OL, 79O, 81L, 129OR; /Thomas Coex/AFP: 57UL, 161R; /Fabrice Coffrini/AFP: 152UR, 188-189; /Chris Cole: 174OR; /Phil Cole: 55UR, 63OL, 84M, 118U, 131R; /Yuri Cortez/AFP: 148UR; /Stephane de Sakutin/AFP: 136UL, 185L; /Carl de Souza/AFP: 13OR, 41O, 169OR; /Adrian Dennis/AFP: 196OR; /Sebastian Derungs/AFP: 8-9; /Philippe Desmazes/AFP: 184OR; /Khaled Desouki/AFP: 118OR, 215UL, 217OL; /Kevork Djansezian: 142-143, 147OL, 147M; /Nikolay Doychinov/AFP: 50M; /Denis Doyle: 43UR, 45UL, 46L; /Stephen Dunn: 122UR; /Paul Ellis/AFP: 27M; /Darren England: 154UL, 154UR; /Francisco Estrada/LatinContent: 134UR; /Evening Standard: 130; /Franck Fife/AFP: 18UR, 19OR, 21UR, 105OR, 121OR, 212M, 215R, 217M, 247UR; /Julian Finney: 60M, 97OR; /Stu Forster: 39R, 54M, 64UL, 71UL, 90UL, 91L, 103OL, 246UL; /FotoArena/LatinContent: 245M; /Stuart Franklin: 59O, 193U; /Stuart Franklin/Bongarts: 72OR; /Stuart Franklin/FIFA: 242-243; /Romeo Gacad/AFP: 56L; /Gallo Images: 190UL; /Lluis Gene/AFP: 244L; /Paul Gilham: 124M, 167U, 176OR; /Paul Gilham/FIFA: 29OR, 47OL; /Georges Gobet/AFP: 57UR, 86L; /Laurence Griffiths: 52UL, 54UL, 160O; /Alex Grimm/Bongarts: 5L; /Gianluigi Guercia/AFP: 4R, 31R, 120R, 186UL, 210-211, 214UM; /Jorge Guerrero/AFP: 7; /Jack Guez/AFP: 79R, 94R, 192OR; /Pascal Guyot/AFP: 133OR; /Valery Hache/AFP: 39UR, 118M, 137R, 173M, 188UL; /Ronny Hartmann/AFP: 52OR, 86OR, 192U; /Alexander Hassenstein/Bongarts: 22OR; /Haynes Archive/Popperfoto: 156OR, 157U, 205UL; /Richard Heathcote: 38UR, 103U; /Richard Heathcote/FIFA: 149UL; /Patrick Hertzog/AFP: 19UR, 41UR, 88OR, 156UL; /Mike Hewitt: 4U, 63UR, 229L; /Mike Hewitt/FIFA: 25OR; /Antonia Hille: 96M; /Stan Honda/AFP: 129M; /Boris Horvat/AFP: 38UL, 197O; /Hulton Archive: 14OM, 14UL, 61OR, 156M, 164UL; /Karim Jaafar/AFP: 100OR, 125L, 134L, 175UL; /Liu Jin/AFP: 164OL; /Hannah Johnston: 152L; /Jasper Juinen: 14OL, 14M, 42R, 44M, 45OL, 85M, 226L, 227OR; /Yuri Kadobnov/AFP: 74OR; /Atta Kenare/AFP: 138OL; /Keystone: 18OR, 60UL, 75UR; /Keystone/Hulton Archive: 31UL; /Saeed Khan/AFP: 152UL; /Ian Kington/AFP: 16OR, 55OR; /Ross Kinnaird: 70UR, 168OR; /Toshifumi Kitamura/AFP: 155M; /Joe Klamar/AFP: 32UR, 55L, 65OR, 217UR; /Christof Koepsel/Bongarts: 23UR, 109OL, 226M; /Christof Koepsel/FIFA: 226UL; /Mark Kolbe: 129OL, 131UL; /Jean-Philippe Ksiazek/AFP: 112UR; /Jimin Lai/AFP: 132OR; /David Leah: 171OL; /David Leah/Mexsport: 144OR; /Streeter Lecka: 108M; /Christopher Lee: 91OR; /Bryn Lennon: 63OR, 70OR, 90UR; /Matthew Lewis: 66OR; /Alex Livesey: 20R, 57O, 75M, 83OR, 90M, 123M, 165R, 178OL, 179L, 191UR, 201OR, 224L, 247UL; /Alex Livesey/FIFA: 44UL, 111OR, 174UL; /Juan Mabromata/AFP: 178OR; /John MacDougall/AFP: 73UR; /Gabriele Maltinti: 30M; /Pierre-Philippe Marcou/AFP: 44OL, 87UR, 122OL, 153OM, 166OR; /Francois-Xavier Marit/AFP: 177OL; /Clive Mason: 26L, 46UR, 66L, 87UL, 113UR, 123OL, 161U, 170OL, 179OR; /Jamie McDonald: 38O, 54UR, 70M, 123UR, 145M; /Chris McGrath: 101OR, 176OL; /Buda Mendes/LatinContent: 182L; /Luiz Fernando Menezes/FotoArena/LatinContent: 245UR; /Philippe Merle/AFP: 115R; /Aris Messinis/AFP: 58UL; /Douglas Miller/Keystone: 12UL; /Jeff Mitchell/FIFA: 103M; /Filippo Monteforte/AFP: 92M, 181M; /John Mottern/AFP: 144UL; /Dean Mouhtaropoulos: 190OR; /Beate Mueller/Bongarts: 50UL; /Peter Muhly/AFP: 94UL, 193L; /Marwan Naamani/AFP: 218-219; /Hoang Dinh Nam/AFP: 146M; /Kazuhiro Nogi/AFP: 48OR; /Mark Nolan: 129UR; /Mustafa Ozer/AFP: 251; /Doug Pensinger: 68OR, 102OL, 180UL; /Ryan Pierse: 92L, 140OR, 170O; /Ryan Pierse/FIFA: 148L; /Vincenzo Pinto/AFP: 126UR; /Jan Pitman/Bongarts: 180OR; /Hrvoje Polan/AFP: 52M, 67L, 67OR; /Joern Pollex: 26OR, 28R; /Joern Pollex/Bongarts: 29OL; /Joern Pollex/FIFA: 222M, 223R; /Popperfoto: 21OL, 26UR, 28UL, 29U, 51UR, 53UR, 62UL, 107UR, 109UL, 133L, 136R, 137L, 138UR, 139UR, 147UL, 155UR, 163UR, 165L, 194UL, 195M, 198OR, 200U, 207UL, 208UR, 228UL; /Save Prelevic/AFP: 97U; /Craig Prentis: 145OR; /Gary M Prior: 170M; /Ben Radford: 45R, 131O, 171UR, 246R; /Roslan Rahman/AFP: 139OR; /Aizar Raldes/AFP: 113L, 114OL; /Michael Regan: 12OR, 17OR, 88U; /Michael Regan/FIFA: 232UL; /Miguel Riopa/AFP: 43OR, 69UR; /Rolls Press/Popperfoto: 15U, 33U, 106OR; /Quinn Rooney/FIFA: 13M; /Clive Rose: 77M, 79UL, 89UL, 248-249; /Martin Rose: 234-235, 240UR; /Martin Rose/Bongarts: 74M, 87OR, 126-127; /Karim Sahib/AFP: 37OR, 40OL, 59UL, 69OR, 172UL; /Mark Sandten/Bongarts: 120UL, 179UR; /Issouf Sanogo/AFP: 213UR, 216; /Genia Savilov/AFP: 89UR; /Roberto Schmidt/AFP: 111UL, 160UL, 174M, 181OR, 187OL; /Antonio Scorza/AFP: 20UL; /Lefty Shivambu/Gallo Images: 124L, 212UR, 213OL, 214UL, 215M; /Raul Sifuentes/STR/LatinContent: 104OR; /Torsten Silz/AFP: 167OR; /Christophe Simon/AFP: 100UR, 107OL, 163OR; /Javier Soriano/AFP: 159L, 183U, 244U; /Cameron Spencer: 164OR; /Jamie Squire: 2, 119OL, 168UL; /Michael Steele: 51O, 80OR, 82UL, 159OR, 186OR; /Patrik Stollarz/AFP: 24OR, 95UL, 187UR; /Boris Streubel: 191UL; /Henri Szwarc/Bongarts: 32OL, 112L, 195U; /Bob Thomas: 15OL, 25L, 32UL, 34U, 37L, 40U, 47UR, 49L, 62OR, 63UL, 67UR, 70UL, 76L, 81UR, 90OR, 91U, 95R, 102UR, 106UL, 108UL, 111UR, 114U, 119OR, 133UR, 153OR, 164UR, 180M, 184U, 186UR, 193OR, 194U, 195OL, 196L, 199UL, 201UL; /Bob Thomas/Popperfoto: 46OR, 96UL, 153L, 206UM; /Mark Thompson: 64OR, 95M, 212UR; /John Thys/AFP: 48M; /Omar Torres/AFP: 134OR, 145UR, 162OR; /Pedro Ugarte/AFP: 158R; /Robert van der Brugge/AFP: 49UR; /Jean-Christophe Verhaegen/AFP: 93OR; /Claudio Villa: 33OL, 35O, 25O; /Claudio Villa/Grazia Neri: 34OR; /Ian Walton: 61UR; /Koji Watanabe: 98-99, 101UL, 228OR; /Jung Yeon-Je/AFP: 166UR

Press Association Images: 16UL, 24U, 60OR, 78OR, 102R, 229OR; /ABACA: 161OL; /AP: 5M, 35UL, 135U, 157OR, 162UL; /Matthew Ashton: 71M, 107M, 128UL, 140UL, 149OR, 225UL, 238UR; /Greg Baker/AP: 237UL; /Jon Buckle: 239UL; /Adam Butler: 16L; /Felice Calabro/AP: 176UL; /Roberto Candia/AP: 237OL; /Niall Carson: 5U; /Barry Coombs: 49OR, 58OR, 229UR; /Malcolm Croft: 155OL; /Claudio Cruz/AP: 224M; /DPA: 22L, 27OL, 37U, 128OR, 158UL; /Adam Davy: 236UR; /Sean Dempsey: 25UR; /Paulo Duarte/AP: 68L, 68M, 220UL; /Mike Egerton: 148OR; /Paul Ellis/AP: 74UL; /Fred Ernst/AP: 221UR; /Denis Farrell/AP: 182U; /Chen Fei/Landov: 239UM; /Gouhier-Hahn-Orban/ABACA: 84OR; /Michel Gouverneur/Reporter: 222UL; /Zhang Guojun/Landov: 236UM; /Tim Hales/AP: 82M; /Anthony Harris/AP: 241OL; /Jae C Hong/AP: 141U; /Nam Y Huh/AP: 29UR; /Intime Sports/AP: 58M; /Silvia Izquierdo/AP: 209UR, 232L, 232R; /Julie Jacobson/AP: 238OL, 241UR; /Lee Jin-Man/AP: 238OR; /Alik Keplicz/AP: 191OR; /Ross Kinnaird: 207M; /Junji Kurokawa/AP: 226OR; /Tony Marshall: 4O, 5UL, 34L, 39OL, 86U, 106OL, 128M, 146UR, 154OL, 163OL, 204O, 205OR, 221UL, 224UR, 225OR, 230OR; /John McConnico/AP: 84UL; /Cathal McNaughton: 12M; /Martin Meissner/AP: 27UR; /Ricardo Moraes/AP: 231OR; /Francois Mori/AP: 22R; /Jussi Nukari/Lehtikuva: 223UL; /Phil O'Brien: 30UL; /Panoramic: 222R; /Eraldo Peres/AP: 231UL, 231UR; /Natacha Pisarenko/AP: 202-203, 208M; /Nick Potts: 193UR; /Duncan Raban: 104UR; /Peter Robinson: 35UR, 36OR, 62M, 76UR, 78L, 80UL, 89OR, 100L, 110UL, 120OL, 175OR, 220UR; /S&G and Barratts: 15OR, 17U, 68UR, 71UR, 172OR; /SMG: 77OR; /Murad Sezer/AP: 23M; /Sven Simon: 106UR; /Neal Simpson: 51UL, 73OR, 75OR, 85UR, 125OR, 206UR; /Michael Sohn/AP: 149UR, 240OR; /Jon Super/AP: 227UR, 237OR; /Topham Picturepoint: 69UL, 83UL, 94OL; /Fernando Vergara/AP: 204UR, 205UR; /John Walton: 5O, 103OR, 209L; /Aubrey Washington: 65M; /Witters: 177U; /Ren Yong/Landov: 240OM; /Vincent Yu/AP: 241UM

Es wurde jede Anstrengung unternommen, die Bildnachweise korrekt zu erstellen und die Copyright-Inhaber aller Bilder zu ermitteln. Der Originalverlag entschuldigt sich für alle unvollständigen Angaben und wird gegebenenfalls Korrekturen in zukünftigen Ausgaben vornehmen.

Über den Autor

Keir Radnedge berichtet seit mehr als 40 Jahren über den Fußball. Er hat unzählige Bücher zum Thema geschrieben, von Turnierführern bis hin zu umfangreichen Enzyklopädien, die bei Lesern aller Altersklassen beliebt sind.

Seit 1970 arbeitet er als Journalist für die »Daily Mail« und ist Gesamtherausgeber von »World Soccer«, allgemein anerkannt als das erste englischsprachige Magazin zum globalen Fußball.

Neben seinen Publikationen ist Radnedge regelmäßig als Kommentator für BBC Radio und Fernsehen sowie Sky Sports tätig und ist Welt-Fußball-Korrespondent des amerikanischen Kabelnachrichtenkanals CNN World.

Während der Fußball-Europameisterschaft 1996 in England verfasste er den täglichen Newsletter für die Medien und produzierte Videorückblicke zahlreicher internationaler Fußballturniere.